이천교 공탁법

이천교 편저

1차 | 문제집 제6판

10년간 9회
★ 전 체 ★
수 석
합격자 배출

박문각 법무사

브랜드만족
1위
박문각

당초 공탁법 문제집에 기출문제 중복이 많아서 대폭 정리를 해보려고 하였으나 반복 복습효과 그리고 공탁법에서 기출문제의 비중이 매우 큰 점 등을 고려해서, 큰 변화 없이 작년(2025년) 기출문제와 그간의 변경 내용만 반영하고, 부적절한 일부 지문이나 오답과 해설이 있던 것을 추가로 바로 잡는 것으로 개정작업을 하였습니다. 이 공탁법 문제집 개정 내용 역시 작년 교재를 가지고 강의를 듣는 분들을 위하여 1차 자료실에 추록으로 올릴 예정입니다.

언제나 동반자처럼 함께하고 계시는 유석주 법무사님과 김경태 법무사님께 감사드리고, 강의시 여러 가지로 배려하고 준비해주시는 서울법학원 관계자 여러분에게도 감사를 드립니다. 그리고 바쁘신 중에도 출간을 해주시고 정성스럽게 편집은 물론 교정까지 도와주신 박문각 관계자 여러분께도 감사드립니다.

이 교재와 관련하여 문의하실 내용이 있으시면 서울법학원 홈페이지(www. seoulsla.com)를 이용하여 주시기 바랍니다.

여러분의 시험 준비에 조금이라도 도움이 되었으면 합니다.

의정부의 바른법무사사무소에서
편저자 이천교 법무사

응시자격

제2차 시험일(시험을 수일간 실시하는 경우 최종일)을 기준으로 법무사법 제6조의 결격사유가 없어야
하며, 법무사규칙 제15조의 규정에 의하여 응시자격을 정지당한 자는 응시할 수 없다.

시험방법

가. 제1차 시험 : 객관식 필기시험
나. 제2차 시험 : 주관식 필기시험

시험과목

구분	제1차 시험	제2차 시험
제1과목	헌법(40), 상법(60)	민법(100)
제2과목	민법(80), 가족관계의 등록 등에 관한 법률(20)	형법(50), 형사소송법(50)
제3과목	민사집행법(70), 상업등기법 및 비송사건절차법(30)	민사소송법(70), 민사사건관련서류의 작성(30)
제4과목	부동산등기법(60), 공탁법(40)	부동산등기법(70), 등기신청서류의 작성(30)

※ 괄호 안의 숫자는 각 과목별 배점비율임.

응시원서 접수

1 접수방법 등

　　가. 「대한민국 법원 시험정보」 인터넷 홈페이지(http://exam.scourt.go.kr)에 접속하여 접수할 수
　　　　있음.
　　나. 구체적인 방법은 접수기간 중에 시험정보 인터넷 홈페이지에서 처리단계별로 안내함.
　　다. 원서접수 시에는 미리 3.5㎝×4.5㎝ 크기의 모자를 쓰지 않은 상반신 사진(디지털 사진
　　　　또는 스캐닝 사진)을 jpg(jpeg) 형식의 파일(해상도 100, 3.5㎝×4.5㎝)로 준비하여야 하고,
　　　　응시수수료 10,000원 외에 별도의 처리비용(카드결제, 실시간 계좌이체, 휴대폰결제)이
　　　　소요됨.

2 원서접수 시 유의사항

   (1) 응시자는 응시원서에 표기한 제1차 시험의 응시지역(서울, 대전, 대구, 부산, 광주)에서만 응시할 수 있음.

   (2) 응시지역은 주소지에 관계없이 선택할 수 있음.

   (3) 응시원서 접수기간 내에는 기재사항(응시지역 등)을 수정할 수 있으나, 접수기간이 종료한 후에는 기재사항을 변경할 수 없음.

   (4) 응시원서를 접수한 후 취소마감일까지 원서접수를 취소한 경우와 시험 당일 불가피한 사유로 시험에 응시하지 못한 경우로써 「법무사법 및 법무사규칙의 시행에 관한 예규」 제3조 제1항에 해당하는 경우에는 응시수수료를 환불해 줌.

시험의 일부면제

가. 법무사법 제5조의2 제1항에 의한 경력이 있는 자는 제1차 시험을 면제함.

나. 법무사법 제5조의2 제2항에 의한 경력이 있는 자는 제1차 시험의 전과목과 제2차 시험과목 중 제1과목 및 제2과목을 면제함.

다. 제1차 시험에 합격한 자에 대하여는 다음 회의 시험에 한하여 제1차 시험을 면제함.

라. 시험의 일부('가항 내지 다항'에 해당하는 자)를 면제받고자 하는 자는 당해 시험의 응시자격 요건을 갖추어야 하며, 응시원서 접수기간 내에 면제사항을 기재한 응시원서를 반드시 접수하여야 함.

마. '가 및 나'항의 경력산정은 당해 시험의 제2차 시험일(시험을 수일간 실시하는 경우 첫 일자)을 기준으로 함.

바. '가 및 나'항에 의하여 시험의 일부 면제를 받고자 하는 자는 해당 근무경력사항이 포함된 경력증명서를 응시원서 접수기간 내에 법원행정처 인사운영심의담당실로 제출하여야 함.

합격자 결정

법무사규칙 제13조에 의함.

※ 기타사항은 법무사시험 공고문 참조

✎≡ 연도별 법무사 제1차 시험 합격인원 및 합격선

구분	선발예정인원	출원자	합격인원	합격선	비고
제1회(1992년도)	60명	8,259명	311명(5배수)	65.5	최종합격자 59명
제2회(1994년도)	60명	4,438명	301명(5배수)	71.5	최종합격자 60명
제3회(1996년도)	80명	3,272명	421명(5배수)	70.0	최종합격자 80명
제4회(1998년도)	30명	6,622명	127명(4배수)	73.5	최종합격자 30명
제5회(1999년도)	50명	9,229명	154명(3배수)	80.5	최종합격자 52명
제6회(2000년도)	80명	8,004명	245명(3배수)	83.0	최종합격자 80명
제7회(2001년도)	100명	6,706명	312명(3배수)	84.0	최종합격자 101명
제8회(2002년도)	100명	6,697명	307명(3배수)	85.5	최종합격자 100명
제9회(2003년도)	100명	6,633명	318명(3배수)	85.0	최종합격자 100명
제10회(2004년도)	120명	6,619명	388명(3배수)	86.0	최종합격자 121명
제11회(2005년도)	120명	5,602명	365명(3배수)	83.0	최종합격자 122명
제12회(2006년도)	120명	5,158명	373명(3배수)	77.5	최종합격자 123명
제13회(2007년도)	120명	4,811명	386명(3배수)	77.0	최종합격자 121명
제14회(2008년도)	120명	4,340명	364명(3배수)	73.5	최종합격자 120명
제15회(2009년도)	120명	4,266명	382명(3배수)	72.5	최종합격자 120명
제16회(2010년도)	120명	4,100명	365명(3배수)	75.0	최종합격자 121명
제17회(2011년도)	120명	3,798명	370명(3배수)	73.0	최종합격자 121명
제18회(2012년도)	120명	3,511명	373명(3배수)	71.5	최종합격자 121명
제19회(2013년도)	120명	3,226명	371명(3배수)	69.5	최종합격자 120명
제20회(2014년도)	120명	3,333명	362명(3배수)	67.0	최종합격자 122명
제21회(2015년도)	120명	3,261명	367명(3배수)	60.5	최종합격자 121명
제22회(2016년도)	120명	3,513명	376명(3배수)	64.5	최종합격자 124명
제23회(2017년도)	120명	3,625명	364명(3배수)	61	최종합격자 122명
제24회(2018년도)	120명	3,704명	371명(3배수)	58.5	최종합격자 121명
제25회(2019년도)	120명	3,795명	368명(3배수)	60.0	최종합격자 121명
제26회(2020년도)	120명	4,072명	376명(3배수)	65.0	최종합격자 124명
제27회(2021년도)	130명	4,910명	403명(3배수)	62.5	최종합격자 132명
제28회(2022년도)	130명	5,646명	393명(3배수)	60.5	최종합격자 146명
제29회(2023년도)	130명	7,616명	400명(3배수)	59.5	최종합격자 167명
제30회(2024년도)	130명	8,255명	400명(3배수)	60.0	최종합격자 195명
제31회(2025년도)	140명	8,154명	431명(3배수)	64.5	최종합격자 221명

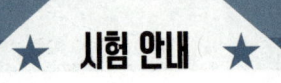
✍ 법무사 제2차 시험 응시대상자수

시행연도	선발인원	1차 면제자	1차 합격자	2차 응시인원	합격점수
2003년도(제9회)	100	263	318	581	53.38
2004년도(제10회)	121	310	388	698	54.13
2005년도(제11회)	122	331	365	696	51.38
2006년도(제12회)	123	352	373	725	53.00
2007년도(제13회)	121	343	386	729	53.00
2008년도(제14회)	120	359	364	723	41.81
2009년도(제15회)	120	329	382	711	55.88
2010년도(제16회)	121	348	365	713	63.38
2011년도(제17회)	121	320	370	690	53.31
2012년도(제18회)	121	315	373	688	53.63
2013년도(제19회)	120	344	371	715	53.23
2014년도(제20회)	122	334	362	696	53.94
2015년도(제21회)	121	330	367	697	52.90
2016년도(제22회)	124	336	376	712	54.00
2017년도(제23회)	122	345	364	709	50.70
2018년도(제24회)	121	329	371	700	53.60
2019년도(제25회)	121	340	368	708	57.54
2020년도(제26회)	124	341	376	717	56.49
2021년도(제27회)	132	375	403	778	48.82
2022년도(제28회)	146	459	393	852	50.06
2023년도(제29회)	167	596	400	996	53.90
2024년도(제30회)	195	731	400	1,131	52.43
2025년도(제31회)	221	673	406	1,079	50.00

※ 1998년도 제4회 시험 응시자부터 1차 시험 면제제도 시행

CONTENTS | PREFACE | GUIDE

PART 01 총론

차례

CONTENTS | PREFACE | GUIDE

PART 02 　각론

PART

01

총론

제1절 공탁의 의의, 종류, 공탁소

01 다음은 시·군법 원 공탁관의 직무관할에 관한 설명이다. 시·군법원 공탁관의 직무범위에 속하는 사항만 모두 고른 것은? ▶ 2011 법무사

> ㄱ. 민사집행법 제280조 제2항에 따른 가압류명령과 관련된 재판상 보증공탁
> ㄴ. 민사집행법 제248조 제1항에 따른 압류를 원인으로 한 집행공탁
> ㄷ. 민사집행법 제282조에 따른 가압류해방금액의 공탁
> ㄹ. 민사소송법 제299조 제2항에 따른 소명에 갈음하는 보증금 공탁(몰취공탁)
> ㅁ. 상업등기법 제41조에 따른 상호가등기를 위한 보증금 공탁(몰취공탁)
> ㅂ. 공익사업을 위한 토지 등의 취득 및 보상에 관한 법률 제40조 제2항 각 호에 따른 토지 등의 수용보상금 공탁

① ㄱ, ㄴ, ㄷ   ② ㄱ, ㄷ, ㅁ   ③ ㄱ, ㄷ, ㄹ
④ ㄹ, ㅁ, ㅂ   ⑤ ㄷ, ㄹ, ㅁ

해설 시·군법원 공탁관의 직무범위는 해당 시·군법원에 계속 중이거나 시·군법원에서 처리한 「소액사건심판법」의 적용을 받는 민사사건과 화해·독촉·조정사건에 대한 채무의 이행으로서 하는 「민법」 제487조 및 제488조에 따른 변제공탁, 재판상 담보공탁, 「민사집행법」 제282조의 규정에 의한 가압류해방공탁, 「민사소송법」 제299조 제2항의 규정에 의한 소명에 갈음하는 보증금의 몰취공탁으로 제한된다.

02 다음 중 시·군법원에 신청할 수 있는 공탁사건을 모두 고른 것은? ▶ 2021 법무사

> ┤ 보기 ├
> ㄱ. 소액사건심판법의 적용을 받지만 시·군법원에서 이미 처리한 민사사건에 대한 채무의 이행으로서 하는 민법 제487조 변제공탁
> ㄴ. 압류의 경합을 이유로 하는 민사집행법 제248조 집행공탁
> ㄷ. 가압류를 이유로 하는 민사집행법 제291조 및 제248조 제1항 공탁
> ㄹ. 민사집행법 제282조에 따른 가압류해방금액의 공탁
> ㅁ. 민사소송법 제299조 제2항에 따른 소명에 갈음하는 보증금의 공탁

① ㄱ, ㄴ, ㄷ   ② ㄴ, ㄷ, ㄹ   ③ ㄱ, ㄷ, ㄹ
④ ㄴ, ㄷ, ㅁ   ⑤ ㄱ, ㄹ, ㅁ

해설 ㄴ, ㄷ. 시·군법원에서는 압류를 원인으로 하는 민사집행법 제248조 제1항의 집행공탁이나 가압류를 원인으로 하는 민사집행법 제291조 및 제248조 제1항의 집행공탁은 인정되지 않는다.

 공탁의 당사자

01 공탁당사자에 관한 다음 설명 중 가장 옳지 않은 것은? (다툼이 있는 경우 판례·예규 및 선례에 의함) ▶ 2016 법무사

① 피공탁자 아닌 제3자가 피공탁자를 상대로 하여 공탁물출급청구권 확인판결을 받았다면, 그 확인판결을 받은 제3자는 직접 공탁물 출급청구를 할 수 있다.

② 등기부상 소유자를 피공탁자로 하여 보상금을 공탁한 경우 피공탁자가 이미 사망하였다면 그 공탁은 상속인들에 대한 공탁으로서 유효하다.

③ 주식회사의 경우 해산되고 청산종결등기가 마쳐졌으나, 잔존사무가 남아있는 경우 공탁당사자능력이 인정된다.

④ 민법상 미성년자가 공탁자에 의해 피공탁자로 지정되었다고 하더라도, 법정대리인의 동의를 얻거나 법정대리인의 대리에 의하지 않고서는 해당 공탁의 출급청구를 할 수 없다.

⑤ 물상보증인, 담보부동산의 제3취득자는 채무자의 의사에 반해서도 변제공탁을 할 수 있다.

> **해설** ① 변제공탁의 공탁당사자가 아닌 제3자가 피공탁자를 상대로 하여 공탁물수령권확인의 소를 제기하여 그 확인판결을 받았다 하더라도 그 제3자는 공탁당사자적격이 없으므로 직접 출급청구를 할 수 없다. 이 경우 제3자는 피공탁자를 상대로 '공탁물출급청구권 양도의 의사표시를 하고 채무자인 국가(소관 공탁관)에 이를 통지하라'는 내용의 판결을 받아 출급청구를 할 수 있을 것이다.

02 다음은 공탁당사자에 관한 설명이다. 가장 옳지 않은 것은? ▶ 2011 법무사

① 공탁당사자는 공탁신청 시 공탁서 기재에 의해 형식적으로 결정되므로 실체법상의 채권자라고 하더라도 피공탁자로 지정되어 있지 않으면 공탁물출급청구권을 행사할 수 없다.

② 주식회사의 경우 해산되고 청산종결등기가 경료되었지만 잔존사무가 남아있다면 공탁당사자능력이 인정된다.

③ 민법상 미성년자가 공탁자에 의해 피공탁자로 지정되었다면 민법상 미성년자인 상태에서도 단독으로 출급청구를 할 수 있다.

④ 재판상 담보공탁의 경우 담보제공명령을 받은 자가 아닌 제3자도 당사자를 대신하여 공탁할 수 있다.

⑤ 무기명식채권 소지인의 권리행사요건으로 행해지는 보관공탁의 경우 피공탁자는 원시적으로 존재하지 않는다.

정답 ▶ 01 ③ 02 ⑤ / 01 ① 02 ③

해설 ③ 공탁신청행위와 같은 능동적 법률행위를 할 경우에는 공탁행위능력을 요하지만 공탁자에 의해 피공탁자로 지정되는 경우와 같이 수동적 당사자일 뿐 스스로 법률행위를 하는 것이 아닌 경우에는 행위능력을 요하지 아니한다. 그러나 피공탁자로 지정된 자가 후일 해당 공탁의 출급을 청구하는 경우에는 능동적 법률행위자로서의 지위에 있는 것이므로 당연히 행위능력이 요구되는 것이고, 행위제한능력자일 경우에는 법정대리인의 대리 또는 동의에 의해서만 유효한 공탁행위를 할 수 있다.

03 공탁당사자에 관한 다음 설명 중 가장 옳지 않은 것은? ▶ 2020 법무사

① 변제공탁의 공탁당사자가 아닌 제3자가 피공탁자를 상대로 하여 공탁물출급청구권 확인의 소를 제기하여 그 확인판결을 받은 경우에는, 피공탁자로부터 공탁물출급청구권을 양도받지 않더라도 확인판결을 받은 제3자가 직접 공탁물 출급청구를 할 수 있다.

② 법인이 아닌 사단이나 재단도 대표자나 관리인의 정함이 있는 경우에는 공탁당사자 능력을 인정할 수 있다.

③ 등기부상 소유자를 피공탁자로 하여 보상금을 공탁하였는데 피공탁자가 이미 사망하였다면 그 공탁은 상속인들에 대한 공탁으로서 유효하다.

④ 민사집행법 제248조 제1항에 따른 집행공탁의 경우에는 배당절차에서 배당이 완결되어야 피공탁자가 확정되므로, 공탁 당시에 피공탁자를 지정하지 아니하였더라도 공탁이 무효라고 볼 수 없고, 공탁 당시에 피공탁자를 기재하였더라도 그 피공탁자의 기재는 법원을 구속하는 효력이 없다.

⑤ 채무자의 물상보증인, 연대채무자는 채무자의 의사에 반하여서도 변제공탁을 할 수 있다.

해설 ① 피공탁자 아닌 제3자가 피공탁자를 상대로 하여 공탁물출급청구권 확인판결을 받았더라도 그 확인판결을 받은 제3자가 직접 공탁물 출급청구를 할 수는 없다.

04 공탁의 종류에 따른 공탁당사자를 설명한 것이다. 다음 중 가장 옳지 않은 것은?

▶ 2017 법무사

① 납세담보공탁은 국세나 지방세의 징수유예, 연납 등의 허가를 구하려는 자가 공탁자가 될 것이나, 영업보증공탁은 제3자에 의한 공탁은 허용되지 않는다고 봄이 타당하다.

② 영업보증공탁은 공탁신청 당시에는 누가 영업거래 등으로 인한 손해배상채권자(담보권리자)가 될지 알 수 없으므로 영업보증공탁의 공탁서에는 피공탁자란을 두지 않는다.

③ 변제공탁은 채무자 본인이 공탁자가 되는 것이 원칙이나 연대채무자, 보증인은 채무자의 의사에 반하지 않는 경우에 한하여 변제공탁을 할 수 있다.

④ 보관공탁은 그 성질상 제3채무자가 무기명식채권 소지인 등을 갈음하여 공탁하는 것은 불가능하다.

⑤ 몰취공탁의 피공탁자는 국가이고, 몰취공탁의 공탁자는 소송당사자나 법정대리인 또는 등기신청인 등으로 법정되어 있다.

해설 ③ 이해관계 없는 제3자는 채무자의 의사에 반하여 변제공탁하지 못한다. 그러나 이해관계 있는 제3자는 채무자의 의사에 반하여서도 변제공탁할 수 있는데, 그 예로는 물상보증인, 담보부동산의 제3취득자, 연대채무자, 보증인 등을 들 수 있다.

05 공탁의 종류에 따른 공탁당사자에 관한 다음 설명 중 가장 옳지 않은 것은? ▸ 2015 법원사무관

① 재판상 담보(보증)공탁은 담보제공명령을 받은 당사자가 공탁자가 되는 것이 원칙이지만, 제3자도 담보제공명령을 받은 자를 대신하여 공탁할 수 있다.
② 채권자 甲이 채무자 乙 소유의 부동산을 가압류한 후에 제3자인 丙이 그 부동산을 취득한 경우, 가압류집행취소를 위하여 위 丙이 가압류해방공탁을 할 수도 있다.
③ 변제공탁에서 이해관계 있는 제3자인 물상보증인, 담보부동산의 제3취득자 등은 채무자의 의사에 반하여서도 변제공탁을 할 수 있다.
④ 가압류해방공탁은 원시적으로 피공탁자가 존재하지 아니하므로 출급청구권이 없다.

해설 ② 가압류해방공탁을 할 수 있는 자는 가압류채무자이다. 실무상 가압류된 부동산의 소유권을 취득한 제3자가 가압류를 말소하기 위하여 해방공탁을 하려는 경우가 종종 있으나, 가압류채무자 이외의 제3자는 해방공탁을 할 수 없다. 왜냐하면 제3자의 해방공탁을 인정한다면 해방공탁금의 회수청구권은 공탁한 제3자가 갖게 되어 나중에 가압류채권자가 가압류채무자에 대하여 집행권원을 갖게 되어도 공탁자인 제3자의 공탁금회수청구권에 대하여 강제집행이 불가능하게 되고, 이는 해방공탁의 취지에 반하게 되기 때문이다.

06 공탁당사자에 관한 다음 설명 중 가장 옳지 않은 것은? ▸ 2018 법무사

① 가압류해방공탁의 경우에는 피공탁자가 원시적으로 있을 수 없으므로, 공탁신청 시에 피공탁자를 기재하여서는 안 된다.
② 재판상 담보공탁의 경우에 제3자도 담보제공명령을 받은 자를 대신하여 공탁할 수 있고, 이 경우 제3자는 위 당사자를 대신하여 공탁함을 공탁서에 기재하여야 한다.
③ 영업보증공탁의 경우에는 영업자의 신용력 확인이라는 목적이 있으므로, 제3자에 의한 공탁은 허용되지 않는다.
④ 민법상 미성년자가 공탁자에 의해 피공탁자로 지정되었다면, 미성년자 단독으로 해당 공탁의 출급청구를 할 수 있다.
⑤ 가압류해방공탁의 공탁자는 가압류채무자이고, 가압류채무자가 아닌 제3자는 가압류해방공탁금을 공탁할 수 없다.

정답 ▸ **03** ① **04** ③ **05** ② **06** ④

해설 ④ 공탁신청행위와 같은 능동적 법률행위를 할 경우에는 공탁행위능력을 요하지만 공탁자에 의해 피공탁자로 지정되는 경우와 같이 수동적 당사자일 뿐 스스로 법률행위를 하는 것이 아닌 경우에는 행위능력을 요하지 아니한다. 그러나 피공탁자로 지정된 자가 후일 해당 공탁의 출급을 청구하는 경우에는 능동적 법률행위자로서의 지위에 있는 것이므로 당연히 행위능력이 요구되는 것이고, 행위제한능력자일 경우에는 법정대리인의 대리 또는 동의에 의해서만 유효한 공탁행위를 할 수 있다.

07 다음 중 공탁신청 시 피공탁자를 기재하여야 하는 공탁은? ▶ 2016 법원사무관

① 영업보증공탁
② 금전채권의 일부에 대하여 압류가 있는 경우, 제3채무자가 압류된 채권액만 공탁하는 경우
③ 가압류해방공탁
④ 금전채권의 일부에 대하여 가압류가 있는 경우, 제3채무자가 가압류된 채권액만 공탁하는 경우

해설 ④ 공탁신청 시 피공탁자를 기재하여야 하는 공탁은 금전채권의 일부에 대하여 가압류가 있는 경우, 제3채무자가 가압류된 채권액만 공탁하는 경우이다.

08 다음은 공탁당사자에 대한 설명이다. 가장 옳지 않은 것은? (다툼이 있는 경우 대법원 판례 · 예규 및 선례에 의함) ▶ 2013 법무사

① 보관공탁이나 가압류해방공탁의 경우는 성질상 피공탁자가 원천적으로 존재하지 않는다.
② 등기부상 소유자를 피공탁자로 하여 보상금을 공탁한 경우 피공탁자가 이미 사망하였다면 그 공탁은 상속인들에 대한 공탁으로서 유효하다.
③ 변제공탁의 공탁당사자가 아닌 제3자는 피공탁자를 상대로 하여 공탁물수령권확인의 소를 제기하여 그 확인판결을 받으면 직접 출급청구를 할 수 있다.
④ 공탁신청행위와 같은 능동적 법률행위를 하는 경우에 공탁행위능력이 요구되는 것이지, 공탁자에 의해 피공탁자로 지정되는 경우와 같이 수동적 당사자일 뿐인 경우에는 공탁행위능력이 요구되지 아니한다.
⑤ 우리 공탁제도상 채권자가 누구인지 전혀 알 수 없는 절대적 불확지의 공탁은 특별규정이 없는 이상 원칙적으로 허용되지 아니한다.

해설 ③ 변제공탁의 공탁물출급청구권자는 피공탁자 또는 그 승계인이고 피공탁자는 공탁서의 기재에 의하여 형식적으로 결정되므로, 실체법상의 채권자라고 하더라도 피공탁자로 지정되어 있지 않으면 공탁물출급청구권을 행사할 수 없다. 따라서 피공탁자 아닌 제3자가 피공탁자를 상대로 하여 공탁물출급청구권 확인판결을 받았더라도 그 확인판결을 받은 제3자가 직접 공탁물 출급청구를 할 수는 없다(대판 2006.8.25, 2005다67476).

09 **공탁당사자에 관한 다음 설명 중 가장 옳지 않은 것은?** ▸2022 법무사

① 특별한 사정이 없는 한 피공탁자가 아닌 제3자는 피공탁자를 상대로 하여 공탁물 출급청구권의 확인을 구할 이익이 없다.

② 상대적 불확지 변제공탁의 피공탁자 중 1인을 채무자로 하여 그의 공탁물출급청구권에 대하여 채권압류 및 추심명령을 받은 추심채권자는 공탁물을 출급하기 위하여 자기의 이름으로 다른 피공탁자를 상대로 공탁물출급청구권이 추심채권자의 채무자에게 있음을 확인한다는 확인의 소를 제기할 수 있다.

③ 자연인이 사망하면 공탁당사자능력이 당연히 소멸하므로 등기기록상 소유자를 피공탁자로 하여 토지수용보상금을 공탁한 경우 피공탁자가 이미 사망하였다면 그 공탁을 상속인들에 대한 공탁으로서 유효하다고 볼 수 없다.

④ 주택임대차보호법상 대항력을 갖춘 임차인의 임대차보증금반환채권이 가압류된 상태에서 임대주택이 양도되면 임대주택의 양수인이 해당 주택에 관한 등기사항증명서를 첨부하여 집행공탁할 수 있다.

⑤ 가압류채권자의 가압류채무자에 대한 집행권원으로는 제3자가 한 해방공탁금에 대한 집행을 할 수 없다.

> **해설** ③ 등기부상 소유자를 피공탁자로 하여 보상금을 공탁하였는데 피공탁자가 이미 사망하였다면 그 공탁은 상속인들에 대한 공탁으로서 유효하다.

제3절 공탁물

01
다음은 공탁의 목적물에 대한 설명이다. 가장 틀린 것은? ▶ 2009 법무사

① 공탁물보관자의 영업범위에 속하지 않는 물품은 채무이행지 관할 지방법원에 공탁물보관자 선임신청을 하여 그 지정을 받아 공탁할 수 있다.

② 선례에 의하면 부동산은 변제공탁의 목적물이 될 수 없다.

③ 외국통화는 금전공탁의 목적물이 아니고 물품공탁의 목적물이다.

④ 납세담보공탁의 목적물은 금전 또는 유가증권이지만 공탁할 수 있는 유가증권은 국채, 지방채, 세무서장이 확실하다고 인정하는 유가증권이다.

⑤ 판례에 의하면 가압류해방공탁의 목적물은 금전 또는 실질적 통용가치가 있는 유가증권에 한하여 허용된다.

> **해설** ⑤ 가압류해방공탁은 가압류의 목적물에 갈음하는 것으로서 금전에 의한 공탁만이 허용되고, 유가증권에 의한 공탁은 그 유가증권이 실질적 통용가치가 있는 것이라 하더라도 허용되지 않는다.

02
공탁의 목적물로 유가증권이나 물품은 불가능하고, 금전공탁만이 가능한 경우는? ▶ 2007 법무사

가. 재판상 보증공탁	나. 영업보증공탁
다. 가압류해방공탁	라. 상법상의 보관공탁
마. 상호가등기를 위한 몰취공탁	

① 가, 나, 다   ② 나, 다, 라   ③ 다, 라, 마

④ 나, 다, 마   ⑤ 다, 마

> **해설** 가. 재판상 담보공탁의 목적물은 금전 또는 법원이 인정하는 유가증권이 가능하다.
> 나. 영업보증공탁의 목적물은 각 영업보증공탁의 근거법령에 의하여 정해져 있으나 금전 외에 국채, 공채 등도 가능하다.
> 다. 가압류해방공탁은 가압류의 목적물에 갈음하는 것으로서 금전에 의한 공탁만이 허용되고, 유가증권에 의한 공탁은 그 유가증권이 실질적 통용가치가 있는 것이라 하더라도 허용되지 않는다.
> 라. 상법상의 공탁은 유가증권인 '무기명식 사채권', 담보부사채신탁법상의 공탁은 '사채권'으로 법정되어 있다.
> 마. 상호가등기를 위한 몰취공탁(상업등기법 제41조)은 일정한 금액을 공탁하도록 하고 있으므로, 그 공탁물은 금전만이 허용될 뿐 지급보증위탁계약체결문서(보증보험증권)를 제출할 수는 없다.

03 **공탁물(공탁의 목적물)에 관한 다음 설명 중 가장 옳지 않은 것은?** ▸2023 법무사

① 가압류해방공탁의 목적물은 금전에 의한 공탁만 가능하다.

② 변제의 목적물이 공탁에 적당하지 않거나, 멸실 또는 훼손될 염려가 있거나 공탁에 과다한 비용을 요하는 경우에는 변제자는 법원의 허가를 얻어 그 물건을 경매하거나 시가로 방매하여 대금을 공탁할 수 있다.

③ 상호가등기를 위한 공탁의 경우 금전 또는 법원이 인정한 유가증권으로 공탁할 수 있다.

④ 기명식 유가증권을 공탁하는 경우에는 공탁물을 수령하는 자가 즉시 권리를 취득할 수 있도록 유가증권에 배서를 하거나 양도증서를 첨부하여야 한다.

⑤ 사업시행자가 공익사업을 위한 토지 등의 취득 및 보상에 관한 법률이 규정하고 있는 절차에 따라 공공용지를 수용 또는 취득하고 그에 따른 손실보상금을 피수용자에게 지급하는 것에 갈음하여 공탁하는 경우 공탁물은 당해 법령에 규정되어 있는 대로 금전 또는 채권으로 할 수 있을 것이나, 그 경우에 있어서도 현금으로 보상금을 지급하도록 되어 있을 때에는 현금으로 지급하거나 공탁을 하여야지 현금 대신 채권으로 지급하거나 공탁을 할 수는 없다.

해설 ③ 상호가등기를 위한 몰취공탁은 일정한 금액을 공탁하도록 하고 있으므로, 그 공탁물은 금전만이 허용될 뿐 지급보증위탁계약체결문서(보증보험증권)를 제출할 수는 없다.

공탁신청절차

제1절 방문공탁과 전자공탁

01 **공탁의 신청에 관한 다음 설명 중 가장 옳지 않은 것은?** ▶ 2021 법무사

① 수인의 공탁자가 공탁하면서 각자의 공탁금액을 나누어 기재하지 않고 공동으로 하나의
   공탁금액을 기재한 경우에 공탁자들은 균등한 비율로 공탁한 것으로 보아야 한다.

② 변제공탁에서 피공탁자의 지정은 전적으로 공탁자의 행위에 의한다.

③ 복수의 채권자들에 대한 개별 채권액을 산정하기 어려운 경우에도 복수의 채권자들을
   일괄하여 피공탁자로 표시하여 공탁할 수는 없다.

④ 공탁자를 대리하여 공탁할 수도 있다.

⑤ 부동산 자체는 변제공탁의 목적물이 될 수 없다.

> **해설** ③ 공탁자가 지급하여야 할 보상금의 총액은 확정되어 있으나 보상금 수령권자가 불분명할 뿐만 아
> 니라 그 배분 금액도 다투는 경우에는 다투는 자 전원을 피공탁자로 지정하여 채권자 불확지공탁
> 을 할 수 있다.

02 **공탁신청절차에 관한 다음 설명 중 가장 옳지 않은 것은?** ▶ 2020 법무사

① 공탁액이 5천만원 이하의 금전공탁사건에 관한 공탁금 출급 또는 회수청구는 공탁규칙
   에서 정하는 바에 따라 전자공탁시스템을 이용하여 전자문서로 할 수 있다.

② 공탁을 하려는 자는 공탁신청에 관하여는 다른 민원관계의 사무처리와 동일하게 우편에
   의한 공탁신청도 할 수 있다.

③ 국내에 주소나 거소가 없는 외국인이나 재외국민을 위한 변제공탁은 지참채무의 경우에
   다른 법령의 규정이나 당사자의 특약이 없는 한 서울중앙지방법원의 공탁관에게 할 수
   있다.

④ 파산관재인이 채무자 회생 및 파산에 관한 법률 제528조 제3호에 따라 파산채권자를 위
   하여 배당액을 변제공탁할 경우에 채무이행지인 파산관재인이 직무를 수행하는 장소를
   관할하는 지방법원에 공탁할 수 있다.

⑤ 공탁당사자가 다르더라도 공탁원인사실과 관할공탁소가 동일하고 공탁종류가 동일한 때
   에는 일괄하여 1건의 공탁서로 작성·제출할 수 있다.

> **해설** ② 공탁신청은 우편으로 할 수 없다.

03 전자공탁에 관한 다음 설명 중 가장 옳지 않은 것은? ▸2020 법무사

① 변호사 또는 법무사회원이 전자문서에 의하여 지급청구를 하는 경우에는 변호사회원 또는 법무사회원의 전자서명과 청구인 본인의 전자서명을 함께 제출하여야 한다.

② 법인 전자증명서를 이용하는 법인회원은 공탁소를 방문하지 않고도 사용자등록을 할 수 있다.

③ 1억원의 금전담보공탁은 전자공탁으로 할 수 없다.

④ 공동의 이해관계를 가진 여러 당사자나 대리인이 공동으로 출급을 신청하는 경우에는 해당 전자문서에 공동명의자 전원이 전자서명을 하여 제출하는 방법에 따라 공동명의로 된 하나의 전자문서를 제출할 수 있다.

⑤ 공탁관은 공탁을 수리하는 경우 납입기한을 정하여 공탁자로 하여금 가상계좌로 공탁금(공탁통지를 하는 경우 우편료 포함)을 납입하게 하여야 한다.

해설 ③ 변제공탁의 전자 신청은 액수의 제한이 없다. 그러나 공탁금 출급·회수청구는 공탁액이 금 5천만원 이하인 경우에만 가능하다.

04 전자공탁에 관한 다음 설명 중 가장 옳은 것은? ▸2019 법원사무관

① 국가 또는 지방자치단체를 제외한 법인 중 전자서명법에 따른 공인인증서를 사용하여 사용자등록을 신청하는 법인은 공탁소에 출석할 필요가 없다.

② 전자신청의 대리는 자격자대리인(변호사, 법무사)에 한정되지 않는다.

③ 미성년자와 달리 법인 아닌 사단이나 재단의 경우에는 전자공탁시스템을 이용할 수 있다.

④ 방문신청의 방법으로 공탁된 사건에 대하여도 공탁액이 5,000만원 이하인 금전공탁사건인 경우에는 전자공탁시스템에 의한 지급청구를 할 수 있다.

해설 ① 법인이 「전자서명법」에 따른 '공인인증서(법인용)'를 사용하는 경우에 공탁소에 방문하여 사용자등록을 위한 접근번호를 부여받아야 하지만, 법인 '전자증명서'를 사용하는 경우에는 공탁소를 방문하지 않고 온라인으로 사용자등록이 가능하다.
② 전자신청의 대리는 자격자대리인(변호사, 법무사)만이 할 수 있다.
③ 법인 아닌 사단이나 재단의 경우 전자적으로 대표자 개인과 조직 간의 관계를 증명할 수 없기 때문에 전자공탁서비스를 이용할 수 없다.

정답 01 ③ 02 ② 03 ③ 04 ④

05 다음은 전자공탁시스템을 이용한 공탁 · 출급 · 회수 등의 업무처리에 관한 설명이다. 가장 옳지 않은 것은?　▶ 2014 법원사무관

① 공탁액이 금 5천만원 이하인 금전공탁사건에 대한 공탁금 출급 · 회수청구는 전자공탁시스템을 이용하여 접수 및 처리할 수 있다.

② 법인 아닌 사단이나 재단의 경우도 전자공탁서비스를 이용할 수 있다.

③ 전자신청의 대리는 자격자대리인(변호사, 법무사)만이 할 수 있다.

④ 전자공탁시스템을 이용하여 공탁이 이루어진 사건에 대하여 공탁물 출급 · 회수청구권에 관한 압류명령서 등이 접수된 경우, 공탁관은 공탁기록표지를 출력한 후 제출된 서면을 접수순서에 따라 별도의 공탁기록으로 관리 · 보존한다.

> **해설** ② 법인 아닌 사단이나 재단의 경우 전자적으로 대표자 개인과 조직 간의 관계를 증명할 수 없기 때문에 전자공탁서비스를 이용할 수 없다.

06 전자공탁에 관한 다음 설명 중 가장 옳지 않은 것은?　▶ 2018 법무사 수정

① 전자문서에 의한 신청은 그 신청정보가 전자공탁시스템에 저장된 때에 접수된 것으로 본다.

② 전자문서에 의하여 공탁금의 출급 또는 회수를 청구하는 경우 공탁규칙 제37조 제1항 및 제2항의 인감증명서는 첨부하지 아니한다.

③ 법인 아닌 사단이나 재단의 경우에는 전자공탁시스템을 이용할 수 없다.

④ 전자문서에 의한 공탁금의 출급 또는 회수청구에 따라 공탁금을 예금계좌에 입금하여 지급하는 경우 그 예금계좌는 청구인 본인의 예금계좌이어야 한다.

⑤ 공탁금액이 5천만원을 초과하는 금전공탁신청 및 이에 대한 공탁금 출급 또는 회수청구에 대해서는 전자공탁시스템을 이용할 수 없다.

> **해설** ⑤ 금전공탁신청사건은 공탁금에 제한이 없으며, 공탁금 출급 또는 회수청구의 경우만 공탁액이 금 5천만원 이하인 금전공탁사건에 한하여 적용한다.

07 공탁절차 일반에 관한 다음 설명 중 가장 옳지 않은 것은? (다툼이 있는 경우 판례 및 예규, 선례에 의함)
▸ 2013 법원사무관

① 공탁금 출급청구서에 인감증명법에 따라 신고한 인감을 날인하고 인감증명서를 제출하여야 하는 경우 이에 갈음하여 청구서에 서명을 하고 본인서명사실확인서를 제출할 수 있다.

② 공탁관은 전자공탁시스템을 이용하여 이뤄진 변제공탁사건의 공탁금출급청구권에 관한 압류명령서를 받은 때에는 압류명령서를 스캔하여 전자적으로 관리하면 족하고, 별도의 공탁기록으로 관리할 것을 요하지 않는다.

③ 전자공탁시스템을 이용하여 공탁금을 출급청구하는 경우에는 공탁규칙 제37조 인감증명서 첨부를 요하지 아니한다.

④ 공탁물의 출급청구인이 자신의 주민등록표 등·초본을 제출하여야 하는 경우 행정정보 공동이용을 통하여 공탁관이 이를 확인하고 해당 서면의 제출을 면제해 줄 수 있는데, 이때 출급청구인의 동의가 있어야 있다.

> **해설** ② 전자공탁시스템을 이용하여 공탁이 이루어진 사건에 대하여 공탁물 출급·회수청구권에 관한 가처분명령서, 가압류명령서, 압류명령서, 전부 또는 추심명령서, 압류취소명령서, 그 밖에 이전 또는 처분제한의 서면 등이 접수된 경우, 공탁관은 공탁기록 표지를 출력한 후 제출된 서면을 접수순서에 따라 편철하여 별도의 공탁기록으로 관리·보존하고 전산시스템에 그 뜻을 입력하여야 한다.

08 전자공탁시스템에 의한 공탁절차와 관련된 다음 설명 중 가장 옳지 않은 것은?
▸ 2015 법무사

① 제3채무자는 전자공탁시스템에 의하여 1억원을 집행공탁(민사집행법 제248조 제1항)할 수 있다.

② 외국인도 일정한 요건을 갖춘 경우에는 전자공탁시스템을 이용하여 공탁할 수 있다.

③ 전자문서에 의하여 공탁금의 출급 또는 회수를 청구하는 경우 공탁규칙 제37조 제1항 및 제2항의 인감증명서는 첨부하지 아니한다.

④ 변제공탁(민법 제487조)의 피공탁자는 전자공탁시스템에 의하여 1억원을 출급청구할 수 있다.

⑤ 변제공탁(민법 제487조)의 피공탁자가 공탁소를 직접 방문하여 3천만원을 출급청구하고 공탁금을 수령한 후 전자공탁시스템을 이용하여 공탁금 출급에 대한 인가가 있었다는 사실증명을 청구할 수는 없다.

> **해설** ④ 금전공탁신청사건에는 금액제한이 없으나, 공탁금 출급·회수청구의 경우에는 공탁액이 금 5천만원 이하인 금전공탁사건에만 인정된다.

09 전자공탁에 관한 다음 설명 중 가장 옳지 않은 것은? ▶ 2017 법무사

① 미성년자의 경우 법정대리인의 동의 없이 유효한 공탁행위능력을 가지는지 여부에 관하여 전자공탁시스템으로 파악하기 어려우므로 전자신청을 할 수 없다.

② 전자공탁시스템에 의한 공탁사건에 대한 정정신청 또는 보정은 전자공탁시스템을 이용하여 하여야 한다.

③ 전자공탁시스템에 의한 전자신청의 대리는 자격자대리인(변호사, 법무사)만이 할 수 있다.

④ 법무사회원이 전자공탁시스템을 이용하여 전자문서에 의한 공탁금의 지급을 청구하는 경우에는 청구인의 전자서명도 함께 제출하여야 한다.

⑤ 방문신청의 방법으로 공탁된 사건에 대해서는 금액에 관계없이 전자공탁시스템에 의한 지급청구를 할 수 없다.

> **해설** ⑤ 방문신청의 방법으로 공탁된 사건에 대하여도 전자공탁시스템에 의한 지급청구를 할 수 있는데, 이때 전자서명은 공탁이 성립할 당시 공탁당사자의 것이어야 한다. 따라서 공탁자 또는 피공탁자의 상속인은 전자신청의 방법으로 지급청구를 할 수는 없다.

10 다음은 전자공탁에 대한 설명이다. 가장 옳지 않은 것은? ▶ 2013 법무사

① 전자신청의 대리는 자격자대리인(변호사, 법무사)만이 할 수 있다.

② 금전공탁신청사건 또는 공탁액이 금 5천만원 이하인 금전공탁사건에 대한 공탁금 출급·회수청구는 전자공탁시스템을 이용하여 접수 및 처리할 수 있다.

③ 사용자등록을 신청하는 변호사회원 또는 법무사회원은 공탁소에 출석하여 그 자격을 증명하는 서면을 제출하여야 한다.

④ 전자문서에 의하여 공탁금의 출급 또는 회수를 청구하는 경우 인감증명서는 스캔을 하여 첨부하여야 한다.

⑤ 전자공탁시스템을 이용하여 공탁이 이루어진 사건에 대하여 공탁물 출급·회수청구에 관한 (가)압류명령서 등 처분제한의 서면이 접수된 경우, 공탁관은 공탁기록 표지를 출력한 후 제출된 서면을 접수순서대로 편철하여 별도의 공탁기록으로 관리·보존하고 전산시스템에 그 뜻을 입력하여야 한다.

> **해설** ④ 전자문서에 의하여 공탁금의 출급 또는 회수를 청구하는 경우 공탁규칙 제37조의 인감증명서는 첨부하지 아니한다(규칙 제79조 제1항).

11 **전자공탁시스템에 의한 공탁절차에 관한 다음 설명 중 가장 옳은 것은?** ▶ 2022 법원사무관

① 전자공탁시스템을 이용한 전자기록의 열람은 공탁관이 열람을 승인한 날부터 2주일 이내에 할 수 있다.

② 민사집행법 제282조 가압류해방공탁(공탁액 1억원)을 하는 경우 전자공탁시스템을 이용할 수 없다.

③ 전자공탁시스템에 의하여 공탁이 이루어진 후 발송한 공탁통지서가 반송된 경우 공탁관은 이를 피공탁자가 교부청구할 때까지 반드시 이를 보관하여야 한다.

④ 법무사회원이 전자문서에 의하여 공탁금 지급청구를 하는 경우에는 법무사회원의 전자서명 외에 청구인 본인의 전자서명을 함께 제출하여야 한다.

해설 ① 전자공탁시스템을 이용한 전자기록의 열람은 공탁관이 열람을 승인한 날부터 1주일 이내에 할 수 있다.

② 전자공탁 신청의 경우에는 액수제한이 없이 할 수 있다.

③ 전자공탁시스템에서 출력하여 발송한 공탁통지서가 반송된 경우 공탁관은 이를 폐기할 수 있다. 이 경우 공탁자가 피공탁자에게 공탁통지서를 다시 발송하여 줄 것을 신청하면 전자공탁시스템에서 다시 출력하여 발송한다.

12 **전자공탁시스템을 이용한 공탁절차에 관한 다음 설명 중 옳은 것을 모두 고른 것은?**

▶ 2023 법무사

> ㄱ. 공탁규칙 제70조 제1항 제1호 '개인회원'은 공탁소를 방문하지 않고도 공탁규칙 제70조 '사용자등록'을 할 수 있다.
> ㄴ. 민법 제487조 변제공탁(공탁액 6천만원)사건의 피공탁자인 丙은 전자공탁시스템을 이용하여 공탁금 출급청구를 할 수 있다.
> ㄷ. 甲은 전자공탁시스템을 이용하여 乙에 대한 채무 1억원을 민법 제487조 변제공탁을 할 수 있다.
> ㄹ. 전자공탁시스템에 사용자등록을 한 법무사회원이 전자공탁시스템을 이용하여 공탁금 출급청구서를 제출하는 경우 법무사회원이 전자서명을 하였다면 청구인 본인의 전자서명은 요하지 않는다.
> ㅁ. 전자공탁시스템을 이용하여 공탁금 출급청구를 하는 경우에 청구인은 공탁금 출급청구서를 출력하여 공탁금 보관은행에 제출하는 방법으로 공탁금을 수령할 수도 있다.

① ㄱ, ㄴ, ㄷ   ② ㄴ, ㄷ, ㄹ   ③ ㄷ, ㄹ, ㅁ
④ ㄴ, ㄹ, ㅁ   ⑤ ㄱ, ㄷ, ㅁ

해설 ㄴ. 공탁액이 금 5천만원 이하인 금전공탁사건에 대한 공탁금 출급·회수청구만 가능하다.

ㄹ. 변호사 또는 법무사회원이 전자문서에 의하여 지급청구하는 경우에는 변호사회원 또는 법무사회원의 전자서명과 청구인 본인의 전자서명을 함께 제출하여야 한다.

정답 09 ⑤   10 ④   11 ④   12 ⑤

 **공탁서 작성방법**

01 공탁서에 관한 다음 설명 중 가장 틀린 것은? (다툼이 있는 경우 대법원 판결, 예규 또는 선례에 따름)
▶ 2010 법원사무관 수정

① 공탁서에 적은 금전에 관한 숫자는 정정, 추가나 삭제를 하지 못하기 때문에 공탁원인 사실에 기재한 금전에 관한 숫자도 정정, 추가나 삭제를 하지 못한다.
② 공탁자가 외국인일 경우 여권번호, 외국인등록번호, 국내거소신고번호로, 재외국민일 경우 여권번호로 대신할 수 있다.
③ 토지수용의 경우에 보상금을 받을 자를 전혀 알 수 없는 때에는 공탁서상에 피공탁자의 성명·주소·주민등록번호를 기재하는 대신 '피수용자 불명' 등으로 기재하여 변제공탁 을 할 수 있다.
④ 공탁자는 공탁서에 날인하는 대신 서명으로 이를 갈음할 수 있다.

> **해설** ① 공탁서, 공탁물 출급·회수청구서, 지급위탁서·증명서에 적은 금전에 관한 숫자는 정정, 추가나 삭제를 하지 못한다. 그러나 공탁서의 공탁원인사실의 기재와 청구서의 청구사유에 적은 금전에 관한 숫자는 그러하지 아니하다.

02 공탁신청절차에 관한 다음 설명 중 가장 옳지 않은 것은? (다툼이 있는 경우 판례에 의함)
▶ 2016 법무사 수정

① 날인제도가 없는 국가에 속하는 외국인은 서명만으로 공탁서 및 위임장의 기명날인을 대신할 수 있다.
② 제3자에 의한 변제공탁의 경우 제3자가 이해관계가 없는 때에는 '공탁원인사실'란에 채 무자의 동의를 얻어 제3자로서 채무자를 갈음하여 공탁한다고 적는다.
③ 공탁서 성명란의 주민등록번호는 공탁당사자가 재외국민일 경우 여권번호나 국내거소신 고번호로 대신할 수 있다.
④ 법인 아닌 사단이나 재단의 경우에는 전자적으로 대표자 개인과 조직 간의 관계를 증명 할 수 없기 때문에 전자공탁시스템을 이용할 수 없다.
⑤ 자연인과 법인이 모두 전자신청을 할 수가 있는데, 신청인(법인인 경우 법인의 대표자) 이 외국인인 때에는 출입국관리법 제31조에 따라 외국인등록을 하거나 재외동포의 출입 국과 법적지위에 관한 법률 제6조, 제7조에 따른 국내거소신고를 하여야 한다.

> **해설** ③ 재외국민의 국내거소신고제도가 폐지됨에 따라 공탁자가 재외국민인 경우 공탁서의 공탁자 성명 란에 기재하는 주민등록번호를 국내거소신고번호로 대신할 수 있던 부분은 삭제되었다(여권번호 로는 주민등록번호를 대신할 수 있다).

03 공탁서에 관한 다음 설명 중 가장 옳지 않은 것은? ▸2009 법무사

① 공탁관에게 제출하는 서류가 두 장 이상인 때에는 작성자는 간인을 하여야 하는데, 서류 작성자가 2인인 경우에는 그중 한 사람이 간인을 하면 된다.

② 금전공탁서의 「공탁금액」란에 적는 금액의 기재는 한글과 아라비아 숫자로 병기하도록 한다.

③ 영업보증공탁을 하는 경우 공탁서에 「관공서의 명칭과 건명」이 별도의 기재사항으로 정해져 있다.

④ 피공탁자가 법인일 경우에는 법인등록번호를 확인할 수 있는 자료가 첨부되는 경우에 한하여 피공탁자의 법인등록번호를 기재한다.

⑤ 공탁자는 공탁서에 날인 대신 서명을 할 수 있고, 날인이나 서명을 할 수 없을 때에는 무인으로 할 수 있다.

해설 ④ 공탁서에는 원칙적으로 피공탁자의 주민등록번호(법인등록번호)를 기재하여야 하나 주민등록번호를 확인할 수 있는 서면을 첨부하여야 하는 것은 아니다. 다만, 변제공탁을 하는 경우에 공탁서에 피공탁자의 주소를 소명하는 서면으로 주민등록표 등·초본을 첨부할 때는 주민등록표 등·초본에 의하여 주민등록번호를 확인할 수 있다(공탁선례 제2-276호).

 **제3절** 공탁서의 첨부서면

01 채무자가 변제공탁을 하는 경우 공탁서의 첨부서면에 관한 다음 설명 중 가장 옳은 것은?

▶ 2022 법무사

① 공탁자가 법인 아닌 사단인 경우 정관 기타 규약과 대표자나 관리인의 자격을 증명하는 서면을 공탁서에 첨부하여야 하는데, 법인 아닌 사단이 판결에 기하여 공탁을 하는 경우 판결문상에 사단의 실체 및 대표자가 표시되어 있다면 그 판결문만을 첨부하여 공탁할 수 있다.

② 공탁자가 법인 아닌 사단인 종중인 경우 부동산등기용 등록번호를 증명하는 서면인 종중등록증명서는 대표자의 자격을 증명하는 서면이 될 수 있다.

③ 피공탁자의 주소를 소명하는 서면으로서 주민등록표 등·초본 등 관공서에서 발급받은 서면은 발급일로부터 6개월 이내의 것이어야 한다.

④ 재결서나 판결문에 피공탁자의 주소가 표시되어 있고 표시된 주소가 주민등록표 등·초본상의 주소와 일치하는 경우 재결서나 판결문은 직접 주소를 소명하는 서면으로 볼 수 있다.

⑤ 피공탁자의 주소가 불명인 경우에는 그 사유를 소명하는 서면으로서 피공탁자의 최종주소를 소명하는 서면과 그 주소지에 피공탁자가 거주하지 않는다는 것을 소명하는 자료 등을 첨부하여야 하는데, 변제공탁의 직접 원인이 되는 계약서는 피공탁자의 최종주소를 소명하는 서면이 될 수 있다.

해설 ① 공탁자가 법인 아닌 사단인 경우 정관 기타 규약과 대표자나 관리인의 자격을 증명하는 서면을 공탁서에 첨부하여야 하며, 법인 아닌 사단이 판결에 기하여 공탁을 하는 경우 판결문상에 사단의 실체 및 대표자가 표시되어 있다 하여도 그 판결문만을 첨부하여 공탁할 수 없다.

② 공탁자가 법인 아닌 사단인 종중인 경우 부동산등기용 등록번호를 증명하는 서면인 종중등록증명서는 대표자의 자격을 증명하는 서면이 될 수 없다.

③ 피공탁자의 주소를 소명하는 서면으로서 주민등록표 등·초본 등 관공서에서 발급받은 서면은 발급일로부터 3개월 이내의 것이어야 한다.

④ 재결서나 판결문에 피공탁자의 주소가 표시되어 있고 표시된 주소가 주민등록표 등·초본상의 주소와 일치하여도 재결서나 판결문은 주소가 불명인 경우에 그 사유를 소명하는 서면으로 볼 수는 있어도 직접 주소를 소명하는 서면으로 볼 수 없다.

02

공탁서의 첨부서면에 관한 다음 설명 중 가장 옳은 것은? ▸ 2021 법무사

① 공탁자가 법인 아닌 사단일 경우 판결문에 그 대표자가 표시되어 있다면 공탁서에 판결문만 첨부하면 되고 정관이나 규약과 대표자 또는 관리인의 자격을 증명하는 서면을 첨부할 필요가 없다.

② 공탁자가 종중인 경우 그 대표자의 자격을 증명하는 서면으로 부동산등기용등록번호를 증명하는 서면을 첨부할 수 있다.

③ 변제공탁을 하는 경우 피공탁자의 주소를 소명하는 서면을 첨부해야 하나 피공탁자의 주소가 불명이라면 이를 소명하는 서면을 첨부할 필요는 없다.

④ 공탁자가 피공탁자에게 공탁통지를 하여야 할 경우에는 피공탁자의 수만큼 공탁통지서를 첨부하여야 한다.

⑤ 같은 사람이 동시에 같은 공탁법원에 여러 건의 공탁을 하는 경우 첨부서면의 내용이 같더라도 항상 공탁서마다 첨부서면을 모두 첨부하여야 한다.

해설
① 01번 해설 참조
② 비법인 사단의 대표적인 예가 될 수 있는 종중의 경우에도 대표자 또는 관리인의 자격을 증명하는 서면은 종중규약에 따라 대표자로 선출된 회의록 등이고, 부동산등기용 등록번호를 증명하는 서면인 종중등록증명서는 대표자의 자격을 증명하는 서면에 해당하지 않는다(공탁선례 제2-136호).
③ 변제공탁하는 경우에 피공탁자의 주소를 표시하는 때에는 그 주소를 소명하는 서면을, 피공탁자의 주소가 불명인 경우에는 이를 소명하는 서면을 첨부해야 한다.
⑤ 같은 사람이 동시에 같은 공탁법원에 대하여 여러 건의 공탁을 하는 경우에 첨부서면의 내용이 같을 때에는 1건의 공탁서에 1통만을 첨부하면 된다. 이 경우 다른 공탁서에는 그 뜻을 적어야 한다.

03

재외국민 등의 공탁에 관한 다음 설명 중 가장 옳지 않은 것은? ▸ 2025 법무사

① 공탁당사자가 재외국민일 경우 공탁서의 주민등록번호는 여권번호를 기재할 수 있다.

② 공탁당사자가 외국인일 경우 공탁서의 주민등록번호는 여권번호, 외국인등록번호 또는 국내거소신고번호를 기재할 수 있다.

③ 피공탁자가 재외국민 또는 외국인일 경우 여권번호, 외국인등록번호 또는 국내거소신고번호의 확인을 위하여 외국인등록 사실증명서, 국내거소신고 사실증명서 등 소명자료를 첨부할 수 있다.

④ 피공탁자가 재외국민 또는 외국인으로서 주소가 분명하지 아니한 경우 공탁의 직접 원인이 되는 서면(계약서, 재판서, 재결서, 등기사항증명서, 토지대장, 말소된 주민등록표등·초본 등)에 나타난 주소지를 최종 주소지로 기재하고, 그 최종 주소지에 피공탁자가 거주하지 않는다는 것을 소명하는 서면(발송된 우편물이 이사불명 등으로 반송되었다는 취지가 기재된 최근의 배달증명서 등)을 제출하여야 한다.

⑤ 제출문서가 외국 공문서이거나 외국 공증인이 공증한 문서인 경우(이하 '외국 공문서 등'이라 한다)에는 재외공관 공증법 제30조 제1항에 따라 공증담당영사의 확인을 받거나 외국공문서에 대한 인증의 요구를 폐지하는 협약에서 정하는 바에 따른 아포스티유(Apostille)를 붙여야 한다. 다만, 외국 공문서 등의 발행국이 대한민국과 수교하지 아니한 국가이면서 위 협약의 가입국이 아닌 경우와 같이 부득이한 사유로 문서의 확인을 받거나 아포스티유를 붙이는 것이 곤란한 경우에는 그러하지 아니하다.

> **해설** ③ 공탁자와 달리 피공탁자의 경우 이를 확인할 수 있는 자료(여권사본, 외국인등록사실증명서, 국내거소신고사실증명서 등)를 첨부하여야 한다.
> **재외국민 등의 공탁에 관한 업무처리지침 제5조(재외국민 등의 주민등록번호)**
> ① 공탁당사자가 재외국민일 경우 공탁서의 주민등록번호는 여권번호를 기재할 수 있다.
> ② 공탁당사자가 외국인일 경우 공탁서의 주민등록번호는 여권번호, 외국인등록번호 또는 국내거소신고번호를 기재할 수 있다.
> ③ 피공탁자가 재외국민 또는 외국인일 경우 제1항 또는 제2항의 확인을 위하여 외국인등록 사실증명서, 국내거소신고 사실증명서 등 소명자료를 첨부하여야 한다.

04 공탁절차에 관한 다음 설명 중 가장 옳지 않은 것은?   ▶ 2020 법원사무관 승진

① 공탁은 반드시 법령에 근거하여야 하고 당사자가 임의로 할 수 없는 것이므로, 금전채권의 채무자가 공탁의 방법에 의한 채무의 지급을 약속하더라도 채권자가 채무자에게 이러한 약정에 기하여 공탁할 것을 청구하는 것은 허용되지 않는다.

② 피공탁자의 주소를 소명하는 서면은 원칙적으로 피공탁자의 주민등록표등·초본이므로 판결문을 주소를 증명하는 서면으로 할 수는 없다.

③ 비법인 사단이 판결에 기하여 공탁을 하는 경우 판결문상에 사단의 실체 및 대표자가 표시되어 있다면 그 판결문만을 첨부하여 공탁할 수 있다.

④ 공탁서의 공탁원인사실과 청구서의 청구사유에 적은 금전에 관한 숫자는 정정(訂正), 추가나 삭제할 수 있다.

> **해설** ③ 01번 해설 참조

05 공탁신청절차에 관한 다음 설명 중 가장 옳지 않은 것은? (다툼이 있는 경우 판례·예규 및 선례에 의함) ▸ 2017 법무사

① 금전채권의 일부에 대하여 압류가 있어 제3채무자가 압류된 채권액에 대하여만 공탁하는 경우, 압류명령의 채무자를 피공탁자로 기재하여야 한다.

② 채권자 상대적 불확지공탁을 하는 경우에는 피공탁자로 기재된 자 모두의 주소소명서면을 제출하여야 한다.

③ 피공탁자의 주소불명을 원인으로 변제공탁을 하는 경우에 공탁신청 당시에는 공탁통지서를 첨부할 필요가 없고, 나중에 피공탁자의 주소를 알게 된 때 공탁서 정정신청을 하면서 공탁통지서를 첨부하여야 한다.

④ 재결서나 판결문에 피공탁자의 주소가 표시되어 있고, 표시된 주소가 피공탁자의 주민등록등·초본상의 주소와 일치된다고 하더라도, 그 재결서나 판결문은 직접 주소를 소명하는 서면으로 볼 수 없다.

⑤ 피공탁자가 외국인이거나 재외국민으로 주소가 불명인 경우, 공탁의 직접 원인이 되는 서면에 나타난 주소지를 최종주소로 기재하고, 그 최종주소지에 피공탁자가 거주하지 않았다는 것을 소명하는 서면을 제출하여야 한다.

> **해설** ① 제3채무자가 압류된 금액만을 집행공탁하는 경우 공탁한 때에 공탁금 전액에 대하여 배당절차가 개시되고(민사집행법 제252조), 사유신고로 배당요구의 종기가 되어(민사집행법 제247조 제1항) 다른 채권자는 더 이상 배당요구를 할 수 없게 된다. 따라서 이 경우 피공탁자는 배당절차에서 배당을 받을 수 있는 단계에서나 확정되고 공탁신청 당시에는 피공탁자가 있을 수 없어 피공탁자를 기재하지 않으므로 공탁통지서도 첨부할 필요가 없고, 다만 실무상 압류결정문 사본을 첨부하고 있다.

06 다음은 공탁서의 첨부서면에 관한 설명이다. 가장 옳지 않은 것은? ▸ 2013 법무사

① 공탁자가 법인 아닌 사단이나 재단일 경우에는 정관이나 규약과 대표자 또는 관리인의 자격을 증명하는 서면을 공탁서에 첨부하여야 한다.

② 대리인이 공탁하는 경우에는 대리인의 권한을 증명하는 서면을 공탁서에 첨부하여야 한다.

③ 변제공탁을 하는 경우에 피공탁자의 주소를 표시하는 때에는 그 주소를 소명하는 서면을, 피공탁자의 주소가 불명인 경우에는 그 사유를 소명하는 서면을 첨부하여야 한다.

④ 민사집행법 제248조 제1항에 따라 금전채권의 일부만이 압류되었음에도 그 채권 전액을 공탁하는 경우 피공탁자(압류채무자)의 주소소명서면을 첨부할 필요가 없다.

⑤ 금전채권의 일부 또는 전부에 대하여 가압류가 있는 경우 제3채무자는 공탁신청 시 가압류결정문 사본과 공탁통지서를 첨부하여야 한다.

> **해설** ④ 민사집행법 제248조 제1항에 따라 금전채권의 일부만이 압류되었음에도 그 채권 전액을 공탁하는 경우 압류금액을 초과하는 부분은 압류의 효력이 미치지 않으므로 집행공탁으로 볼 수 없고 변제공탁으로 보아야 하기 때문에 피공탁자(압류채무자)의 주소소명서면을 첨부하여야 한다.

정답 04 ③ 05 ① 06 ④

07 다음 설명 중 가장 옳지 않은 것은?

▶ 2011 법무사 수정

① 법인의 지배인이 공탁하는 경우에는 발급일로부터 3개월 이내인 법인등기사항증명서를 첨부하여야 한다.

② 재판상 담보공탁을 신청하는 경우에 피공탁자의 주소를 표시하는 경우에는 발급일로부터 3개월 이내인 주민등록표 등·초본을 첨부하여야 한다.

③ 미성년자인 공탁자를 대신하여 부모가 변제공탁을 하는 경우에는 발급일로부터 3개월 이내인 가족관계증명서를 첨부하여야 한다.

④ 공탁자가 기명식유가증권을 공탁하면서 배서를 한 경우에는 별도로 양도증서를 첨부할 필요가 없다.

⑤ 비법인 사단이 판결에 기하여 공탁을 하는 경우, 판결문상에 사단의 실체 및 대표자가 표시되어 있다고 하더라도 그 판결문만을 첨부하여 공탁할 수는 없고, 반드시 정관 기타 규약과 대표자의 자격을 증명하는 서면을 첨부하여야 한다.

해설 ② 변제공탁을 하는 경우에 피공탁자의 주소를 표시하는 때에는 그 주소를 소명하는 서면을 첨부하여야 한다. 담보공탁을 신청하는 경우에는 피공탁자의 주민등록초본을 첨부하지 않는다.

08 공탁서의 첨부서면에 관한 설명으로 가장 틀린 것은?

▶ 2010 법무사 수정

① 공탁자가 법인 아닌 사단이나 재단일 경우에는 정관이나 규약과 대표자 또는 관리인의 자격을 증명하는 서면을 공탁서에 첨부하여야 한다.

② 공탁자가 대한민국 내 영업소 설치의 등기가 되어 있지 아니한 외국회사인 경우에는 외국회사 본국의 관할관청 또는 대한민국에 있는 그 외국의 영사의 인증을 받은 대표자의 자격을 증명하는 서면 및 번역문을 대신 제출하면 된다.

③ 같은 사람이 동시에 같은 공탁소에 여러 건의 공탁을 하는 경우에 첨부서면의 내용이 같을 때에는 1건의 공탁서에 1통만을 첨부하면 된다. 이 경우 다른 공탁서에는 그 뜻을 적어야 한다.

④ 피공탁자의 주소가 불명인 경우에는 그 사유를 소명하는 서면을 첨부하여야 하는데, 그 사유를 소명하는 서면으로 피공탁자의 최종주소를 소명하는 서면 및 그 주소지에 피공탁자가 거주하지 않는 것을 소명하는 자료 등을 첨부하여야 하며, 피공탁자의 최종주소를 소명하는 서면만 첨부하여서는 아니된다.

⑤ 피공탁자의 주소를 소명하는 서면으로 주민등록등·초본을 첨부하는 이유는 피공탁자의 주소를 변경 이전의 주소로 기재하거나 허위 또는 불명확하게 기재하는 폐단을 방지하여 공탁금을 수령할 자를 보호하기 위한 것이므로, 피공탁자의 주민등록등·초본은 발급일로부터 1개월 이내의 것이어야 한다.

해설 ⑤ 발급일로부터 3개월 이내의 것이어야 한다.

정답 07 ② 08 ⑤

Chapter 03

공탁관의 심사 및 납입

제1절 공탁관의 심사

01 다음 중 「공탁관」에 대한 설명이 가장 틀린 것은? ▶ 2012 법무사

① 공탁관은 지방법원장 또는 지방법원지원장이 소속 법원서기관 또는 법원사무관 중에서 지정한다. 그러나 공탁관에 대한 지방법원장이나 지방법원지원장의 감독은 내부적 행정 감독에 불과하다.

② 지방법원장이 공탁관을 지정한 때에는 공탁물보관자에게 그 성명과 인감을 알려 주어야 한다.

③ 근저당권채무의 변제와 근저당권설정등기의 말소를 동시이행하기로 하는 특약을 한 사실이 없음에도, 특약이 있는 것으로 공탁신청이 있으면 공탁관은 특약의 유무에 관하여 심사하여 수리 여부를 결정하여야 한다.

④ 공탁관은 공탁물지급청구 시 제출하는 공탁물지급청구서와 그 첨부서류의 기재 자체로 보아 인장위조가 명백한 경우에는 공탁물지급청구를 불수리하여야 한다.

⑤ 해방공탁금의 회수청구권에 대한 압류 및 추심명령이 경합하는 경우에, 공탁관이 집행법원에 그 사유를 신고하지 아니하고, 공탁금 출급청구를 한 추심채권자 1인에게 공탁금 전액을 지급하였다면 그 공탁관에게는 사무처리에 과실이 있다고 할 수 있다.

> **해설** ③ 저당채무의 변제는 원칙적으로 근저당권설정등기의 말소에 앞서 이행되어야 하므로 저당채무의 변제와 근저당권설정등기의 말소를 동시이행하기로 하는 특약을 한 사실이 없음에도, 채무자 또는 소유자가 근저당권으로 담보된 채무를 변제공탁함에 있어 근저당권설정등기의 말소에 소요될 서류일체의 교부를 반대급부로 한 경우에는 위 공탁은 변제의 효력이 없다. 다만, 공탁관은 그러한 특약을 한 사실이 없음에도 특약이 있는 것으로 하는 공탁신청이 있으면, 그러한 특약의 유무에 대하여 심사할 권한이 없으므로 이를 수리할 수밖에 없으나, 근저당권자는 특약이 없음을 이유로 변제공탁의 효력을 부인할 수 있을 것이다(공탁선례 제2-32호).

정답 01 ③

02 공탁소에 관한 다음 설명 중 가장 틀린 것은?

▸ 2010 법원사무관

① 대리공탁관은 자기 명의로 공탁사무를 처리하여야 하므로 그가 처리한 공탁사무에 대하여 스스로 책임을 진다.

② 공탁관은 공탁서 및 첨부서면의 기재 자체로 보아 공탁근거법령의 공탁요건을 갖추지 못하여 공탁이 무효로 판단되는 경우에는 해당 공탁신청을 불수리하여야 한다.

③ 해방공탁금의 회수청구권에 대한 압류 및 추심명령이 경합하였음에도 불구하고 공탁관이 집행법원에 그 사유를 신고하지 아니하고 공탁금 출급청구를 한 추심채권자에게 공탁금 전액을 지급하였다면 공탁관에게 과실이 인정된다.

④ 관할위반의 변제공탁은 무효인 공탁이므로 피공탁자가 공탁을 수락한 경우에도 공탁자는 착오공탁을 이유로 언제나 공탁물을 회수할 수 있다.

> **해설** ④ 관할위반의 변제공탁이 절대적으로 무효인 것은 아니고, 피공탁자가 공탁을 수락하거나 공탁물의 출급을 받은 때에는 그 흠결이 치유되어 그 공탁은 처음부터 유효한 공탁이 된다.

03 다음은 공탁관의 심사권에 관한 설명이다. 틀린 것은?

▸ 2010 법무사

① 공탁신청에 대해 절차적 요건뿐만 아니라 공탁원인이 존재하는지 등의 실체적 요건에 대한 심사도 할 수 있다.

② 공탁서가 소정의 양식에 따라 작성되고 법정의 서류가 첨부되어 있는지 여부에 대한 심사를 할 수 있다.

③ 반대급부를 조건으로 한 변제공탁에 관하여 공탁관은 그 조건을 유효로 하는 특약이 있는지에 대한 심사권한이 없다는 것이 실무의 입장이다.

④ 대법원 판례는 전부명령이 그 방식에 있어 적법한 이상 그 내용이 위법 무효하더라도 공탁관으로서는 그 전부명령의 유·무효를 심사할 수 없다는 입장이다.

⑤ 공탁물지급청구에 대해 청구자가 실체상 지급청구권을 갖는 자인가에 대하여는 심사할 수 없다.

> **해설** ⑤ 공탁관의 심사범위에 관하여는 특별한 제한 규정이 없으나, 공탁을 하려는 사람은 공탁서에 공탁금액(유가증권·물품) 이외에 공탁원인사실과 공탁을 하게 된 근거법령조항 등을 기재하여 이에 소정의 첨부서면을 제출하도록 되어 있으며, 공탁물을 출급 또는 회수하려고 하는 사람은 출급 또는 회수청구권을 갖는 것을 증명하는 서면을 공탁물지급청구서에 요구하고 있는 점 등을 감안하면 공탁관은 공탁신청 또는 지급청구의 절차적 요건뿐만 아니라 해당공탁이 유효한지, 지급청구자가 실체상 청구권이 있는 자인지 등 실체적 요건에 관해서도 공탁서 또는 지급청구서와 첨부서면만에 의하여 심사할 수 있다.

04 다음 설명 중 가장 옳지 않은 것은? ▶ 2021 법무사

① 저당채무의 변제와 근저당권설정등기의 말소를 동시이행하기로 하는 특약을 한 사실이 없음에도 특약이 있는 것으로 공탁신청을 한 경우에는 무효이므로 공탁관은 수리할 수 없다.

② 대법원장이 지정한 공탁물 보관자가 목적물의 보관능력이 없는 특수한 경우에는, 공탁자는 채무이행지 관할 지방법원에 공탁물보관자 선임 신청을 할 수 있다.

③ 피공탁자가 법인일 경우에는 대표자의 성명, 주소는 공탁서 기재사항이 아니다.

④ 불수리결정을 한 경우 공탁관은 신청인에게 불수리결정등본을 교부하거나 배달증명우편으로 송달하여야 한다.

⑤ 불수리결정원본과 공탁서, 그 밖의 첨부서류는 원칙적으로 공탁기록에 철하여 보관한다.

해설 ① 저당채무의 변제는 원칙적으로 근저당권설정등기의 말소에 앞서 이행되어야 하므로 저당채무의 변제와 근저당권설정등기의 말소를 동시이행하기로 하는 특약을 한 사실이 없음에도, 특약이 있는 것으로 하는 공탁신청이 있으면, 그러한 특약의 유무에 대하여 심사할 권한이 없으므로 이를 수리할 수밖에 없다.

05 공탁관의 업무에 대한 다음의 설명 중 가장 틀린 것은? ▶ 2008 법무사

① 공탁규칙 제55조에 의한 대리공탁관은 원공탁관의 대리인이 아니라 대리기간 동안 자기 명의로 공탁사무를 처리하는 독립한 공탁관이므로 그가 처리한 공탁사무에 대하여 원공탁관이 책임을 지는 것이 아니라 스스로 책임을 진다.

② 채권압류 및 전부명령이 그 방식에 있어 적법한 이상 그 내용이 위법무효라 하더라도 그것이 발부되어 채무자와 제3채무자에게 송달되면 집행력을 가지는 것이므로 형식적 심사권밖에 없는 공탁관으로서는 그 채권압류 및 전부명령의 유·무효를 심사할 수는 없다.

③ 저당채무의 변제와 근저당권설정등기의 말소를 동시이행하기로 하는 특약을 한 사실이 없음에도 근저당권으로 담보된 채무를 변제공탁함에 있어 근저당권설정등기의 말소에 소요될 서류 일체의 교부를 반대급부로 한 경우에 그 공탁은 효력이 없지만, 공탁관으로서는 위와 같은 특약이 있는 것으로 공탁신청이 있으면 그러한 특약의 유무에 대하여 심사할 권한이 없으므로 이를 수리할 수밖에 없다.

④ 공탁서 및 첨부서면의 기재 자체로 보아 공탁사유가 존재하지 않는 것이 분명한 경우나 해당 계약이 무효라서 공탁에 의하여 면책을 얻고자 하는 채무의 부존재가 일견 명백한 경우라고 하더라도 형식적 심사권밖에 없는 공탁관으로서는 수리해야 한다.

정답 ▶ 02 ④   03 ⑤   04 ①   05 ④

⑤ 공탁자가 갑과 을 중 누가 진정한 채권자인지를 확인할 수 있는 확정판결을 가진 자를 공탁금의 출급청구권자로 한다는 취지의 반대급부의 조건을 붙여 공탁을 한 경우 공탁관이 가집행선고부 갑 승소의 판결을 첨부한 갑에 대하여 공탁금의 출급인가를 하였다면 직무상 중과실이 있다고 보아야 한다.

> **해설** ④ 공탁신청 시 공탁서 및 첨부서면의 기재 자체로 보아 해당 계약이 무효이거나 공탁에 의하여 면책을 얻고자 하는 채무의 부존재가 일견 명백한 경우에는 공탁신청을 불수리할 수 있다.

06 공탁관의 심사권에 관한 다음 설명 중 가장 옳지 않은 것은? ▸ 2023 법무사

① 공탁자가 조건부 공탁을 한 경우에 피공탁자가 조건을 이행할 의무가 있는지 여부에 대하여 공탁관은 실질적으로 심사할 권한이 없다.

② 형식적 심사권밖에 없는 공탁관으로서는 전부명령의 유·무효를 심사할 수는 없는 것이므로 공탁물회수청구채권이 미리 압류 및 전부되었다는 이유로 공탁금회수청구를 불수리한 공탁관의 처분은 정당하다.

③ 저당채무의 변제는 원칙적으로 근저당권설정등기의 말소에 앞서 이행되어야 하므로 저당채무의 변제와 근저당권설정등기의 말소를 동시이행하기로 하는 특약을 한 사실이 없음에도, 채무자 또는 소유자가 근저당권으로 담보된 채무를 변제공탁함에 있어 근저당권설정등기의 말소에 소요될 서류 일체의 교부를 반대급부로 한 경우에는 위 공탁은 변제의 효력이 없다. 다만, 공탁관은 그러한 특약을 한 사실이 없음에도 특약이 있는 것으로 하는 공탁신청이 있으면, 그러한 특약의 유무에 대하여 심사할 권한이 없으므로 이를 수리할 수밖에 없다.

④ 공탁신청 시 공탁서 및 첨부서면의 기재 자체로 보아 공탁사유가 존재하지 않는 것이 분명한 경우나 해당 계약이 무효라서 공탁에 의하여 면책을 얻고자 하는 채무의 부존재가 일견 명백한 경우에는 공탁신청을 불수리할 수 있다.

⑤ 공탁관은 조사단계에서 서류에 불비한 점이 있거나 공탁사유 또는 지급사유가 없으면 보정이나 취하를 권유할 수 있고, 신청인이 이에 응하지 않은 경우 접수를 거절할 수 있다.

> **해설** ⑤ 공탁관은 조사단계에서 서류에 불비한 점이 있거나 공탁사유 또는 지급사유가 없으면 보정이나 취하를 권유할 수는 있을 것이나, 신청인이 이에 응하지 않을 경우에도 접수 자체를 거절할 수는 없다.

제2절 공탁물의 납입

01 다음은 공탁관의 심사 및 공탁물의 납입에 대한 설명이다. 가장 틀린 것은?

▶ 2009 법원사무관

① 공탁관은 공탁신청의 절차적 요건뿐만 아니라 해당 공탁이 유효한가 하는 실체적 요건에 관해서도 공탁서와 첨부서면의 범위 내에서 심사를 할 수 있다.

② 공탁관이 공탁신청을 불수리할 경우에는 공탁서 등에 불수리취지를 기재하여 기명날인하고 그중 통과한 첨부서류를 반환하여야 한다.

③ 공탁이 유효하게 성립하는 시기는 공탁자가 공탁서에 기재된 공탁물을 공탁물보관자에게 납입한 때이다.

④ 가상계좌납입신청이 있는 경우, 공탁관은 공탁금보관자로부터 납입전송을 받은 후 보관 중인 공탁서에 납입증명을 하여 공탁자 또는 정당한 대리인에게 교부한다.

해설 ② 공탁관이 공탁신청이나 공탁물 출급·회수청구를 불수리할 경우에는 별지 양식에 따라 이유를 적은 결정으로 하여야 한다. 그리고 공탁관이 불수리결정을 한 때에는 불수리결정원본과 공탁서, 그 밖의 첨부서류는 공탁기록에 철하여 보관한다.

02 다음은 가상계좌에 의한 공탁금납입절차에 관한 설명이다. 가장 틀린 것은? ▶ 2010 법무사

① 공탁자가 가상계좌납입신청을 하는 경우에는 공탁서 비고 가상계좌납입신청란에 그 취지를 표시하여야 한다.

② 부동산경매에 있어서 매각허가결정에 대한 항고보증공탁을 하는 경우에는, 공탁금보관은행을 경유하여 이자소득세원천징수에 필요한 사항을 등록한 후「계좌납입신청」을 하여야 한다.

③ 공탁자는 납입기한의 24시까지 지정된 계좌로 납입하여야 한다.

④ 공탁자는 가상계좌로 공탁금이 납입되기 전까지는 가상계좌납입신청을 철회하고 관할공탁소 공탁금보관자에게 직접 납입할 수 있다.

⑤ 공탁관은 공탁자가 계좌납입신청을 철회하면 공탁서 비고란을 정정하게 하고 가상계좌 전산등록을 삭제한 후 보관 중인 공탁서를 교부하여야 한다.

해설 ③ 공탁자는 납입기한의 통상 업무시간까지 지정된 계좌로 납입하여야 한다.

03 공탁금납입절차에 관한 다음 설명 중 가장 옳은 것은? ▸ 2013 법무사

① 시·군법원 공탁소에 가상계좌에 의한 공탁금납입절차에 따라 공탁금을 납입할 수는 없다.

② 공탁자가 전자공탁시스템을 이용하여 공탁신청을 하는 경우 가상계좌에 의한 공탁금 납입절차에 따라 공탁금을 납입하여야 한다.

③ 공탁자가 가상계좌에 의한 공탁금납입을 신청하였는데, 계좌번호 오류로 인하여 납입마감일의 통상 업무시간까지 공탁금을 납입하지 못하더라도 원칙적으로 해당 공탁사건이 실효처리되는 것은 아니다.

④ 공탁자가 가상계좌에 의한 공탁금납입을 신청하였는데, 착오납입한 경우 공탁물보관자의 확인이 있으면 언제라도 납입취소를 요청할 수 있다.

⑤ 공탁자가 가상계좌에 의한 공탁금납입을 신청한 경우 공탁관은 공탁수리 후 가상계좌번호가 기재된 납입안내문과 공탁서를 공탁자에게 즉시 교부하여야 한다.

> **해설** ① 계좌입금에 의한 공탁금납입제도가 시·군법원 공탁소까지 확대되어 전국 모든 공탁사건에 대하여 계좌입금에 의한 공탁금납입을 할 수 있다.
>
> ③ 공탁자가 계좌번호 오류, 은행의 전산다운 등의 사유로 납입마감일의 통상 업무시간까지 공탁금을 납입하지 못한 경우 해당 공탁사건은 실효처리된다. 단, 공탁관에게 납입기한연장을 요청하여 승인을 받은 경우는 예외로 한다.
>
> ④ 공탁자가 착오납입 등을 한 경우 납입 당일에 한해 통상 업무시간 전까지 공탁관은 확인을 받아 공탁금보관자에게 납입취소를 요청할 수 있다.
>
> ⑤ 공탁관은 공탁금보관자로부터 가상계좌번호를 전송받은 후 공탁서는 보관하고 납입안내문을 출력하여 공탁자에게 교부하여 납입기한 안에 동 계좌로 납부하게 하여야 한다. 그 후 공탁관은 공탁금보관자로부터 납입전송을 받은 후 지체 없이 보관 중인 공탁서에 납입증명을 하여 공탁자 또는 정당한 대리인에게 교부하여야 한다. 다만, 공탁자가 납입증명을 한 공탁서를 우편으로 우송받기 위해 배달증명용 우표를 붙인 우편봉투를 함께 제출한 경우에는 우편으로 발송하여야 한다.

04 **가상계좌에 의한 공탁금 납입절차에 관한 다음 설명 중 가장 옳지 않은 것은?** ▸2021 법무사

① 공탁자는 가상계좌로 공탁금이 납입되기 전까지는 가상계좌납입 신청을 철회하고 관할 공탁소 공탁금보관자에게 직접 납입할 수 있다.

② 공탁자가 계좌번호 오류, 은행의 전산다운 등의 사유로 납입마감일의 통상 업무시간까지 공탁금을 납입하지 못한 경우 당해 공탁사건은 실효처리되는 것이 원칙이다.

③ 부동산경매에 있어서 매각허가결정에 대한 항고보증공탁(민사집행법 제130조 제3항)을 하는 경우 공탁자는 우선 공탁소에 가상계좌납입신청을 하여 공탁금 납입안내문을 교부받은 후 공탁금 보관은행에 이자소득세 원천징수에 필요한 사항을 등록하고 공탁금을 납입하여야 한다.

④ 공탁관은 공탁금보관자로부터 납입전송을 받은 후 지체 없이 보관 중인 공탁서를 공탁자 또는 정당한 대리인에게 교부하여야 한다.

⑤ 공탁자가 착오납입을 한 경우 납입당일에 한해 통상 업무시간 전까지 납입취소 신청서에 공탁관의 확인을 받아 공탁금보관자에게 납입취소를 요청할 수 있다.

> **해설** ③ 공탁자가 가상계좌납입신청을 하는 경우에는 공탁서 비고 가상계좌납입신청란에 그 취지를 표시하여야 한다. 다만, 부동산 경매에 있어서 매각허가결정에 대한 항고보증공탁을 하는 경우(민사집행법 제130조 제3항 및 제268조)에는, 공탁금 보관은행을 경유하여 이자소득세 원천징수에 필요한 사항을 등록한 후 "계좌납입신청"을 하여야 한다.

05 **공탁물 납입에 관한 다음 설명 중 가장 옳지 않은 것은?** ▸2015 법무사

① 공탁이 유효하게 성립하는 시기는 공탁관의 수리처분이 있을 때가 아니라, 공탁자가 공탁서에 기재된 공탁물을 공탁물보관자에게 납입한 때이다.

② 가상계좌에 의한 공탁금납입제도가 시·군법원 공탁소까지 확대되어 전국 모든 공탁사건에 대하여 계좌입금에 의한 공탁금 납입을 할 수 있다.

③ 전자신청사건의 공탁금 납입은 가상계좌에 의한 공탁금납입절차에 의해야 한다.

④ 공탁자가 지정된 납입기일까지 공탁물을 납입하지 않을 경우 공탁수리결정은 효력이 상실된다.

⑤ 가상계좌에 의한 공탁금 납입 시 공탁금 보관은행은 지체 없이 보관 중인 공탁서에 납입증명을 하여 공탁자 또는 정당한 대리인에게 교부하여야 한다.

> **해설** ⑤ 공탁금보관자는 가상계좌로 공탁금 납입 시 공탁소에서 전송된 납입기한 및 공탁금액과 대조하여 확인한 후 납입처리하고, 그 처리결과를 공탁관에게 전송하여야 한다. 그러면 공탁관은 공탁금보관자로부터 납입전송을 받은 후 지체 없이 보관 중인 공탁서에 납입증명을 하여 공탁자 또는 정당한 대리인에게 교부하여야 한다.

정답 03 ② 04 ③ 05 ⑤

06 다음은 계좌입금에 의한 공탁금납입절차에 관한 설명이다. 가장 옳은 것은? ▸ 2007 법무사

① 부동산경매에 있어서 매각허가결정에 대한 항고보증공탁을 하는 경우(민사집행법 제130조 제3항 및 제268조)에는, 공탁금 보관은행을 경유하여 이자소득세 원천징수에 필요한 사항을 등록한 후 '계좌납입신청'을 하여야 하고, 주민등록번호를 소명할 수 있는 자료를 첨부할 필요는 없다.

② 공탁자는 납입증명을 한 공탁서를 우편으로 우송받을 수 없다.

③ 공탁관은 공탁자가 공탁금 계좌입금을 신청한 경우에는 공탁수리 전이라도 공탁금보관자에게 가상계좌번호부여를 요청할 수 있다.

④ 공탁관은 공탁금보관자로부터 가상계좌번호를 전송받은 후 공탁서는 보관하고 납입안내문을 출력하여 공탁서와 함께 공탁자에게 교부하여 납입기한 안에 동 계좌로 납부하게 하여야 한다.

⑤ 공탁자가 계좌번호오류, 은행의 전산다운 등의 사유로 납입마감일의 통상 업무시간까지 공탁금을 납입하지 못한 경우 해당 공탁사건은 실효처리된다.

해설
① 주민등록번호를 소명할 수 있는 자료를 첨부하여야 한다.
② 공탁관은 공탁금보관자로부터 납입전송을 받은 후 지체 없이 보관 중인 공탁서에 납입증명을 하여 공탁자 또는 정당한 대리인에게 교부하여야 한다. 다만, 공탁자가 납입증명을 한 공탁서를 우편으로 우송받기 위해 배달증명용 우표를 붙인 우편봉투를 함께 제출한 경우에는 우편으로 발송하여야 한다.
③ 공탁관은 공탁자가 공탁금 계좌입금을 신청한 경우에는 공탁수리 후 공탁금보관자에게 가상계좌번호부여를 요청해야 한다.
④ 공탁관은 공탁금보관자로부터 가상계좌번호를 전송받은 후 공탁서는 보관하고 납입안내문을 출력하여 공탁자에게 교부하여 납입기한 안에 동 계좌로 납부하게 하여야 한다. 그 후 공탁관은 공탁금보관자로부터 납입전송을 받은 후 지체 없이 보관 중인 공탁서에 납입증명을 하여 공탁자 또는 정당한 대리인에게 교부하여야 한다. 다만, 공탁자가 납입증명을 한 공탁서를 우편으로 우송받기 위해 배달증명용 우표를 붙인 우편봉투를 함께 제출한 경우에는 우편으로 발송하여야 한다.

07 공탁물 납입에 관한 다음 설명 중 가장 옳지 않은 것은? ▸2023 법무사

① 전자공탁시스템을 이용하여 공탁을 하는 경우 공탁관은 공탁물보관자에게 가상계좌번호를 요청하여 그 계좌로 공탁금을 납입하게 하여야 한다.

② 공탁이 유효하게 성립하는 시기는 공탁관의 수리처분이 있을 때가 아니라 공탁자가 공탁물을 공탁물보관자에게 납입한 때이다.

③ 공탁자가 가상계좌에 의한 공탁금 납입을 신청하였는데, 착오납입한 경우 공탁물보관자의 확인이 있으면 언제라도 납입취소를 요청할 수 있다.

④ 공탁자가 가상계좌에 의한 공탁금 납입 시 공탁관은 공탁금보관자로부터 납입전송을 받은 후 지체 없이 보관 중인 공탁서에 납입증명을 하여 공탁자 또는 정당한 대리인에게 교부하여야 한다.

⑤ 공탁자가 계좌번호 오류, 은행의 전산다운 등의 사유로 납입마감일의 통상 업무시간까지 공탁금을 납입하지 못한 경우 당해 공탁사건은 실효처리되는 것이 원칙이다.

> **해설** ③ 공탁자가 착오납입 등을 한 경우 납입당일에 한해 통상 업무시간 전까지 공탁관의 확인을 받아 공탁금보관자에게 납입취소를 요청할 수 있다. 공탁소(시·군법원 포함)에는 납입취소 신청서를 비치하여 민원인의 편의를 도모하여야 한다.

08 공탁금 납입절차에 관한 다음 설명 중 가장 옳지 않은 것은? ▸2023 법원사무관 승진

① 시·군법원 공탁소를 포함하여 전국 모든 공탁사건에 대하여 계좌입금에 의한 공탁금 납입을 할 수 있다.

② 공탁자가 전자공탁시스템을 이용하여 공탁을 하는 경우 가상계좌에 의한 공탁금 납입절차에 따라 공탁금을 납입하여야 한다.

③ 공탁자는 가상계좌로 공탁금이 납입되기 전까지는 가상계좌납입 신청을 철회하고 관할 공탁소 공탁금보관자에게 직접 납입할 수 있다.

④ 공탁자가 가상계좌에 의한 공탁금 납입을 신청한 경우 공탁관은 공탁수리 후 가상계좌번호가 기재된 납입안내문과 함께 공탁서를 공탁자에게 즉시 교부하여야 한다.

> **해설** ④ 공탁관은 공탁금보관자로부터 가상계좌번호를 전송받은 후 공탁서는 보관하고 납입안내문을 출력하여 공탁자에게 교부하여 납입기한 안에 동 계좌로 납부하게 하여야 한다.

정답 06 ⑤ 07 ③ 08 ④

공탁서 정정

01 공탁서 정정에 관한 다음 설명 중 가장 옳지 않은 것은? ▸ 2018 법무사

① 공탁성립 후 공탁서의 기재에 착오가 있음을 발견한 경우에는 그것이 표현상의 착오임이 명백하고 또한 공탁의 동일성에 영향을 미치지 아니하는 범위 내에서는 그 정정이 가능하다.

② 공탁자의 이름과 주민등록번호가 주민등록초본과 일치하나 주소가 다른 경우 사실상 동일인으로서 '주소'의 표시를 착오 기재한 것이라면 공탁자는 주민등록초본을 공탁서 정정신청의 소명서면으로 첨부하여 공탁자의 주소를 정정할 수 있다.

③ 다수의 채권압류명령 등을 송달받은 제3채무자가 압류경합을 사유로 하여 민사집행법 제248조 제1항에 의한 집행공탁을 함에 있어서 송달받은 (가)압류명령 중 일부를 누락하고 공탁한 경우 공탁원인사실에 그 (가)압류명령을 추가로 기재하는 공탁서 정정은 허용된다.

④ 같은 사람이 동시에 같은 법원에 여러 건의 공탁서 정정신청을 하는 경우에 첨부서면의 내용이 같을 때에는 1건의 공탁서 정정신청서에 1통만을 첨부하고 다른 공탁서 정정신청서에는 그 뜻을 기재하면 된다.

⑤ 수용대상토지에 가처분등기가 경료되어 있으나 그 가처분의 피보전권리가 공시되어 있지 않아 사업시행자가 '토지소유자 또는 가처분권리자'를 피공탁자로 하는 상대적 불확지공탁을 한 이후에, 그 가처분의 피보전권리가 소유권이전등기청구권임이 확인된 경우에는 기존의 불확지공탁에서 토지소유자를 피공탁자로 하는 확지공탁으로 바꾸는 공탁서 정정이 허용된다.

> **해설** ⑤ 수용대상토지에 대하여 가처분등기가 마쳐져 있으나 그 가처분의 피보전권리가 공시되어 있지 않아 사업시행자가 '토지소유자 또는 가처분권리자'를 피공탁자로 하는 상대적 불확지공탁을 한 이후에 그 가처분의 피보전권리가 소유권이전등기청구권임이 확인된 경우라 하더라도 기존의 불확지공탁에서 토지소유자를 피공탁자로 하는 확지공탁으로 바꾸는 공탁서 정정은 공탁의 동일성을 해하므로 허용될 수 없다.

02 공탁서 정정에 관한 다음 설명 중 가장 옳지 않은 것은? (다툼이 있는 경우 판례 · 예규 및 선례에 의함)

▶ 2016 법무사

① 공탁원인사실란에 기재되어 있는 반대급부의 내용을 철회하는 정정신청은 허용된다.

② 다수의 채권압류명령 등을 송달받은 제3채무자가 민사집행법 제248조 제1항에 의한 집행공탁을 함에 있어서 송달받은 압류명령 중 일부를 누락하고 공탁한 경우 공탁원인사실에 그 압류명령을 추가로 기재하는 공탁서 정정은 허용된다.

③ 토지를 수용하고 보상금을 받을 자를 전혀 알 수 없어 절대적 불확지공탁을 한 경우에는 공탁자(사업시행자)가 후에 피공탁자를 알게 된 때에 그를 피공탁자로 지정하는 공탁서 정정을 신청할 수 있다.

④ 집행공탁을 혼합공탁으로 정정하는 것은 단순한 착오 기재의 정정으로 공탁의 동일성을 해하지 않는 내용이므로 허용될 수 있다.

⑤ 민법 제487조 후단 소정의 '과실 없이 채권자를 알 수 없는 경우'라고 하여 변제공탁을 하였다가 공탁원인사실에 같은 조 전단 소정의 '채권자의 수령불능'을 추가하는 것은 허용될 수 없다.

> **해설** ④ 집행공탁을 혼합공탁으로 정정하는 것은 단순한 착오 기재의 정정에 그치지 아니하고 공탁의 동일성을 해하는 내용의 정정이므로 허용될 수 없다(공탁선례 제201211-2호).

03 공탁서 정정에 관한 다음 설명 중 가장 틀린 것은? (다툼이 있는 경우 예규 및 선례에 의함)

▶ 2012 법원사무관

① 위임에 따른 대리인이 공탁서 정정신청을 하는 경우에는 위임장에 날인된 인감에 관하여 인감증명서를 첨부하여야 한다.

② 공탁 후 피공탁자가 개명한 경우 피공탁자는 공탁서 정정을 통해 불일치가 해소되어야 공탁금의 출급청구를 할 수 있다.

③ 토지수용보상금을 절대적 불확지공탁을 한 후 공탁자가 피공탁자를 알게 된 때에는 그를 피공탁자로 지정하는 공탁서 정정신청을 할 수 있다.

④ 공탁서 정정의 효력은 당초 공탁 시로 소급하여 발생한다.

> **해설** ② 공탁서 정정은 공탁서 기재와 공탁자 의사와의 불일치를 시정하고자 하는 것이므로 기재의 착오가 공탁수리 전에 존재해야 한다. 따라서 공탁수리 후의 사정변경으로 공탁서의 기재와 객관적인 사실이 일치하지 않게 된 경우, 예컨대 공탁 후 피공탁자가 개명을 한 경우에는 공탁물 출급청구서에 개명사실이 등재된 기본증명서를 첨부하면 되고 공탁서 정정의 문제가 발생할 여지는 없다.

정답 ▶ 01 ⑤ 02 ④ 03 ②

04 공탁서 정정에 관한 다음 설명 중 가장 옳은 것은? (다툼이 있는 경우 판례·예규 및 선례에 의함)
▸ 2017 법무사

① 공탁관이 전자공탁시스템을 이용하여 이루어진 공탁사건에 대한 공탁서 정정신청을 수리하는 경우 전자문서에 그 뜻을 기재하고, 행정전자서명 인증서에 의한 사법전자서명을 하여야 하며, 신청인이 전자공탁시스템에 접속하여 공탁서 정정신청서를 출력할 수 없도록 하여야 한다.

② 수용보상금을 유가증권으로 공탁한 후 동일한 금액으로 유가증권과 현금으로 공탁물을 변경하는 것은 허용된다.

③ 피공탁자를 변경하는 공탁서 정정은 원칙적으로 허용되지 아니한다. 따라서 기존의 확지공탁을 상대적 불확지공탁으로 하는 공탁서 정정은 허용될 수 없다.

④ 기존 반대급부조건을 철회하는 공탁서 정정이나 공탁자를 변경하는 정정은 가능하나, 공탁물출급청구권 행사에 영향을 미치는 중요한 정정인 경우 피공탁자에게 통지함이 바람직하다.

⑤ 특정채권의 귀속에 관하여 '甲'과 '乙' 간에 다툼이 있지만 채무자가 '甲'을 피공탁자로 하는 변제공탁을 하고, 甲의 채권자 '丙'이 甲의 출급청구권을 압류한 상태에서 피공탁자를 정당한 채권자 '乙'로 하는 공탁서 정정신청은 허용된다.

> **해설** ① 전자공탁시스템을 이용하여 이루어진 공탁사건에 대하여 공탁서 정정신청이 있어 이를 수리하는 경우 신청인이 전자공탁시스템에 접속하여 공탁서 정정신청서를 출력할 수 있도록 하여야 한다.
> ② 수용보상금을 유가증권으로 공탁한 후 동일한 금액으로 유가증권과 현금으로 공탁물을 변경하는 것은 유가증권의 일부를 회수하고 회수한 부분만큼 현금으로 새로운 공탁을 하는 것이므로 공탁의 동일성을 유지하지 않아 허용될 수 없다(공탁선례 제2-39호).
> ④ 공탁자를 변경하는 정정은 허용되지 않는다.
> ⑤ '갑 및 을' 2인으로 되어 있는 피공탁자 명의를 '갑' 1인으로 정정하거나(일부 피공탁자의 삭제), '갑' 1인으로 되어 있는 피공탁자를 '갑 또는 을'로 정정하는 것(기존의 확지공탁을 상대적 불확지공탁으로 정정)은 단순한 착오 기재의 정정에 그치지 아니하고 공탁에 의하여 형성된 실체관계의 변경을 가져오는 것으로서 공탁의 동일성을 해하는 내용의 정정이므로 허용될 수 없다.

05 공탁서의 정정에 관한 다음 설명 중 가장 옳은 것은?
▸ 2015 법무사

① 공탁원인사실에 기재되어 있는 공탁근거의 법령조항은 정정이 허용되지 않는다.

② 공탁금액이나 피공탁자 및 공탁자에 대한 정정은 원칙적으로 불가능하므로 그에 관한 착오가 있었다면 착오를 증명하는 서면을 첨부하여 공탁물을 회수한 다음 다시 공탁할 수밖에 없다.

③ 공탁서 정정신청은 우편으로도 할 수 있다.

④ 공탁수리 후에 피공탁자가 개명을 하였다면 개명허가결정 등 이를 객관적으로 인정할 수 있는 서면을 첨부하여 공탁서를 정정할 수 있다.

⑤ 변제공탁의 경우 채권자가 반대급부 또는 기타 조건의 이행을 할 의무가 없음에도 불구하고 채무자가 이를 조건으로 공탁한 경우에 이후 채무자의 공탁에 붙인 조건의 철회정정청구에 따라 정정이 인가되었다면 그 변제공탁의 효력은 당초의 변제공탁 시로 소급한다.

해설 ① 공탁원인사실란에 기재되어 있는 적용법조의 정정신청이나 반대급부의 내용을 철회하는 정정신청을 할 수 있다.

③ 공탁서 정정신청도 공탁신청과 마찬가지로 우편에 의한 신청은 할 수 없다.

④ 공탁서 정정은 공탁서 기재와 공탁자 의사와의 불일치를 시정하고자 하는 것이므로 기재의 착오가 공탁수리 전에 존재해야 한다. 따라서 공탁수리 후의 사정변경으로 공탁서의 기재와 객관적인 사실이 일치하지 않게 된 경우, 예컨대 공탁 후 피공탁자가 개명을 한 경우에는 공탁물 출급청구서에 개명사실이 등재된 기본증명서를 첨부하면 되고 공탁서 정정의 문제가 발생할 여지는 없다.

⑤ 공탁서 정정이 적법하게 수리된 경우에는 정정의 효력이 당초 공탁 시로 소급하여 발생한다. 그러나 반대급부조건을 철회하는 공탁서 정정신청을 수리한 때에는 그때로부터 반대급부조건이 없는 변제공탁으로서의 효력을 갖는 것으로서 그 효력이 당초의 공탁 시로 소급하는 것은 아니라는 판례(대판 1986.8.19, 85누280; 대판 1971.6.30, 71다874)가 있다.

06 다음은 공탁서 정정에 관한 설명이다. 가장 옳지 않은 것은? ▸ 2013 법무사 수정

① 공탁원인사실은 「채권자 불확지」, 피공탁자는 「乙 또는 丙」으로 민법 제487조 변제공탁을 한 후 공탁원인사실에 「수령불능」을 추가하는 정정은 허용된다.

② 공탁서 수리 후 사정변경으로 공탁서의 기재와 객관적인 사실이 일치하지 않게 된 경우 공탁서 정정의 문제가 발생할 여지가 없다.

③ 반대급부조건부 변제공탁을 한 후 이를 철회하는 공탁서 정정신청이 수리된 때에는 그때부터 반대급부 없는 변제공탁으로서 효력을 갖는 것으로서 그 효력이 당초의 공탁 시로 소급하는 것은 아니다.

④ 전자공탁시스템에 의한 공탁사건에 대한 정정신청 또는 보정은 전자공탁시스템을 이용하여 하여야 한다.

⑤ 토지를 수용하고 보상금을 받을 자를 전혀 알 수 없어 절대적 불확지공탁을 한 경우에는 공탁자(사업시행자)가 후에 피공탁자를 알게 된 때에 그를 피공탁자로 지정하는 공탁서 정정을 신청할 수 있다.

해설 ① 민법 제487조 후단 소정의 '과실 없이 채권자를 알 수 없는 경우'라고 하여 변제공탁을 하였다가 공탁원인사실에 같은 조 전단 소정의 '채권자의 수령불능'을 추가하는 것은 단순한 착오기재의 정정에 그치지 않고 공탁의 동일성을 해하는 내용의 정정이므로 허용될 수 없다(대판 2008.10.23, 2007다35596).

정답 04 ③ 05 ② 06 ①

07 공탁서 정정에 관한 다음 설명 중 가장 옳지 않은 것은? ▸ 2019 법무사

① 민법 제487조 후단 소정의 '과실 없이 채권자를 알 수 없는 경우'라고 하여 변제공탁을 하였다가 공탁원인사실에 같은 조 전단 소정의 '채권자의 수령불능'을 추가하는 것은 공탁의 동일성을 해하는 내용의 정정이므로 허용될 수 없다.

② 반대급부조건이 없는 공탁에 반대급부조건을 추가하는 정정도 공탁의 동일성을 해하므로 허용되지 아니하나, 기존 반대급부조건을 철회하는 공탁서 정정은 가능하다.

③ 제3채무자가 압류경합을 사유로 하여 집행공탁을 하였으나, 이미 제3채무자가 집행공탁을 하기 이전에 이루어진 채권압류 및 추심명령 또는 채권가압류결정 송달사실을 공탁원인사실에 착오로 누락하였다는 이유로 이를 추가하는 공탁서 정정신청서를 제출한 경우, 이는 공탁의 동일성을 해하는 내용의 정정이므로 허용될 수 없다.

④ '甲 및 乙' 2인으로 되어 있는 피공탁자 명의를 '甲' 1인으로 정정하여 피공탁자를 일부 삭제하는 정정은 허용되지 않고, '甲' 1인으로 되어 있는 피공탁자를 '甲 또는 乙'로 정정하는 것도 허용되지 아니한다.

⑤ 토지를 수용하고 보상금을 받을 자를 전혀 알 수 없어 절대적 불확지공탁을 한 경우에는 공탁자(사업시행자)가 후에 피공탁자를 알게 된 때에 그를 피공탁자로 지정하는 공탁서 정정을 신청할 수 있다.

> **해설** ③ 다수의 채권압류명령 등을 송달받은 제3채무자가 민사집행법 제249조 제1항에 의한 집행공탁을 함에 있어서 송달받은 압류명령 중 일부를 누락하고 공탁한 경우 공탁원인사실에 그 압류명령을 추가로 기재하는 공탁서 정정은 허용된다.

08 공탁서 정정에 관한 다음 설명 중 가장 옳지 않은 것은? ▸ 2021 법무사

① 민법 제487조 변제공탁이 성립한 후 피공탁자가 개명한 경우 기본증명서 등을 첨부하여 공탁서 정정신청을 하여야 한다.

② 甲이 乙을 피공탁자로 하여 민법 제487조 변제공탁을 한 후 공탁자를 甲에서 丙으로 변경하는 공탁서 정정신청은 허용되지 않는다.

③ 사업시행자가 수용보상금을 유가증권으로 공탁한 후 동일한 금액의 현금으로 변경하는 공탁서 정정신청은 허용되지 않는다.

④ 공탁서 정정이 적법하게 수리된 경우에 공탁서 정정의 효력은 최초 공탁 시로 소급하여 발생하는 것이 원칙이다.

⑤ 사업시행자가 수용보상금을 공탁하면서 소유권이전에 필요한 일체의 서류를 반대급부로 제공할 것을 조건으로 보상금을 공탁한 경우 반대급부 조건을 철회하는 공탁서 정정은 허용된다.

해설 ① 공탁서 정정은 공탁서 기재와 공탁자 의사와의 불일치를 시정하고자 하는 것이므로 기재의 착오가 공탁수리 전에 존재해야 한다. 따라서 공탁수리 후의 사정변경으로 공탁서의 기재와 객관적인 사실이 일치하지 않게 된 경우, 예컨대 공탁 후 피공탁자가 개명을 한 경우에는 공탁물 출급청구서에 개명사실이 등재된 기본증명서를 첨부하면 되고 공탁서 정정의 문제가 발생할 여지는 없다.

09 공탁서 정정에 관한 다음 설명 중 가장 옳지 않은 것은? ▶ 2022 법원사무관

① 민법 제487조 후단 소정의 '과실 없이 채권자를 알 수 없는 경우'라고 하여 변제공탁을 하였다가 공탁원인사실에 같은 조 전단 소정의 '채권자의 수령불능'을 추가하는 것은 공탁의 동일성을 해하는 내용의 정정이므로 허용될 수 없다.

② 토지를 수용하고 보상금을 받을 자를 전혀 알 수 없어 절대적 불확지공탁을 한 경우에는 공탁자(사업시행자)가 후에 피공탁자를 알게 된 때에 그를 피공탁자로 지정하는 공탁서 정정을 신청할 수 있다.

③ 수용대상토지에 대하여 가처분등기가 마쳐져 있으나 그 가처분의 피보전권리가 공시되어 있지 않아 사업시행자가 '토지소유자 또는 가처분권리자'를 피공탁자로 하는 상대적 불확지공탁을 한 이후에 그 가처분의 피보전권리가 소유권이전 등기청구권임이 확인된 경우에는 공탁서의 기재 자체로 보아 착오 기재에 해당하므로 토지소유자를 피공탁자로 하는 확지공탁으로 바꾸는 공탁서 정정은 허용된다.

④ 부당한 반대급부조건을 철회하는 공탁서 정정신청을 수리한 때에는 그때로부터 반대급부조건이 없는 변제공탁으로서의 효력을 갖는 것으로서 그 효력이 당초의 공탁 시로 소급하는 것은 아니다.

해설 ③ 수용대상토지에 대하여 가처분등기가 마쳐져 있으나 그 가처분의 피보전권리가 공시되어 있지 않아 사업시행자가 '토지소유자 또는 가처분권리자'를 피공탁자로 하는 상대적 불확지공탁을 한 이후에 그 가처분의 피보전권리가 소유권이전 등기청구권임이 확인된 경우라 하더라도 기존의 불확지공탁에서 토지소유자를 피공탁자로 하는 확지공탁으로 바꾸는 공탁서 정정은 공탁의 동일성을 해하므로 허용되지 않는다. 공탁서 정정을 허용하여 공탁의 동일성을 해하는 경우에는 공탁당사자의 실체적 권리관계에 큰 영향을 미치고 공탁의 법적 안정성을 해치게 된다.

10 공탁서 정정에 관한 다음 설명 중 가장 옳지 않은 것은?　　　▶ 2022 법무사

① 甲은 乙에 대한 대여금 채무 1백만원을 부담하고 있는데, 착오로 1천만원을 공탁한 경우 공탁금액을 정정할 수는 없고, 착오를 증명하는 서면을 첨부하여 공탁물을 회수한 후 다시 공탁을 하여야 한다.

② 용인시가 토지수용보상금을 절대적 불확지공탁한 경우 토지소유자는 공탁관을 상대로 공탁서 정정을 신청할 수 있고, 공탁관이 이에 응하지 않으면 국가(소관 공탁관)를 상대로 공탁물출급청구권 확인의 확정판결을 첨부하여 공탁금 출급청구를 할 수 있다.

③ 공탁서의 공탁원인사실란에 기재되어 있는 공탁근거 법령조항의 정정은 허용된다.

④ 변제공탁에 부당한 반대급부 조건을 붙임으로써 부적법한 공탁이 된 경우에 공탁자는 그 반대급부 조건을 철회하는 공탁서 정정신청을 할 수 있다.

⑤ 공탁자의 이름과 주민등록번호가 주민등록초본과 일치하나 주소가 다른 경우 사실상 동일인으로서 주소의 표시를 착오 기재한 것이라면 공탁자는 주민등록초본을 첨부하여 공탁자의 주소를 정정하는 공탁서 정정신청을 할 수 있다.

> **해설** ② 용인시가 토지수용보상금을 절대적 불확지공탁한 경우 토지소유자는 공탁자(용인시)를 상대로 공탁서 정정을 신청할 수 있고, 공탁자(용인시)가 이에 응하지 않으면 공탁자(용인시)를 상대로 공탁물출급청구권 확인의 확정판결을 첨부하여 공탁금 출급청구를 할 수 있다.

11 공탁서 정정에 관한 다음 설명 중 가장 옳지 않은 것은?　　　▶ 2020 법무사

① 공탁서의 공탁원인사실란에 기재되어 있는 적용법조의 정정신청이나 반대급부의 내용을 철회하는 정정신청은 할 수 있다.

② 집행공탁을 혼합공탁으로 정정하는 것은 단순한 착오 기재의 정정에 그치지 아니하고 공탁의 동일성을 해하는 내용의 정정이므로 허용될 수 없다.

③ 공탁서 정정이 적법하게 수리된 경우에는 그때부터 정정의 효력이 발생하지만, 반대급부조건을 철회하는 공탁서 정정을 수리한 경우에는 정정의 효력은 당초 공탁 시로 소급하여 발생한다.

④ 전자공탁시스템에 의한 공탁사건에 대한 정정신청은 전자공탁시스템을 이용하여 하여야 한다.

⑤ 위임에 따른 대리인이 공탁서 정정신청을 하는 경우에는 대리인의 권한을 증명하는 서면에 인감도장을 찍고 인감증명서를 첨부하여야 한다.

> **해설** ③ 공탁서 정정이 적법하게 수리된 경우에는 정정의 효력이 당초 공탁 시로 소급하여 발생한다. 그러나 반대급부조건을 철회하는 공탁서 정정신청을 수리한 때에는 그때로부터 반대급부조건이 없는 변제공탁으로서의 효력을 갖는 것으로서 그 효력이 당초의 공탁 시로 소급하는 것은 아니다.

12 공탁서 정정에 관한 다음 설명 중 가장 옳지 않은 것은? ▸2024 법무사

① 공탁서의 정정은 공탁신청이 수리된 후 공탁서의 착오 기재가 발견된 때에 공탁의 동일성을 해하지 않는 범위 내에서만 허용되는 것이다.

② 집행공탁을 혼합공탁으로 정정하는 것은 단순한 착오 기재의 정정에 그치지 아니하고 공탁의 동일성을 해하는 내용의 정정이므로 허용될 수 없다.

③ 공탁이 수리된 후 공탁물수령자에 대한 사항에 착오가 있음을 발견한 경우라 할지라도 공탁물수령자에 관한 사항은 공탁의 요건에 관한 것이므로, 공탁물수령자를 추가하는 공탁서 정정은 공탁의 동일성을 해하므로 수리할 수 없다.

④ 선행채무있는 자가 반대급부를 조건으로 하여 변제공탁을 하였다 하더라도 그 후에 반대급부내용이 없는 것으로 정정하여 달라는 취지의 공탁서 정정신청을 하고 공탁관이 이를 인정하였다면 위의 변제공탁은 다른 유효요건을 갖추고 있는 한 그때부터 반대급부조건이 없는 변제공탁으로서의 효력을 갖게 된다.

⑤ 민법 제487조 후단 소정의 '과실 없이 채권자를 알 수 없는 경우'라고 하여 변제공탁을 하였다가 공탁원인사실에 같은 조 전단 소정의 '채권자의 수령불능'을 추가하는 것은 같은 민법 제487조를 공탁의 근거로 하는 것으로서 공탁의 동일성을 해하는 내용의 정정이라고 볼 수 없으므로 허용된다.

해설 ⑤ 민법 제487조 후문 소정의 '과실 없이 채권자를 알 수 없는 경우'라고 하여 변제공탁을 하였다가 공탁원인사실에 같은 조 전단 소정의 '채권자의 수령불능'을 추가하는 것은 단순한 착오 기재의 정정에 그치지 않고 공탁의 동일성을 해하는 내용의 정정이므로 허용될 수 없다. 따라서 공탁의 동일성을 해하는 내용으로 정정되었다 하더라도 정정된 내용에 따라 공탁의 효력이 생기지 않는다.

13 공탁서 정정에 관한 다음 설명 중 가장 옳지 않은 것은? ▸2024 법원사무관

① '甲 및 乙' 2인으로 되어 있는 피공탁자 명의를 '甲' 1인으로 정정하거나 '甲' 1인으로 되어 있는 피공탁자를 '甲 또는 乙'로 정정하는 것은 공탁의 동일성을 해하는 내용의 정정이므로 허용될 수 없다.

② 제3채무자가 압류경합을 사유로 하여 집행공탁을 하였으나, 공탁을 하기 이전에 이루어진 채권압류 및 추심명령 또는 채권가압류결정송달 사실을 공탁원인사실에 착오로 누락하였다는 이유로 이를 추가하는 공탁서 정정신청서를 제출한 경우, 공탁관은 이를 수리할 수 있다.

③ 토지수용절차에서는 공탁금이 지급되었다고 하더라도 토지수용을 원인으로 한 이전등기를 위해서 공탁서의 명백한 표현상의 착오 기재를 정정할 실익이 있기는 하지만, 공탁금 지급으로 공탁절차가 이미 종료되었으므로 공탁자는 공탁서 정정신청을 할 수 없다.

④ 집행공탁을 혼합공탁으로 정정하는 것은 단순한 착오 기재의 정정에 그치지 아니하고 공탁의 동일성을 해하는 내용의 정정이므로 허용될 수 없다.

해설 ③ 공탁금 지급이 완료된 후에도 공탁서 정정이 가능한지 여부

1. 공탁서 정정이란 공탁서에 공탁수리 전부터 존재하는 명백한 표현상의 착오 기재가 있음을 공탁수리 후에 발견한 경우에 정정 전·후의 공탁의 동일성을 해하지 아니하는 범위 내에서 공탁자의 신청에 의하여 그 오류를 시정하는 것을 말하는데, 공탁서 정정에 관한 공탁규칙 제 30조에는 정정신청의 종기에 관한 규정이 없고, 특히 토지수용절차에서는 공탁금이 지급되었다고 하더라도 토지수용을 원인으로 한 이전등기를 위해서 공탁서의 명백한 표현상의 착오 기재를 정정할 실익이 있으므로, 공탁자는 공탁금이 지급된 후에도 공탁서 정정신청을 할 수 있다.

2. 그런데 공탁서의 정정은 이미 성립한 공탁의 법률관계에 따른 공탁의 법적안정성과 공탁당사자의 실체적 권리관계에 미치는 영향을 고려하여 공탁서 및 첨부서면 전체취지로 보아 공탁서에 명백한 표현상의 오류가 있을 때 공탁의 동일성을 해하지 아니하는 범위 내에서만 허용되는 것이므로, 만일 공탁소가 보관하고 있는 공탁기록이 폐기되어 존재하지 않는다면 공탁관은 정정신청서 및 그 첨부서면과 공탁원장 등을 참작하여 정정신청의 수리 여부에 신중을 기하여야 할 것이다(공탁선례 제202303-1호).

14 공탁서 정정에 관한 다음 설명 중 가장 옳지 않은 것은? ▸ 2025 법무사

① 수용보상금을 유가증권으로 공탁한 후 동일한 금액으로 유가증권과 현금으로 공탁물을 변경하는 것은 유가증권 일부를 회수하고 회수한 부분만큼 현금으로 새로운 공탁을 하는 것이므로 공탁의 동일성이 유지되지 않아 허용될 수 없다.

② 수용대상토지에 대하여 가처분등기가 경료되어 있으나, 그 가처분의 피보전권리가 공시되어 있지 않아 사업시행자가 토지소유자 또는 가처분권리자를 피공탁자로 하는 상대적 불확지공탁을 한 이후에 그 가처분의 피보전권리가 소유권이전등기청구권임이 확인된 경우라 하더라도 기존의 불확지공탁에서 토지소유자를 피공탁자로 하는 확지공탁으로 바꾸는 공탁서 정정은 공탁의 동일성을 해하므로 허용될 수 없다.

③ 공탁서 정정사유가 있더라도 이미 공탁금이 지급된 후에는 공탁서 정정신청을 할 수 없다.

④ 공탁서 정정신청이 적법하게 수리된 경우에는 그 정정의 효력은 당초 공탁 시로 소급하여 발생하는 것이 원칙이나, 반대급부 조건을 철회하는 공탁서 정정신청을 수리한 때에는 그때부터 반대급부 조건이 없는 변제공탁으로서의 효력을 갖는 것으로써 그 정정의 효력이 당초의 공탁 시로 소급하는 것은 아니다.

⑤ 제3채무자가 압류경합을 사유로 하여 집행공탁을 하였으나, 이미 제3채무자가 집행공탁을 하기 이전에 이루어진 채권압류 및 추심명령 또는 채권가압류결정 송달 사실을 공탁원인사실에 착오로 누락하였다는 이유로 이를 추가하는 공탁서 정정신청서를 제출한 경우, 공탁관은 이를 공탁의 동일성을 해하지 않는 것으로 보아 수리할 수 있다.

해설 ③ 13번 해설 참조

정답 **14** ③

공탁사항의 변경

01 대공탁(代供託)에 관한 다음 설명 중 가장 옳지 않은 것은? ▸ 2020 법무사

① 대공탁을 하게 되면 공탁의 목적물은 유가증권에서 금전으로 변경되나 공탁의 동일성은 유지된다.

② 공탁유가증권이 기명식인 때에는 청구인은 대공탁청구서에 공탁물보관자 앞으로 작성한 상환금 추심 위임장을 첨부하여야 한다.

③ 대공탁 청구절차의 추심비용은 청구인이 부담한다.

④ 대공탁을 신청하는 경우 부속공탁과 달리 공탁서 원본을 첨부해야 한다.

⑤ 공탁유가증권의 상환으로 인하여 그 상환금이 대공탁된 경우 공탁금회수청구권의 소멸시효는 대공탁일로부터 기산한다.

해설 ④ 대공탁에 있어서는 당사자가 공탁물을 출급 또는 회수하는 절차와는 달리 공탁서 원본은 첨부할 필요가 없다.

02 대공탁에 관한 다음 설명 중 가장 옳은 것은? ▸ 2005 법무사

① 대공탁은 담보공탁의 경우에만 허용된다.

② 대공탁은 금전공탁이 유가증권공탁으로 변경되는 경우에도 인정된다.

③ 동일한 유가증권공탁에 대하여 대공탁과 부속공탁을 동일청구서에 의하여 동시에 청구하는 경우에는 공탁공무원은 대공탁과 부속공탁을 1건으로 접수하고 1개 기록으로 조제한다.

④ 대공탁을 청구하는 자는 원칙적으로 공탁서 원본을 첨부하여야 한다.

⑤ 재판상 담보공탁에 대하여 대공탁을 청구하는 경우 담보를 명한 법원의 승인을 요하지 않는다.

해설 ① 대공탁은 변제공탁이나 담보공탁의 경우에 인정되지만, 담보물변경은 담보공탁의 경우에만 허용된다.

② 대공탁은 유가증권이 금전공탁으로 변경되는 경우에 인정된다.

③ 동일한 유가증권공탁에 대하여 대공탁과 부속공탁을 동일청구서에 의하여 동시에 청구하는 경우에는 공탁공무원은 대공탁과 부속공탁을 별건으로 접수하고 1개 기록으로 조제한다.

④ 공탁서 원본을 첨부하지는 않는다.

정답 01 ④ 02 ⑤

03 공탁사항의 변경(대공탁 · 부속공탁 · 담보물공탁)에 관한 다음 설명 중 가장 옳지 않은 것은?

▸ 2022 법무사

① 대공탁의 경우에는 유가증권공탁이 상환금에 의한 금전공탁으로 변경되는 경우에 한하지만 담보물변경의 경우에는 유가증권공탁이 금전공탁으로 변경되는 경우 외에 금전공탁이 유가증권공탁으로, 유가증권공탁이 다른 유가증권공탁으로 변경되는 경우도 포함된다.

② 담보공탁에 대하여 대공탁을 청구하는 경우에, 본래의 유가증권공탁과의 사이에 공탁의 동일성이 유지되므로 담보를 명한 관청의 승인을 요하지 않는다.

③ 대공탁청구인이 공탁관으로부터 교부받은 '대공탁청구서' 및 '유가증권출급의뢰서' 등을 공탁물보관자에게 제출한 경우, 공탁물보관자는 그 대공탁청구서 말미에 영수인을 찍어 청구인에게 반환하고, 공탁유가증권을 출급하여 그 유가증권 채무자로부터 상환금을 추심하여 공탁관의 계좌에 대공탁금으로 입금하여야 한다.

④ 같은 사람이 동시에 같은 공탁법원에 여러 건의 부속공탁을 청구하는 경우에 첨부서면의 내용이 같을 때에는 그중 1건의 부속공탁청구서에 1통만을 첨부하면 되고, 다른 부속공탁청구서에는 그 뜻을 적어야 한다.

⑤ 법원이 담보물변경을 허가할 때에는 담보권리자의 이익을 해하여서는 안 되므로, 신 · 구담보물의 액면가액은 동일하거나 그 이상이어야 하며, 신담보물을 어떠한 종류와 수량의 유가증권으로 할 것인가는 법원의 재량에 의하여 정하여진다.

> **해설** ⑤ 법원은 담보제공자의 신청에 의하여 상당하다고 인정할 때에는 공탁한 담보물의 변환을 명할 수가 있고 이때에는 물론 담보권리자의 이익을 해하여서는 안 될 것이나, 본래의 공탁물에 갈음하여 유가증권이나 채권을 공탁하게 할 때에 신구담보물의 액면가액이 절대적으로 동일하거나 그이상이어야만 하는 것은 아니며 신담보물을 어떠한 종류와 수량의 유가증권이나 채권으로 할 것인가는 법원의 재량에 의하여 정하여진다(대결 1988.8.11, 88그25).

04 다음은 공탁사항의 변경에 관한 설명이다. 가장 옳지 않은 것은?

▸ 2013 법무사

① 대공탁을 청구하는 자는 원칙적으로 공탁서 원본을 첨부할 필요가 없다.

② 부속공탁을 청구하는 자는 원칙적으로 공탁서 원본을 첨부하여야 한다.

③ 대공탁은 법원의 승인이 필요 없지만 담보물변경은 법원의 승인이 필요하다.

④ 대공탁은 피공탁자도 청구할 수 있다.

⑤ 담보물변경의 경우에는 유가증권공탁이 금전공탁으로 변경되는 경우 외에 금전공탁이 유가증권공탁으로, 유가증권공탁이 다른 유가증권공탁으로 변경되는 경우도 포함된다.

> **해설** ② 부속공탁은 공탁유가증권의 이자 또는 배당금을 기본된 공탁에 부속시켜 공탁하는 절차이므로, 부속공탁에 있어서도 당사자가 공탁물을 출급 또는 회수하는 절차와는 달리 공탁서 원본은 첨부할 필요가 없다.

05 공탁사항의 변경에 대한 다음 설명 중 가장 틀린 것은? ▸ 2008 법무사

① 당초 공탁된 유가증권인도청구권에 대한 압류 및 배당요구의 효력은 공탁기관이 그 유가증권을 환가하여 현금화한 원금과 이자에 대한 대공탁과 부속공탁에 미친다.

② 대공탁은 기본공탁과의 사이에 공탁의 동일성이 유지되는 공탁이어서 법원의 승인이 필요 없지만 담보물변경(민사소송법 제126조)은 법원의 승인이 필요하다.

③ 담보물변경(민사소송법 제126조)은 변제공탁의 경우에도 허용되지만 대공탁은 담보공탁의 경우에만 허용된다.

④ 공탁유가증권의 상환금의 대공탁이나 이자 또는 배당금의 부속공탁을 청구하려는 사람은 대공탁·부속공탁청구서 2통을 제출하여야 한다.

⑤ 유가증권공탁에 관하여 대공탁과 부속공탁을 동시에 청구하는 경우에는 하나의 청구서로 할 수 있다.

해설 ③ 담보물변경(민사소송법 제126조)은 담보공탁의 경우에만 허용된다. 그리고 대공탁은 변제공탁의 경우에도 허용된다.

06 공탁사항의 변경(대공탁, 부속공탁, 담보물변경)에 관한 다음 설명 중 가장 옳지 않은 것은?

▸ 2025 법무사

① 대공탁을 하게 되면 공탁의 목적물은 유가증권에서 금전으로 변경되나 공탁의 동일성은 유지된다.

② 유가증권공탁에 관하여 대공탁과 부속공탁을 동시에 청구하는 경우에는 하나의 청구서로 할 수 있는데, 이 경우 공탁관은 대공탁과 부속공탁을 별건으로 접수 및 등록하고 2개의 기록을 만들어야 한다.

③ 담보제공명령을 한 법원은 담보제공자의 신청에 의하여 결정으로 공탁한 담보물을 바꾸도록 명할 수 있고, 다만 당사자가 계약에 의하여 공탁한 담보물을 다른 담보로 바꾸겠다고 신청한 때에는 그에 따른다.

④ 담보물변경 신청사건은 담보제공결정을 한 법원 또는 그 기록을 보관하고 있는 법원이 관할한다.

⑤ 공탁한 담보물이 금전인 경우에 유가증권으로 담보물을 변경하는 것은 법원의 재량에 속한다.

해설 ② 동일한 유가증권공탁에 관하여 대공탁과 부속공탁을 동시에 청구하는 경우에는 하나의 청구서(대공탁·부속공탁)로 청구할 수 있다. 이 경우 공탁관은 대공탁과 부속공탁을 별건으로 접수·등록하되 1개의 기록을 만든다.

정답 03 ⑤ 04 ② 05 ③ 06 ②

07 다음은 공탁물품의 매각·폐기에 관한 설명이다. 가장 옳지 않은 것은? (다툼이 있을 경우에는 대법원 판례·예규 및 선례에 의함) ▶ 2007 법무사

① 공탁물품을 매각하거나 폐기하고자 할 경우에는 공탁당사자의 신청으로 해당 공탁사건의 공탁소 소재지 또는 공탁물품의 소재지를 관할하는 법원의 허가를 얻어야 한다.
② 관할법원은 공탁물품의 매각 또는 폐기의 허가재판을 하기 전에 공탁물보관자, 공탁자 또는 피공탁자를 심문할 수 있다.
③ 관할법원은 직권 또는 공탁물보관자의 신청으로 공탁물품의 매각 또는 폐기의 허가재판을 변경할 수 있다.
④ 공탁물보관자는 공탁물품을 수령할 자에게 30일 이상의 기간을 정하여 이를 수령할 것과 이에 응하지 아니하는 경우에는 법원의 허가를 얻어 그 공탁물품을 매각 또는 폐기한다는 내용의 최고서를 등기우편으로 발송하여야 한다.
⑤ 공탁물보관자는 공탁물품에 대한 매각 또는 폐기절차가 완료된 때에는 10일 이내에 공탁물을 수령할 자에게 공탁물품의 매각 또는 폐기사실을 통지하여야 한다.

해설 ① 보관 중인 공탁물품을 매각하거나 폐기하고자 할 경우에는 공탁물보관자의 신청으로 해당 공탁사건의 공탁소 소재지나 공탁물품의 소재지를 관할하는 법원의 허가를 받아야 한다.

08 다음 설명 중 가장 옳은 것은? (다툼이 있는 경우 대법원 판례·예규 및 선례에 의함) ▶ 2011 법무사

① 공탁자가 공탁서에 첨부한 원본 서면의 반환을 청구하는 경우에 공탁관은 그 원본과 같다는 뜻을 적은 사본을 직권으로 작성하여 그 사본에 원본 반환 취지를 적고 도장을 찍어야 한다.
② 공탁자가 가상계좌납입을 신청한 경우 공탁관은 공탁물보관자로부터 가상계좌번호를 전송받은 후 공탁서를 공탁자에게 교부하여 동 계좌로 납부하게 하여야 한다.
③ 공탁물품을 매각하거나 폐기하고자 할 경우에는 공탁물보관자의 신청으로 해당 공탁사건의 공탁소 소재지나 공탁물품의 소재지를 관할하는 법원의 허가를 받아야 한다.
④ 공탁자의 위임을 받은 대리인이 공탁서 정정신청을 하는 경우 인감증명서를 첨부할 필요가 없다.
⑤ 대공탁을 청구하는 경우 원칙적으로 공탁서를 첨부하여야 한다.

해설 ① 공탁서, 공탁서 정정신청서, 대공탁·부속공탁청구서, 공탁물 출급·회수청구서 등에 첨부한 원본인 서면의 반환을 청구하는 경우에 청구인은 그 원본과 같다는 뜻을 적은 사본을 제출하여야 한다.
② 공탁관은 공탁금보관자로부터 가상계좌번호를 전송받은 후 공탁서는 보관하고 납입안내문을 출력하여 공탁자에게 교부하여 납입기한 안에 동 계좌로 납부하게 하여야 한다. 공탁관은 공탁금보관자로부터 납입전송을 받은 후 지체 없이 보관 중인 공탁서에 납입증명을 하여 공탁자 또는 정당한 대리인에게 교부하여야 한다.
④ 위임에 따른 대리인이 공탁서 정정신청을 하는 경우에는 위임장에 날인된 인감에 관하여는 인감증명서를 첨부하여야 한다.
⑤ 대공탁은 기본공탁과 동일성을 유지하면서 단지 공탁유가증권을 공탁금으로 변환하는 절차이므로, 대공탁에 있어서는 당사자가 공탁물을 출급 또는 회수하는 절차와는 달리 공탁서 원본은 첨부할 필요가 없다.

정답 07 ① 08 ③

공탁물 지급절차

01 인감증명서에 관한 다음 설명 중 가장 옳은 것은? ▸ 2009 법무사

① 관공서가 3천만원의 공탁금을 출급청구하는 경우 인감증명서를 제출하여야 한다.

② 종중이 2천만원의 공탁금을 출급청구하는 경우 공탁관이 신분증명서에 의하여 종중대표 자임을 확인할 수 있는 때에는 인감증명서를 제출할 필요가 없다.

③ 공탁물을 출급청구하는 경우 공탁서와 공탁통지서를 모두 첨부하는 때에도 인감증명서 를 별도로 제출하여야 한다.

④ 공탁물을 회수청구하는 경우 공탁자가 공탁서에 날인한 인영과 공탁물회수청구서에 날 인한 인영이 동일한 때에는 인감증명서를 별도로 제출할 필요가 없다.

⑤ 종중이 공탁을 신청하는 경우 규약과 대표자의 자격증명서면을 첨부하여야 하는데, 그 자격증명서에는 2명 이상의 성년이 인감도장을 찍은 후 인감증명서를 제출하여야 한다.

해설 ① 관공서가 공탁물의 출급청구를 하는 경우에는 공탁금액에 관계없이 인감증명서 제출이 면제된다.
② 1천만원 이하인 경우에만 인감증명서를 제출할 필요가 없다.
④ 공탁물을 회수청구하는 경우 공탁자가 공탁서에 날인한 인영과 공탁물회수청구서에 날인한 인영 이 동일한 것은 인감증명서 제출 예외사유에 해당하지 않는다.
⑤ 지문은 종중이 공탁금을 지급(출급·회수)청구하는 경우에 필요한 서면이다. 공탁을 신청하는 경 우에는 규약과 대표자자격증명서면만 첨부하면 된다. 또한 종중이 공탁금을 지급(출급·회수)청 구하는 경우에도 그 자격증명서에는 2명 이상의 성년인 사람이 사실과 같다는 뜻과 성명을 적고 자필서명한 다음 신분증을 첨부(인감요구사무 감축추진에 맞추어 공탁규칙을 개정하여 자필서명 을 하고 신분증사본을 첨부하는 것으로 개정하였다)하여야 하는 것이지, 인감도장을 찍고 인감증 명을 날인해야 하는 것도 아니다.

정답 ▸ 01 ③

02 다음은 공탁금지급청구 시(출급·회수) 신분에 관한 증명서에 의하여 확인을 한 후 인감증명서를 생략할 수 있는 경우에 대한 설명이다. 가장 틀린 것은? ▸ 2010 법무사

① 비법인 사단의 대표자가 공탁금을 직접 출급청구하는 경우로서 그 금액이 1,000만원인 경우

② 개인이 공탁금을 출급청구하는 경우로서 그 금액이 1,000만원인 경우

③ 공탁서상의 공탁금액이 1,000만원 이하이나 출급 또는 회수청구하는 금액이 이자를 포함하여 1,000만원을 초과한 경우

④ 공탁서상의 금액이 1,000만원을 초과하더라도 해당 출급 또는 회수청구를 하는 공탁자 또는 피공탁자에 대한 공탁서상의 금액이 1,000만원 이하인 경우

⑤ 공탁서상의 금액이 1,000만원을 초과하는데 공탁금액을 1,000만원 이하로 임의로 분할하여 출급 또는 회수청구를 하는 경우

> 해설 ⑤ 1,000만원을 초과하는 공탁금액을 1,000만원 이하로 임의로 분할하여 출금 또는 회수청구하는 경우에는 적용되지 않는다.

03 공탁물 출급·회수를 청구할 때에 인감증명서의 첨부 없이 지급청구를 할 수 있는 경우이다. 가장 옳지 않은 것은? ▸ 2014 법무사

① 임의대리인이 위임에 의하여 공탁금을 출급·회수청구하는 경우로서, 그 금액이 1,000만원 이하이고 공탁관이 신분에 관한 증명서로 대리인임을 확인할 수 있는 경우

② 공탁금 1억 2천만원에 대하여 관공서가 공탁물의 출급청구를 하는 경우

③ 법정대리인, 지배인, 그 밖의 등기된 대리인, 법인·법인 아닌 사단이나 재단의 대표자 또는 관리인이 직접 공탁물 출급·회수청구를 하는 경우에는 그 금액이 1,000만원 이하이고, 공탁관이 신분에 관한 증명서로 위의 사람임을 확인할 수 있는 경우

④ 「공탁법」, 「공탁규칙」, 그 밖의 법령 및 대법원예규에서 청구서 등에 「인감증명법」에 따라 신고한 인감을 날인하고 인감증명서를 첨부하여야 한다고 정한 경우, 이를 갈음하여 청구서 등에 서명을 하고 본인서명사실확인서를 제출할 수 있다.

⑤ 본인이 공탁금을 직접 출급·회수청구하는 경우로서, 그 금액이 1,000만원 이하이고, 공탁관이 신분에 관한 증명서로 본인임을 확인할 수 있는 경우

> 해설 ① 본인이나 법정대리인, 지배인, 그 밖의 등기된 대리인, 법인·법인 아닌 사단이나 재단의 대표자 또는 관리인이 공탁금을 직접 출급·회수청구하는 경우로서, 그 금액이 1,000만원 이하(유가증권의 총 액면금액이 1,000만원 이하인 경우를 포함한다)이고, 공탁관이 신분에 관한 증명서(주민등록증·여권·운전면허증 등)에 의하여 본인이나 법정대리인 등임을 확인할 수 있는 경우 인감증명서의 첨부 없이 지급청구를 할 수 있다.

04 민법 제487조 변제공탁절차에서 공탁물 출급·회수청구 시 인감증명서 제출이 면제되는 경우를 모두 고른 것은? ▸ 2022 법무사

—— 보기 ——

ㄱ. 피공탁자 甲의 위임을 받은 친구 乙이 공탁금 500만원을 출급청구하는 경우
ㄴ. 공탁서상 공탁금액이 990만원이지만 출급청구하는 금액이 이자를 포함하여 1,050만원인 경우
ㄷ. 공탁서상 피공탁자가 '甲과 乙', 공탁서상 전체 공탁금액이 1,500만원이고 乙이 자신의 지분에 해당하는 750만원을 출급청구하는 경우
ㄹ. 공탁서상 피공탁자 '甲', 공탁금액이 2,000만원이지만 甲이 임의로 500만원만 출급청구하는 경우
ㅁ. 공탁서상 공탁금액이 2,000만원이고, 출급청구하는 유가증권의 총 액면금액이 2,000만원인 경우

① ㄱ, ㄴ   ② ㄱ, ㄹ   ③ ㄱ, ㅁ
④ ㄴ, ㄷ   ⑤ ㄴ, ㅁ

해설 ④ ㄱ. 피공탁자 甲 본인이 직접 출급청구를 하는 경우가 아니므로 인감이 면제되지 않는다.
　　　ㄹ. 1,000만원을 초과하는 공탁금액을 1,000만원 이하로 임의로 분할하여 출금 또는 회수청구하는 경우에는 적용되지 않는다.
　　　ㅁ. 1,000만원 이하가 아니므로 인감제출이 면제되지 않는다.

05 공탁물 출급절차에 관한 다음 설명 중 가장 옳지 않은 것은? ▸ 2018 법무사 수정

① 본인이 공탁금 1,000만원 이하를 직접 청구하는 경우로서, 공탁관이 신분에 관한 증명서로 본인임을 확인할 수 있는 때에는 인감증명서를 제출하지 않아도 공탁금의 출급청구를 할 수 있다.
② 피공탁자가 여러 사람인 때에는 공탁서상의 전체 공탁금액이 1,000만원을 초과하더라도, 해당 출급청구를 하는 피공탁자에 대한 공탁서상의 공탁금액이 1,000만원 이하인 경우, 본인이 직접 청구하는 경우로서 공탁관이 신분에 관한 증명서로 본인임을 확인할 수 있는 때에도 공탁금 출급청구 시 인감증명서 제출이 면제된다.
③ 청구인이 개인이나 법인인 경우 출급청구하는 공탁금액이 5,000만원 이하인 경우 공탁통지서를 첨부하지 않아도 된다.
④ 전자문서에 의하여 공탁금의 출급청구를 하는 경우에는 인감증명서를 첨부하지 아니한다.
⑤ 임의대리인이 공탁금 1,000만원 이하를 위임받아 청구하는 경우로서, 공탁관이 신분에 관한 증명서로 대리인임을 확인할 수 있는 때에는 본인의 인감증명서를 제출하지 않아도 공탁금의 출급청구를 할 수 있다.

정답 02 ⑤   03 ①   04 ④   05 ⑤

해설 ⑤ 본인이나 법정대리인, 지배인, 그 밖의 등기된 대리인, 법인·법인 아닌 사단이나 재단의 대표자 또는 관리인이 공탁금을 직접 출급·회수청구하는 경우로서, 그 금액이 1,000만원 이하(유가증 권의 총 액면금액이 1,000만원 이하인 경우를 포함한다)이고, 공탁관이 신분에 관한 증명서(주민 등록증·여권·운전면허증 등)에 의하여 본인이나 법정대리인 등임을 확인할 수 있는 경우에 본 인의 인감증명서를 제출하지 않아도 공탁금의 출급청구를 할 수 있다.

06 본인서명사실 확인 등에 관한 법률에 따른 공탁사무처리절차와 관련한 다음 설명 중 가장 옳지 않은 것은? ▸ 2017 법원사무관

① 공탁법, 공탁규칙 그 밖의 법령 및 대법원예규에서 청구서 등에 인감증명법에 따라 신고 한 인감을 날인하고 인감증명서를 첨부하여야 한다고 정한 경우, 이에 갈음하여 청구서 등에 서명을 하고 전자본인서명확인서의 발급증을 첨부할 수 있다.

② 공탁에 관한 청구를 받은 공탁소 외의 기관·법인 또는 단체가 전자본인서명확인서 발 급시스템에서 전자본인서명확인서를 열람한 사실이 확인된 경우에도 공탁관은 해당 공 탁에 관한 청구를 수리하여야 한다.

③ 공탁관이 전자본인서명확인서의 발급증을 제출받았을 때에는 전자본인서명확인서 발급 시스템에 발급번호를 입력하고 전자본인서명확인서를 확인하여야 한다.

④ 변호사나 법무사 등 자격자대리인이 아닌 대리인이 본인서명사실확인서를 첨부하여 공 탁에 관한 청구를 대리하는 경우에는 본인서명사실확인서의 「위임받은 사람란」에 대리 인의 성명과 주소가 기재되어 있어야 한다.

해설 ② 공탁에 관한 청구를 받은 공탁소 외의 기관·법인 또는 단체가 전자본인서명확인서 발급시스템 에서 전자본인서명확인서를 열람한 사실이 확인된 경우 공탁관은 해당 공탁에 관한 청구를 수리 하여서는 아니 된다(행정예규 제1095호 제4조).

07 본인서명사실 확인 등에 관한 법률에 따른 공탁사무처리지침에 대한 다음 설명 중 가장 옳지 않은 것은? ▸ 2017 법무사

① 공탁에 관한 청구를 받은 공탁소 외의 기관·법인 또는 단체가 전자본인서명확인서 발 급시스템에서 전자본인서명확인서를 열람한 사실이 확인된 경우에도 공탁관은 해당 공 탁에 관한 청구를 수리할 수 있다.

② 공탁에 관한 청구서에 첨부하는 본인서명사실확인서 또는 전자본인서명확인서는 발행일 로부터 3개월 이내의 것이어야 한다.

③ 본인서명사실확인서 또는 전자본인서명확인서의 '그 외의 용도란'에는 법원의 명칭, 공탁번호, 해당 용도가 기재되어 있어야 한다.

④ 위 ③항의 경우 '그 외의 용도란'에 기재된 사항과 청구서 등에 기재된 사항이 일치하지 않는 공탁에 관한 청구는 수리하지 아니한다.

⑤ 법무사인 대리인이 본인서명사실확인서 또는 전자본인서명확인서의 발급증을 첨부하여 공탁에 관한 청구를 대리하는 경우에는 본인서명사실확인서 또는 전자본인서명확인서의 '위임받은 사람란'에 대리인의 자격명과 성명이 기재되어 있으면 대리인의 주소는 기재되어 있지 않아도 된다.

해설 ① 공탁에 관한 청구를 받은 공탁소 외의 기관·법인 또는 단체가 전자본인서명확인서 발급시스템에서 전자본인서명확인서를 열람한 사실이 확인된 경우 공탁관은 해당 공탁에 관한 청구를 수리하여서는 아니 된다(행정예규 제1095호 제4조).

08 공탁물 출급·회수청구 시 제출하는 인감증명서에 관한 다음 설명 중 가장 옳지 않은 것은? (다툼이 있는 경우 판례·예규 및 선례에 의함) ▶ 2016 법무사 수정

① 법인의 지배인은 인감증명서를 첨부하여야 하는 경우 지배인을 선임한 법인대표자의 인감증명서와 지배인 사용인감확인서를 첨부하여 직접 공탁물 출급·회수를 할 수 있다.

② 위임에 의한 대리인이 공탁물을 출급·회수청구를 하는 경우 인감증명서의 제출에 갈음하여 위임장에 공증인의 인증을 받아 제출할 수는 없다.

③ 일본에 거주하는 재외국민이 일본국 인감증명서를 첨부하는 경우 그 위임장에 일본주재 한국대사관이나 영사관의 확인을 반드시 받아야 하고, 법률사무소의 공증으로 이에 갈음할 수는 없다.

④ 법인의 경우 출급·회수청구서 또는 위임장에는 법인대표자의 인감을 직접 날인하고 법인대표자의 인감증명서를 첨부하여야 하므로, 출급·회수청구서, 위임장에 사용인감을 날인하고 사용인감확인서 및 법인대표자의 인감증명서를 첨부하여 공탁금 출급·회수청구를 할 수는 없다.

⑤ 관공서가 공탁금을 출급·회수청구를 하는 경우 공탁금액에 상관없이 인감증명을 제출할 필요가 없다.

해설 ① 법인의 지배인(또는 이에 준하는 법률상 대리인)이 공탁물의 출급·회수청구를 직접 또는 다른 사람에게 위임하여 청구할 경우 공탁물 출급·회수청구서나 위임장에 날인된 인감에 관하여는 상업등기법 제16조의 규정에 의하여 발행한 지배인 인감증명서를 첨부하여야 하므로, 지배인 사용인감확인서와 지배인을 선임한 법인 대표자의 인감증명서를 첨부하여 공탁물의 출급·회수를 할 수는 없다.

정답 06 ② 07 ① 08 ①

09 재외국민, 외국인의 공탁금지급청구 시 첨부서면에 관한 다음 설명 중 가장 옳지 않은 것은?
(다툼이 있는 경우 예규에 의함)   ▸ 2017 법무사

① 재외국민이 귀국하여 직접 공탁금지급청구를 하는 때에는 주소를 소명할 필요가 있는
경우 재외국민등록부 등본 또는 출입국관리사무소 등에서 발급한 국내거소신고 사실증
명 등을 제출하게 할 수 있다.

② 재외국민이 귀국하지 않고 대리인에게 위임하는 경우 위임장에 찍힌 인영이 본인의 것임
을 증명하기 위하여 본인의 인감증명(우리나라의 인감증명)을 제출하여야 한다.

③ 외국인의 경우 본국에 인감증명제도가 없다면 위임장에 한 서명에 관하여 본인이 직접
작성하였다는 취지의 본국 관공서(주한 본국 대사관이나 영사관 포함)의 증명이나 이에
관한 공증(본국 또는 대한민국 공증인)이 있어야 한다.

④ 외국국적 취득으로 성명이 변경된 경우 변경 전의 성명과 변경 후의 성명이 동일인이라
는 본국 관공서의 증명 또는 공증(본국 공증인)이 있어야 한다.

⑤ 외국인도 우리나라의 인감증명법에 의한 인감신고를 한 후 인감증명을 발급받아 제출할
수 있다.

(해설) ① 「재외동포의 출입국과 그 법적 지위에 관한 법률」에서 재외국민의 국내거소신고제도가 폐지되
고, 「주민등록법」의 개정에 따라 재외국민의 주민등록신고제도가 신설되었다.

10 다음 설명 중 가장 옳은 것은?   ▸ 2011 법무사

① 국내에 주소나 거소가 없는 재외국민을 위한 변제공탁은 추심채무의 경우에 다른 법령규
정이나 당사자의 특약이 없는 한 서울중앙지방법원의 공탁관에게 할 수 있다.

② 일본에 거주하는 재외국민이 일본 관공서 발행의 인감증명을 첨부하는 경우에는 그 인감
증명에 일본 주재 한국대사관이나 영사관의 확인을 받아야 한다.

③ 일본에 거주하는 재외국민의 상속재산분할협의서에 첨부할 인감증명은 상속재산협의분
할서상의 서명 또는 날인이 본인의 것임을 증명하는 일본 공증인의 공정증서로 대신할
수 있다.

④ 일본에 거주하는 재외국민이 대리인에게 위임하여 공탁금지급청구를 할 때 주소소명서
면이 필요한 경우에는 한국 공증인의 주소공증서면으로 갈음할 수 있다

⑤ 일본에 거주하는 재외국민이 변제공탁을 하는 경우 공탁서상의 공탁자란에 적어야 하는
공탁자의 주민등록번호는 여권번호로 대신할 수 없다.

(해설) ① 국내에 주소나 거소가 없는 재외국민을 위한 변제공탁은 지참채무의 경우에 다른 법령규정이나
당사자의 특약이 없는 한 서울중앙지방법원의 공탁관에게 할 수 있다.
② 일본에 거주하는 재외국민이 일본 관공서 발행의 인감증명을 첨부하는 경우에는 그 "위임장"에
일본 주재 한국대사관이나 영사관의 확인을 받아야 한다.

④ 공탁금지급청구서에는 원칙적으로 주소를 소명하는 서면을 첨부할 필요가 없으나, 공탁서상의 피공탁자 등 권리자의 주소와 인감증명서상의 주소가 다르다는 등의 사유로 권리자와 지급청구자가 같은 사람임을 공탁관이 확인할 수 없는 경우에는 공탁관은 주소변동내용이 나타나는 서면 등 같은 사람임을 소명하는 서면을 제출하게 할 수 있다(주소변동을 확인하는 서면 : 외국주재 대한민국 공관의 장 등이 발급한 재외국민등록부 등본, 출입국관리사무소장이나 시·군·구의 장 등이 발급한 국내거소신고 사실증명 등. 다만, 주재국에 대한민국 공관 등이 없어 이러한 증명을 발급받을 수 없을 때에는 거주국 공증인이 주소를 공증한 서면).
⑤ 재외국민의 경우 공탁서상의 공탁자란에 적어야 하는 공탁자의 주민등록번호는 여권번호로 대신할 수 있다.

11 외국인, 재외국민과 관련된 공탁신청 또는 공탁금지급청구에 대한 다음 설명 중 옳은 것을 모두 고른 것은?

▸ 2019 법무사

> ㄱ. 국내에 주소나 거소가 없는 외국인이나 재외국민을 위한 변제공탁은 지참채무의 경우에 다른 법령의 규정이나 당사자의 특약이 없는 한 서울중앙지방법원의 공탁관에게 할 수 있다.
> ㄴ. 날인의 제도가 없는 국가에 속하는 외국인이 공탁신청 시에는 서명만으로써 공탁서 및 위임장의 기명날인을 대신할 수 있다.
> ㄷ. 우리나라와 같이 인감증명제도가 있는 일본에 거주하는 재외국민은 일본 관공서가 발행한 인감증명을 첨부할 수 있으며, 그 위임장에는 거주국 주재 대한민국 대사관이나 영사관의 확인을 반드시 받아야 한다.
> ㄹ. 재외국민의 상속재산분할협의서에 첨부할 인감증명은 상속재산협의분할서상의 서명 또는 날인이 본인의 것임을 증명하는 재외공관의 확인서 또는 이에 관한 공정증서(거주국 또는 대한민국 공증인)로 대신할 수 있다.
> ㅁ. 공탁관은 공탁금지급과 관련하여 첨부서면으로 외국 공무원이 발행한 문서가 제출된 경우 그 문서에 찍힌 도장 또는 서명의 진위 여부와 그 공무원의 직위를 확인하기 위하여 재외공관 공증법 제30조 제1항 본문에 따른 영사관의 확인 또는 외국공문서에 대한 인증의 요구를 폐지하는 협약에서 정한 아포스티유(Apostille) 확인을 받아 제출하게 할 수 있다.

① ㄱ, ㄴ   ② ㄱ, ㄴ, ㄷ   ③ ㄱ, ㄴ, ㄹ
④ ㄱ, ㄴ, ㄷ, ㄹ   ⑤ ㄱ, ㄴ, ㄷ, ㄹ, ㅁ

해설 모두 옳은 설명의 지문이다.

12 공탁물지급절차에 관한 다음 설명 중 가장 옳지 않은 것은? ▸ 2016 법원사무관 수정

① 공탁신청 당시 제출한 위임장에 '회수청구 및 그 수령의 권한'이 명기되어 있어도 종전의 대리인이 공탁물회수청구를 할 때에는 별도의 위임장을 제출하거나 종전에 위임한 대리권이 소멸되지 않았음을 증명하는 공탁자 본인 작성의 서면(인감증명 첨부 또는 공증)을 제출하여야만 한다.

② 공탁자가 공탁통지서나 이해관계인 피공탁자의 승낙서를 첨부한 경우 공탁서를 첨부하지 않아도 된다.

③ 상속인 중 1인이 다른 상속인들 중 일부로부터 출급청구권을 양도받아 공탁금 출급청구권자가 된 경우에는 공탁금출급청구권을 양도받은 사실을 이유로 국가를 상대로 공탁금 수령권한이 있다는 확인판결을 받은 것만으로는 양도를 증명하는 서면은 갖추었으나 양도인의 적법한 통지가 있다고 볼 수 없으므로 공탁금을 출급할 수 없다.

④ 종중이 공탁소에서 1,000만원 이하인 변제공탁금을 출급청구하는 경우에는 공탁통지서를 첨부할 필요가 없다.

> **해설** ② 피공탁자가 공탁서를 첨부한 경우에는 공탁통지서를 첨부하지 않아도 되나(공탁규칙 제33조 제1호 나목), 반대로 공탁자가 공탁통지서를 첨부한 경우는 공탁서를 첨부하지 않아도 되는 경우에 해당하지 않는다(공탁규칙 제34조 제1호 나목).

13 공탁금 회수청구 시의 첨부서면에 관한 다음 설명 중 가장 옳은 것은? ▸ 2024 법무사

① 공탁물을 회수하려는 사람은 공탁물 회수청구서에 공탁서를 첨부하여야 하나, 이해관계인의 승낙서를 첨부한 경우에는 공탁서를 첨부하지 않을 수 있다.

② 공탁물 회수청구를 하는 사람이 비법인재단인 경우 공탁금액이 5,000만원 이하이면 공탁서를 첨부하지 않을 수 있다.

③ 회수청구권에 대한 강제집행에 의하여 추심명령 또는 전부명령을 얻은 추심채권자 또는 전부채권자가 공탁물 회수청구를 하는 경우에도 공탁물 회수청구서에 공탁서를 첨부하여야 한다.

④ 공탁물회수청구권에 대한 압류 및 전부명령을 받은 자는 원래의 공탁물회수청구권자의 지위를 넘어서 공탁물을 회수할 수 있으므로, 공탁물 회수청구 시 회수청구권을 갖는 것을 증명하는 서면을 첨부하지 않을 수 있다.

⑤ 집행법원이 집행공탁금의 배당을 실시하기 전에 공탁자가 집행공탁의 원인이 없음에도 착오로 집행공탁을 한 것임을 이유로 공탁사유신고를 철회한 경우, 그 집행공탁이 원인이 없는 것으로서 무효임이 명백하여 집행법원이 공탁사유신고를 불수리하는 결정을 하였다고 하더라도, 공탁자가 공탁관에게 집행법원의 위 결정을 제출하여 공탁금을 회수할 수 없다.

해설 ② 공탁물 회수청구를 하는 사람이 비법인재단인 경우 공탁금액이 <u>1,000만원 이하</u>이면 공탁서를 첨부하지 않을 수 있다.
③ 회수청구권에 대한 강제집행에 의하여 추심명령 또는 전부명령을 얻은 추심채권자 또는 전부채권자가 공탁물 회수청구를 하는 경우 공탁물 회수청구서에 공탁서 첨부가 면제된다.
④ 공탁물회수청구권에 대한 압류 및 전부명령을 받은 자는 원래의 공탁물회수청구권자의 지위를 넘어서 공탁물을 회수할 수 없으므로, 공탁물 회수청구 시 회수청구권을 갖는 것을 증명하는 서면을 첨부하여야 한다.
⑤ 집행법원이 집행공탁금의 배당을 실시하기 전에 공탁자가 집행공탁의 원인이 없음에도 착오로 집행공탁을 한 것임을 이유로 공탁사유신고를 철회한 경우. 그 집행공탁이 원인이 없는 것으로서 무효임이 명백하여 집행법원이 공탁사유신고를 불수리하는 결정을 하였다면, 공탁자가 공탁관에게 집행법원의 위 결정을 제출하여 공탁금을 회수할 수 있다.

14 공탁물 출급·회수 시 첨부할 서면에 관한 다음 설명 중 가장 옳지 않은 것은?

▸ 2020 법무사

① 개인이 출급청구하는 공탁금액이 5,000만원 이하인 경우에는 공탁관이 발송한 공탁통지서를 첨부하지 않아도 된다.
② 공탁물회수청구권에 대한 압류 및 전부명령을 받은 자라도 원래의 공탁물회수청구권자의 지위를 넘어서 공탁물을 회수할 수 없으므로 공탁물 회수청구 시 회수청구권을 갖는 것을 증명하는 서면을 첨부하여야 한다.
③ 변제공탁의 조건으로 한 반대급부는 피공탁자의 공탁물출급청구권 행사에 제한사유가 될 뿐 공탁자가 공탁물을 회수하는 경우에는 공탁관의 지급제한사유가 될 수 없다.
④ 법인의 대표자가 직접 또는 다른 사람에게 위임하여 공탁물을 출급·회수청구하는 경우 출급·회수청구서와 위임장에 사용인감을 날인하고 사용인감확인서 및 법인대표자의 인감증명서를 첨부하여 공탁금 출급·회수청구를 할 수 있다.
⑤ 상대적 불확지공탁인 경우 피공탁자 전원이 공동으로 출급청구하는 때에는 출급청구서 기재에 의하여 상호 승낙이 있는 것으로 볼 수 있으므로 별도로 출급청구권 증명서면을 첨부하지 않아도 된다.

해설 ④ 법인의 대표자가 직접 또는 다른 사람에게 위임하여 공탁물을 출급·회수청구하는 경우 출급·회수청구서 또는 위임장에는 법인대표자의 인감을 직접 날인하고 법인대표자의 인감증명서를 첨부하여야 하므로, 출급·회수청구서, 위임장에 사용인감을 날인하고 사용인감확인서 및 법인대표자의 인감증명서를 첨부하여 공탁금 출급·회수청구를 할 수는 없다.

정답 12 ② 13 ① 14 ④

15 다음 설명 중 가장 옳지 않은 것은? (다툼이 있는 경우 예규, 선례에 의함)

▶ 2013 법원사무관 수정

① 법인의 위임을 받은 대리인이 변제공탁금 전액인 4천만원을 출급청구하는 경우 원칙적으로 공탁통지서를 첨부하여야 한다.

② 2천만원을 공탁한 법인의 대표자가 공탁원인 소멸을 이유로 공탁금회수청구를 하는 경우 청구인은 그 회수청구서에 인감날인 대신 서명을 할 수 없다.

③ 집행공탁을 혼합공탁으로 정정하는 것은 단순한 착오 기재의 정정에 그치지 아니하고 공탁의 동일성을 해하는 내용의 정정이므로 허용될 수 없다.

④ 공탁자가 저작재산권자를 알지 못함을 이유로 저작권법 제50조 제1항에 따라 보상금공탁을 하는 경우에는 공탁자의 주소지 관할공탁소에 공탁할 수 있고, 이때 피공탁자를 특정할 필요는 없다.

해설 ① 출급청구하는 공탁금액이 5,000만원 이하인 경우 공탁통지서를 첨부하지 않아도 된다.

16 甲은 乙을 피공탁자로 하여 반대급부를 조건으로 1억원을 민법 제487조에 따른 변제공탁을 하였고, 丙은 공탁금출급청구권에 대한 압류·전부명령을 얻어 공탁금 전액을 출급하려고 한다. 다음 중 丙이 친구 丁을 시켜 출급청구하는 경우 요구되는 서면이 아닌 것은?

▶ 2012 법무사

① 공탁통지서

② 압류·전부명령 정본 및 확정증명

③ 丙의 인감증명서

④ 반대급부이행 증명서면

⑤ 대리인의 권한을 증명하는 서면

해설 ① 공탁물출급청구권에 대하여 압류 및 추심명령 또는 전부명령을 얻은 추심채권자 또는 전부채권자가 공탁물을 출급청구하는 경우에는 공탁통지서를 첨부하지 않아도 된다. 집행채무자인 피공탁자로부터 공탁통지서를 교부받는 것을 기대하기 어렵기 때문이다. 같은 이유로 공탁물 출급청구권에 대하여 체납처분에 의한 압류를 한 세무서장이 공탁물을 출급청구하는 경우에도 공탁통지서를 첨부하지 않아도 된다.

17 **공탁물회수청구와 관련된 다음 설명 중 가장 틀린 것은?** ▶ 2009 법무사, 2009 법원사무관 수정

① 공탁자 본인이 신분에 관한 증명서를 지참하여 1,000만원 이하의 공탁금을 직접 회수청구하는 경우 인감증명서를 첨부할 필요가 없다.

② 임의대리인이 공탁물회수를 청구하는 경우에는 위임장에 발급일부터 3개월 이내인 인감증명서를 첨부하여야 한다.

③ 민법 제489조 제1항의 규정에 의하여 공탁물을 회수하는 경우에는 원칙적으로 별도의 회수청구권증명서면을 첨부할 필요가 없다.

④ 공탁물회수청구권에 대한 압류 및 전부명령을 받은 자는 공탁물회수청구 시 회수청구권을 가지고 있는 것을 증명하는 서면을 첨부할 필요가 없다.

⑤ 당사자 간의 협의해결로 채권자의 승낙에 의하여 회수하는 경우에는 채권자의 승낙서(인감증명서 첨부), 채권자가 채권을 포기한 경우에는 채권포기 증명서면(인감증명서첨부)이 공탁원인소멸을 증명하는 서면이 된다.

해설 ④ 공탁물회수청구권에 대한 압류 및 전부명령을 받은 자라도 원래의 공탁물회수청구권자의 지위를 넘어서 공탁물을 회수할 수 없으므로 공탁물 회수청구 시 회수청구권을 갖는 것을 증명하는 서면을 첨부하여야 한다(대결 1973.12.22, 73마360).

18 **다음 설명 중 가장 옳은 것은?** ▶ 2011 법무사

① 종중이 공탁자인 경우 공탁서의 「공탁자」란에는 종중등록번호를 기재하고, 종중이 피공탁자인 경우에는 「피공탁자」란에 종중의 명칭·주사무소와 종중대표자의 성명과 주소를 기재하여야 한다.

② 종중이 공탁신청을 하는 경우 종중대표자의 자격증명서면에 그 사실을 확인하는 데 상당하다고 인정되는 2명 이상의 성년인 사람이 사실과 같다는 뜻과 성명을 적고 자필서명한 다음, 신분증 사본을 첨부하여야 한다.

③ 종중이 공탁금 출급청구를 하면서 규약과 대표자의 자격증명서면으로 규약에 따른 대표자선출회의록을 첨부하는 경우에 그 회의록은 작성일부터 3개월 이내의 것이어야 한다.

④ 공탁자인 종중이 공탁금 전액인 3천만원을 회수청구하는 경우 원칙적으로 공탁서를 첨부하여야 한다.

⑤ 종중의 위임을 받은 대리인이 공탁금 전액인 900만원을 출급청구하면서 여권을 제시하여 본인임을 확인할 수 있는 경우에는 인감증명서의 첨부가 면제된다.

해설 ① 종중대표자의 성명과 주소를 기재하여야 하는 것은 아니다.
② 종중이 공탁신청을 하는 경우가 아니라 공탁금을 출급하거나 회수할 경우에 해당되는 내용이다.
③ 종중의 대표자선출회의록은 관공서에서 발급받은 서면이 아니다.
⑤ 종중의 대표자 본인인 경우에만 인감증명서의 첨부가 면제된다.

정답 15 ① 16 ① 17 ④ 18 ④

19 다음은 공탁물회수청구 시 공탁서를 첨부하지 않아도 되는 경우에 대한 설명이다. 가장 틀린 것은? ▸ 2009 법무사

① 공탁물회수청구권에 대하여 압류 및 추심명령을 얻은 추심채권자가 공탁물을 회수청구 하는 경우

② 공탁자가 이해관계인인 피공탁자의 승낙서를 첨부한 경우

③ 법인 아닌 사단이나 재단이 회수청구하는 공탁금액이 1,000만원 이하인 경우

④ 관공서가 회수청구하는 경우

⑤ 금전채권의 일부에 대하여 압류 시 제3채무자가 압류와 관련된 금전채권액 전액을 공탁 한 후, 공탁자가 압류의 효력이 미치지 않는 부분에 대하여 회수청구하는 경우 집행법원 의 공탁서보관사실 증명서면을 첨부한 경우

해설 ④ 관공서의 경우에도 공탁서를 첨부해야 하며, 다만 금액이 1,000만원 이하의 경우에만 면제될 뿐 이다.

20 다음 중 공탁금 회수청구 시 공탁서 제출이 면제되는 경우를 모두 고른 것은? ▸ 2022 법무사

┤ 보기 ├

ㄱ. 회수청구하는 공탁금액이 6,000만원인 경우

ㄴ. 총 액면금액이 4,000만원인 유가증권을 회수하는 경우

ㄷ. 비법인사단이 회수청구하는 공탁금액이 4,000만원인 경우

ㄹ. 용인시가 회수청구하는 공탁금액이 4,000만원인 경우

ㅁ. 공탁금회수청구권에 대하여 채권압류 및 추심명령을 얻은 채권자가 회수청구하는 공 탁금액이 4,000만원인 경우

① ㄴ, ㅁ   ② ㄱ, ㅁ   ③ ㄷ, ㅁ

④ ㄷ, ㄹ   ⑤ ㄹ, ㅁ

해설 ㄱ. 회수청구하는 공탁금액이 5,000만원 이하인 경우에만 면제

ㄷ, ㄹ. 비법인사단과 관공서는 1,000만원 이하인 경우에 면제

21 **공탁금의 이자에 대한 다음 설명 중 가장 옳지 않은 것은?** ▸2014 법무사

① 공탁금의 이자는 원금과 같이 지급하는 것이 원칙이기 때문에 공탁금의 이자는 공탁금 출급·회수청구서에 의하여 공탁금보관자가 계산 지급한다.

② 공탁금지급청구권에 대한 압류 및 추심명령이 있는 경우 그 명령에 공탁금의 이자에 대한 언급이 없을 때에는 추심채권자는 압류 전의 공탁금의 이자에 대한 추심권이 없다.

③ 반대급부조건이 붙은 변제공탁의 이자는 조건성취 당일 이후의 이자는 피공탁자에게, 공탁 후 조건성취일 전일까지의 이자는 공탁자에게 귀속한다.

④ 담보공탁의 경우 담보공탁의 법정과실에 대하여 피공탁자의 담보권이 미치지 않는다는 공탁법 제7조 단서의 취지가 공탁물이 금전인 경우에도 적용된다면, 공탁금의 이자는 공탁자에게 귀속하며, 피공탁자인 담보권자에게는 이자청구권이 없다.

⑤ 공탁금지급청구권에 대한 채권압류 및 전부명령이 확정된 경우에는 전부명령의 성격상 전부명령 송달일 이후의 이자뿐만 아니라 송달 전일까지의 이자도 모두 전부채권자에게 귀속한다.

해설 ⑤ 공탁당사자의 교체(추심명령·전부명령·양도 등)가 있는 경우에는 교체일을 기준으로 그 전일까지의 이자는 교체 전 당사자(공탁자 또는 피공탁자)에게, 그 이후부터는 교체 후 당사자(추심·전부채권자, 양수인 등)에게 각 귀속하는 것이 원칙이다.

22 **공탁금 이자의 지급에 관한 설명이다. 가장 틀린 것은?** ▸2011 법무사

① 공탁 시와 지급 시 사이에 이율이 변경된 경우에는 공탁 시부터 이율변경 전일까지는 변경 전 이율을 적용하고 변경일부터는 변경된 이율을 적용하여 합산한다.

② 담보공탁의 경우에는, 담보공탁의 법정과실에 대하여는 피공탁자의 담보권이 미치지 않는다는 공탁법 제7조 단서의 취지가 공탁물이 금전인 경우에도 적용된다면, 공탁금의 이자는 공탁자에게 귀속하며, 피공탁자인 담보권자에게는 이자청구권이 없다.

③ 공탁금지급청구권에 대하여 압류 및 추심명령이 있는 때에 그 명령에 공탁금의 이자에 대한 언급이 없을 때에는 추심채권자는 압류 전의 공탁금의 이자에 대하여 추심권이 없으므로, 이 경우 이자채권에 대하여 추심권을 행사하려면 별도의 압류 및 추심명령을 받아야 한다.

④ 공탁금의 이자는 공탁금 출급·회수청구서에 의하여 공탁금보관자가 계산하여 지급한다.

⑤ 공탁금의 이자는 원금과 함께 지급한다. 그러나 공탁금과 이자의 수령자가 다를 때에는 이자를 지급한 후에 원금을 지급할 수 있다.

해설 ⑤ 공탁금의 이자는 원금과 같이 지급한다. 그러나 공탁금과 이자의 수령자가 다를 때는 원금을 지급한 후에 이자를 지급할 수 있다(규칙 제52조).

23 공탁에 관한 다음 설명 중 가장 틀린 것은?

▶ 2012 법무사 수정

① 보증공탁을 하는 경우에 보증금을 대신하여 유가증권을 공탁할 수 있으나, 공탁자가 유가증권에 대한 이자나 배당금을 청구할 수는 없다.

② 변제공탁의 경우 공탁금에 대한 이자는 공탁자가 공탁금을 회수하는 때에는 공탁자에게, 피공탁자가 공탁금을 출급하는 때에는 피공탁자에게 귀속하는 것이 원칙이다.

③ 시·군법원의 공탁관으로 지정된 법원주사는 해당 시·군법원의 사건과 관련된 상소제기나 변경의 소제기로 말미암은 집행정지와 관련된 재판상 보증공탁의 업무를 할 수 있다.

④ 국내에 주소가 있는 외국인을 위하여 변제공탁하는 경우에는 주소지 관할 지방법원 공탁소에 공탁할 수 있다.

⑤ 공탁자가 변제공탁하면서 피공탁자의 주민등록초본을 제출하는 경우, 주민등록초본은 발급일로부터 3개월 이내의 것이어야 한다.

해설 ① 보증금을 대신하여 유가증권을 공탁한 경우(담보공탁)에는 공탁자는 그 이자나 배당금을 청구할 수 있다(법 제7조 단서). 여기서 '이자나 배당금을 청구할 수 있다' 함은 이자나 배당금이라는 금전의 지급을 청구할 수 있다는 의미가 아니고 법률상 본권과 독립하여 이자나 배당금의 지급청구권을 표창한 유가증권으로서의 이표의 지급을 청구할 수 있다는 의미이며, 또한 그러한 이표지급청구권은 이표의 지급기 도래와 동시에 발생하고 그 이표에는 담보의 효력이 미치지 않기 때문에 공탁자는 언제든지 지급기가 도래한 이표의 지급을 청구할 수 있다. 그러나 변제공탁에 있어서는 법 제7조 본문의 해석상 공탁유가증권의 지급 전에 그 이표만 지급을 청구할 수는 없고, 다만 공탁소에 대하여 그 이표의 지급을 받아 그것을 추심한 금전을 본래의 유가증권공탁에 부수하여 보관하여 줄 것을 청구하는 부속공탁이 허용된다.

24 공탁금의 이자에 관한 다음 설명 중 가장 옳지 않은 것은?

▶ 2020 법무사 수정

① 공탁금의 이자는 공탁금 출급·회수청구서에 의하여 공탁금보관자가 계산하여 지급하고, 이자를 별도로 청구하려는 사람은 공탁관에게 공탁금이자청구서 2통을 제출하여야 한다.

② 공탁금지급청구권에 대한 채권압류 및 추심명령이 있는 경우 그 명령에 공탁금의 이자에 대한 언급이 없으면 추심채권자에게는 압류 전의 공탁금의 이자에 대한 추심권은 없고 그 이자에 대하여 추심권을 행사하려면 별도의 압류 및 추심명령을 받아야 한다.

③ 2022.9.29. 개정되어 2022.10.1.부터 시행된 공탁금의 이자에 관한 규칙 제2조에 따르면 공탁금의 이자는 연 1만분의 35로 한다.

④ 공탁금의 이자는 원금과 함께 지급한다. 그러나 공탁금과 이자의 수령자가 다를 때에는 원금을 지급한 후에 이자를 지급할 수 있다.

⑤ 공탁금지급청구권에 대한 채권압류 및 전부명령이 확정된 경우 전부명령 송달 전·후의 이자는 모두 전부채권자에게 귀속한다.

해설 ⑤ 압류·전부명령에 공탁금의 이자채권에 대하여 언급이 없으면 공탁일로부터 압류·전부명령이 제3채무자인 국가에 송달되기 전일까지의 공탁금에 대한 이자를 전부채권자에게 지급할 수 없다.

정답 23 ① 24 ⑤

특수 지급절차

01 계좌입금에 의한 공탁금지급절차에 관한 다음 설명 중 가장 옳지 않은 것은? (다툼이 있는 경우 예규에 의함) ▸ 2017 법무사

① 공탁금계좌입금신청서 제출 시 신청인은 먼저 공탁물 보관은행을 경유하여 이자소득세 원천징수에 필요한 사항을 등록하고 공탁금계좌입금신청서 하단에 등록확인인을 받아야 하며, 입금계좌는 반드시 신청인 명의이어야 한다.

② 국가, 지방자치단체, 금융기관은 전국공통 포괄계좌 입금신청을 할 수 있으며, 이를 해지하고자 할 때에는 전국공통 포괄계좌 입금신청을 한 공탁소에 해지신청서를 제출하여야 한다.

③ 공탁관은 공탁금출급 또는 회수청구자가 계좌입금신청을 한 경우에는 공탁금출급·회수 청구서를 1통만 제출하도록 한다.

④ 공탁관은 계좌입금신청인이 출급지시 전에 계좌입금신청을 철회하거나 포괄계좌입금신 청을 해지하지 아니하는 한 계좌입금방식으로 공탁금을 지급하여야 하고, 신청인이나 그 대리인에게 직접 지급하여서는 아니 된다.

⑤ 전자신청의 방법으로 공탁금지급청구를 한 경우에도 청구인은 본인의 예금계좌로 공탁 금을 지급받는 방법을 선택하여 계좌입금의 방법으로 지급받을 수 있다.

해설 ② 전국공통 포괄계좌는 국가·지방자치단체에 한하여 적용한다(금융기관은 적용되지 않음).

02 다음은 계좌입금에 의한 공탁금지급절차에 관한 설명이다. 가장 잘못된 것은? ▸ 2012 법무사

① 공탁금지급청구자는 먼저 공탁금계좌입금신청을 한 후 공탁금지급청구서 2통을 제출하 여야 하고, 공탁관은 위 청구를 인가한 경우 공탁물보관자에게 계좌입금지시를 전송하 고, 지급청구자에게 청구서 1부를 교부한다.

② 공탁금계좌입금신청은 대리인에 의해서도 가능한데, 이때 위임장과 인감증명서를 첨부 하여야 한다.

③ 공탁금포괄계좌입금신청인이 공탁관의 출급지시 전에 포괄계좌입금신청을 해지하면 공 탁금을 직접 수령할 수도 있다.

④ 계좌입금에 의한 공탁금의 지급을 청구하는 자는 청구서의 비고란에 계좌입금을 신청한 다는 취지와 입금계좌번호 및 실명번호를 기재하고 실명번호 확인을 위해 주민등록번호 등을 소명할 수 있는 자료를 제출하여야 한다.

⑤ 시·군법원 공탁소에는 계좌입금에 의한 공탁금지급절차가 적용되지 않는다.

정답 01 ② 02 ①, ⑤

해설 ① 공탁관은 공탁금 출급 또는 회수청구자가 계좌입금신청을 한 경우에는 공탁금 출급·회수청구서 1통만 제출하도록 한다. 공탁관이 공탁금의 출급·회수청구를 인가한 경우에는 공탁물보관자에게 출급·회수인가의 취지와 계좌입금 지시를 전송하고, 청구자에게는 해당 청구서를 교부하지 아니한다.
⑤ 2012.12.17. 개정된 규칙의 시행으로 계좌입금에 의한 공탁금 지급절차가 시·군법원 공탁소까지 확대되어 전국 모든 공탁사건에 대하여 예금계좌로 공탁금을 지급받을 수 있게 되었다.

03 다음은 계좌입금에 의한 공탁금지급절차 특례에 관한 설명이다. 가장 옳지 않은 것은?

▶ 2009 법무사

① 공탁금지급청구자가 계좌입금을 신청하는 경우에는 공탁금계좌입금신청서를 공탁관에게 제출하여야 한다.
② 공탁금지급청구자가 계좌입금을 신청하는 경우 신청인은 먼저 공탁물 보관은행을 경유하여 이자소득세원천징수에 필요한 사항을 등록하여야 한다.
③ 공탁금지급청구자가 계좌입금을 신청하는 경우 입금계좌는 반드시 신청인 명의이어야 한다.
④ 공탁금지급청구자가 계좌입금을 신청하는 경우 주민등록번호나 사업자등록번호를 소명할 수 있는 자료를 제출하여야 한다.
⑤ 공탁금지급청구자가 계좌입금을 신청하고 공탁관이 공탁금지급청구를 인가한 경우 공탁관은 지급청구자에게 지급청구서를 교부하여야 한다.

해설 ⑤ 공탁관이 공탁금의 출급·회수청구를 인가한 경우에는 공탁물보관자에게 출급·회수인가의 취지와 계좌입금 지시를 전송하고, 청구자에게는 해당 청구서를 교부하지 아니한다.

04 공탁금지급청구인이 계좌입금신청을 한 경우에 관한 다음 설명 중 가장 옳지 않은 것은?

▶ 2019 법무사

① 공탁관이 공탁금의 지급청구를 인가한 경우에는 공탁물보관자에게 지급인가의 취지와 계좌입금 지시를 전송하고, 청구인에게는 청구서를 1통 교부한다.
② 계좌입금에 의한 공탁금지급청구인은 실명번호의 확인을 위해 주민등록번호(개인)나 사업자등록번호(법인)를 소명할 수 있는 자료를 제출하여야 한다. 단, 이미 포괄계좌입금 신청을 하였을 경우에는 실명번호 확인을 위한 소명자료를 제출하지 아니할 수 있다.
③ 공탁관은 계좌입금신청인이 출급지시 전에 계좌입금신청을 철회하거나 포괄계좌입금 신청을 해지하지 아니하는 한 계좌입금방식으로 공탁금을 지급하여야 하고, 신청인이나 그 대리인에게 직접 지급하여서는 아니된다.
④ 입금계좌는 반드시 신청인 명의이어야 한다.
⑤ 신청인은 먼저 공탁물 보관은행을 경유하여 이자소득세 원천징수에 필요한 사항을 등록하고 공탁금계좌입금신청서 하단에 등록확인인을 받아야 한다.

해설 ① 공탁관은 공탁금출급 또는 회수청구자가 계좌입금신청을 한 경우에는 공탁금출급·회수청구서 1통만 제출하도록 한다. 공탁관이 공탁금의 출급·회수청구를 인가한 경우에는 공탁물보관자에게 출급·회수인가의 취지와 계좌입금 지시를 전송하고, 청구자에게는 해당 청구서를 교부하지 아니한다.

05 계좌입금에 의한 공탁금출급·회수절차에 관한 업무처리지침(행정예규 제1045호)에 관한 다음 설명 중 가장 옳지 않은 것은? ▶ 2020 법무사

① 전국공통 포괄계좌 입금신청은 국가와 지방자치단체만 신청할 수 있으며, 금융기관은 신청할 수 없다.

② 전국공통 포괄계좌 입금신청은 전국 모든 공탁소에 할 수 있으며, 그 입금신청을 해지하는 경우에도 전국 모든 공탁소에 할 수 있다.

③ 공탁관은 공탁금 출급 또는 회수청구자가 계좌입금신청을 한 경우에는 공탁금 출급·회수청구서를 1통만 제출하도록 한다.

④ 계좌입금에 의해 공탁금의 출급·회수를 청구하는 경우 청구서에 계좌입금을 신청한다는 취지와 입금계좌번호 및 실명번호를 기재하고, 실명번호의 확인을 위해 주민등록번호(개인)나 사업자등록번호(법인)를 소명할 수 있는 자료를 제출하여야 한다.

⑤ 공탁관은 계좌입금신청인이 출급지시 전에 계좌입금신청을 철회하거나 포괄계좌입금 신청을 해지하지 아니하는 한 계좌입금 방식으로 공탁금을 지급하여야 하고, 신청인이나 그 대리인에게 직접 지급하여서는 아니된다.

해설 ② 전국공통 포괄계좌 입금신청은 전국 모든 공탁소에 할 수 있으나, 그 해지신청은 전국공통 포괄계좌 입금신청을 한 해당 공탁소에서만 할 수 있다.

06 공탁물출급·회수청구서에 공탁통지서, 공탁서를 첨부할 수 없는 때에는 보증에 의해 공탁물을 지급하는 것을 보증지급이라고 하는데, 이에 관한 설명 중 가장 옳지 않은 것은? ▶ 2014 법무사

① 청구인이 관공서인 경우에는 청구하는 공무원의 공탁물 출급·회수 용도의 재직증명서를 보증서 대신 제출할 수 있다.

② 출급·회수청구를 자격자대리인이 대리하는 경우에는 보증서 대신 손해가 생기는 때에는 이를 배상한다는 자격자대리인(변호사, 법무사) 명의의 보증서를 작성하여 제출할 수 있다. 보증서에는 자격자대리인이 기명날인하여야 한다.

③ 보증지급절차에 의할 때에는 그 서류를 첨부한다는 뜻을 공탁물 출급·회수청구서에 기재하여야 하며, 공탁관이 인정하는 2명 이상이 연대하여 그 사건에 관하여 손해가 생기는 때에는 이를 배상한다는 보증서와 그 재산증명서(등기사항증명서 등), 인감증명서를 첨부하여 제출하여야 한다.

정답 03 ⑤ 04 ① 05 ② 06 ③

④ 위 ②항의 경우, 자격자대리인 명의의 보증서를 제출하는 경우에는 재산증명서, 자격대리인의 인감증명서를 제출할 필요가 없다.

⑤ 보증지급은 공탁통지서나 공탁서를 제출할 수 없는 경우에 하는 것이므로 공탁서상의 피공탁자의 주소가 주소증명서면(또는 인감증명서)상의 주소와 불일치하는 경우 동일인임을 입증하는 데까지 확대하여 적용할 수는 없다.

해설 ③ 보증지급절차에 의할 때에는 그 뜻을 공탁물 출급·회수청구서에 기재하여야 하며, 공탁관이 인정하는 두 사람 이상이 연대하여 그 사건에 관하여 손해가 생기는 때에는 이를 배상한다는 자필서명한 보증서와 그 재산증명서(등기사항증명서 등) 및 "신분증 사본"을 첨부하여 제출하여야 한다(규칙 제41조 제1항).

07 공탁물의 보증지급에 관한 다음 설명 중 가장 옳지 않은 것은? ▶ 2019 법무사

① 보증지급은 공탁통지서나 공탁서를 제출할 수 없는 경우에 하는 것이므로 이를 공탁서상의 피공탁자의 주소가 주소증명서면상의 주소와 불일치하는 경우 동일인임을 증명하는 데까지 확대하여 적용할 수는 없다.

② 보증지급의 경우 공탁관이 인정하는 2명 이상이 연대하여 그 사건에 관하여 손해가 생기는 때에는 이를 배상한다는 자필서명한 보증서와 그 재산증명서(등기사항증명서 등) 및 신분증 사본을 제출하여야 한다.

③ 청구인이 관공서인 경우에는 청구하는 공무원의 공탁물출급·회수 용도의 재직증명서를 보증서 대신 제출할 수 있다.

④ 출급·회수청구를 자격자대리인(변호사·법무사)이 대리하는 경우에는 보증서 대신 손해가 생기는 때에는 이를 배상한다는 자격자대리인 명의의 보증서를 작성하여 제출할 수 있다.

⑤ 자격자대리인 명의의 보증서의 경우 자격자대리인이 기명날인하여야 하며, 재산증명서 및 신분증 사본을 함께 제출하여야 한다.

해설 ⑤ 재직증명서 또는 자격자대리인 명의의 보증서를 제출하는 경우에는 재산증명서나 신분증 사본을 제출할 필요가 없다.

08 다음 중 일괄청구를 할 수 있는 경우는 어느 때인가? ▶ 2009 법무사

① 여러 건의 공탁 중 분할지급을 요하는 것이 있는 때
② 기본공탁에 따라 순차적으로 공탁된 수건의 대공탁 및 부속공탁물을 지급청구하는 때
③ 동일한 청구자가 동일한 청구사유로 금전공탁과 물품공탁을 지급청구하는 때
④ 여러 건의 공탁 중 사안이 복잡하여 즉시 처리가 곤란한 것이 있는 때
⑤ 여러 건의 공탁 중 청구이유가 없어 불수리처분을 할 것이 있는 때

② ⓐ 일부지급 또는 분할지급을 요하는 것이 있는 때, ⓑ 사안이 복잡하여 즉시 처리가 곤란한 것
이 있는 때, ⓒ 청구이유가 없어 불수리처분을 할 것이 있는 때, ⓓ 기타 일괄청구에 적합하지
않다고 인정되는 것이 있는 때에는 일괄청구를 허용하지 아니한다.

09 공탁물 출급·회수의 일괄청구에 관한 다음 설명 중 가장 옳지 않은 것은? (다툼이 있는
경우 판례·예규 및 선례에 의함)   ▶ 2016 법무사

① 전자공탁시스템을 이용하여 공탁물의 출급·회수를 청구하는 경우에는 일괄청구를 할
수 없고, 공탁사건별로 청구서를 각각 제출하여야 한다.

② 동일한 청구자가 동일한 청구사유로 금전공탁과 물품공탁을 지급청구하는 경우에는 일
괄청구를 할 수 있다.

③ 유가증권을 공탁한 후 증권의 일부를 대공탁 및 부속공탁하였을 때 이에 대한 출급 또는
회수청구서는 대공탁 및 부속공탁을 기본공탁에 포함시켜 공탁의 종류에 따라 각각 1건
의 청구서로 작성할 수 있다.

④ 여러 건의 공탁 중에서 분할 지급을 요하는 것이 있는 때에는 일괄청구를 할 수 없다.

⑤ 여러 건의 공탁 중에서 청구이유가 없어 불수리처분을 할 것이 있는 때에는 일괄청구를
할 수 없다.

② 일괄청구가 가능하기 위하여는 청구자가 동일인이어야 하고 출급 또는 회수청구사유가 동일하여
야 하며 공탁물이 동일 종류이어야 한다.

10 공탁물 지급절차에 관한 다음 설명 중 가장 옳지 않은 것은?   ▶ 2018 법원사무관

① 공탁관은 계좌입금신청인이 출급지시 전에 계좌입금신청을 철회하거나 포괄계좌입금신
청을 해지하지 아니하는 한 계좌입금방식으로 공탁금을 지급하여야 하고, 신청인이나 그
대리인에게 직접 지급하여서는 아니 된다.

② 공탁물의 일부를 지급하는 경우에는 공탁관은 청구인이 제출한 공탁서나 공탁통지서에
지급을 인가한 공탁물의 내용을 적고 기명날인한 후 해당 공탁기록에 편철한다.

③ 회수청구하는 공탁금액이 5,000만원 이하인 경우에는 공탁물회수청구서에 공탁규칙 제
34조 제1호에 규정한 서류(공탁서)를 첨부할 수 없는 때에도 '공탁관이 인정하는 2명 이
상이 연대하여 그 사건에 관하여 손해가 생기는 때에는 이를 배상한다'는 보증 없이 공탁
물을 지급할 수 있다.

④ 공탁통지서를 공탁물출급청구서에 첨부할 수 없는 경우 공탁물출급청구자는 공탁물출급
청구에 대하여 이해관계를 갖고 있는 자의 승낙서를 첨부하여 출급청구할 수 있다.

정답   07 ⑤   08 ②   09 ②   10 ②

> **해설** ② 공탁물의 일부를 지급하는 경우에는 공탁관은 청구인이 제출한 공탁서 또는 공탁통지서에 지급을 인가한 공탁물의 내역을 기재하고 기명날인한 후 청구인에게 반환하여야 한다. 이 경우에는 출급·회수청구서의 여백에 공탁통지서나 공탁서를 반환한 취지를 기재하고 수령인을 받아야 한다(규칙 제42조).

11 다음 설명 중 가장 옳은 것은?
▶ 2011 법무사

① 법인지배인이 공탁물출급청구를 하는 데 공탁통지서를 첨부할 수 없는 경우에는, 청구하는 지배인의 공탁물출급청구 용도의 재직증명서를 보증서 대신 제출할 수 있다.

② 공탁서상의 피공탁자의 주소가 주소증명서면상의 주소와 불일치하는 경우 보증서를 동일인임을 증명하는 서면으로 제출할 수 있다.

③ 공탁물출급청구서에 공탁통지서를 첨부할 수 없고 공탁자의 승낙서나 보증서 등도 제출할 수 없는 경우에는, 공탁관은 이해관계인에게 이의신청서 제출 등의 통지 또는 공고 후 공탁물을 지급할 수 있다.

④ 공탁물의 일부를 출급하는 경우에는 공탁관은 청구인이 제출한 공탁통지서에 출급을 인가한 공탁물의 내용을 적고 기명날인한 후 청구인에게 반환하여야 한다.

⑤ 관공서의 결정에 따라 공탁물을 지급하는 경우 해당 관공서는 지급을 받을 자에게 지급위탁서 및 그 자격에 관한 증명서를 주어야 한다.

> **해설** ① 청구인이 관공서인 경우에만 청구하는 공무원의 공탁물출급·회수 용도의 재직증명서를 보증서 대신 제출할 수 있다.
> ② 보증지급은 공탁통지서나 공탁서를 제출할 수 없는 경우에 하는 것이므로 이를 공탁서상의 피공탁자의 주소가 주소증명서면(또는 인감증명서)상의 주소와 불일치하는 경우 동일인임을 입증하는 데까지 확대하여 적용할 수는 없다.
> ③ 폐지된 과거 규칙의 내용이다.
> ⑤ 관공서는 지급위탁서를 공탁관에게 송부하고 지급을 받을 자에게는 그 자격에 관한 증명서를 주어야 한다.

12 다음 설명 중 가장 옳지 않은 것은?
▶ 2014 법원사무관, 2018 법무사, 2015 법무사 수정

① 재외국민이 공탁금출급청구를 하는 때에는 원칙적으로 우리나라의 인감증명서를 제출하여야 한다.

② 출급청구권에 대한 강제집행에 의하여 추심명령 또는 전부명령을 얻은 추심채권자 또는 전부채권자가 출급청구하는 경우에는 공탁통지서를 첨부하지 않아도 된다.

③ 배당이나 그 밖에 관공서의 지급위탁에 의하여 1,000만원 이하의 공탁금을 지급받을 사람 본인이나 법정대리인이 직접 공탁물의 출급청구를 하는 경우에는 그 자격에 관한 증명서와 공탁통지서와 인감증명서를 제출하지 않아도 된다.

④ 자연인인 본인이 5,000만원의 공탁금을 직접 출급청구하는 경우, 공탁관이 신분에 관한 증명서에 의하여 본인임을 확인할 수 있는 경우에도 인감증명서를 제출하여야 한다.

⑤ 부속공탁은 공탁유가증권의 이자 또는 배당금을 기본된 공탁에 부속시켜 공탁하는 절차 이므로, 부속공탁에 있어서도 당사자가 공탁물을 출급 또는 회수하는 절차와는 달리 공탁서 원본은 첨부할 필요가 없다.

> **해설** ③ 배당 등에 의한 지급을 청구하는 경우에 공탁규칙 제43조 제2항은 제33조, 제34조에 대한 특칙 이므로 공탁서나 공탁통지서 또는 출급·회수청구권 증명서면은 첨부할 필요가 없다. 그러나 공탁규칙 제37조와 공탁규칙 제21조 제1항·제2항 및 제22조를 준용하는 공탁규칙 제38조 제1항은 적용되므로 인감증명서와 자격증명서(법인 아닌 사단 또는 재단인 경우에는 정관 그 밖의 규약 포함)는 첨부하여야 한다. 다만 배당이나 그 밖에 관공서의 지급위탁에 의하여 1,000만원 이하의 공탁금을 지급받을 사람 본인이나 법정대리인 등 공탁규칙 제37조 제2항의 사람이 공탁규칙 제43조 제1항의 증명서를 첨부하여 직접 공탁물의 출급청구를 하는 경우에는 인감증명서를 제출하지 않아도 된다(공탁규칙 제37조 제3항 제1호). 배당이의소송을 제기당한 채권자가 그 판결확정 후 경정된 배당표에 따라 갖게 되는 공탁금출급청구권에 대하여 압류·전부명령을 받은 자가 전부 받은 그 공탁금출급청구권을 행사함에 있어서도 역시 공탁규칙 제39조(출급·회수의 절차)가 정하는 절차에 따라야 한다(대결 2000.3.2, 99마6289).

13 공탁관이 지급인가 전에 소속과장 등의 결재를 받아야 하는 공탁사건에 해당하지 않는 것은?

▸ 2017 법원사무관 수정

① 장기미제 공탁사건(공탁 후 5년이 지나도록 출급 또는 회수청구가 없는 금전공탁사건) 중 공탁 당시 공탁금이 1천만원 이상인 공탁사건(공탁규칙 제43조에 따라 지급하는 경우는 제외)

② 고액공탁사건(지급청구금액이 10억원 이상인 경우에 한한다)

③ 토지수용보상금에 관한 절대적 불확지공탁사건 중 공탁 당시 공탁금이 1천만원 이상이고 공탁일로부터 만 3년이 경과한 사건

④ 공탁 원금 전액이 지급된 채 이자만 남아있는 공탁사건

> **해설** 공탁관은 ① 장기미제 공탁사건 중 공탁 당시 공탁금이 1천만원 이상인 사건(공탁규칙 제43조에 따라 지급하는 경우는 제외), ② 고액공탁사건(지급청구금액이 10억원 이상인 경우에 한함), ③ 토지수용보상금에 관한 절대적 불확지공탁사건 중 공탁 당시 공탁금이 1천만원 이상이고 공탁일로부터 만 3년이 경과한 사건에 대하여 출급·회수청구서를 접수한 경우, 이를 인가하기 전에 청구서의 여백에 결재란을 만들어 소속과장의 결재를 받아야 하고, 소속과장의 부재 시에는 사무국장의 결재를, 소속과장과 사무국장의 부재 시에는 법원장 또는 지원장의 결재를 받아야 한다. 다만, 법원서기관이 공탁관 또는 대리공탁관으로 공탁사무를 처리하는 경우와 공탁관의 불수리결정에 대한 이의신청에 대하여 공탁법 제14조 제1항에 따라 공탁금을 지급하는 경우는 제외한다(장기미제 공탁사건 등의 공탁금 지급 시 유의사항).

> **정답** 11 ④ 12 ③ 13 ④

③ 위 문제출제 당시에는 토지수용보상금에 관한 절대적 불확지공탁사건 중 공탁 당시 공탁금이 1천만원 이상이고 공탁일로부터 만 3년이 경과한 사건에 적용되었으나, 위 문제출제 후 장기미제 공탁사건 등의 공탁금 지급 시 유의사항에 관한 예규가 개정되어(시행 2024.4.16.) 그 적용범위가 확대되었다. 그리하여 제4조(공탁관의 확인 철저), 제5조(인가 전 결재), 제6조(열람 및 사실증명 청구 시 유의사항), 제7조(완결된 공탁기록의 보관·관리 철저), 제8조(감독사무의 철저)의 규정은 토지수용보상금을 「공익사업을 위한 토지 등의 취득 및 보상에 관한 법률」 제40조 제2항 제1호(보상금을 받을 자가 그 수령을 거부하거나 보상금을 수령할 수 없을 때) 및 제2호(사업시행자의 과실 없이 보상금을 받을 자를 알 수 없을 때)와 이를 준용하는 규정에 따라 공탁한 경우에 그 공탁의 공탁 당시 공탁금이 1천만원 이상이고 공탁일로부터 만 3년이 경과한 공탁사건에 대하여도 적용한다.

14 공탁금 지급에 관한 다음 설명 중 가장 옳지 않은 것은? ▶ 2025 법무사

① 공탁관은 원칙적으로 '장기미제 공탁사건 중 공탁 당시 공탁금이 1천만원 이상인 공탁사건' 또는 '고액공탁사건(지급청구금액이 10억원 이상)'에 대하여 출급·회수청구서를 접수한 경우 이를 인가하기 전에 전자결재의 방식에 의하여 소속과장의 결재를 받아야 한다.

② 공탁관의 공탁금 출급인가처분이 있고 그에 따라 공탁금이 출급되었다면 설사 이를 출급받은 자가 진정한 출급청구권자가 아니라 하더라도 진정한 공탁금 출급권자는 공탁사무를 관장하는 국가를 상대로 하여 민사소송으로 그 공탁금의 지급을 구할 수는 없다.

③ 공탁관은 조사단계에서 지급사유가 없으면 보정이나 취하를 권유할 수는 있으나, 신청인이 이에 응하지 않을 경우에는 불수리결정을 하여야 하며 접수 자체를 거부할 수는 없다.

④ 보증지급은 공탁통지서나 공탁서를 제출할 수 없는 경우에 하는 것이므로 공탁서상의 피공탁자 주소가 주소증명서면상의 주소와 불일치하는 경우 동일인임을 증명하는 데까지 확대하여 적용할 수는 없다.

⑤ 공탁금 출급청구권을 갖는 것을 증명하는 서면인 소유권 증명서류를 보증지급의 보증서로 갈음할 수 있다.

> **해설** ⑤ 보증지급은 공탁통지서나 공탁서를 제출할 수 없는 경우에 하는 것이므로 공탁서상의 피공탁자의 주소가 주소증명서면(또는 인감증명서)상의 주소와 불일치하는 경우 동일인임을 입증하는 데까지 확대하여 적용할 수는 없으며(공탁선례 제2-50호), 수용보상공탁금 출급청구권을 갖는 것을 증명하는 서면인 소유권 입증서류를 보증서로 갈음할 수도 없다.

정답 ▶ 14 ⑤

공탁관의 처분에 대한 불복

01 공탁관의 심사 및 공탁물 납입에 관한 다음 설명 중 가장 옳지 않은 것은? ▸ 2019 법원사무관

① 공탁관이 조사단계에서 보정이나 취하를 권유할 수 있으나, 신청인이 이에 응하지 않더라도 접수 자체를 거절할 수는 없다.

② 이의신청의 대상이 되는 공탁관의 처분에는 공탁관의 수리, 인가, 불수리처분이 포함된다.

③ 공탁관의 처분에 대한 이의신청은 공탁소에 이의신청서를 제출하는 방법으로 하여야 한다.

④ 공탁이 유효하게 성립하는 시기는 공탁관의 수리처분이 있을 때가 아니라, 공탁물을 공탁물보관자에게 납입한 때이다.

> **해설** ② 이의신청의 대상이 되는 공탁관의 처분이란 공탁신청이나 공탁물지급청구권에 대한 공탁관의 불수리처분만을 의미하고 공탁관의 수리, 인가처분은 그 대상에 포함되지 않는다(공탁선례 제201112-1호).

02 공탁관의 처분에 관한 불복절차에 대한 다음 설명 중 가장 옳지 않은 것은? ▸ 2019 법무사

① 공탁관의 불수리결정에 대하여 불복하는 자는 관할 지방법원에 이의신청을 할 수 있으며, 이 경우의 이의신청은 공탁소에 이의신청서를 제출하는 방법으로 하여야 한다.

② 전자신청사건에서 공탁관의 처분에 대하여 불복이 있는 자는 전자공탁시스템을 이용하여 이의신청을 할 수도 있다.

③ 공탁관은 이의신청이 이유 없다고 인정하면 이의신청서를 받은 날부터 5일 이내에 이의신청서에 의견을 첨부하여 관할 지방법원에 송부하여야 한다.

④ 공탁관의 처분에 대하여 불복할 수 있는 자는 공탁당사자(공탁자, 피공탁자) 및 권리승계인이다.

⑤ 이의신청의 대상이 되는 공탁관의 처분에는 공탁신청이나 공탁물지급청구권에 대한 공탁관의 수리, 인가, 불수리처분이 모두 포함된다.

> **해설** ⑤ 이의신청의 대상이 되는 공탁관의 처분이란 공탁신청이나 공탁물지급청구권에 대한 공탁관의 불수리처분만을 의미하고 공탁관의 수리, 인가처분은 그 대상에 포함되지 않는다(공탁선례 제201112-1호).

정답 01 ② 02 ⑤

03 공탁관의 처분에 대한 불복에 관한 다음 설명 중 가장 옳지 않은 것은? ▸ 2015 법무사 수정

① 공탁관의 불수리처분이 부당한지 여부는 원칙적으로 공탁관이 처분을 할 때 제출된 신청서류 등의 증거방법을 가지고 판단하여야 하고 사후에 제출된 자료나 주장은 고려할 사항이 아니다.

② 공탁관의 처분에 대하여는 그 처분이 있다는 사실을 안 날부터 2주 이내에 관할 지방법원에 이의신청을 하여야 한다.

③ 공탁관의 처분에 대하여 불복이 있는 때 공탁법 소정의 이의신청절차를 거침이 없이 곧바로 국가를 상대로 민사소송으로 공탁금지급청구를 하는 것은 허용되지 않는다.

④ 공탁관의 처분에 대한 이의신청에 대한 재판에 대하여는 항고할 수 있다.

⑤ 공탁관의 처분에 대한 이의에 의하여 그 처분의 취소 등 상당한 처분을 명하여 줄 것을 구하는 경우, 공탁관이 해당 공탁사무와 관련하여 더 이상 어떠한 처분을 할 수 없게 된 경우에는 이미 그 이의의 이익이 없어 이의의 신청을 할 수 없다.

> **해설** ② 이의신청기간에 관하여는 따로 정한 바 없으므로 실익이 있는 한 언제든지 이를 할 수 있다.

04 다음은 공탁관의 처분 등에 관한 설명이다. 가장 옳은 것은? ▸ 2008 법무사

① 제3자의 부정출급행위에 의한 인가처분에 의하여 공탁금이 지급된 경우 진정한 청구권자는 이의절차를 통하여 다툴 수 있다.

② 공탁관이 공탁신청이나 공탁물 출급·회수청구를 불수리할 경우에는 공탁서 등에 불수리취지를 기재하여 교부하는 방법으로 한다.

③ 공탁관의 불수리처분에 대하여 불복하는 자는 관할법원에 이의신청서를 직접 제출하는 방법으로 이의신청을 한다.

④ 공탁관이 불수리처분을 할 경우 공탁서 또는 공탁물 출급·회수청구서 및 첨부서류를 모두 반환하는 것을 원칙으로 한다.

⑤ 공탁관의 불수리처분이 부당한 것인가의 여부는 공탁관의 형식적 심사권을 전제로 불수리처분을 한 시점을 기준으로 판단한다.

> **해설** ① 공탁금회수청구에 대한 인가처분으로 공탁금이 이미 공탁금 보관은행에서 지급된 경우에는 설령 그 인가처분이 제3자의 부정출급행위에 의한 것이라 하더라도 공탁관계는 이미 종료되어 해당 공탁관은 더 이상 어떤 처분을 할 수 없다.
> ② 공탁관이 공탁 신청이나 공탁물 출급·회수청구를 불수리할 경우에는 별지 양식에 따라 이유를 적은 결정으로 하여야 한다.
> ③ 이의신청은 "공탁소"에 "이의신청서"를 제출함으로써 하여야 한다.
> ④ 불수리결정을 한 때에는 불수리결정 원본과 공탁서 또는 공탁물출급·회수청구서(각 2부), 그 밖에 첨부서류는 공탁기록에 철하여 보관하며, 첨부서류에 대하여 신청인 등이 반환을 청구한 경우에는 공탁관은 해당 첨부서류의 복사본과 신청인 등에게 받은 영수증을 공탁기록에 철하고 첨부서류 원본을 반환한다.

05 다음은 공탁관의 처분에 대한 이의신청을 설명한 것이다. 틀린 것은? ▸2012 법무사

① 공탁관의 처분에 대하여 불복하는 자는 관할법원에 이의신청을 할 수 있다.

② 위 ①의 이의신청은 관할법원에 이의신청서를 제출하는 방식으로 한다.

③ 법원의 이의신청에 대한 재판에 대하여는 비송사건절차법에 의하여 항고할 수 있다.

④ 공탁관은 이의신청이 이유 있다고 인정하는 경우에는 처분을 변경하고 그 내용을 이의신청인에게 통지하여야 한다.

⑤ 법원의 이의신청에 대한 재판은 이유를 붙여 결정으로써 하며 공탁관과 이의신청인 모두에게 결정문을 송부하여야 한다.

해설 ② 이의신청은 "공탁소"에 이의신청서를 제출함으로써 하여야 한다.

06 다음은 공탁관의 처분에 대한 불복 등에 대한 설명이다. 가장 옳은 것은? ▸2012 법무사

① 제3자의 부정출급행위에 의한 인가처분에 의하여 공탁금이 지급된 경우 진정한 청구권자는 국가를 상대로 민사소송으로써 공탁금지급청구를 할 수 있다.

② 이의신청의 대상이 되는 공탁관의 처분이란 공탁관의 불수리처분만을 의미하고, 공탁관의 수리, 인가처분은 그 대상에 포함되지 않는다.

③ 공탁관의 불수리처분에 대하여 불복하는 자는 공탁소를 거치지 않고 관할법원에 직접 이의신청서를 제출하는 방법으로 이의신청을 한다.

④ 공탁관이 불수리처분을 할 경우 공탁서 또는 공탁물출급·회수청구서, 그 밖의 첨부서류를 모두 반환하는 것을 원칙으로 한다.

⑤ 공탁관의 불수리처분이 부당한 것인가의 여부는 원칙적으로 공탁관의 형식적 심사권을 전제로 불수리처분을 한 시점을 기준으로 판단하지만 사후에 제출된 자료도 함께 고려하여야 한다.

해설 ① 공탁금회수청구에 대한 인가처분으로 공탁금이 이미 공탁금 보관은행에서 지급된 경우에는 설령 그 인가처분이 제3자의 부정출급행위에 의한 것이라 하더라도 공탁관계는 이미 종료되어 해당 공탁관은 더 이상 어떤 처분을 할 수 없다. 공탁관의 불수리처분 등에 관하여 불복이 있는 때에는 공탁법 소정의 이의신청 및 항고절차를 통하여 다투어야 하며 이러한 절차를 거침이 없이 국가를 상대로 직접 민사소송으로써 공탁금지급청구를 함은 허용되지 아니한다.

③ 이의신청은 "공탁소"에 이의신청서를 제출함으로써 하여야 한다.

④ 불수리결정을 한 때에는 불수리결정 원본과 공탁서 또는 공탁물출급·회수청구서(각 2부), 그 밖에 첨부서류는 공탁기록에 철하여 보관하며, 첨부서류에 대하여 신청인 등이 반환을 청구한 경우에는 공탁관은 해당 첨부서류의 복사본과 신청인 등에게 받은 영수증을 공탁기록에 철하고 첨부서류 원본을 반환한다.

⑤ 공탁관의 불수리처분이 부당한 것인가의 여부는 공탁관의 형식적 심사권을 전제로 하여 불수리처분을 한 시점을 기준으로 판단하여야 한다. 따라서 공탁관이 처분을 할 때에 제출된 신청서류 등의 증거방법을 가지고 공탁관이 가지는 심사권한의 범위 안에서 처분이 제대로 이루어진 것인지를 판단하여야 하며 사후의 자료나 주장은 고려할 사항이 아니다.

정답 ▸ 03 ② 04 ⑤ 05 ② 06 ②

07 공탁관의 처분에 대한 이의신청에 관하여 가장 잘못된 설명은? ▸2007 법무사 변형

① 공탁금회수청구권에 대한 압류 및 전부채권자가 공탁관에게 전부금액에 해당하는 공탁금회수청구를 하였으나 공탁관이 선행하는 가압류가 존재한다는 이유로 이를 불수리하고 민사집행법 제248조 제1항, 공탁사무처리규칙 제52조에 따라 압류의 경합을 이유로 사유신고를 한 경우, 특별한 사정이 없는 한 이 경우 전부채권자가 공탁관의 처분에 대하여 한 이의신청은 그 이익이 없어 부적법하게 된다.

② 공탁관의 처분에 대한 이의신청기간을 제한하는 규정은 없다.

③ 공탁관은 이의신청이 이유 있다고 인정하는 경우에는 법원의 허가를 받을 필요 없이 처분을 변경할 수 있다.

④ 공탁관의 처분에 불복하는 자는 공탁자가 아니더라도 이의신청을 할 수 있다.

⑤ 공탁관의 처분에 대하여는 그 처분이 있다는 사실을 안 날부터 1주 이내에 관할 지방법원에 이의신청을 하여야 한다.

> **해설** ⑤ 이의신청기간에 관하여는 따로 정한 바 없으므로 실익이 있는 한 언제든지 이를 할 수 있다.

08 공탁금 지급절차에 관한 다음 설명 중 가장 옳은 것은? ▸2021 법무사

① 같은 사람이 여러 건의 공탁에 관하여 전자공탁시스템을 이용하여 출급청구를 하는 경우에 그 사유가 같은 때에는 공탁종류에 따라 하나의 청구서로 일괄청구할 수 있다.

② 공탁관은 토지수용보상금을 절대적 불확지공탁한 사건 중 그 공탁의 공탁 당시 공탁금이 1천만원 이상이고 공탁일로부터 만 3년이 경과한 사건에 대하여 출급청구서를 접수한 경우 공탁관은 이를 인가하기 전에 소속과장의 결재를 받아야 한다.

③ 공탁관의 불수리결정에 대하여 불복하는 자는 항고법원에 즉시항고를 할 수 있으며, 이 경우 즉시항고장은 항고법원에 제출하여야 한다.

④ 변제공탁금 출급청구에 대하여 공탁관의 인가를 받은 공탁금출급청구서를 공탁금보관자에게 제출하기 전에 피공탁자가 분실한 경우 공탁관은 공탁금이 남아 있더라도 이미 한 출급청구에 대한 인가를 반드시 취소하여야 한다.

⑤ 피공탁자가 공탁물 출급청구서에 공탁통지서를 첨부할 수 없는 경우 공탁물 출급청구에 대하여 이해관계를 가지고 있는 자의 승낙서를 첨부하여 출급청구를 할 수 있는데, 이때 위 이해관계인의 인감증명서 제출은 요하지 않는다.

> **해설** ① 전자공탁은 일괄신청이 인정되지 않는다.
> ③ 이의신청에 대한 재판에 대하여는 비송사건절차법에 의하여 항고할 수 있다(공탁법 제14조 제2항). 비송사건절차법에 의한 항고에 관한 규정은 특별한 규정이 있는 것을 제외하고는 민사소송법에 의한 항고에 관한 규정을 준용하므로(비송사건절차법 제23조) 항고의 제기는 항고장을 원

심법원에 제출함으로써 하고(민사소송법 제445조), 원심법원이 항고에 정당한 이유가 있다고 인정하는 때에는 그 재판을 경정하여야 한다(민사소송법 제446조). 항고법원의 재판에는 이유를 붙여야 한다(비송사건절차법 제22조). 항고법원의 결정에 대하여는 재판에 영향을 미친 헌법, 법률, 명령 또는 규칙의 위반을 이유로 드는 때에만 대법원에 재항고할 수 있다.

④ 인가받은 공탁물출급·회수청구서를 분실한 청구인이 공탁물을 지급받고자 하는 경우 청구인은 사실증명신청서 2통을 공탁관에게 제출하여야 하고, 청구인이 발급받은 사실증명서를 제출하여 공탁물의 출급 또는 회수를 청구하는 경우 공탁물보관자는 분실한 공탁물 지급청구서에 의하여 이미 공탁물을 지급한 때 등과 같은 특별한 사정이 없는 한 그 청구에 따라 공탁물을 지급하여야 한다.

⑤ 승낙서에는 작성자인 이해관계인의 인감을 날인하고 인감증명서를 첨부하여야 한다.

09 공탁관의 처분에 대한 불복 등에 관한 다음 설명 중 가장 옳지 않은 것은? ▶ 2023 법무사

① 집행법원이 공탁관에게 지급위탁서를 송부하고 채권자에게 자격증명서를 교부하는 사무는 공탁관의 공탁사무가 아니므로 그 사무에 관한 집행법원의 처분에 대하여 불복하려면 공탁관의 처분에 대한 이의신청을 할 것이 아니라 집행에 관한 이의신청을 하여야 한다.

② 공탁신청이 불수리된 후 신청인이 이의신청을 하지 않은 때에는 불수리결정연도 다음해부터, 관할 지방법원이 이의신청을 기각하거나 각하한 때에는 기각 또는 각하결정이 있는 다음해부터 5년간 공탁기록을 보존한다.

③ 공탁금회수청구권에 대한 압류·전부채권자가 전부금액에 해당하는 공탁금 회수청구를 하였으나 공탁관이 선행하는 가압류가 존재한다는 이유로 이를 불수리하고 압류의 경합을 이유로 사유신고하여 배당절차가 개시된 경우, 공탁관은 여전히 해당 공탁사건에 관하여 일정한 처분을 할 지위에 있으므로, 위 공탁관의 불수리처분에 대한 이의신청은 그 이익이 있어 적법하다.

④ 공탁관의 처분에 대하여 불복이 있는 자는 관할 지방법원 공탁소에 이의신청서를 제출하는 방법으로 이의신청을 하여야 한다.

⑤ 법원은 공탁관의 처분에 대한 이의신청을 심리할 경우 공탁관의 형식적 심사권을 전제로 처분 당시 제출된 신청서류 등에 의하여 그 처분의 당부를 판단하여야 한다.

해설 ③ 공탁금회수청구권에 대한 압류·전부채권자가 공탁공무원에게 전부금액에 해당하는 공탁금 회수청구를 하였으나 공탁공무원이 선행하는 가압류가 존재한다는 이유로 이를 불수리하고 민사소송법 제581조, 공탁규칙 제58조에 따라 압류의 경합을 이유로 사유신고를 한 경우, 특단의 사정이 없는 한 집행법원은 배당절차를 개시하게 되고, 그 이후에는 공탁공무원으로서는 집행법원의 배당절차에 따라 공탁금을 각 채권자들에게 분할 지급할 수 있을 뿐 해당 공탁사건에 관하여 더 이상 어떠한 처분을 할 지위에 있지 않게 되는 것이므로 이 경우 공탁공무원의 처분에 대한 이의신청은 그 이익이 없어 부적법하게 된다.

10 이의신청에 관한 다음 설명 중 가장 옳지 않은 것은? ▸ 2025 법무사

① 공탁관의 처분에 불복하는 자는 관할 지방법원에 이의신청을 할 수 있다.

② 공탁관은 이의신청이 이유 있다고 인정하면 신청의 취지에 따르는 처분을 하고 그 내용을 이의신청인에게 알려야 하고, 이의신청이 이유 없다고 인정하면 이의신청서를 받은 날부터 5일 이내에 이의신청서에 의견을 첨부하여 관할 지방법원에 송부하여야 한다.

③ 관할 지방법원은 이의신청에 대하여 이유를 붙인 결정으로써 하며 공탁관과 이의신청인에게 결정문을 송부하여야 한다.

④ 관할 지방법원은 이의가 이유 있다고 인정하더라도 공탁관에게 상당한 처분을 할 것을 명할 필요는 없다.

⑤ 이의신청인은 관할 지방법원의 이의신청에 대한 결정에 대하여 비송사건절차법에 따라 항고할 수 있다.

해설 ④ 관할 지방법원의 재판은 이의신청에 대하여 이유를 붙인 결정으로써 하며, 공탁관과 이의신청인에게 결정문을 송부하여야 한다. 이 경우 이의가 이유 있다고 인정하면 공탁관에게 상당한 처분을 할 것을 명하여야 한다.

정답 ▸ 10 ④

공탁관계 법령

01 공탁의 법적 성질에 관하여 이를 사법상의 임치계약으로 보는 사법관계설과 공법상의 법률관계로 보는 공법관계설이 있고, 최근의 대법원 판례는 공법관계설의 입장에 있는 것이 점차 많아지고 있다. 공법관계설의 입각한 공탁업무의 처리에 관한 설명으로서 다음 중 가장 옳지 않은 것은?

▸ 2005 법무사

① 출급청구권자는 국가를 상대로 직접 민사소송으로서 공탁금지급청구를 할 수 없다.
② 공탁금이 지급된 이후에도 진정한 청구권자는 다시 공탁금지급청구를 할 수 있다.
③ 변제공탁은 공탁공무원의 수탁처분과 공탁물보관자의 공탁물수령으로 그 효력이 발생하여 채무소멸의 효과를 가져온다.
④ 공탁사무처리자로서의 국가를 상대로 자신이 공탁금출급청구권자임의 확인을 구하는 소송은 인정될 수 없다.
⑤ 출급청구권자는 공탁당사자인 국가를 상대로 공탁금출급청구권 확인소송을 제기할 수 있다.

해설 ② 일단 공탁공무원의 공탁금출급인가처분이 있고 그에 따라 공탁금이 출급되었다면 설사 이를 출급받은 자가 진정한 출급청구권자가 아니라 하더라도 이로써 공탁법상의 공탁절차는 종료되었다 할 것이고, 따라서 원래의 진정한 공탁금출급청구권자라 하더라도 공탁사무를 관장하는 국가를 상대로 하여 민사소송으로 그 공탁금의 지급을 구할 수는 없다(대판 1993.7.13, 91다39429).

02 공탁에 관한 설명 중 가장 옳은 것은?

▸ 2010 법무사 수정

① 국가재정법 제96조는 금전의 급부를 목적으로 하는 국가에 대한 권리의 소멸시효를 5년으로 규정하고 있으므로, 이에 따라 대법원 행정예규도 공탁금지급청구권의 소멸시효를 5년으로 규정하고 있다.
② 공탁금을 지급받기 위하여는 공탁법과 공탁규칙이 정하고 있는 절차에 따라 공탁관에게 공탁물출급청구를 하여야 하고, 만일 공탁관이 불수리하는 경우에는 국가를 상대로 공탁금지급을 구하는 민사소송을 제기하여야 한다.
③ 공탁유가증권 및 공탁물품에 대하여는 소유권에 관한 청구가 가능하므로 공탁물지급청구권의 소멸시효가 완성되지 아니한다.
④ 현행 공탁규칙 부록에는 공탁에 관한 문서양식을 직접 규정하고 있다.
⑤ 현재 공탁금의 이자에 관한 규칙은 공탁금의 이자를 연 1만분의 35로 정하고 있다.

정답 **01** ② **02** ③, ⑤

해설 ① 공탁금의 소멸시효는 10년이다.
② 공탁관의 처분에 대하여 불복이 있는 때에는 공탁법 소정의 이의신청을 하여야 하며, 이러한 절차를 거침이 없이 곧바로 국가를 상대로 민사소송으로 공탁금지급청구를 함은 허용되지 않는다 (대판 1992.7.28. 92다13011).
④ 종전에는 공탁사무에 관한 문서양식을 공탁규칙으로 규정하고 있었으나, 현재는 예규로 정하고 있다.
⑤ 공탁금의 이자는 2022.10.1. 연 1만분의 35로 개정되었다.

공탁관계서류의 열람과 등사신청

01 다음은 공탁관계서류의 열람 및 사실증명에 관한 설명이다. 가장 옳지 않은 것은?

▸ 2013 법무사

① 이해관계가 있는 자의 사본교부의 청구가 있으면 공탁관의 인증이 없는 단순한 사본은 교부할 수 있다.

② 공탁에 관한 권리를 양수한 것이 아니고 본안소송에서 피고의 소송상의 권리를 양수한 자는 공탁관계서류의 열람 및 사실증명의 교부청구를 할 수 없다.

③ 수용대상 부동산의 가등기권자는 공탁된 보상금에 대하여 따로 그 권리를 주장하는 처분금지가처분 또는 가압류 등의 조치를 취하지 않아도 공탁관계서류의 열람 및 사실증명의 교부청구를 할 수 있다.

④ 공탁당사자나 이해관계인 본인이 직접 열람을 신청하는 경우에는 인감증명서를 첨부할 필요가 없다.

⑤ 전자공탁시스템을 이용한 전자기록의 열람은 공탁관이 열람을 승인한 날부터 1주일 이내에 할 수 있다.

> **해설** ③ 수용대상 부동산의 가등기권자는 토지보상법 제40조에 의하여 공탁된 보상금에 대하여 따로 그 권리를 주장하는 처분금지가처분 또는 가압류 등의 조치를 취하지 않는 이상 그 공탁금출급청구권에 관하여 권리를 주장할 수 있는 이해관계인이라 할 수 없다(공탁선례 제2-155호).

02 공탁관계서류의 열람에 관한 다음 설명 중 가장 옳은 것은 어느 것인가? ▸ 2006 법무사

① 피공탁자의 공탁물출급청구권에 대하여 압류하려고 하는 자는 공탁관계서류의 열람을 신청할 수 있다.

② 공탁당사자 본인이나 법률상 이해관계인 본인이 직접 열람신청을 하는 경우에는 인감증명서를 제출할 필요가 없다.

③ 공탁당사자나 법률상 이해관계인의 열람신청이 있으면 공탁공무원은 공탁관계서류의 인증 사본 또는 등본을 교부할 수 있다.

④ 지급이 완료되지 않은 공탁사건에 관하여 공탁의 확인을 목적으로 공탁관계서류를 열람시킨 경우에도 시효중단사유는 되지 않는다.

⑤ 지급이 완결된 공탁에 관한 서류는 천재지변을 제외하고는 사무실 외로 반출하지 못한다.

정답 ▸ **01** ③ **02** ②

해설 ① 공탁관계서류의 열람 및 사실증명의 교부청구를 할 수 있는 이해관계인으로는 그 공탁에 관하여 직접 법률상 이해관계를 가지는 자로서 해당 공탁에 대한 압류채권자, 양수인, 일반승계인 등을 말하며 단지 압류하려고 하는 공탁물지급청구권자의 채권자는 여기에 포함되지 않는다.

③ 공탁관계서류의 등사에 관하여는 법령의 근거가 없으므로 그 등·초본이나 인증된 사본을 교부할 수 없으나, 이해관계가 있는 자의 사본교부의 청구가 있으면 규칙 제59조에 의한 열람청구의 연장으로 보아 공탁관의 인증이 없는 단순한 사본은 교부할 수 있다.

④ 시효기간 중에 열람을 허용하거나 공탁사실 증명서를 교부한 경우에는 소멸시효가 중단되므로, 그 사실을 전산시스템에 입력하고 공탁기록표지 비고란에 그 취지를 기재하여야 한다.

⑤ 지급이 완결되지 않은 공탁에 관한 서류는 천재지변 등 긴급한 상황에서 서류의 보존을 위하여 필요한 경우가 아니면 사무실 밖으로 옮기지 못하므로, 민사소송과 관련하여 법원으로부터 공탁관계서류의 송부촉탁이 있는 경우에 미완결 공탁사건에 있어서는 송부촉탁에 응할 수 없으나, 완결공탁사건에 있어서는 사무처리상 지장이 없는 한 송부촉탁에 응하여도 무방하다.

03 다음은 공탁관계서류의 열람 및 사실증명 청구에 관한 설명이다. 가장 옳지 않은 것은?

▶ 2011 법무사

① 공탁당사자 본인이 직접 열람을 청구하는 경우에는 인감증명서를 첨부할 필요가 없다.

② 자격자대리인 본인이 직접 열람 및 사실증명을 청구하는 경우에는 대리인의 권한을 증명하는 서면에 인감도장을 찍을 필요는 없다.

③ 지급이 완료되지 않은 공탁사건에 관하여 공탁의 확인을 목적으로 공탁관계서류를 열람시킨 경우 채무의 승인으로 보아 공탁금지급청구권의 시효중단사유가 된다.

④ 공탁관계서류에 관한 등·초본 교부는 물론, 인증이 없는 단순한 사본의 교부청구도 법령상 근거가 없으므로 인정되지 않는다.

⑤ 사실증명을 청구하는 때에는 증명을 받고자 하는 수에 1통을 더한 사실증명청구서를 제출하여야 한다.

해설 ④ 공탁관계서류의 등사에 관하여는 법령의 근거가 없으므로 그 등·초본이나 인증된 사본을 교부할 수 없으나, 이해관계가 있는 자의 사본교부의 청구가 있으면 규칙 제59조에 의한 열람청구의 연장으로 보아 공탁관의 인증이 없는 단순한 사본은 교부할 수 있다.

04 전자공탁시스템에 의한 공탁절차에 관한 다음 설명 중 가장 옳은 것은? ▸ 2022 법원사무관

① 전자공탁시스템을 이용한 전자기록의 열람은 공탁관이 열람을 승인한 날부터 2주일 이내에 할 수 있다.

② 민사집행법 제282조 가압류해방공탁(공탁액 1억원)을 하는 경우 전자공탁시스템을 이용할 수 없다.

③ 전자공탁시스템에 의하여 공탁이 이루어진 후 발송한 공탁통지서가 반송된 경우 공탁관은 이를 피공탁자가 교부청구할 때까지 반드시 이를 보관하여야 한다.

④ 법무사회원이 전자문서에 의하여 공탁금 지급청구를 하는 경우에는 법무사회원의 전자서명 외에 청구인 본인의 전자서명을 함께 제출하여야 한다.

> **해설**　① 전자공탁시스템을 이용한 전자기록의 열람은 공탁관이 열람을 승인한 날부터 1주일 이내에 할 수 있다.
> ② 전자공탁 신청의 경우에는 액수제한 없이 할 수 있다.
> ③ 전자공탁시스템에서 출력하여 발송한 공탁통지서가 반송된 경우 공탁관은 이를 폐기할 수 있다. 이 경우 공탁자가 피공탁자에게 공탁통지서를 다시 발송하여 줄 것을 신청하면 전자공탁시스템에서 다시 출력하여 발송한다.

05 공탁관계서류의 열람에 관한 다음 설명 중 가장 옳지 않은 것은? ▸ 2023 법무사

① 피공탁자의 채권자가 공탁금출급청구권을 압류할 목적으로 하는 공탁관계 서류에 대한 열람 신청은 허용되지 않는다.

② 공탁자 甲이 친구 乙에게 공탁관계서류의 열람을 위임한 경우 대리인의 권한을 증명하는 서면에 甲의 인감도장을 찍고 인감증명서를 첨부하여야 한다.

③ 지급이 완료되지 않은 공탁사건에 관하여 공탁의 확인을 목적으로 공탁관계서류를 열람시킨 경우 소멸시효가 중단된다.

④ 공탁당사자는 전자공탁시스템을 이용하여 전자문서로 제출된 공탁관계서류에 대한 열람을 청구할 수 있는데, 열람을 신청한 자는 공탁관이 열람을 승인한 날부터 2주일 이내에 공탁관계서류를 열람할 수 있다.

⑤ 변제공탁의 공탁자는 전자공탁시스템을 이용하여 전자문서로 제출된 공탁관계서류에 대한 열람뿐만 아니라 전자공탁시스템으로 처리한 공탁사무에 대한 사실증명을 청구할 수 있다.

> **해설**　④ 전자공탁시스템을 이용한 전자기록의 열람은 공탁관이 열람을 승인한 날부터 1주일 이내에 할 수 있다.

정답 ▸ 03 ④　04 ④　05 ④

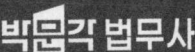박문각 법무사

PART
02

각론

제1절 변제공탁의 신청

01 공탁소의 토지관할에 대한 다음 설명 중 가장 틀린 것은?
▸ 2009 법무사

① 공탁법은 공탁소의 토지관할에 대하여 일반적인 규정을 두고 있지 아니하므로, 원칙적으로 공탁자는 임의대로 어느 공탁소에나 공탁할 수 있고, 공탁소도 직무관할의 범위 내에서 일체의 공탁에 관하여 관할권을 가진다.

② 민법 제488조 제1항의 규정에 의하면 변제공탁은 채무이행지의 공탁소에 하여야 하고, 이는 특별한 규정이 없는 한 다른 법률의 규정에 의한 변제공탁에 대하여도 원칙적으로 유추적용된다.

③ 국내에 주소나 거소가 없는 외국인이나 재외국민을 위한 변제공탁은 지참채무의 경우에 다른 법령의 규정이나 당사자의 특약이 없는 한 대법원 소재지의 공탁소에 공탁할 수 있다.

④ 어음법상의 변제공탁은 약속어음 발행인의 영업소 또는 주소지소재 공탁소에 할 수 있다.

⑤ 공탁자가 관할위반의 공탁소에 공탁을 한 경우에 원칙적으로 착오공탁을 이유로 공탁물을 회수할 수는 없다.

> **해설** ⑤ 관할위반의 공탁소에 한 공탁은 비록 수리가 되었다 하더라도 원칙적으로 무효인 공탁이므로, 공탁자는 "착오공탁을 이유로 공탁물을 회수할 수 있으나" 관할위반의 공탁이 절대적으로 무효인 것은 아니고 피공탁자가 공탁을 수락하거나 출급청구를 한 때에는 하자가 치유되어 처음부터 유효한 공탁이 된다.

02 공탁소의 관할에 관한 설명 중 가장 옳지 않은 것은?
▸ 2022 법무사

① 변제공탁은 채무이행지의 공탁소에 하여야 한다. 공탁소에 관하여 법률에 특별한 규정이 없으면 법원은 변제자의 청구에 의하여 공탁소를 지정하고 공탁물보관자를 선임하여야 한다.

② 공탁당사자가 관할공탁소와 멀리 떨어져 있는 경우 공탁당사자는 관할공탁소 이외의 공탁소에서 금전변제공탁신청을 할 수 있다.

③ 국내에 주소나 거소가 없는 외국인이나 재외국민을 위한 변제공탁은 지참채무의 경우라도 다른 법령의 규정이나 당사자의 특약이 없는 한 변제자의 주소지나 거소지의 관할 공탁소에 공탁할 수 있다.

④ 여신전문금융업법상의 보증공탁은 선불카드를 발행한 신용카드업자의 본점 또는 주된 사무소 소재지의 공탁소에 공탁하여야 한다.

⑤ 해당 시·군법원에 계속 중이거나 시·군법원에서 처리한 소액사건심판법의 적용을 받는 민사사건과 화해·독촉·조정사건에 대한 채무의 이행으로서 하는 변제공탁은 시·군법원의 공탁관에게 할 수 있다.

> **해설** ③ 국내에 주소나 거소가 없는 외국인이나 재외국민을 위한 변제공탁은 지참채무의 경우에 다른 법령의 규정이나 당사자의 특약이 없는 한 서울중앙지방법원(또는 대법원 소재지)의 공탁관에게 할 수 있다.

03 다음은 관할공탁소 이외의 공탁소에서의 공탁사건처리지침(행정예규 제1167호)에 관한 설명이다. 가장 옳은 것은?
　　　　　　　　　　　　　　　　　　　　　　　　　　　　　　　▶ 2014 법원사무관

① 가압류를 원인으로 민사집행법 제248조 제1항 및 제291조 공탁을 신청하는 경우에도 적용된다.
② 토지수용·사용과 관련된 보상금공탁신청의 경우에도 적용된다.
③ 법인의 위임을 받은 대리인이 1,000만원 이하의 공탁금지급청구를 하는 경우에도 적용된다.
④ 접수공탁소는 공탁자의 주소지를 관할하는 공탁소, 또는 형사사건이 계류되어 있는 경찰서·검찰청(지청)·법원(지원) 소재지를 관할하는 공탁소에 한하여 신청할 수 있다.

> **해설** ① 공탁신청의 경우는 금전변제공탁을 하는 경우에 한하여 적용하고 공탁금지급청구의 경우에는 공탁의 종류를 불문하고 모든 금전공탁(유가증권·물품 제외)에 적용한다.
> ② 토지수용·사용과 관련한 보상금공탁신청의 경우에는 위 예규가 적용되지 아니한다.
> ④ 종전에는 공탁자의 주소지를 관할하는 공탁소, 또는 형사사건이 계류되어 있는 경찰서·검찰청(지청)·법원(지원) 소재지를 관할하는 공탁소에 한하여 관할공탁소 이외의 공탁소에 공탁신청을 할 수 있었으나, 2010.11.1.부터 이러한 제한을 받지 않게 되었다.

04 관할공탁소 이외의 공탁소에서의 공탁사건처리절차에 관한 다음 설명 중 가장 옳은 것은?
　　　　　　　　　　　　　　　　　　　　　　　　　　　　　　　▶ 2017 법원사무관

① 공탁신청의 경우에는 공탁의 종류를 불문하고 모든 금전공탁에 적용한다.
② 법인의 위임을 받은 대리인이 1,000만원의 집행공탁금지급청구를 하는 경우에도 관할공탁소 이외의 공탁소에 지급청구서를 접수할 수 있다.
③ 공탁자 甲은 피공탁자 乙의 주소지인 서울북부지방법원 공탁소까지 가지 않고, 본인의 주소지인 서울남부지방법원 공탁소에서 스캔에 의한 원거리 공탁신청을 할 수 있다.
④ 공탁금지급청구인이 개인이고 청구금액이 1,000만원 이하인 경우, 대리인에 의해 관할공탁소 이외의 공탁소에 지급청구서를 접수할 수 있다.

정답　01 ⑤　02 ③　03 ③　04 ②

해설 ① 공탁신청의 경우는 금전변제공탁을 하는 경우에 한하여 적용하고, 공탁금지급청구의 경우에는 공탁의 종류를 불문하고 모든 금전공탁(유가증권·물품 제외)에 적용하되 규칙 제37조 제3항 각 호(인감증명서의 제출의 예외)의 경우에 한하여 적용한다.
③ 접수공탁소와 관할공탁소가 같은 특별시 또는 광역시에 소재한 경우에는 위 예규가 적용되지 아니한다.
④ 법인의 위임을 받은 대리인이 1,000만원 이하의 공탁금지급청구를 하는 경우에 한하여 적용한다.

05 관할공탁소 이외의 공탁소에서의 공탁사건처리지침(행정예규 제1167호)에 관한 설명 중 가장 옳은 것은?
▸ 2013 법원사무관

① 이 지침은 종중의 위임을 받은 대리인이 900만원의 공탁금지급청구를 하는 경우에 적용되지 않는다.
② 이 지침은 관공서가 3천만원의 공탁금지급청구를 하는 경우에 적용되지 않는다.
③ 이 지침에 따라 공탁물을 지급청구하는 경우에는 금전변제공탁에 한하여 적용된다.
④ 이 지침은 토지수용과 관련한 보상금공탁신청의 경우에도 적용된다.

해설 ② 규칙 제37조 제3항 각 호(인감증명서의 제출의 예외) 및 법인의 위임을 받은 대리인이 1,000만원 이하의 공탁금지급청구를 하는 경우에 적용한다.
③ 공탁신청의 경우는 금전변제공탁을 하는 경우에 한하여 적용하고, 공탁금지급청구의 경우에는 공탁의 종류를 불문하고 모든 금전공탁(유가증권·물품 제외)에 적용한다.
④ 토지수용·사용과 관련한 보상금공탁신청의 경우에는 위 예규가 적용되지 아니한다.

06 관할공탁소 이외의 공탁소에서 공탁금을 납입하거나 출급하는 경우에 관한 설명 중 가장 틀린 것은?
▸ 2011 법원사무관

① 출급청구의 경우에는 본인이나 법인의 대표자 또는 법인의 대리인이 1,000만원 이하의 금액을 출급청구하는 경우에 한하여 적용된다.
② 공탁서 등에 흠결이 있는 경우 그에 관한 보정명령은 관할공탁소의 공탁관이 하여야 하므로 접수공탁소 공탁관은 그 사항을 기재한 후 관할공탁서로 전송하여야 한다.
③ 접수공탁소와 관할공탁소가 같은 특별시에 소재한 경우 및 토지수용·사용과 관련한 보상금공탁신청의 경우에는 관할공탁소 이외의 공탁소에 공탁할 수 없다.
④ 관할공탁소 이외의 공탁소에서 공탁금지급청구를 한 때에는 접수공탁소 보관은행에서 이자소득세 원천징수에 필요한 사항을 등록하여야 한다.

해설 ② 접수공탁소의 공탁관은 공탁서 또는 청구서의 기재사항과 첨부서류를 통해 형식적인 사항을 조사한 후 흠결이 있으면 이를 보정하게 하고, 보정을 거부하는 경우에는 그러한 사정을 메모 등을 통해 관할공탁소에 알린다.

07 관할공탁소 이외의 공탁소에서의 공탁사건처리지침(대법원 행정예규 제1167호)에 관한 다음 설명 중 가장 옳지 않은 것은? ▶ 2018 법무사

① 접수공탁소 및 관할공탁소 모두가 지방법원 본원 또는 지원인 경우에 한하여 적용한다.

② 접수공탁소에의 공탁신청의 경우 공탁자는 공탁수리결정 후 접수공탁소 공탁관으로부터 받은 공탁서에 기재된 관할공탁소 공탁관의 보통예금계좌로 공탁금을 납입한다.

③ 접수공탁소와 관할공탁소가 같은 광역시에 소재한 경우에는 적용하지 아니한다.

④ 접수공탁소 공탁관은 공탁신청의 경우 공탁서의 기재사항과 첨부서류를 통해 관할의 확인 등 형식적인 사항을 조사한 후 흠결이 있으면 이를 보정하게 할 수 있다.

⑤ 공탁금지급청구의 경우에는 공탁의 종류를 불문하고 모든 공탁(유가증권·물품 포함)에 적용하므로 친구(○○○주식회사 신입사원)의 위임을 받은 대리인이 1,000만원 이하 금액을 청구하는 경우에도 적용한다.

해설 ② 관할공탁소 이외의 공탁소에서 공탁을 신청하는 경우 가상계좌입금에 의한 공탁금납입을 원칙으로 하며, 가상계좌 채번이 안 되거나 가상계좌입금이 안 되는 등 부득이한 경우, 관할공탁소 공탁관의 보통예금계좌로 납입한다.

⑤ 관할공탁소 이외의 공탁소에서의 공탁사건처리지침은, 공탁을 신청하는 경우에는 금전변제공탁을 신청하는 경우에 한하여 적용하고, 공탁금 지급청구의 경우에는 공탁의 종류를 불문하고 모든 금전공탁(유가증권·물품 제외)에 적용하되 1) 공탁규칙 제37조 제3항 각 호(인감증명서의 제출의 예외) 및 2) 법인의 위임을 받은 대리인이 1,000만원 이하의 공탁금 지급청구를 하는 경우에 한하여 적용한다. 공탁규칙 제37조 제3항 각 호(인감증명서의 제출의 예외)의 내용은 ⅰ) 본인이나 법정대리인, 지배인, 그 밖의 등기된 대리인, 법인·법인 아닌 사단이나 재단의 대표자 또는 관리인이 공탁금을 직접 출급·회수청구하는 경우로서, 그 금액이 1,000만원 이하(유가증권의 총 액면금액이 1,000만원 이하인 경우를 포함한다)이고, 공탁관이 신분에 관한 증명서(주민등록증·여권·운전면허증 등)에 의하여 본인이나 법정대리인 등임을 확인할 수 있는 경우에는 인감증명서를 첨부하지 않아도 된다. ⅱ) 공탁금액 1,000만원 이하인 경우의 구체적인 적용기준과 공탁관의 신분확인 시 유의사항에 대하여는 행정예규 제744호 "신분확인에 의한 공탁금 출급·회수업무처리지침"이 정하고 있다. 공탁서상의 공탁금액이 1,000만원 이하인 때에는 출급 또는 회수청구하는 금액이 이자를 포함하여 1,000만원을 초과한 경우, 공탁서상의 공탁자 또는 피공탁자가 여러 사람인 때에는 공탁서상의 전체 공탁금액이 1,000만원을 초과하더라도 해당 출급 또는 회수청구를 하는 공탁자 또는 피공탁자에 대한 공탁서상의 공탁금액이 1,000만원 이하인 경우, 배당 등에 따라 공탁금액을 여러 사람에게 나누어 지급하는 때에는 그 지급권자의 청구금액이 1,000만원 이하인 경우도 적용되지만, 1,000만원을 초과하는 공탁금액을 1,000만원 이하로 임의로 분할하여 출급 또는 회수청구하는 경우에는 적용되지 않는다. ⅲ) 공탁물이 액면금액의 표시가 없는 유가증권인 경우와 공탁물이 물품인 경우에는 적용하지 아니하고, 대리인에 의하여 출급청구하는 경우에도 적용하지 않는다.

⑤번 지문의 경우에는 본인이 아니라, 본인의 위임을 받은 "대리인"이 청구하는 경우이므로 1,000만원 이하라도 적용이 없다. 한편, 예외적으로 법인의 위임을 받은 대리인이 1,000만원 이하의 공탁금 지급청구를 하는 경우에 한하여도 적용되는데, ⑤번 지문의 경우에는 친구가 법인이

아니고, ○○○ 주식회사의 신입사원(개인)이므로 결국 법인의 위임을 받는 경우가 아니라 개인의 위임을 받은 대리인이 청구하는 경우이므로 1,000만원 이하라도 역시 적용이 없다.

또한 2018년 법무사 기출 당시에는 ②번 지문은 맞는 지문이었는데 그 후 예규가 개정되어 원칙적으로 "가상계좌 입금"에 의하여 납입하는 것을 원칙으로 변경되어 이제는 ②번 지문도 틀린 지문이 되어 복수정답이 되었다.

08 관할공탁소 이외의 공탁소에서의 공탁사건처리지침(대법원 행정예규 제1167호)에 관한 다음 설명 중 가장 옳지 않은 것은? ▸ 2019 법무사

① 접수공탁소 및 관할공탁소 모두가 지방법원 본원 또는 지원인 경우에 한하여 적용되며, 시·군법원은 제외된다.

② 토지수용·사용과 관련한 보상금공탁신청의 경우에는 적용하지 아니한다.

③ 법인의 위임을 받은 대리인이 700만원의 공탁금지급청구를 하는 경우에는 적용되나, 개인의 위임을 받은 대리인이 700만원의 공탁금지급청구를 하는 경우에는 적용되지 않는다.

④ 공탁신청의 경우에는 금전변제공탁에 한하여 적용되고, 재판상 담보공탁이나 집행공탁의 경우에는 적용되지 않는다.

⑤ 공탁자는 공탁수리결정 후 접수공탁소 공탁관으로부터 받은 공탁서에 기재된 관할공탁소 공탁관의 보통예금계좌로 공탁금을 납입함을 원칙으로 한다.

해설 ⑤ 관할공탁소 이외의 공탁소에서 공탁을 신청하는 경우, 가상계좌입금에 의한 공탁금 납입을 원칙으로 한다.

09 관할공탁소 이외의 공탁소에서의 공탁사건처리 지침(행정예규 제1167호)에 관한 다음 설명 중 가장 옳지 않은 것은? ▸ 2019 법원사무관

① 공탁자는 공탁수리결정 후 접수공탁소 공탁관으로부터 받은 공탁서에 기재된 관할공탁소 공탁관의 보통예금계좌로 공탁금을 납입함을 원칙으로 한다.

② 법인의 위임을 받은 대리인이 800만원의 공탁금지급청구를 하는 경우에도 적용된다.

③ 접수공탁소와 관할공탁소가 각 서울동부지방법원과 서울서부지방법원인 경우에는 적용되지 않는다.

④ 공탁신청과 관련하여 재판상 담보공탁이나 집행공탁을 신청하는 경우에는 적용되지 않는다.

해설 ① 관할공탁소 이외의 공탁소에서 공탁을 신청하는 경우, 가상계좌입금에 의한 공탁금 납입을 원칙으로 한다.

10 관할공탁소 이외의 공탁소에서의 공탁사건처리 지침(행정예규 제1167호)에 관한 다음 설명 중 가장 옳은 것은? ▸ 2023 법무사

① 위 지침은 공탁금지급청구의 경우에는 공탁의 종류를 불문하고 모든 공탁(금전·유가증 권·물품)에 적용한다.

② 위 지침은 접수공탁소 및 관할공탁소 모두가 지방법원 본원인 경우에 한하여 적용한다.

③ 공탁자는 공탁서 등(공탁서 1부와 첨부서류)을, 공탁금지급청구인은 청구서 등(공탁금출 급·회수청구서 1부와 첨부서류)을 접수공탁소에 제출하면서 우표를 붙인 봉투(원본서 류를 관할공탁소에 국내특급우편으로 송부하기 위함)를 함께 제출하여야 한다.

④ 甲이 乙에 대한 물품대금채무(5백만원)를 서울중앙지방법원(관할공탁소)에 금전변제공 탁한 경우, 피공탁자 乙은 서울북부지방법원(접수공탁소)에 공탁금 출급청구서를 제출 할 수 있다.

⑤ 위 지침은 민사집행법 제248조 제1항에 따라 제3채무자가 금전채권에 대한 압류가 경합 되어 있음을 이유로 집행공탁을 신청하는 경우에 적용된다.

> **해설** ① 유가증권과 물품공탁은 제외
> ② 지방법원 본원 또는 지원인 경우에 적용(시·군법원 제외)
> ④ 같은 특별시라 안됨
> ⑤ 공탁 신청의 경우는 변제공탁의 경우에만 적용(집행공탁 신청은 관할 제한이 없음)

11 공탁에 관한 다음 설명 중 가장 틀린 것은? ▸ 2012 법무사 수정

① 시·군법원의 공탁관은 변제공탁의 경우, 해당 시·군법원에 계속 중이거나 해당 시· 군법원에서 처리한 소액사건심판법의 적용을 받는 민사사건과 화해·독촉 및 조정사건 에 대한 채무의 이행으로서 하는 경우에만 관할한다.

② 피해자 乙(서울 서초구 거주)을 폭행하여 상해를 입힌 피고인 甲(수원 거주)이 치료비 500만원을 乙을 피공탁자로 하여 서울중앙지방법원에 변제공탁하였는데, 乙이 업무로 서울북부지방법원에 방문한 차에 자신의 공탁금출급신청서를 위 서울북부지방법원에 접 수하는 것은 「관할공탁소 이외의 공탁소에서의 공탁사건처리지침」에 따라 가능하다.

③ 담보부동산의 제3취득자는 채무자의 의사에 반하여도 변제공탁할 수 있다.

④ 접수공탁소 공탁관은 공탁서 또는 청구서의 기재사항과 첨부서류를 통해 형식적인 사항 을 조사한 후 흠결이 있으면 이를 보정하게 할 수 있다.

⑤ 공탁서는 지급이 완료되지 않으면 천재지변 등 긴급상황에서 서류의 보전을 위하여 필요 한 경우가 아니면 공탁소사무실 밖으로 옮기지 못한다.

> **해설** ② 접수공탁소와 관할공탁소가 같은 특별시 또는 광역시에 소재한 경우와 토지수용·사용과 관련한 보상금공탁신청의 경우에는 적용하지 아니한다.

정답 08 ⑤ 09 ① 10 ③ 11 ②

12 공탁소의 관할에 관한 다음 설명 중 가장 옳지 않은 것은? ▸ 2016 법무사

① 시·군법원 공탁관의 직무범위에 민사집행법 제248조 제1항에 따른 집행공탁은 포함되지 않는다.

② 국내에 주소나 거소가 없는 외국인을 위한 변제공탁은 지참채무의 경우 다른 법령의 규정이나 당사자의 특약이 없는 한 서울중앙지방법원 공탁소에 공탁을 할 수 있다.

③ 채권자의 사망으로 수인의 상속인에게 법정상속 비율로 변제공탁을 하여야 하는 경우 특약이 없는 한 각 채권자의 주소지를 관할하는 공탁소에 상속인별로 나누어서 공탁하여야 한다.

④ 공익사업을 위한 토지 등의 취득 및 보상에 관한 법률에 따른 수용보상금 공탁은 채권자의 현주소 또는 현영업소 소재지의 공탁소 외에 토지소재지 공탁소에서도 공탁할 수 있다.

⑤ 토지관할이 없는 공탁소에 한 변제공탁이라도 일단 수리되면 흠결이 치유되어 공탁자는 착오에 의한 공탁으로 회수할 수는 없다.

> **해설** ⑤ 변제공탁의 토지관할은 피공탁자(채권자)의 이익을 위한 것이므로 관할위반의 공탁이 절대적으로 무효인 것은 아니고, 피공탁자가 공탁을 수락하거나 공탁물의 출급을 받은 때에는 그 흠결이 치유되어 그 공탁은 처음부터 유효한 공탁이 된다.

13 공탁소에 관한 다음 설명 중 가장 틀린 것은? (다툼이 있는 경우 대법원 판결, 예규 또는 선례에 따름) ▸ 2010 법원사무관

① 대리공탁관은 자기 명의로 공탁사무를 처리하여야 하므로 그가 처리한 공탁사무에 대하여 스스로 책임을 진다.

② 공탁관은 공탁서 및 첨부서면의 기재 자체로 보아 공탁근거법령의 공탁요건을 갖추지 못하여 공탁이 무효로 판단되는 경우에는 해당 공탁신청을 불수리하여야 한다.

③ 해방공탁금의 회수청구권에 대한 압류 및 추심명령이 경합하였음에도 불구하고 공탁관이 집행법원에 그 사유를 신고하지 아니하고 공탁금출급청구를 한 추심채권자에게 공탁금 전액을 지급하였다면 공탁관에게 과실이 인정된다.

④ 관할위반의 변제공탁은 무효인 공탁이므로 피공탁자가 공탁을 수락한 경우에도 공탁자는 착오공탁을 이유로 언제나 공탁물을 회수할 수 있다.

> **해설** ④ 변제공탁은 채무의 내용에 따른 것이어야 하므로 토지관할 없는 공탁소에 한 변제공탁은 설사 수리되었더라도 원칙적으로 무효이고, 따라서 공탁자는 착오에 의한 공탁으로 회수할 수 있으며, 다시 관할공탁소에 변제공탁하여야 할 것이다. 그러나 변제공탁의 토지관할은 피공탁자(채권자)의 이익을 위한 것이므로 관할위반의 공탁이 절대적으로 무효인 것은 아니고, 피공탁자가 공탁을 수락하거나 공탁물의 출급을 받은 때에는 그 흠결이 치유되어 그 공탁은 처음부터 유효한 공탁이 된다.

14 변제공탁의 신청에 관한 다음 설명 중 가장 옳지 않은 것은? ▶ 2015 법무사

① 국내에 주소나 거소가 없는 외국인이나 재외국민을 위한 변제공탁은 지참채무의 경우에 다른 법령의 규정이나 당사자의 특약이 없는 한 서울중앙지방법원의 공탁관에게 공탁할 수 있다.

② 토지관할 없는 공탁소에 한 변제공탁은 원칙적으로 무효이나, 피공탁자가 공탁을 수락하거나 공탁물의 출급을 받은 때에는 그 흠결이 치유되어 처음부터 유효한 공탁이 된다.

③ 접수공탁소와 관할공탁소가 같은 특별시 또는 광역시에 소재하는 경우가 아니면 토지수용보상금 공탁을 비롯한 모든 금전변제공탁은 관할공탁소 이외의 공탁소에서도 공탁신청을 할 수 있다.

④ 절대적 불확지 변제공탁이나 피공탁자의 주소불명에 따른 수령불능을 이유로 한 변제공탁의 경우 공탁신청 당시에는 공탁통지서를 제출할 필요가 없으나, 피공탁자를 알게 되거나 주소를 알게 되어 공탁서 정정신청을 하는 경우 공탁통지서를 제출하여야 한다.

⑤ 제3채무자가 금전채권에 대한 가압류를 원인으로 공탁하거나 금전채권의 일부에 대한 압류를 원인으로 압류와 관련된 금전채권액 전액을 공탁하는 경우 공탁통지서를 제출하여야 한다.

해설 ③ 토지수용·사용과 관련한 보상금공탁신청의 경우에는 인정되지 아니한다.

15 변제공탁의 신청에 관한 다음 설명 중 가장 옳지 않은 것은? ▶ 2016 법원사무관

① 채권자의 사망으로 수인의 상속인에게 법정상속비율로 변제공탁하는 경우 상속인들의 주소지가 다를 때에는 특약이 없는 한 각 채권자의 주소지를 관할하는 공탁소에 상속인별로 나누어서 공탁하여야 한다.

② 토지관할 없는 공탁소에 한 변제공탁은 수리되었더라도 원칙적으로 무효이다.

③ 절대적 불확지공탁이나 피공탁자의 주소불명에 따른 수령불능을 원인으로 한 변제공탁의 경우는 공탁통지서를 제출하지 않는다.

④ 공탁통지는 공탁의 유효요건이므로 공탁통지가 되지 않은 변제공탁은 원칙적으로 무효이다.

해설 ④ 공탁통지는 공탁이 성립된 경우에 피공탁자에게 출급청구권이 발생하였음을 알려 주어 피공탁자가 출급청구권을 행사하는 데 편의를 제공하기 위한 것일 뿐 공탁의 유효요건은 아니므로 공탁통지가 되지 않은 변제공탁도 원칙적으로 그 효력에 영향이 없다. 따라서 공탁통지서를 피공탁자의 주소로 발송한 이상 그 통지서가 수취인 부재로 반송된 경우라 하더라도 채무소멸이라는 변제공탁의 효력은 발생한다.

정답 12 ⑤ 13 ④ 14 ③ 15 ④

16 공탁서의 첨부서면에 관한 다음 설명 중 가장 틀린 것은? (다툼이 있는 경우 대법원 판결, 예규 또는 선례에 따름) ▶ 2010 법원사무관

① 상대적 불확지 변제공탁을 하는 때에는 피공탁자로 기재된 자 전원의 주소소명서면을 제출하여야 한다.

② 피공탁자가 재외국민으로 주소가 불명인 때에는 공탁의 직접 원인이 되는 서면에 나타난 주소지를 최종주소지로 공탁서에 기재하고, 그 최종주소지에 피공탁자가 거주하지 않는다는 것을 소명하는 서면을 제출하여야 한다.

③ 공탁서에 공탁통지서를 첨부하여야 할 경우에는 피공탁자의 수만큼 수신인란에 피공탁자의 성명과 주소를 적은 봉투를 함께 첨부하여야 한다.

④ 제3채무자가 금전채권의 일부에 대하여 압류가 되어 있는데도 금전채권액 전액을 집행공탁하는 때에는 공탁통지서를 첨부하여야 한다.

> **해설** ③ 종전에는 피공탁자의 수만큼 공탁통지서와 수신인란에 피공탁자의 성명과 주소를 적은 봉투를 첨부하도록 하고 있으나, 웹기반 공탁시스템 개발로 인하여 공탁서에 기재되어 있는 피공탁자의 성명과 주소를 시스템에서 자동출력할 수 있게 되었고 창봉투를 법원에서 제공하게 됨으로써 공탁자가 피공탁자의 성명과 주소를 적은 봉투를 첨부할 필요는 없게 되어 2010.2.1. 공탁규칙 개정으로 이 규정은 삭제되었다(규칙 제23조).

17 민법 제487조 변제공탁이 성립된 후 공탁소의 공탁통지서 발송에 관한 다음 설명 중 가장 옳지 않은 것은? ▶ 2021 법무사

① 공탁소에서 공탁통지서를 발송하기 전이라도 피공탁자는 공탁소에 출석하여 공탁통지서의 교부를 청구할 수 있다.

② 공탁통지서의 송달은 민사소송법 제190조 제1항에 따른 집행관에 의한 휴일 특별송달방법에 의할 수 있다.

③ 공탁통지서가 공탁소로 반송된 후 피공탁자가 대리인을 통하여 공탁통지서를 교부청구하는 경우 피공탁자 본인의 인감도장이 찍힌 위임장과 그 인감증명서를 공탁관에게 제출하여야 한다.

④ 공탁통지서가 피공탁자의 주소불명으로 공탁소로 반송된 경우에 공탁자는 피공탁자의 주소에 대한 공탁서 정정을 신청할 수 있다.

⑤ 전자공탁시스템에 의하여 공탁이 이루어져 전자공탁시스템으로 제출된 공탁통지서를 발송한 후 공탁통지서가 반송된 경우 공탁관은 이를 폐기할 수 있다.

> **해설** ② 공탁통지서의 발송은 배달증명에 의한 우편발송의 방법에 의하여야 하므로, 법원이 직권으로 소송상의 서류를 소송당사자 기타 이해관계인에게 송달하는 경우에 적용되는 민사소송법상의 송달에 관한 규정은 적용될 수 없고, 따라서 민사소송법 제190조에 규정되어 있는 공휴일 또는 해뜨기 전이나 해진 뒤의 집행관 등에 의한 송달방법이나 공시송달의 방법에 의해서 공탁통지서를 발송할 수는 없다.

18 공탁통지서에 관한 다음 설명 중 가장 옳지 않은 것은? ▸ 2018 법원사무관

① 공탁관은 공탁통지서가 반송된 경우 공탁서에 피공탁자의 전화번호가 기재되어 있는 때에는 피공탁자에게 공탁통지서가 반송된 사실을 전화로 안내해 주어야 한다.

② 전자공탁시스템에서 출력하여 발송한 공탁통지서가 반송된 경우 공탁관은 이를 폐기할수 있다.

③ 공탁통지는 공탁의 유효요건이 아니므로 공탁통지서를 피공탁자의 주소로 발송한 이상 그 통지서가 수취인 부재로 반송된 경우라 하더라도 채무소멸이라는 변제공탁의 효력은 발생한다.

④ 공탁통지서의 발송은 배달증명에 의한 우편발송이 원칙이며, 예외적으로 집행관에 의한 송달도 가능하다.

해설 ④ 17번 해설 참조

19 다음은 공탁통지서 발송 및 반송된 공탁통지서의 처리 등에 관한 설명이다. 가장 옳지 않은 것은? ▸ 2011 법무사

① 상대적 불확지 변제공탁의 경우 피공탁자의 수에 따른 공탁통지서를 제출하여야 한다.

② 절대적 불확지 변제공탁의 경우 공탁신청 당시에는 공탁통지서를 제출할 필요가 없다.

③ 금전채권 일부에 대한 압류를 원인으로 압류에 관련된 금전채권액 전액을 공탁하는 경우 피공탁자를 기재하고 공탁통지서를 발송하여야 한다.

④ 반송된 공탁통지서를 대리인이 교부청구하는 경우 피공탁자 본인의 인감도장이 찍힌 위임장과 그 인감증명서를 제출하여야 한다.

⑤ 공탁통지서를 발송하기 전에 피공탁자 본인이 법원에 출석하여 직접 공탁통지서 교부를 청구하는 경우에는 신분증과 함께 인감증명서를 제출하여야 한다.

해설 ⑤ 인감증명은 제출하지 않아도 된다.

20 공탁관의 공탁통지서 내지 공탁사실통지서 발송 등에 관한 다음 설명 중 가장 옳지 않은 것은? (다툼이 있는 경우 대법원 판례·예규 및 선례에 따르고 전원합의체 판결의 경우 다수의견에 의함.) ▸ 2024 법무사

① 제3채무자가 금전채권의 일부에 대한 민사집행법에 따른 압류를 원인으로 압류에 관련된 금전채권액 전액을 집행공탁(민사집행법 제248조 제1항)하는 경우 공탁관은 피공탁자(압류채무자)에게 공탁통지서를 발송하고, 압류채권자에게는 공탁사실을 통지하여야 한다.

정답 16 ③ 17 ② 18 ④ 19 ⑤ 20 ①

② 제3채무자가 금전채권에 대한 가압류를 원인으로 집행공탁(민사집행법 제291조, 제248조 제1항)을 하는 경우 공탁관은 피공탁자에게 공탁통지서를 발송하고, 가압류채권자에게는 공탁사실을 통지하여야 한다.

③ 형사사건의 피고인이 법령 등에 따라 피해자의 인적사항을 알 수 없는 경우에 그 피해자를 위하여 변제공탁(공탁법 제5조의2)을 하는 경우 공탁관은 해당 형사사건이 계속 중인 법원과 검찰에 형사공탁사실통지서를 송부하여야 한다.

④ 제3채무자가 금전채권에 대하여 가압류명령을 송달받은 이후에 채권양도통지를 받아 혼합공탁(민법 제487조 후단, 민사집행법 제291조 및 제248조 제1항)을 하는 경우 공탁관은 피공탁자에게 공탁통지서를 발송하고, 가압류채권자에게는 공탁사실을 통지하여야 한다.

⑤ 제3채무자가 금전채권에 대하여 가압류와 체납처분에 의한 압류의 경합을 원인으로 집행공탁(민사집행법 제291조, 제248조 제1항)을 하는 경우 공탁관은 피공탁자에게 공탁통지서를 발송하고, 가압류채권자 및 체납처분권자에게는 공탁사실을 통지하여야 한다.

> **해설** ① 공탁사실 통지는 가압류권자에게 해야 하며, 압류채권자에게는 해당하지 않는다(압류권자는 사유신고로 배당이 진행되므로 후일 집행법원에서 배당기일 통지서를 받고 배당에 참가하게 된다).

21 공탁통지서 발송에 대한 다음 설명 중 가장 틀린 것은? ▶ 2012 법원사무관

① 공탁관은 공탁물보관자로부터 납입결과의 전송이나 공탁물품납입통지서를 받은 때에는 피공탁자에게 공탁통지서를 발송하여야 한다.

② 공탁관은 피공탁자에게 발송한 공탁통지서임을 명백히 하기 위하여 공탁관의 성명 등을 공탁통지서에 기재한 후 직인을 찍어야 한다.

③ 공탁관은 공탁통지서를 발송하기 위한 봉투 발신인란에 공탁소의 명칭과 그 소재지 및 공탁관의 성명을 적어야 한다.

④ 반송된 공탁통지서를 피공탁자 본인이 공탁소에 출석하여 교부청구를 하는 경우 인감증명서를 제출하여야 한다.

> **해설** ④ 피공탁자 본인이 교부청구를 한 경우에는 공탁관은 신분에 관한 증명서(주민등록증·여권·운전면허증 등, 이하 '신분증'이라 함)에 의하여 피공탁자의 신분을 확인한 다음 피공탁자로부터 공탁통지서 수령사실 및 수령일시가 기재된 영수증을 제출받고 공탁통지서를 교부한다. 이때 공탁관은 피공탁자의 신분증을 복사하여 위 영수증과 함께 해당 공탁기록에 철한다. 반면 대리인이 교부청구를 한 경우에는 공탁관은 신분증에 의하여 대리인의 신분을 확인 후 피공탁자 본인의 인감도장이 찍힌 위임장, 인감증명서 및 영수증을 제출받고 공탁통지서를 교부한다.

제2절 변제공탁의 요건

01 변제공탁의 요건 등에 관한 다음 설명 중 가장 옳지 않은 것은? (다툼이 있는 경우 선례에 의함) ▶2016 법무사

① 가옥 등 임대차의 경우 장래 발생할 차임은 원칙적으로 사용·수익 전에 기한의 이익을 포기하고 미리 공탁할 수 없다.

② 불법행위 채무자 등은 스스로 주장하는 채무 전액에 불법행위일부터 변제제공일까지의 지연손해금을 합해서 변제공탁을 할 수 있다.

③ 가집행선고부 판결의 주문에 표시된 금액을 변제제공하였으나 채권자가 수령거절하는 등의 사유가 있으면 채무자는 변제공탁을 할 수 있다.

④ 조세채무나 국민연금법에 의한 연금보험료채무는 민법 제487조에 의한 변제공탁의 목적이 될 수 없다.

⑤ 무능력자인 채권자에게 법정대리인이 없는 경우는 법률상의 수령불능에 해당하므로 수령불능을 원인으로 변제공탁을 할 수 있다.

> **해설** ④ 변제공탁의 목적인 채무의 발생원인에는 제한이 없으므로 공법상의 채무라도 변제공탁의 대상이 될 수 있다. 따라서 조세채무나 국민연금법에 의한 연금보험료채무도 민법 제487조에 의한 변제공탁의 목적이 될 수 있다. 그러나 벌금납부의무는 본질상 공법상의 채권채무라 할 수 없고, 만약 국가(검사)가 벌금의 수납을 거부하는 경우에는 벌금집행에 관한 검사의 처분에 대한 이의신청을 하여 구제를 받을 수 있으므로, 벌금납부의무는 변제공탁의 목적인 채무에 포함되지 않는다.

02 변제공탁에 관한 다음 설명 중 가장 타당하지 아니한 것은? ▶2006 법무사

① 선례는 부동산공탁을 허용하지 않고 있다.

② 공탁통지가 되지 않으면 피공탁자는 권리행사를 할 수 없으므로 공탁은 원칙적으로 그 효력이 없다.

③ 선례에 의하면, 조세채무나 연금보험료채무 등 공법상의 채무도 변제공탁의 목적이 될 수 있다.

④ 채권자가 미리 수령을 거절한 때에는 변제자는 구두의 제공을 할 필요 없이 바로 변제공탁할 수 있다.

⑤ 절대적 불확지 변제공탁은 원칙적으로 허용되지 아니하나, 토지수용의 경우에는 예외적으로 허용된다.

정답 21 ④ / 01 ④ 02 ②

해설 ② 공탁통지는 공탁의 유효요건은 아니므로 공탁통지가 되지 않은 변제공탁도 원칙적으로 그 효력에 영향이 없다. 따라서 공탁통지서를 피공탁자의 주소로 발송한 이상 그 통지서가 수취인 부재로 반송된 경우라 하더라도 채무소멸이라는 변제공탁의 효력은 발생한다.

03 다음은 변제공탁의 요건 등에 관한 설명이다. 가장 옳은 것은? ▶ 2012 법무사

① 변제기가 도래하지 않은 이자부 금전소비대차는 기한의 이익을 포기하고 공탁 시까지의 이자를 붙여 공탁할 수 있다.

② 가옥 등 임대차의 경우 장래 발생할 차임은 원칙적으로 사용·수익 전에 기한의 이익을 포기하고 미리 공탁할 수 있다.

③ 불법행위로 인한 손해배상채무는 나중에 재판을 통하여 구체적인 금액이 특정되어야 채무가 발생하는 장래의 채무이므로 미리 공탁할 수 없다.

④ 사해행위취소에 따른 원상회복청구권을 피보전권리로 한 채권처분금지가처분결정이 제3채무자에게 송달된 경우, 피공탁자를 「가처분채무자 또는 가처분권자」로 한 상대적 불확지 변제공탁사유에 해당된다.

⑤ 채권에 대한 처분금지가처분결정이 제3채무자에게 송달된 경우는 원칙적으로 「가처분채권자 또는 가처분채무자」를 피공탁자로 한 상대적 불확지공탁을 할 수 있다.

해설 ① 공탁 시까지의 이자가 아니라 변제기까지의 이자를 붙여서 공탁할 수 있다.
② 가옥 등 임대차의 경우 장래 발생할 차임은 나중에 목적물을 사용·수익함으로써 구체적으로 발생하는 채무이므로, 임차인은 원칙적으로 사용·수익 전에 기한의 이익을 포기하고 미리 공탁할수는 없다. 따라서 주위토지통행권자가 통행지 소유자에게 매월 정기적으로 지급하기로 판결이확정된 손해보상금에 관해서 통행지 소유자가 수령을 거절하는 경우에는 과거 수개월분의 손해보상금을 모아서 공탁할 수는 있으나 장래의 손해보상금 수개월분까지 일괄공탁할 수는 없다.
③ 불법행위로 인한 손해배상채무, 부당이득반환채무, 지상권 당사자의 지료증감청구(민법 제286조)로 인한 지료의 금액처럼 나중에 재판을 통하여 구체적인 금액이 확정될 수 있는 채무도 이론적으로는 이미 객관적으로 채무금액이 확정되어 있다고 볼 수 있으므로 확정채무로 보아 공탁할수 있다. 따라서 불법행위채무자 등은 스스로 주장하는 채무액 전액에 불법행위일부터 변제제공일까지의 지연손해금을 합해서 변제공탁을 할 수 있다.
④ 사해행위취소에 따른 원상회복청구권을 피보전권리로 한 채권처분금지가처분결정이 제3채무자에게 송달된 경우 그 가처분권자는 채무자에 대한 채권자의 지위에 있을 뿐 채권이 가처분권자자신에게 귀속한다고 다투는 경우가 아니므로 제3채무자는 피공탁자를 '가처분채무자 또는 가처분권자'로 한 상대적 불확지 변제공탁을 할 수 없고, 공탁근거법령을 '공익사업을 위한 토지 등의취득 및 보상에 관한 법률 제40조 제2항 제1호'로 하고, 피공탁자는 '부동산소유자(가처분채무자)'로 하는 확지공탁을 하되, 위 가처분에 관한 사항을 공탁원인사실에 기재하여야 할 것이며, 이때가처분의 효력은 가처분채무자의 공탁금출급청구권에 대하여 존속한다.

04 변제공탁의 원인 중 채권자의 수령거절에 관한 다음 설명 중 가장 옳지 않은 것은?

▶ 2024 법무사

① 수령거절의 전제가 되는 변제제공에 있어 상대방이 사망한 경우 상속인에게 변제의 제공을 하여야 한다.

② 매수인이, 매도인을 대리하여 매매잔대금을 수령할 권한을 가지고 있는 사람에게 잔대금의 수령을 최고하고, 그를 공탁물 수령자로 지정하여 한 잔대금 변제공탁은 매도인에 대한 잔대금 지급의 효력이 있다.

③ 위 ②항의 변제공탁에서, 매수인이 소유권이전등기절차에 필요한 서류 등의 교부를 요구한 경우, 그 반대급부의 이행을 요구받은 상대방은 매도인이라고 할 것이므로, 반대급부조건을 붙여서 한 공탁은 적법하다.

④ 채권자로부터 미리 수령을 거절할 의사가 표명된 경우에는 채무자는 변제의 제공을 하지 않고 곧 유효하게 공탁을 할 수 있다.

⑤ 채권자의 태도로 보아 채무자가 채무의 이행제공을 하였을 때 채권자가 그 수령을 거절할 것이 명백히 예상되는 경우에도, 채무자는 이행의 제공을 하고 채권자가 그에 대한 수령을 거절한 이후 변제공탁할 수 있다.

해설 ⑤ 채권자의 태도로 보아 채무자가 설사 채무의 이행제공을 하였더라도 그 수령을 거절하였을 것이 명백한 경우에는 채무자는 이행의 제공을 하지 않고 바로 변제공탁할 수 있다(대판 1994.8.26, 93다42276).

05 상대적 불확지공탁 등에 관한 다음 설명 중 가장 옳지 않은 것은? ▶ 2015 법원사무관

① 우리 공탁제도상 채권자가 특정되거나 적어도 채권자가 상대적으로나마 특정되는 상대적 불확지의 공탁만이 허용될 수 있는 것이고 채권자가 누구인지 전혀 알 수 없는 절대적 불확지의 공탁은 허용되지 아니하는 것이 원칙이다.

② 당사자 사이에 양도금지의 특약이 있는 채권이라도 압류 및 전부명령에 따라 이전될 수 있지만, 양도금지의 특약이 있는 사실에 관하여 압류채권자가 악의라면 그 전부명령은 효력이 없다.

③ 채권양도금지 특약에 반하여 채권양도가 이루어진 경우에 양수인이 채권양도금지 특약이 있음을 알았거나 중대한 과실로 알지 못하였던 경우에는 그 채권양도는 효력이 없게 된다. 이 경우 채무자로서는 채권양도금지 특약에 대한 양수인의 선의 여부를 알 수 없어 과연 채권이 적법하게 양도된 것인지 의문이 제기될 수 있으므로, 특별한 사정이 없는 한 채권자 불확지에 해당된다.

정답 03 ⑤ 04 ⑤ 05 ②

④ 수용보상금채권에 대한 처분금지가처분결정이 제3채무자인 사업시행자에게 송달된 경우, 가처분권자가 수용보상금채권에 대하여 권리의 귀속을 다투는 경우에는 공탁근거 법령을 공익사업을 위한 토지 등의 취득 및 보상에 관한 법률 제40조 제2항 제2호로 하고, 피공탁자는 '가처분채무자(부동산소유자) 또는 가처분채권자'로 하는 상대적 불확지 변제공탁을 할 수 있다.

해설 ② 당사자 사이에 양도금지의 특약이 있음에 불과한 채권에 대한 전부명령은 압류채권자가 양도금지의 특약이 있는 사실에 관하여 선의인지 악의인지 불문하고 유효하다. 나아가 양도금지특약부 채권에 대한 전부명령이 유효한 이상, 그 전부채권자로부터 다시 그 채권을 양수한 자가 그 특약의 존재를 알았거나 중대한 과실로 알지 못하였다고 하더라도 채무자는 위 특약을 근거로 삼아 채권양도의 무효를 주장할 수 없다.

06 변제공탁에 관한 다음 설명 중 가장 옳지 않은 것은? (다툼이 있는 경우 판례·예규 및 선례에 의함)
▶ 2016 법무사

① 당사자 사이에 양도금지의 특약이 있는 채권에 대하여 압류 및 전부명령이 확정된 경우, 채무자는 채권자 불확지 변제공탁을 할 수 있다.
② 특정채권에 대하여 채권양도의 통지가 있었으나, 그 후 통지가 철회되는 등으로 채권이 적법하게 양도되었는지 여부에 관하여 의문이 있는 경우, 채무자는 채권자 불확지 변제공탁을 할 수 있다.
③ 사해행위취소에 따른 원상회복청구권을 피보전권리로 한 채권처분금지가처분결정이 제3채무자에게 송달된 경우, 제3채무자는 수령불능을 공탁원인으로 하여 피공탁자를 가처분채무자로 한 변제공탁을 하여야 하고, 채권자 불확지 변제공탁을 할 수는 없다.
④ 공탁자가 지급하여야 할 보상금의 총액은 확정되어 있으나, 보상금수령권자가 불분명할 뿐만 아니라 그 배분금액도 다투는 경우, 다투는 자 전원을 피공탁자로 지정하여 채권자 불확지 변제공탁을 할 수 있다.
⑤ 예금주가 사망하였을 때 금융기관이 그 상속인을 확인하기 위하여 선량한 관리자의 주의의무를 다하여 상속인을 확인하였으나 상속인의 전부 또는 일부를 알 수 없는 경우, 채권자 불확지 변제공탁을 할 수 있다.

해설 ① 채권양도금지의 특약 있는 채권에 대하여 전부명령이 확정된 경우에는 양도금지의 특약 있는 채권이라도 전부채권자의 선의 여부를 불문하고 전부채권자에게 이전되므로 채무자는 채권자 불확지 변제공탁을 할 수 없다.

07 채권자 불확지 변제공탁에 대한 다음 설명 중 옳은 것을 모두 고른 것은? ▸ 2019 법무사

ㄱ. 특정 채권에 대하여 채권양도의 통지가 있었으나 그 후 통지가 철회되는 등으로 채권
   이 적법하게 양도되었는지 여부에 관하여 의문이 있는 경우 채무자는 채권자 불확지
   변제공탁을 할 수 있다.

ㄴ. 채권이 이중으로 양도된 경우의 양수인 상호 간의 우열은 통지 또는 승낙에 붙여진
   확정일자의 선후에 의하여 결정하여야 하므로, 그 확정일자의 선후가 분명하다면 채
   무자는 채권자 불확지 변제공탁을 할 수 없다.

ㄷ. 채권양도금지의 특약이 있는 채권에 대한 전부명령이 확정된 경우에는 양도금지의 특
   약이 있는 채권이라도 전부채권자의 선의 여부를 불문하고 전부채권자에게 이전되므
   로 채무자는 채권자 불확지 변제공탁을 할 수 없다.

ㄹ. 사해행위취소에 따른 원상회복청구권을 피보전권리로 한 채권처분금지가처분결정이
   제3채무자에게 송달된 경우 제3채무자는 채권자 불확지 변제공탁이 아닌 수령불능을
   공탁원인으로 하여 피공탁자를 가처분채무자로 하는 확지공탁을 하여야 한다.

ㅁ. 증권예탁결제원이 선량한 관리자의 주의를 다하여도 보관 중인 주권을 누구에게 반환
   해야 하는지 알 수 없는 경우, 채권자 불확지를 원인으로 이를 변제공탁할 수 있다.

① ㄱ, ㄴ   ② ㄱ, ㄴ, ㄷ   ③ ㄱ, ㄷ, ㄹ
④ ㄱ, ㄷ, ㄹ, ㅁ   ⑤ ㄴ, ㄷ, ㄹ

해설 ㄴ. 채권이 이중으로 양도된 경우 양수인 상호 간의 우열은 통지 또는 승낙에 붙여진 확정일자의
선후에 의하여 결정되는 것이 아니라, 채권양도에 대한 채무자의 인식, 즉 확정일자 있는 양도통
지가 채무자에게 도달한 일시 또는 확정일자 있는 승낙의 도달 일시의 선후에 의하여 결정하여야
하므로, 확정일자 있는 양도통지가 도달한 일시에 선후가 있는 경우는 채권자 불확지에 해당되지
않는다. 다만, 이 경우 확정일자 있는 증서에 의한 채권양도 통지가 동시에 이루어졌거나 그 도달
의 선후가 불분명하다면 채무자는 이중변제의 위험이 있으므로, 채권자 불확지에 해당된다.

08 변제공탁의 요건에 관한 다음의 설명 중 옳지 않은 것은? ▸ 2007 법무사

① 주위토지통행권자가 통행지 소유자에게 매월 정기적으로 지급하기로 판결이 확정된 손해
   보상금에 관해서 통행지 소유자가 수령을 거절하는 경우에는 과거 수개월분의 손해보상금
   을 모아서 공탁할 수는 있으나, 장래의 손해보상금 수개월분까지 일괄공탁할 수는 없다.

② 불법행위채무자는 스스로 주장하는 채무액 전액에 불법행위일부터 변제제공일까지의 지
   연손해금을 합해서 변제공탁할 수 있다.

③ 공법상의 채무도 변제공탁의 대상이 될 수 있으므로 국민연금법에 의한 연금보험료채무
   도 민법 제487조에 의하여 변제공탁할 수 있다.

④ 매수인이 매도인을 대리하여 매매잔대금을 수령할 권한을 가지고 있는 '갑'에게 잔대금의 수령을 최고하였으나 '갑'이 수령하지 않는 경우 매도인을 공탁물수령자로 지정하여 변제 공탁을 하여야 하므로 '갑'을 공탁물수령자로 지정하여 한 잔대금변제공탁은 매도인에 대한 잔대금지급의 효력이 없다.

⑤ 채권자가 미리 명시적으로 수령거절의 의사를 표명하지 않았다 하더라도 채권자의 태도로 보아 채무자가 설사 채무의 변제의 제공을 하였더라도 채권자가 그 수령을 거절하였을 것이 명백한 경우에는 채무자는 변제제공을 하지 않고 바로 변제공탁할 수 있다.

해설 ④ 매수인이 매도인을 대리하여 매매잔대금을 수령할 권한을 가지고 있는 병에게 잔대금의 수령을 최고하고, 병을 공탁물 수령자로 지정하여 한 잔대금 변제공탁은 매도인에 대한 잔대금지급의 효력이 있고, 또 매수인이 위 공탁을 함에 있어서 반대급부로서 소유권이전등기절차에 필요한 서류 등의 교부를 요구하였다고 하여도 위 반대급부의 이행을 요구받은 상대방은 매도인이라고 할 것이며, 위 반대급부조건을 붙여서 한 위 공탁은 유효하다.

09 채권자 불확지공탁에 관한 다음 설명 중 가장 옳지 않은 것은?　　▶ 2024 법무사

① 수용대상 토지에 가처분등기가 경료되어 있는 경우에는 그 가처분의 피보전권리가 소유권말소등기청구권인지 아니면 소유권이전등기청구권인지가 등기부상 공시되어 있지 않다면, 일단은 그 토지의 소유권 귀속에 관하여 다툼이 있는 것으로 보아 피공탁자의 상대적 불확지를 이유로 공탁을 할 수 있다.

② 양도금지의 특약이 있는 채권에 대한 전부명령이 확정된 경우 전부채권자가 양도금지의 특약이 있는 사실을 알았다면 채무자는 채권자 불확지공탁을 할 수 있다.

③ 특정채권에 대하여 채권양도의 통지가 있었으나 그 후 통지가 철회되는 등으로 채권이 적법하게 양도되었는지 여부에 관하여 의문이 있는 경우 채권자 불확지공탁을 할 수 있다.

④ 공탁자가 지급하여야 할 보상금의 총액은 확정되어 있으나 보상금 수령권자가 불분명할 뿐만 아니라 그 배분 금액도 다투는 경우에는 다투는 자 전원을 피공탁자로 지정하여 채권자 불확지공탁을 할 수 있다.

⑤ 채권자인 예금주가 사망한 후 상속인 중의 일부가 은행을 상대로 자신의 상속지분에 상당하는 돈의 지급을 구하는 소를 제기한 데 대하여 다른 상속인이 '자신에게 기여분이 있고, 망인이 상속인 중 망인의 처와 자신에게 대부분의 재산을 상속시킨다는 취지의 유언공정증서를 남겼다'는 등의 이유로 위 돈의 지급을 하지 말 것을 은행에 요구하고 있는 경우, 채무자인 은행은 상속인들을 피공탁자로 지정하고 그 상속지분을 알 수 없는 이유를 공탁원인사실에 구체적으로 기재하여 채권자 불확지공탁을 할 수 있다.

해설 ② 채권양도금지의 특약 있는 채권에 대한 전부명령이 확정된 경우에는 양도금지의 특약이 있는 채권이라도 전부채권자의 선의 여부를 불문하고 전부채권자에게 이전되므로 채무자는 채권자 불확지 변제공탁을 할 수 없다.

10 반대급부조건부 공탁에 관한 다음 설명 중 가장 옳지 않은 것은? (다툼이 있는 경우 판례에 의함)
▸ 2017 법원사무관

① 채무자 겸 소유자가 근저당권의 피담보채무를 변제공탁하면서 근저당권설정등기의 말소에 필요한 일체 서류의 교부를 반대급부조건으로 한 경우, 특약이 없는 한 그 공탁은 무효이다.

② 건물명도와 동시이행관계에 있는 임차보증금의 변제공탁을 함에 있어서 건물을 명도하였다는 확인서를 첨부할 것을 반대급부조건으로 한 것은 유효하다.

③ 전세권설정자가 전세금을 변제공탁하면서 전세권말소를 반대급부조건으로 한 것은 유효하다.

④ 임대인이 임차보증금을 변제공탁하면서 주택임대차보호법 제3조의3에 의한 임차권등기말소를 반대급부조건으로 한 것은 무효이다.

해설 ② 건물명도와 동시이행관계에 있는 임차보증금의 변제공탁을 함에 있어서 건물을 명도하였다는 확인서를 첨부할 것을 반대급부조건으로 붙인 경우 그 변제공탁은 명도의 선이행을 조건으로 한 것이라고 볼 수밖에 없으므로 무효이다. 다만, 건물명도와 임차보증금반환채무는 동시이행관계에 있으므로 '건물을 명도하였다는 확인서'만을 반대급부조건으로 하여 변제공탁하는 것은 불가능하지만, '건물명도'를 반대급부조건으로 한 변제공탁은 할 수 있다.

11 다음 반대급부조건부 변제공탁 중 무효인 것은? (단, 각 경우에 특별한 약정은 없음)
▸ 2010 법원사무관

① 매수인이 매매잔대금을 변제공탁하면서 소유권이전등기에 필요한 서류 일체의 교부를 반대급부조건으로 한 경우

② 근저당권의 피담보채무를 변제공탁하면서 근저당권설정등기의 말소에 필요한 서류 일체의 교부를 반대급부조건으로 한 경우

③ 전세권설정자가 전세금을 변제공탁하면서 전세권말소를 반대급부조건으로 한 경우

④ 채무의 이행확보를 위하여 어음을 발행한 경우 그 어음채무를 변제공탁하면서 어음의 반환을 반대급부조건으로 한 경우

해설 ② 근저당권의 피담보채무를 변제공탁하면서 근저당권설정등기의 말소에 필요한 일체 서류의 교부를 반대급부조건으로 한 경우 특약이 없는 한 그 공탁은 무효이다. 즉 근저당권설정자가 그 말소등기의 청구를 할 때는 특약이 없는 한 현재 근저당권에 의하여 담보되는 모든 채무를 변제 기타의 방법으로 소멸시킨 후여야 할 것이므로, 저당채무와 경매비용 등을 변제공탁함에 있어 그 공탁금수령의 조건으로 근저당권설정등기의 말소등기절차 소요서류의 제공을 요구하는 경우에는, 근저당권자에게 특별한 사정의 주장입증이 없는 한 그 공탁은 변제의 효력이 없다.

정답 09 ② 10 ② 11 ②

12 변제공탁의 요건에 관한 다음 설명 중 가장 틀린 것은? (다툼이 있는 경우 대법원 판결, 예규 또는 선례에 따름)
▶ 2010 법원사무관

① 채무액에 대해 다툼이 있어 소송이 진행되는 중에 그 판결의 확정 전이라도 채무자가 가집행선고부판결의 주문에 표시된 금액을 제공하였으나 채권자가 수령을 거절하였다면 채무자는 변제공탁을 할 수 있다.

② 채권양도금지의 특약 있는 채권이라도 그 채권에 대하여 전부명령이 확정된 경우에는 채무자는 채권자 불확지 변제공탁을 할 수 없다.

③ 예금주가 사망한 경우에 금융기관이 그 상속인을 확인하기 위하여 선량한 관리자로서의 주의의무를 다하였음에도 불구하고 상속인의 전부 또는 일부를 알 수 없는 때에는 채권자 불확지에 해당하여 변제공탁을 할 수 있다.

④ 영수증의 교부 또는 채권증서의 반환을 반대급부조건으로 하는 변제공탁은 허용된다.

해설 ④ 채무자가 채무 전부를 변제한 때에는 채권자에게 채권증서의 반환을 청구할 수 있으나(민법 제475조), 영수증 교부와는 달리 변제와 동시이행의 관계에 있는 것은 아니므로 채권증서의 반환을 반대급부조건으로 하여 변제공탁할 수는 없다.

13 반대급부조건부 공탁에 관한 내용이다. 각 괄호 안에 들어갈 용어를 올바르게 나열한 것은?
▶ 2018 법무사

> ㄱ. 채무의 이행확보를 위하여 어음을 발행한 경우 그 채무를 변제공탁하면서 어음의 반환을 반대급부조건으로 한 것은 (A).
> ㄴ. 전세권설정자가 전세금을 공탁하면서 전세권말소를 반대급부조건으로 한 것은 (B).
> ㄷ. 건물명도와 동시이행관계에 있는 임차보증금의 변제공탁을 하면서 건물을 명도하였다는 확인서를 첨부할 것을 반대급부조건으로 붙인 경우 그 변제공탁은 (C).
> ㄹ. 임대인이 임차보증금을 변제공탁하면서 주택임대차보호법 제3조의3에 의한 임차권등기 말소를 반대급부조건으로 공탁할 수 (D).
> ㅁ. 채무자가 채권 전부를 변제한 때에는 채권자에게 채권증서의 반환을 청구할 수 있으나, 채권증서의 반환을 반대급부조건으로 공탁할 수는 (E).

	A	B	C	D	E
①	무효이다	유효하다	무효이다	없다	없다
②	유효하다	무효이다	무효이다	없다	없다
③	유효하다	유효하다	유효하다	없다	없다
④	유효하다	유효하다	무효이다	있다	없다
⑤	유효하다	유효하다	무효이다	없다	없다

해설 ⑤ ㄱ. 채무의 이행확보를 위하여 어음을 발행한 경우 그 채무의 이행과 어음의 반환은 동시이행 관계에 있으므로, 그 채무를 변제공탁하면서 어음의 반환을 반대급부조건으로 한 것은 유효하다.

ㄴ. 전세권자의 전세목적물 인도의무 및 전세권설정등기 말소 이행의무와 전세설정권자의 전세금반환의무는 서로 동시이행의 관계에 있기 때문에, 전세권설정자가 전세금을 변제공탁하면서 전세권말소를 반대급부조건으로 한 것은 유효하다.

ㄷ. 건물명도와 동시이행관계에 있는 임차보증금의 변제공탁을 함에 있어서 건물을 명도하였다는 확인서를 첨부할 것을 반대급부조건으로 붙인 경우 그 변제공탁은 명도의 선이행을 조건으로 한 것이라고 볼 수밖에 없으므로 무효이다. 다만, 건물명도와 임차보증금 반환채무는 동시이행관계에 있으므로 '건물을 명도하였다는 확인서'만을 반대급부조건으로 하여 변제공탁하는 것은 불가능하지만, '건물명도'를 반대급부조건으로 한 변제공탁은 할 수 있다.

ㄹ. 임대인의 임대차보증금 반환의무와 임차인의 주택임대차보호법 제3조의3에 의한 임차권등기 말소의무가 동시이행관계에 있는 것은 아니므로, 임차보증금을 변제공탁하면서 주택임대차보호법 제3조의3에 의한 임차권등기 말소를 반대급부조건으로 할 수 없다.

ㅁ. 채무자가 채무 전부를 변제한 때에는 채권자에게 채권증서의 반환을 청구할 수 있으나(민법 제475조), 영수증 교부와는 달리 변제와 동시이행의 관계에 있는 것은 아니므로 채권증서의 반환을 반대급부조건으로 하여 변제공탁할 수는 없다.

14 다음은 변제공탁의 내용에 관한 설명이다. 가장 옳지 않은 것은? ▶2013 법무사

① 경매부동산을 매수한 제3취득자가 그 부동산으로 담보하는 채권최고액과 경매비용을 변제공탁한 경우 그 변제공탁은 유효하다.

② 채무자의 채무액이 근저당권 채권최고액을 초과하는 경우에 채무자 겸 근저당권설정자가 그 채무의 일부인 채권최고액과 지연손해금 및 집행비용만을 변제공탁하였다면 그 변제공탁은 원칙적으로 무효이다.

③ 부동산임대차에 있어서 수수된 보증금은 차임채무, 목적물의 멸실·훼손 등으로 인한 손해배상채무 등 임대차관계에 따른 임차인의 모든 채무를 담보하는 것으로서, 임대차관계가 종료되는 경우에 그 임대차보증금 중에서 목적물을 반환받을 때까지 생긴 연체차임 등 임대차관계에서 당연히 발생하는 모든 채무를 공제한 나머지 금액에 대한 변제공탁은 유효하다.

④ 근저당권의 피담보채무에 관하여 전액이 아닌 일부에 대하여 공탁한 경우 그 피담보채무가 계속적인 금전거래에서 발생하는 다수의 채무의 집합체라면 공탁금액에 상응하는 범위에서 채무소멸의 효과가 발생한다.

⑤ 채무자가 채무 전부를 변제한 때에는 채권자에게 채권증서의 반환을 청구할 수 있으나, 채권증서의 반환을 반대급부조건으로 하여 변제공탁한 경우 무효이다.

해설 ④ 근저당권의 피담보채무에 관하여 전액이 아닌 일부에 대하여 공탁한 경우 그 피담보채무가 계속적인 금전거래에서 발생하는 다수의 채무 집합체라고 하더라도 공탁금액에 상응하는 범위에서 채무소멸의 효과가 발생하는 것은 아니다.

15 반대급부 조건부 공탁절차에 관한 다음 설명 중 가장 옳지 않은 것은?　▶ 2023 법무사

① 임대인이 임차보증금을 변제공탁하면서 주택임대차보호법 제3조의3에 의한 임차권등기 말소를 반대급부 조건으로 공탁할 수 없다.

② 전세권설정자가 전세금을 공탁하면서 전세권말소를 반대급부 조건으로 한 것은 유효하다.

③ 피공탁자가 공탁자에게 공탁서에 기재된 반대급부의 이행을 제공하였으나 공탁자가 그 수령을 거절하는 때에는 그 반대급부를 변제공탁하고, 그 공탁서를 첨부하여 공탁물 출급청구를 할 수 있다.

④ 부당한 반대급부 조건을 붙인 변제공탁에 대하여 피공탁자가 이를 수락하여 공탁물을 출급하기 위해서는 반대급부 조건을 이행하고 반대급부이행 증명서면을 첨부하여야 한다.

⑤ 공탁자가 공탁물수령자로부터 공탁자 앞으로의 소유권이전등기에 필요한 일체의 서류를 공탁자에게 교부하라는 반대급부 조건을 붙여 변제공탁한 후 이와는 별도로 같은 부동산에 관한 소유권이전등기절차이행의 소를 제기하여 승소확정판결을 받은 경우 위 판결은 반대급부이행 증명서면에 해당한다.

해설 ⑤ 공탁자가 공탁물수령자로부터 공탁자 앞으로의 소유권이전등기에 필요한 서류인 등기필증, 매매계약서, 인감증명서 등의 서류를 공탁자에게 교부하라는 반대급부조건을 붙여 변제공탁한 후, 이와는 별도로 같은 부동산에 관한 소유권이전등기절차이행의 소를 제기하여 승소확정판결을 받은 경우 비록 위 판결에 기하여 앞서 반대급부조건으로 요구한 각 서류 없이 강제집행의 방법으로 그 부동산에 관한 공탁자 명의의 소유권이전등기를 필할 수 있게 되었다 하더라도 위 판결을 반대급부이행 증명서면으로 볼 수는 없다. 그러나 공탁자가 위 판결에 기하여 그 부동산에 대하여 이미 소유권이전등기를 마친 경우에는 그 소유권이전등기가 경료된 부동산 등기사항증명서는 반대급부이행 증명서면으로 볼 수 있을 것이다.

16 변제공탁의 요건, 내용 등에 관한 다음 설명 중 가장 옳지 않은 것은?　▶ 2022 법무사

① 변제공탁의 목적인 채무는 현존하는 확정채무임을 요하므로, 채권자와 채무자 사이에 손해배상채무액에 대해 다툼이 있어 소송이 진행되는 경우, 그 판결이 확정되기 전에 채무자가 가집행선고부 판결의 주문에 표시된 금액에 대하여는 채권자의 수령거절 등의 변제공탁사유가 있더라도 변제공탁을 할 수 없다.

② 매수인 甲이 매도인 乙을 대리하여 매매잔대금 수령 권한을 가지고 있는 丙에게 잔대금 수령을 최고하고, 丙을 피공탁자로 지정하여 한 잔대금 변제공탁은 乙에 대한 잔대금 지급의 효력이 있고, 또 甲이 반대급부로서 소유권이전등기절차에 필요한 서류 등의 교부를 요구하였다고 하여도 반대급부의 이행을 요구받은 상대방은 乙이다.

③ 채권자가 사망하고 과실 없이 상속인을 알 수 없는 경우 채무자는 채권자 불확지 변제공탁을 할 수 있는데, 위 공탁 이후 공탁관이 제적등본 등의 첨부서류만으로는 출급청구인이 진정한 상속인인지 심사할 수 없다는 이유로 공탁물 출급청구를 불수리한 경우, 정당한 공탁물수령권자는 공탁자를 상대방으로 하여 공탁물출급청구권의 확인을 구하는 소송을 제기할 이익이 있다.

④ 임대차관계가 종료되는 경우에 그 임대차보증금 중에서 목적물을 반환받을 때까지 생긴 연체차임 등 임대차관계에서 당연히 발생하는 모든 채무를 공제한 나머지 금액에 대한 변제공탁은 유효하다.

⑤ 건물인도와 동시이행관계에 있는 임차보증금의 변제공탁을 하면서 '건물을 인도하였다는 확인서를 첨부할 것'을 반대급부 조건으로 붙인 경우 그 변제공탁은 인도의 선이행을 조건으로 한 것이라고 볼 수밖에 없으므로 변제의 효력이 없다.

> **해설** ① 채권자와 채무자 사이에 손해배상채무액에 대해 다툼이 있어 소송이 진행되는 경우, 그 판결이 확정되기 전이라도 채무자가 가집행선고부 판결의 주문에 표시된 금액을 변제제공하였으나 채권자가 수령거절하는 등의 변제공탁사유가 있으면 채무자는 변제공탁할 수 있다.

17 변제공탁의 내용과 관련하여 반대급부조건부 공탁과 채무액 일부 공탁에 관한 다음 설명 중 가장 옳지 않은 것은?　　　　　▶ 2022 법원사무관

① 채권자가 반대급부 또는 기타 조건의 이행을 할 의무가 없음에도 불구하고 채무자가 반대급부조건부 변제공탁을 한 때에는 채권자가 이를 수락하지 않는 한 그 조건뿐만 아니라 공탁 그 자체가 무효로 된다.

② 채무자가 채무액의 일부만을 변제공탁하였으나 그 후 부족분을 추가로 공탁하였다면 그 때부터는 채무액 전액에 대하여 유효한 공탁이 이루어진 것으로 볼 수 있으나, 이 경우 채권자의 공탁물 수령의 의사표시가 없는 상태에서 추가공탁을 하면서 제1차 공탁 시에 지정된 공탁의 목적인 채무의 내용을 변경하는 것은 허용되지 않는다.

③ 전세권설정자가 전세금을 변제공탁하면서 전세권말소를 반대급부조건으로 한 것은 유효하다.

④ 근저당권의 피담보채무에 관하여 전액이 아닌 일부에 대하여 공탁한 경우 그 피담보채무가 계속적인 금전거래에서 발생하는 다수 채무의 집합체라고 하더라도 공탁금액에 상응하는 범위에서 채무소멸의 효과가 발생하는 것은 아니다.

> **해설** ② 채무자가 채무액의 일부만을 변제공탁하였으나 그 후 부족분을 추가로 공탁하였다면 그때부터는 채무액 전액에 대하여 유효한 공탁이 이루어진 것으로 볼 수 있고, 이 경우 채권자가 공탁물 수령의 의사표시를 하기 전이라면 추가공탁을 하면서 제1차 공탁 시에 지정된 공탁의 목적인 채무의 내용을 변경하는 것도 허용한다.

정답 ▶ 15 ⑤ 16 ① 17 ②

18 일부변제공탁과 관련한 다음 설명 중 가장 옳지 않은 것은? ▸2014 법무사

① 일부공탁의 경우 일부의 채무이행이 유효하다고 인정될 수 있는 특별한 사정이 있는 경우를 제외하고는 채권자가 이를 수락하지 않는 한 그 공탁은 무효로 되어 채무소멸의 효과가 발생하지 않는다.

② 채권자가 공탁금을 채권 일부에 충당한다는 의사표시를 하고 이를 수령한 때에는 그 공탁금은 채권의 일부 변제에 충당되고, 그 경우 유보의 의사표시는 반드시 명시적으로 하여야 하는 것은 아니다.

③ 매월 말에 차임을 지급하기로 약정한 경우에 비록 수개월분의 차임이 연체되어 있더라도 차임지급채무는 매월 사용·수익의 대가로 부담하는 것이므로, 그중 1개월분의 차임 및 지연손해금의 변제공탁은 채무의 내용에 따른 변제공탁으로 유효하다.

④ 근저당권의 피담보채무에 관하여 전액이 아닌 일부에 대하여 공탁한 경우 그 피담보채무가 계속적인 금전거래에서 발생하는 다수의 채무집합체라고 하더라도 공탁금액에 상응하는 범위에서 채무소멸의 효과가 발생하는 것은 아니다.

⑤ 채무자의 채무액이 근저당권 채권최고액을 초과하는 경우라도 채무자 겸 근저당권설정자가 채권최고액과 지연손해금 및 집행비용만을 변제공탁하면 그 변제공탁은 유효하다.

> **해설** ⑤ 채무자의 채무액이 근저당권 채권최고액을 초과하는 경우에 채무자 겸 근저당권설정자가 그 채무의 일부인 채권최고액과 지연손해금 및 집행비용만을 변제공탁하였다면 일부공탁에 해당되어 그 변제공탁은 원칙적으로 무효이다.

19 변제공탁의 일부공탁에 관한 다음 설명 중 가장 옳지 않은 것은? ▸2015 법원사무관 수정

① 채무자가 공탁에 의하여 그 채무를 면하려면 채무액 전부를 공탁하여야 하고 일부의 공탁은 그 채무를 변제함에 있어 일부의 제공이 유효한 제공이라고 시인될 수 있는 특별한 사정이 있는 경우를 제외하고는 채권자가 이를 수락하지 않는 한 그에 상응하는 효력을 발생할 수 없는 것이다.

② 근저당권의 피담보채무 중 일부에 대하여 변제공탁한 경우에는 언제나 그 공탁금액에 상응하는 범위에서 채무소멸의 효과가 발생한다.

③ 임대차관계가 종료되는 경우에 그 임대차보증금 중에서 목적물을 반환받을 때까지 생긴 연체차임 등 임대차관계에서 당연히 발생하는 모든 채무를 공제한 나머지 금액에 대한 변제공탁은 유효하다.

④ 채무자의 채무액이 근저당 채권최고액을 초과하는 경우에 채무자 겸 근저당권설정자가 그 채무의 일부인 채권최고액과 지연손해금 및 집행비용만을 변제공탁하였다면 일부공탁에 해당되어 그 변제공탁은 원칙적으로 무효이다.

> **해설** ② 근저당권의 피담보채무에 관하여 전액이 아닌 일부에 대하여 공탁한 경우 그 피담보채무가 계속적인 금전거래에서 발생하는 다수의 채무 집합체라고 하더라도 공탁금액에 상응하는 범위에서 채무소멸의 효과가 발생하는 것은 아니다.

20 일부공탁 및 반대급부 조건부 공탁에 관한 다음 설명 중 가장 옳지 않은 것은?

▶ 2025 법무사

① 채무의 이행확보를 위하여 어음을 발행한 경우 그 채무의 이행과 어음의 반환은 동시이 행관계가 아니므로 그 채무를 변제공탁하면서 어음의 반환을 반대급부 조건으로 붙일 수 없다.

② 채무금액에 다툼이 있는 채권에 관하여 채무자가 채무 전액의 변제임을 공탁원인 중에 밝히고 공탁한 경우에 채권자가 그 공탁금을 수령할 때 채권의 일부로써 수령한다는 등 별단의 이의유보 의사표시를 하지 않은 이상 채권 전액에 대한 변제공탁의 효력이 인정 된다.

③ 채무의 담보를 위하여 가등기 및 그 가등기에 기한 본등기가 경료된 경우에 채무자가 변제공탁을 하면서 가등기 및 본등기의 말소를 반대급부 조건으로 하였다면 그 공탁은 무효이다.

④ 건물명도와 동시이행관계에 있는 임차보증금의 변제공탁을 함에 있어서 건물을 명도하 였다는 확인서를 첨부할 것을 반대급부조건으로 붙였다면 위 변제공탁은 명도의 선이행 을 조건으로 한 것이라고 볼 수밖에 없으므로 변제의 효력이 없다.

⑤ 채무자가 공탁에 의하여 그 채무를 면하려면 채무액 전부를 공탁하여야 하고 일부의 공 탁은 그 채무를 변제함에 있어 일부의 제공이 유효한 제공이라고 인정될 수 있는 특별한 사정이 있는 경우를 제외하고는 채권자가 이를 수락하지 않은 한 그에 상응하는 효력을 발생할 수 없다.

> **해설** ① 채무의 이행확보를 위하여 어음을 발행한 경우 그 채무의 이행과 어음의 반환은 동시이행관계에 있으므로 그 채무를 변제공탁하면서 어음의 반환을 반대급부 조건으로 한 것은 유효하다.

21 변제공탁의 요건 등에 관한 다음 설명 중 가장 옳지 않은 것은?

▶ 2019 법무사

① 주위토지통행권자가 통행지 소유자에게 매월 정기적으로 지급하기로 판결이 확정된 손 해보상금에 관해서 통행지 소유자가 수령을 거부하는 경우에는 과거 수개월분의 손해보 상금을 모아서 공탁할 수는 있으나 장래의 손해보상금 수개월분까지 일괄공탁할 수는 없다.

② 조세채무나 국민연금법에 의한 연금보험료채무도 변제공탁의 목적이 될 수 있다.

③ 채무자의 채무액이 근저당 채권최고액을 초과하는 경우에 채무자 겸 근저당권설정자가 그 채무의 일부인 채권최고액과 지연손해금 및 집행비용만을 변제하였다면 일부공탁에 해당되어 그 변제공탁은 원칙적으로 무효이다.

④ 채무자가 채무액의 일부만을 변제공탁하였으나 그 후 부족분을 추가로 공탁하였다면 그 때부터는 전 채무액에 대하여 유효한 공탁이 이루어진 것으로 볼 수 있으나, 이 경우 채권자가 공탁물수령의 의사표시를 하기 전이라도 추가공탁을 하면서 제1차 공탁 시에 지정된 공탁의 목적인 채무의 내용을 변경하는 것은 허용될 수 없다.

⑤ 근저당권의 피담보채무에 관하여 전액이 아닌 일부에 대하여 공탁한 이상 그 피담보채무 가 계속적인 금전거래에서 발생하는 다수의 채무의 집합체라고 하더라도 공탁금액에 상 응하는 범위에서 채무소멸의 효과가 발생하는 것은 아니다.

> **해설** ④ 채무자가 채무액의 일부만을 변제공탁하였으나 그 후 부족분을 추가로 공탁하였다면 그때부터는 채무액 전액에 대하여 유효한 공탁이 이루어진 것으로 볼 수 있고, 이 경우 채권자가 공탁물수령 의 의사표시를 하기 전이라면 추가공탁을 하면서 제1차 공탁 시에 지정된 공탁의 목적인 채무의 내용을 변경하는 것도 허용한다.

22 다음 설명 중 가장 옳은 것은? ▸ 2020 법원사무관 승진

① 채무자가 채무액의 일부만을 변제공탁하였으나 그 후 부족분을 추가로 공탁했다면 공탁 당시로 소급해서 채무액 전액에 대해 유효한 공탁을 한 것으로 볼 수 있다.

② 공탁신청의 경우 관할공탁소 공탁금보관은행은 공탁관으로부터 가상계좌번호 부여를 지 시받은 즉시 가상계좌를 채번하여 공탁관에게 전송하여야 한다.

③ 사해행위취소에 따른 원상회복청구권을 피보전권리로 한 채권처분금지가처분결정이 제 3채무자에게 송달된 경우 제3채무자는 확지공탁을 할 수 있고, 가처분의 효력은 가처분 채권자의 공탁금출급청구권에 대해 존속한다.

④ 장래의 불확정채권에 대하여 수개의 전부명령이 존재하고, 그 후 확정된 피압류채권액 이 각 전부금액의 합계액에 미달하는 경우에 제3채무자는 변제공탁을 할 수 없다.

> **해설** ① 그때부터(추가공탁한 때부터) 채무액 전액에 대하여 유효한 공탁이 이루어진 것으로 볼 수 있다.
> ③ 사해행위취소에 따른 원상회복청구권을 피보전권리로 한 채권처분금지가처분결정이 제3채무자 에게 송달된 경우 제3채무자는 확지공탁을 할 수 있고, 가처분의 효력은 가처분채무자의 공탁금 출급청구권에 대해 존속한다.
> ④ 장래의 불확정채권에 대하여 수개의 전부명령이 존재하고, 그 후 확정된 피압류채권액이 각 전부 금액의 합계액에 미달하는 경우에도 각 전부명령이 그 송달 당시 압류경합이 없어 유효한 이상 제3채무자는 이중지급의 위험이 있으므로 채권자 불확지에 해당된다(대판 1998.8.21, 98다 15439). 따라서 제3채무자는 채권자 불확지공탁을 할 수 있다.

23 변제공탁에 관한 다음 설명 중 가장 옳지 않은 것은? ▸ 2019 법원사무관

① 변제공탁이 유효하려면 원칙적으로 채무 전부에 대한 변제의 제공 및 채무 전액에 대한 공탁이 있어야 하고, 채무 전액이 아닌 일부에 대한 공탁은 그 부분에 관하여서도 효력이 생기지 않는다.

② 채무자가 채무의 일부를 변제공탁한 후 채권자가 공탁금을 채권의 일부에 충당한다는 유보의 의사표시를 하고 이를 수령한 때에는 그 공탁금은 채권의 일부의 변제에 충당되고, 그 경우 유보의 의사표시는 반드시 명시적으로 하여야 한다.

③ 채무자의 채무액이 근저당 채권최고액을 초과하는 경우에 채무자 겸 근저당권설정자가 그 채무의 일부인 채권최고액과 지연손해금 및 집행비용만을 변제공탁하였다면 이는 일부공탁에 해당되어 원칙적으로 무효이다.

④ 채권자에 대한 변제자의 공탁금액이 채무의 총액에 비하여 아주 근소하게 부족한 경우에는 당해 변제공탁은 신의칙상 유효한 것이라고 보아야 한다.

해설 ② 공탁금 수령 시 공탁자에 대한 이의유보의 의사표시는 반드시 명시적으로 해야 하는 것은 아니라고 해석되므로, 일정한 사정 아래서는 피공탁자가 위 공탁금을 수령함에 있어 이의유보의 의사표시를 명시적으로 하지 않았다 하더라도 공탁자에 대하여 채권의 일부로 수령한다는 묵시적인 이의유보의 의사표시가 있었다고 보아야 한다.

 **제3절** 변제공탁의 지급

1 변제공탁의 출급

01 갑(甲)은 피공탁자를 을(乙)로 하여 1천만원을 민법 제487조 변제공탁을 하였는데, 실제 채권자인 병(丙)이 공탁금에 대하여 권리를 행사하려고 한다. 다음 중 가장 옳은 것은?

▸ 2014 법원사무관

① 병(丙)은 공탁서 정정절차를 통하여 피공탁자를 을(乙)에서 병(丙)으로 변경한 후 직접출급청구할 수 있다.
② 병(丙)은 자신이 실제 채권자라는 취지의 갑(甲) 명의 보증서를 첨부하게 되면 직접 출급청구할 수 있다.
③ 병(丙)은 을(乙)을 상대로 공탁금출급청구권 확인의 확정판결을 첨부하여 직접 공탁금을 출급청구할 수 있다.
④ 병(丙)은 을(乙)로부터 공탁금출급청구권을 양도받아 직접 출급청구할 수 있다.

해설 ① 공탁자, 공탁금액, 공탁물수령자 등 공탁의 요건에 관한 사항에 대한 정정은 공탁의 동일성을 해하는 내용의 정정이므로 허용될 수 없다.
② 피공탁자는 공탁서의 기재에 의하여 형식적으로 결정되므로, 실체법상의 채권자라고 하더라도 피공탁자로 지정되어 있지 않다면 공탁물출급청구권을 행사할 수 없다.
③ 공탁당사자가 아닌 제3자가 피공탁자를 상대로 하여 공탁물출급청구권 확인판결을 받았다 하더라도 그 확인판결을 받은 제3자가 직접 공탁물출급청구를 할 수는 없다.

02 다음 설명 중 가장 옳은 것은?
▸ 2013 법원사무관

① 법인의 위임을 받은 대리인이 변제공탁금 전액인 4천만원을 출급청구하는 경우 원칙적으로 공탁통지서를 첨부하여야 한다.
② 2천만원을 공탁한 법인의 대표자가 공탁원인소멸을 이유로 공탁금회수청구를 하는 경우 청구인은 그 회수청구서에 인감날인 대신 서명을 할 수 없다.
③ 피공탁자인 법인의 위임을 받은 대리인은 관할공탁소(부산지방법원 공탁소)가 아닌 접수공탁소(서울중앙지방법원 공탁소)에서 공탁금 전액인 2천만원을 출급청구할 수 있다.
④ 법인의 대표자가 직접 공탁금을 출급청구하는 경우 출급청구서에 사용인감을 날인하고 사용인감확인서 및 법인대표자의 인감증명서를 첨부하면 공탁금출급청구를 할 수 있다.

해설 ① 관공서이거나 법인 아닌 사단이나 재단인 때에는 출급청구하는 공탁금액이 1,000만원 이하인 경우에 공탁통지서 첨부가 면제되지만, 그 밖의 자연인이나 법인은 출급청구하는 공탁금액이 5,000만원 이하인 경우에 공탁통지서 첨부가 면제된다.

③ 관할공탁소 이외의 공탁소에서의 공탁사건처리지침은 공탁신청의 경우에는 금전변제공탁에 한하여 적용하고, 공탁금지급청구의 경우에는 공탁의 종류를 불문하고 모든 금전공탁(유가증권·물품 제외)에 적용하되 규칙 제37조(인감증명서의 제출) 제3항 각 호에 해당되는 경우 및 법인의 위임을 받은 대리인이 1,000만원 이하 금액을 청구하는 경우에 한하여 적용한다.

④ 법인의 대표자가 직접 또는 다른 사람에게 위임하여 공탁물을 출급·회수청구하는 경우 출급·회수청구서 또는 위임장에는 법인대표자의 인감을 직접 날인하고 법인대표자의 인감증명서를 첨부하여야 하므로, 출급·회수청구서, 위임장에 사용인감을 날인하고 사용인감확인서 및 법인대표자의 인감증명서를 첨부하여 공탁금출급·회수청구를 할 수는 없다.

03 다음 중 가장 틀린 것은?
▶ 2011 법무사

① 상대적 불확지 변제공탁의 경우 피공탁자 중의 1인이 공탁물을 출급청구하기 위해서는 다른 피공탁자들의 승낙서나 그들을 상대로 받은 공탁물출급청구권 확인 승소판결이 있으면 되므로, 위와 같은 경우에 피공탁자가 아닌 제3자를 상대로 공탁물출급청구권의 확인을 구하는 것은 확인의 이익이 없다.

② 채무자가 확정판결에 따라 甲과 乙을 피공탁자(지분 각 1/2)로 하여 판결에서 지급을 명한 금액을 변제공탁하였는데 피공탁자들 내부의 실질적인 지분이 甲이 더 큰 경우, 甲은 그 초과지분에 대하여 乙을 상대로 공탁금출급청구권의 확인을 청구할 수 있다.

③ 지장물건에 대하여 소유권분쟁이 있어 그 수용보상금이 공탁된 경우 공탁서상 피공탁자로 기재된 자는 직접 공탁관에 대하여 공탁금의 출급청구권을 행사하여 이를 수령하면 되는 것이다.

④ 공탁당사자가 아닌 제3자가 피공탁자를 상대로 하여 공탁물출급수령권 확인의 소를 제기하여 확인판결을 받았다 하더라도 제3자가 직접 공탁물출급청구를 할 수는 없다.

⑤ 피공탁자를 2인으로 하여 공탁된 토지수용보상금에 대하여 그중 1인이 수용대상토지가 자신의 단독소유임을 증명하는 서류를 첨부하였더라도 공탁관으로서는 공탁금출급청구를 불수리할 수밖에 없다.

해설 ② 채무자가 확정판결에 따라 갑과 을을 피공탁자(지분 각 1/2)로 하여 판결에서 명한 금액을 변제공탁한 경우 갑과 을은 각자의 위 공탁금 1/2 지분에 해당하는 공탁금을 출급청구할 수 있을 뿐이고, 각자의 지분을 초과하는 지분에 대하여는 갑과 을이 피공탁자로 지정되어 있지 않으므로 초과지분에 대하여는 상대방을 상대로 공탁금출급청구권의 확인을 구할 수 없다. 이 경우 실체법상의 채권자는 피공탁자로부터 공탁물출급청구권을 양도받아야 공탁물을 출급청구할 수 있다.

정답 01 ④ 02 ② 03 ②

04 다음은 변제공탁물의 출급에 대한 설명이다. 가장 틀린 것은? ▸ 2012 법무사

① 공탁당사자가 아닌 제3자가 피공탁자를 상대로 하여 공탁물출급청구권 확인판결을 받았다고 하더라도 그 확인판결을 받은 제3자가 직접 공탁물출급청구를 할 수는 없다.

② 상대적 불확지 변제공탁에 있어서 피공탁자 사이에 권리귀속에 관하여 분쟁이 있는 경우 공탁자를 상대로 한 공탁물출급청구권 확인판결은 출급청구권 증명서면으로 볼 수 있다.

③ 부당한 반대급부조건을 붙인 변제공탁은 무효의 공탁이지만, 피공탁자가 공탁물의 출급을 받으려고 한다면 반대급부조건을 이행하였음을 증명하는 서면을 첨부하여야 한다.

④ 피공탁자의 공탁물수령에 관한 이의유보 의사표시의 상대방은 반드시 공탁관에 국한할 필요가 없고 공탁자에 대하여도 할 수 있다.

⑤ 공탁물출급청구권의 압류 또는 가압류권자는 채권자대위에 의하지 않는 한 이의유보의 의사표시를 할 수 없다.

해설 ② 피공탁자들 사이에 권리의 귀속에 관하여 분쟁이 있는 경우에는 일방의 피공탁자가 다른 피공탁자 전원을 상대로 한 공탁물출급청구권 확인판결 정본 및 확정증명(조정조서, 화해조서 포함)을 첨부하여 출급청구할 수 있다. 공탁자의 승낙서나 공탁자 또는 국가를 상대로 한 공탁물출급청구권 확인판결 등은 출급청구권 증명서면으로 볼 수 없다.

05 상대적 불확지 변제공탁이 이루어진 경우 공탁금의 출급절차에 관한 다음 설명 중 가장 옳지 않은 것은? ▸ 2019 법원사무관

① 피공탁자 사이에 권리의 귀속에 관하여 분쟁이 없는 경우에는 다른 피공탁자의 승낙서(인감증명서 또는 본인서명사실확인서 첨부)를 첨부하여 출급청구할 수 있다.

② 피공탁자 사이에 권리의 귀속에 관하여 분쟁이 있는 경우에는 피공탁자 사이에 어느 일방에게 출급청구권이 있음을 증명하는 내용의 확정판결(조정조서, 화해조서 포함)을 첨부하여 출급청구할 수 있다.

③ 피공탁자 전원이 공동으로 출급청구를 하는 경우에는 출급청구서 기재에 의하여 상호승낙이 있는 것으로 볼 수 있으므로 별도의 서면을 제출하지 않아도 된다.

④ 공탁자의 승낙서나 공탁자 또는 국가를 상대로 한 판결 등은 출급청구권이 있음을 증명하는 서면으로 볼 수 있다.

해설 ④ 상대적 불확지 변제공탁의 경우에는 다른 피공탁자의 승낙서(인감증명서 또는 본인서명사실확인서 첨부)나 다른 피공탁자 전원을 상대로 한 공탁물출급청구권 확인판결정본 및 확정증명(조정조서, 화해조서 포함)을 첨부하여야 출급청구할 수 있으며, 공탁자의 승낙서나 공탁자 또는 국가를 상대로 한 공탁물출급청구권 확인판결 등은 출급청구권 증명서면으로 볼 수 없다.

06 다음 설명 중 가장 옳지 않은 것은?

▶ 2018 법무사

① 변제공탁의 공탁물출급청구권자는 피공탁자 또는 그 승계인이고 피공탁자는 공탁서의 기재에 의하여 형식적으로 결정되므로, 실체법상의 채권자라고 하더라도 피공탁자로 지정되어 있지 않으면 공탁물출급청구권을 행사할 수 없다.

② 피공탁자 아닌 제3자가 피공탁자를 상대로 하여 공탁물출급청구권 확인판결을 받았더라도 그 확인판결을 받은 제3자가 직접 공탁물 출급청구를 할 수는 없다.

③ 채권이 이중으로 양도된 경우의 양수인 상호 간의 우열은 통지 또는 승낙에 붙여진 확정일자의 선후에 의하여 결정하여야 하므로, 그 확정일자의 선후가 분명하다면 채무자는 채권자 불확지 변제공탁을 할 수 없다.

④ 채권양도금지의 특약이 있는 채권에 대한 전부명령이 확정된 경우에는 양도금지의 특약이 있는 사실에 관하여 전부채권자의 선의 여부를 불문하고 전부채권자에게 이전되므로 채무자는 채권자 불확지 변제공탁을 할 수 없다.

⑤ 상대적 불확지 변제공탁이 된 경우 공탁자의 승낙서나 공탁자 또는 국가를 상대로 한 판결은 출급청구권이 있음을 증명하는 서면으로 볼 수 없다.

해설 ③ 채권이 이중으로 양도된 경우 양수인 상호 간의 우열은 통지 또는 승낙에 붙여진 확정일자의 선후에 의하여 결정되는 것이 아니라, 확정일자 있는 양도통지가 채무자에게 도달한 일시 또는 확정일자 있는 승낙의 도달 일시의 선후에 의하여 결정하여야 하므로, 확정일자 있는 양도통지가 도달한 일시에 선후가 있는 경우는 채권자 불확지에 해당되지 않는다. 다만, 이 경우 확정일자 있는 증서에 의한 채권양도 통지가 동시에 이루어졌거나 그 도달의 선후가 불분명하다면 채무자는 이중변제의 위험이 있으므로, 채권자 불확지에 해당된다.

07 상대적 불확지 변제공탁에서의 출급청구에 관한 다음 설명 중 가장 옳지 않은 것은?

▶ 2025 법무사

① 채무자가 누가 진정한 채권자인지를 알 수 없어 상대적 불확지의 변제공탁을 하여 피공탁자 중 1인이 다른 피공탁자들을 상대로 자기에게 공탁금출급청구권이 있다는 확인을 구한 경우, 피공탁자들 사이에서 누가 진정한 채권자로서 공탁금출급청구권을 가지는지는 피공탁자들과 공탁자인 채무자 사이의 법률관계에서 누가 본래의 채권을 행사할 수 있는 진정한 채권자인지를 기준으로 판단하여야 한다.

② 상대적 불확지 변제공탁의 피공탁자 중 1인을 채무자로 하여 그의 공탁물출급청구권에 대하여 채권압류 및 추심명령을 받은 추심채권자는 공탁물을 출급하기 위하여 자기의 이름으로 다른 피공탁자를 상대로 공탁물출급청구권이 추심채권자의 채무자에게 있음을 확인한다는 확인의 소를 제기할 수 없다.

③ 피공탁자 중 1인을 채무자로 하여 그의 공탁물출급청구권에 대하여 채권압류 및 추심명령을 받은 추심채권자라는 등의 특별한 사정이 없는 한 피공탁자가 아닌 제3자는 피공탁자를 상대로 하여 공탁물출급청구권의 확인을 구할 이익이 없다.

④ 피공탁자 전원이 공동으로 출급청구하는 경우에는 출급청구서의 기재에 의하여 상호 승낙이 있는 것으로 볼 수 있으므로 별도의 출급청구권 증명서면을 제출할 필요가 없다.

⑤ 공탁자의 승낙서나 공탁자 또는 국가를 상대로 한 공탁물출급청구권 확인판결 등은 출급청구권 증명서면으로 볼 수 없다.

> **해설** ② 상대적 불확지 변제공탁의 피공탁자 중 1인을 채무자로 하여 그의 공탁물출급청구권에 대하여 채권압류 및 추심명령을 받은 추심채권자는 공탁물을 출급하기 위하여 자기의 이름으로 다른 피공탁자를 상대로 공탁물출급청구권이 추심채권자의 채무자에게 있음을 확인한다는 확인의 소를 제기할 수 있다.

08 변제공탁의 출급 등과 관련한 다음 설명 중 가장 옳지 않은 것은? ▶ 2022 법원사무관

① 사해행위취소 및 가액배상을 구하는 소송을 제기한 수인의 취소채권자들 전부를 피공탁자로 하여 상대적 불확지공탁을 한 경우 피공탁자 각자는 공탁서의 기재에 따라 각자의 소송에서 확정된 판결 등에서 인정된 가액배상금의 비율에 따라 공탁금을 출급청구할 수 있다.

② 상대적 불확지 변제공탁의 피공탁자 중 1인을 채무자로 하여 그의 공탁물출급청구권에 대하여 채권압류 및 추심명령을 받은 추심채권자는 공탁물을 출급하기 위하여 자기의 이름으로 다른 피공탁자를 상대로 공탁물출급청구권이 추심채권자의 채무자에게 있음을 확인한다는 확인의 소를 제기할 수 있다.

③ 피공탁자가 아닌 제3자가 피공탁자를 상대로 하여 공탁물출급청구권 확인판결을 받은 경우 그 확인판결은 "출급청구권이 있음을 증명하는 서면"에 해당하므로 위 확인판결을 받은 제3자는 직접 공탁물출급청구를 할 수 있다.

④ 채무자인 공탁자가 변제공탁을 하면서 공탁서에 불가분채권자 2인을 피공탁자로 기재하였다면 비록 피공탁자 중 1인이 공탁자의 출급동의서를 첨부하였더라도 단독으로 공탁금출급청구를 할 수 없고, 피공탁자 전원이 함께 청구하거나 피공탁자 1인이 나머지 피공탁자의 위임을 받아 청구하여야 한다.

> **해설** ③ 공탁당사자가 아닌 제3자가 피공탁자를 상대로 하여 공탁물출급청구권 확인판결을 받았다 하더라도 그 확인판결을 받은 제3자가 직접 공탁물출급청구를 할 수는 없다.

09 다음은 변제공탁의 내용 및 효과에 관한 설명이다. 가장 옳지 않은 것은? ▸ 2014 법원사무관

① 채권자가 반대급부 또는 기타 조건의 이행을 할 의무가 없음에도 불구하고 채무자가 반대급부조건부 변제공탁을 한 때에는 채권자가 이를 수락하지 않는 한 그 변제공탁은 조건뿐만 아니라 공탁 자체가 무효로 된다.

② 반대급부조건부 공탁의 경우 피공탁자는 반대급부를 이행하여야 출급청구를 할 수 있으므로 채무자(공탁자)가 반대급부의 목적물 수령을 거절할 경우 공탁관에게 직접 이행할 수 있다.

③ 임대인이 임대차보증금을 변제공탁하면서 주택임대차보호법 제3조의3에 의한 임차권등기 말소를 반대급부조건으로 할 수 없다.

④ 적법한 변제공탁을 한 경우 채권자가 공탁출급을 하였는지 여부와 관계없이 공탁을 한 때에 변제의 효력이 발생한다.

> **해설** ② 반대급부이행의 상대방은 채무자(공탁자)이고 공탁물출급청구서에 반대급부이행 증명서면을 첨부하도록 되어 있으므로 반대급부의 목적물을 직접 공탁관에게 이행할 수는 없다. 다만, 공탁물을 수령하려고 하는 사람이 공탁자에게 공탁서에 기재된 반대급부의 이행을 제공하였으나 공탁자가 그 수령을 거절하는 때에는 그 반대급부를 변제공탁하고 공탁관으로부터 교부받은 공탁서를 반대급부가 있었음을 증명하는 공증서면으로 첨부하여 공탁물출급청구를 할 수 있다.

10 다음은 변제공탁물출급청구서의 첨부서면인 반대급부이행 증명서면에 대한 설명이다. 가장 틀린 것은? ▸ 2010 법무사

① 부당한 반대급부조건을 붙인 변제공탁은 무효의 공탁이지만, 피공탁자가 출급청구하려고 하는 경우에는 반대급부조건을 이행하였음을 증명하는 서면을 첨부하여야 한다.

② 반대급부이행의 상대방은 채무자(공탁자) 또는 공탁관이므로 반대급부의 목적물을 직접 공탁관에게 이행할 수도 있다.

③ 공탁물을 수령하려고 하는 사람이 공탁자에게 공탁서에 기재된 반대급부의 이행을 제공하였으나 공탁자가 수령을 거절하는 경우 그 반대급부를 변제공탁하고 그 공탁서를 첨부할 수 있다.

④ 공탁자가 공탁물수령자로부터 공탁자 앞으로의 소유권이전등기에 필요한 서류의 일체를 공탁자에게 교부하라는 반대급부조건을 붙여 변제공탁한 후, 이와는 별도로 같은 부동산에 대한 소유권이전등기절차 이행의 소를 제기하여 승소판결을 받았다 하더라도 위 판결을 반대급부이행 증명서면으로 볼 수는 없다.

⑤ 건물명도나 철거 등을 반대급부내용으로 하여 공탁한 경우, 공탁자의 강제집행신청으로 건물명도나 철거 등의 사실이 기재된 집행관작성의 부동산명도집행조서도 반대급부이행 증명서면이 될 수 있다.

> 정답 08 ③ 09 ② 10 ②

> **해설** ② 반대급부이행의 상대방은 채무자(공탁자)이고 공탁물출급청구서에 반대급부이행 증명서면을 첨부하도록 되어 있으므로 반대급부의 목적물을 직접 공탁관에게 이행할 수는 없다. 다만, 공탁물을 수령하려고 하는 사람이 공탁자에게 공탁서에 기재된 반대급부의 이행을 제공하였으나 공탁자가 그 수령을 거절하는 때에는 그 반대급부를 변제공탁하고 공탁관으로부터 교부받은 공탁서를 반대급부가 있었음을 증명하는 공증서면으로 첨부하여 공탁물출급청구를 할 수 있다.

11 반대급부조건부 공탁과 관련한 다음 설명 중 가장 옳지 않은 것은? ▶ 2014 법무사 수정

① 임대인의 임대차보증금 반환의무와 임차인의 주택임대차보호법 제3조의3에 의한 임차권등기 말소의무는 동시이행관계에 있으므로, 임차보증금을 변제공탁하면서 주택임대차보호법 제3조의3에 의한 임차권등기 말소를 반대급부조건으로 할 수 있다.

② 소유권 이외의 권리관계가 없는 부동산에 대하여 매매계약을 체결하고 계약금과 중도금까지 이행된 후 잔대금지급기일 전에 부동산 위에 근저당권설정등기 및 압류등기가 이루어진 경우에는 특약이 없는 한 매수인의 잔대금지급의무와 매도인의 기타 권리등기의 말소의무는 동시이행관계에 있으므로, 매수인이 잔대금을 변제공탁하면서 소유권 이외의 권리 일체를 말소할 것을 반대급부조건으로 하는 것은 유효하다.

③ 소유권이전등기에 필요한 서류를 공탁자에게 교부하라는 반대급부조건을 붙여 변제공탁한 후, 공탁자가 이와 별도로 같은 부동산에 관한 소유권이전등기절차 이행의 소를 제기하여 승소 확정판결을 받았다고 하더라도 그와 같은 사유만으로는 위 공탁의 반대급부가 이행된 것으로 볼 수 없다.

④ 채무의 담보를 위하여 가등기 및 그 가등기에 기한 본등기가 경료된 경우에 채무자가 변제공탁을 하면서 가등기 및 본등기의 말소를 반대급부조건으로 하였다면 그 공탁은 무효이다.

⑤ 부당한 반대급부조건을 붙여서 한 변제공탁이라 할지라도 그 반대급부조건이 이미 성취되어 공탁물수령에 아무런 지장이 없으면 그 공탁은 유효한 것으로 된다.

> **해설** ① 임대인의 임대차보증금 반환의무와 임차인의 주택임대차보호법 제3조의3에 의한 임차권등기 말소의무가 동시이행관계에 있는 것은 아니므로, 임차보증금을 변제공탁하면서 주택임대차보호법 제3조의3에 의한 임차권등기 말소를 반대급부조건으로 할 수 없다.

12 반대급부를 조건으로 하는 공탁절차에 관한 다음 설명 중 가장 옳지 않은 것은? (별도 특약은 없음)
▶ 2021 법원사무관

① 판결의 주문에 반대급부의 이행사실이 명백히 기재되어 있다면 미확정의 가집행선고부판결도 반대급부이행 증명서면이 될 수 있다.

② 반대급부이행의 상대방은 채무자인 공탁자이므로 반대급부의 목적물을 직접 공탁관에게 이행할 수는 없다.

③ 임대인이 임대차보증금을 변제공탁하면서 주택임대차보호법 제3조의3에 의한 임차권등기 말소를 반대급부 조건으로 공탁할 수 없다.

④ 반대급부를 조건으로 변제공탁이 된 경우 피공탁자에게 공탁통지서가 송달되었더라도 반대급부가 이행되지 않았다면 공탁금출급청구권에 대한 소멸시효는 진행되지 않는다.

> **해설** ① 반대급부이행 증명서면으로 공탁자의 서면, 판결문, 공정증서, 그 밖의 관공서에서 작성한 공문서 등을 들 수 있다(법 제10조, 규칙 제33조 제3호). 판결문이란 반대급부의 이행사실이나 반대급부 채권의 포기 또는 면제가 판결의 주문 또는 이유 중에 명백히 기재된 재판서 등을 말한다. 확인판결, 이행판결, 형성판결을 불문하나 확정되었음을 요하므로 미확정의 가집행선고부 판결은 해당되지 않는다.

13 반대급부를 조건으로 하는 공탁절차에 관한 다음 설명 중 가장 옳지 않은 것은? (별도 특약은 없음)
▶ 2013 법원사무관

① 사업시행자가 수용재결서에 정한 보상금을 공탁하면서 소유권이전에 필요한 일체의 서류교부를 반대급부로 할 수는 없다.

② 반대급부이행의 상대방은 채무자인 공탁자이므로 반대급부의 목적물을 직접 공탁관에게 이행할 수는 없다.

③ 판결의 주문에 반대급부의 이행사실이 명백히 기재되어 있다면 판결의 확정 여부는 불문하므로 미확정의 가집행선고부판결도 반대급부이행 증명서면이 될 수 있다.

④ 반대급부를 조건으로 변제공탁이 된 경우 피공탁자에게 공탁통지서가 송달되었더라도 반대급부가 이행되지 않았다면 공탁금출급청구권에 대한 소멸시효는 진행되지 않는다.

> **해설** ③ 판결문이란 반대급부의 이행사실이나 반대급부채권의 포기 또는 면제가 판결의 주문 또는 이유 중에 명백히 기재된 재판서 등을 말한다. 확인판결, 이행판결, 형성판결을 불문하나 확정되었음을 요하므로 미확정의 가집행선고부판결은 해당되지 않는다.

14 변제공탁의 공탁물출급청구권행사 등에 관한 다음 설명 중 가장 옳지 않은 것은?

▶ 2024 법원사무관

① 민사집행법 제246조 제1항 제5호의 압류금지채권인 근로자의 퇴직금 2분의 1 상당액을 민법 제487조의 규정에 의하여 변제공탁한 이후 위 공탁금출급청구권에 대한 압류 및 전부명령이 있는 경우, 피공탁자인 근로자는 전부채권자를 상대로 하여 피공탁자에게 출급청구권이 있음을 증명하는 확인판결(또는 화해조서, 조정조서 등)을 얻어 공탁금출급청구권을 행사할 수 있다.

② 부당한 반대급부조건을 붙인 변제공탁의경우에는 피공탁자가 반대급부조건을 이행하고 반대급부조건을 이행하였음을 증명하는 서면을 제출하더라도 공탁물의 출급을 받을 수 없다.

③ 변제공탁의 출급청구권자는 피공탁자 또는 그 승계인이므로, 실체법상의 채권자라고 하더라도 피공탁자로 지정되어 있지 않으면 출급청구권을 행사할 수 없고, 따라서 피공탁자가 아닌 제3자가 피공탁자를 상대로 하여 공탁물출급청구권확인판결을 받았더라도 그 확인판결을 받은 제3자가 직접 출급청구를 할 수는 없다.

④ 공탁물출급청구권에 대한 압류 및 전부명령이 국가에 송달된 후 그 전부명령이 확정되기 전에 다른 압류명령 등이 국가에 송달되었더라도 선행의 전부명령이 실효되지 않는 한 압류의 경합이 생기지 아니하므로, 차후에 그 전부명령이 확정되면 전부채권자는 피공탁자의 특정승계인으로서 공탁물을 출급청구할 수 있다.

> **해설** ② 부당한 반대급부조건을 붙인 변제공탁은 채권자가 이를 수락하지 않는 한 무효의 공탁이지만, 피공탁자가 위 조건을 수락하여 공탁물의 출급을 받으려고 한다면 먼저 반대급부조건을 이행하고 반대급부조건을 이행하였음을 증명하는 서면을 첨부하여야 한다.

15 다음 중 가장 틀린 것은?

▶ 2011 법무사

① 공탁자가 공탁물수령자로부터 공탁자 앞으로의 소유권이전등기에 필요한 등기권리증, 매도증서, 인감증명 등의 서류를 공탁자에게 교부하라는 반대급부조건을 붙여 변제공탁한 후 이와는 별도로 같은 부동산에 관한 소유권이전등기절차 이행의 소를 제기하여 승소확정판결을 받았다면 그와 같은 사유로 위 공탁의 반대급부가 이행된 것으로 볼 수 있다.

② 반대급부의 이행을 조건으로 한 변제공탁에 있어서 공탁금출급청구를 함에 있어서는 반대급부의 목적물인 약속어음을 공탁관에게 직접 교부하여 공탁금출급청구를 할 수는 없으며, 다만 공탁자가 이를 수령하지 아니할 때에는 물품공탁을 한 후 출급청구할 수 있을 것이다.

③ 변제공탁금출급청구권의 압류 및 전부권자가 공탁금을 출급청구함에 있어서는 공탁서에 표시된 공탁으로 인하여 소멸되는 질권, 전세권 또는 저당권의 말소는 반대급부사항이 되지 아니하므로, 이를 증명하는 서면을 첨부할 필요가 없다.

④ 공탁물을 수령하려고 하는 사람이 공탁자에게 공탁서에 기재된 반대급부의 이행을 제공하였으나 공탁자가 그 수령을 거절하는 때에는 그 반대급부를 변제공탁하고 공탁관으로부터 교부받은 공탁서를 공탁법 제10조 소정의 반대급부가 있었음을 증명하는 공증서면으로 첨부하여 공탁물출급청구를 할 수 있고, 이 경우에 반대급부이행채무는 반대급부의 공탁 시에 즉시 소멸하고 반대급부를 공탁한 자가 공탁물을 회수한 경우에 한하여 채무소멸의 효과가 소급하여 없어지는 것이므로, 반대급부의 공탁자가 공탁물을 회수하였다는 소명이 없는 한 공탁관은 위 공탁물출급청구에 응하여 공탁물의 출급을 하여야 한다.

⑤ 전세권자의 전세목적물 인도의무 및 전세권설정등기 말소이행의무와 전세권설정자의 전세금반환의무는 서로 동시이행의 관계에 있기 때문에, 전세권설정자가 전세금을 공탁하면서 반대급부내용란에 「전세권말소」라고 기재한 것은 반대급부의 내용이 유효조건이므로 적법한 공탁이라고 할 수 있다.

해설 ① 공탁자가 공탁물수령자로부터 공탁자 앞으로의 소유권이전등기에 필요한 서류인 등기필증, 매매계약서, 인감증명서 등의 서류를 공탁자에게 교부하라는 반대급부조건을 붙여 변제공탁한 후, 이와는 별도로 같은 부동산에 관한 소유권이전등기절차 이행의 소를 제기하여 승소확정판결을 받은 경우 비록 위 판결에 기하여 앞서 반대급부조건으로 요구한 각 서류 없이 강제집행의 방법으로 그 부동산에 관한 공탁자 명의의 소유권이전등기를 필할 수 있게 되었다 하더라도 위 판결을 반대급부이행 증명서면으로 볼 수는 없다. 그러나 공탁자가 위 판결에 기하여 그 부동산에 대하여 이미 소유권이전등기를 마친 경우에는 그 소유권이전등기가 경료된 부동산 등기사항증명서는 반대급부이행 증명서면으로 볼 수 있을 것이다.

16 甲은 乙(주소지 : 의정부시)에 대한 대여금 채무 5백만원을 수령거절을 원인으로 민법 제487조 변제공탁(관할공탁소 : 의정부지방법원)을 하였다. 다음 설명 중 가장 옳은 것은?

▸ 2022 법원사무관

① 乙의 위임을 받은 丙은 관할공탁소 이외의 공탁소에서의 공탁사건처리특칙에 따라 대구지방법원의 공탁소에 공탁금출급청구를 할 수 있다.

② 이의유보의 의사표시는 반드시 공탁관에게 하여야 한다.

③ 乙이 계좌입금에 의한 공탁금 출급을 신청하는 경우 입금계좌는 반드시 乙 명의이어야 한다.

④ 乙은 공탁금 출급청구 시 공탁통지서를 첨부하여야 하는데 甲의 승낙서(인감증명서 첨부)를 첨부한 경우 공탁통지서 제출이 면제된다.

해설 ① 乙 본인이 직접 출급청구하는 경우로서 공탁관이 신분에 관한 증명서(주민등록증·여권·운전면허증 등)에 의하여 본인이나 법정대리인 등임을 확인할 수 있는 경우여야 한다.
② 이의유보 의사표시의 상대방은 반드시 공탁관에 국한할 필요가 없고 공탁자에 대하여도 할 수 있다.
④ 5,000만원 이하의 경우에는 공탁금 출급청구 시 공탁통지서를 첨부하지 않아도 된다.

정답 **14** ② **15** ① **16** ③

17 변제공탁에 관한 다음 설명 중 가장 옳지 않은 것은? ▶ 2020 법무사

① 근저당권의 피담보채무에 관하여 전액이 아닌 일부에 대하여 공탁한 이상 그 피담보채무가 계속적인 금전거래에서 발생하는 다수의 채무의 집합체라고 하더라도 공탁금액에 상응하는 범위에서 채무소멸의 효과가 발생하는 것은 아니다.

② 채권자에 대한 변제자의 공탁금액이 채무의 총액에 비하여 아주 근소하게 부족한 경우에는 당해 변제공탁은 신의칙상 유효한 것이라고 보아야 한다.

③ 경매부동산을 매수한 제3취득자가 그 부동산으로 담보하는 채권최고액과 경매비용을 변제공탁한 경우 그 변제공탁은 유효하다.

④ 채무자의 채무액이 근저당 채권최고액을 초과하는 경우에 채무자 겸 근저당권설정자가 채권최고액과 지연손해금 및 집행비용만을 변제공탁하였다면 그 변제공탁은 원칙적으로 무효이다.

⑤ 변제공탁이 유효하려면 채무 전부에 대한 변제의 제공 및 채무 전액에 대한 공탁이 있어야 하고 채무 전액이 아닌 일부에 대한 공탁은 그 부분에 관하여서도 효력이 생기지 않으나, 채권자가 공탁금을 채권의 일부에 충당한다는 유보의 의사표시를 하고 이를 수령한 때에는 그 공탁금은 채권의 일부의 변제에 충당되고, 그 경우 유보의 의사표시는 반드시 명시적으로 하여야 한다.

> **해설** ⑤ 변제공탁이 유효하려면 채무 전부에 대한 변제의 제공 및 채무 전액에 대한 공탁이 있어야 하고 채무 전액이 아닌 일부에 대한 공탁은 그 부분에 관하여서도 효력이 생기지 않으나, 채권자가 공탁금을 채권의 일부에 충당한다는 유보의 의사표시를 하고 이를 수령한 때에는 그 공탁금은 채권의 일부의 변제에 충당되고, 그 경우 유보의 의사표시는 반드시 명시적으로 하여야 하는 것은 아니다.

18 공탁물수령권자의 이의유보에 관한 다음 설명 중 가장 옳지 않은 것은? ▶ 2018 법원사무관

① 이의유보의 의사표시를 할 수 있는 자는 원칙적으로 변제공탁의 피공탁자이나, 공탁물 출급청구권에 대한 추심채권자도 이의유보의 의사표시를 할 수 있다.

② 채무금액에 다툼이 있는 채권에 관하여 채무자가 채무 전액의 변제임을 공탁원인 중에 밝히고 공탁한 경우에 채권자가 그 공탁금을 수령할 때 채권의 일부에 충당한다는 이의유보의 의사표시를 하더라도 이를 수령한 이상 그 공탁금은 채권의 전액에 대한 변제의 효과가 발생한다.

③ 매도인이 매수인의 채무불이행을 이유로 매매계약을 해제하면서 그가 받은 중도금을 변제공탁하였고 매수인이 이를 아무 이의 없이 수령하였다면 매수인의 잔대금 채무불이행으로 인한 매도인의 해제의 법률효과가 발생한다.

④ 차임으로 변제공탁한 것을 손해배상금으로 출급한다는 이의를 유보하고 공탁물을 출급하는 것은 허용되지 않는다.

해설 ② 채무금액에 다툼이 있는 채권에 관하여 채무자가 채무 전액의 변제임을 공탁원인 중에 밝히고 공탁한 경우에 채권자가 그 공탁금을 수령할 때 채권의 일부로써 수령한다는 등 별단의 유보 의사표시를 하지 않은 이상 채권 전액에 대한 변제공탁의 효력이 인정된다. 그러나 채권자가 공탁금을 채권의 일부에 충당한다는 이의유보의 의사표시를 하고 이를 수령한 때에는 그 공탁금은 채권의 일부의 변제에 충당된다.

19 변제공탁의 공탁물에 대한 이의유보부 출급에 대한 설명 중 가장 틀린 것은? (다툼이 있을 경우 대법원판례 · 예규 및 선례에 의함)   ▸ 2008 법무사

① 채권자가 채무자의 공탁원인인 부당이득반환채무금과 다른 손해배상채무금으로서 공탁금을 수령한다는 이의를 유보하더라도, 일단 그 공탁금을 수령하게 되면 채무자의 공탁원인인 부당이득반환채무의 일부 소멸의 효과가 발생한다.

② 채권자가 아무런 이의 없이 공탁금을 수령하였다면 이는 공탁의 취지에 의하여 수령한 것이 되어 그에 따른 법률효과가 발생하는 것이므로, 채무자가 변제충당할 채무를 지정하여 공탁한 것을 채권자가 아무런 이의 없이 수령하였다면 그 공탁의 취지에 따라 변제충당된다.

③ 공탁된 토지수용보상금의 수령에 관한 이의유보의 의사표시의 상대방은 반드시 공탁관에 국한할 필요가 없고 보상금지급의무자인 기업자도 상대방이 된다.

④ 공탁자가 공탁원인으로 들고 있는 사유가 법률상 효력이 없는 것이어서 공탁이 부적법하다고 하더라도, 그 공탁서에서 공탁물을 수령할 자로 지정된 피공탁자가 그 공탁물을 수령하면서 아무런 이의도 유보하지 아니하였다면, 특별한 사정이 없는 한 공탁자가 주장한 공탁원인을 수락한 것으로 보아 공탁자가 공탁원인으로 주장한 대로 법률효과가 발생한다.

⑤ 공탁금수령 시 채무자에 대한 이의유보 의사표시는 반드시 명시적으로 하여야만 하는 것은 아니다.

해설 ① 이의유보의 의사표시는 채권의 성질에 다툼이 있는 경우에는 할 수 없으므로, 차임으로 변제공탁한 것을 손해배상금으로 출급한다는 이의를 유보하고 공탁물을 출급하는 것은 허용되지 않는다.

20 변제공탁의 공탁물 수령에 관한 이의유보의 의사표시 등에 관한 다음 설명 중 가장 옳지 않은 것은?   ▸ 2023 법무사

① 매도인이 매수인의 채무불이행을 이유로 매매계약을 해제하면서 그가 받은 중도금을 변제공탁하였고 매수인이 이를 아무 이의 없이 수령하였다면 실제로 매수인의 채무불이행이 있었는지 여부를 불문하고 매수인의 잔대금 채무불이행으로 인한 매도인의 해제의 법률효과가 발생한다.

정답   17 ⑤   18 ②   19 ①   20 ④

② 채무의 변제로써 공탁한 공탁물이 채권액에 미치지 못한 경우, 피공탁자가 공탁자에 대하여 채권의 일부에 충당한다는 뜻을 통지하거나 공탁물 출급청구서의 '청구 및 이의유보 사유'란에 같은 내용의 유보의사를 기재하고 공탁물을 출급한 경우에는 채권액 전액에 대한 변제의 효과가 발생하지 않는다.

③ 사업시행자가 토지수용위원회가 재결한 수용보상금을 토지소유자의 수령거절을 이유로 변제공탁한 경우에, 피공탁자인 토지소유자가 위 재결에 대하여 이의신청을 제기하거나 소송을 제기하고 있는 중이라고 할지라도 그 쟁송 중에 보상금 일부의 수령이라는 등 이의유보의 의사표시를 함이 없이 공탁금을 수령하였다면, 이는 종전의 수령거절 의사를 철회하고 재결에 승복하여 공탁한 취지대로 보상금 전액을 수령한 것이라고 볼 수밖에 없다.

④ 채권자가 채무액에 대해서만 이의를 유보한 것이 아니라 공탁원인인 부당이득반환채무금과 다른 손해배상채무금으로서 공탁금을 수령한다는 이의를 유보하고 수령한 경우, 공탁원인인 부당이득반환채무의 일부소멸의 효과는 발생하지 않지만, 이의유보 취지대로 손해배상채무의 일부변제로서의 효과는 발생한다.

⑤ 이의유보의 의사표시를 할 수 있는 자는 원칙적으로 변제공탁의 피공탁자나, 공탁물 출급청구권에 대한 양수인, 전부채권자, 추심채권자도 이의유보의 의사표시를 할 수 있다.

> **해설** ④ 이의유보의 의사표시는 채권의 성질에 다툼이 있는 경우에는 할 수 없으므로, 차임으로 변제공탁한 것을 손해배상금으로 출급한다는 이의를 유보하고 공탁물을 출급하는 것은 허용되지 않는다. 예컨대, 채권자가 채무액뿐만 아니라 공탁원인인 부당이득반환채무금과 다른 손해배상채무금으로서 공탁금을 수령한다는 이의를 유보하고 공탁물을 수령한 경우에는 채무자의 공탁원인인 부당이득반환채무의 일부소멸의 효과는 발생하지 않고, 또한 이의유보의 취지대로 손해배상채무의 일부변제로서 유효하다고 할 수도 없다. 따라서 채권자의 공탁금 수령은 법률상 원인 없는 것이 되고 이로 인하여 채무자는 위 공탁금을 회수할 수도 없게 됨으로써 동액상당의 손해를 입었다 할 것이므로 채권자는 채무자에게 출급한 공탁금을 반환하여야 한다.

21 이의유보부 출급에 관한 다음 설명 중 가장 옳지 않은 것은? ▸ 2025 법무사

① 채권자가 아무런 이의 없이 공탁금을 수령하였다면 이는 공탁의 취지에 따라 수령한 것이 되어 그에 따른 법률효과가 발생하는 것이므로, 채무자가 변제충당할 채무를 지정하여 공탁한 것을 채권자가 아무런 이의 없이 수령하였다면 그 공탁의 취지에 따라 변제충당된다.

② 이의유보 의사표시의 상대방은 공탁관이어야 하고 공탁자에게는 이의유보의 의사표시를 할 수 없다.

③ 공탁자가 공탁원인으로 들고 있는 사유가 법률상 효력이 없는 것이어서 공탁이 부적법하다고 하더라도 피공탁자가 그 공탁물을 수령하면서 아무런 이의도 유보하지 아니하였다면, 특별한 사정이 없는 한 공탁자가 주장한 공탁원인을 수락한 것으로 보아 공탁자가 공탁원인으로 주장한 대로 법률효과가 발생한다.

④ 토지소유자가 수용재결에서 정한 손실보상금을 수령할 당시 이의유보의 뜻을 표시하였다 하더라도 이의재결에서 증액된 손실보상금을 수령하면서 이의유보의 뜻을 표시하지 아니한 이상 이의재결의 결과에 승복하여 수령한 것으로 보아야 하고, 추가보상금을 수령할 당시 이의재결을 다투는 행정소송이 계속 중이라는 사실만으로는 추가보상금의 수령에 관하여 이의유보의 의사표시가 있는 것과 같이 볼 수 없다.

⑤ 금전채권 전부에 대한 압류 또는 압류경합을 원인으로 제3채무자가 집행공탁을 한 후 실시된 배당절차에서 채무자에 대한 배당금(잉여금)이 확정된 경우, 공탁원인사실에 다툼이 있는 채무자는 이의유보의 의사표시를 하고 공탁금을 출급할 수 있다.

해설 ② 이의유보 의사표시의 상대방은 반드시 공탁관에 국한할 필요가 없고 공탁자에 대하여도 할 수 있다.

22 변제공탁에 관한 다음 설명 중 가장 옳지 않은 것은? (다툼이 있는 경우 판례·예규 및 선례에 의함) ▶ 2017 법무사

① 채권자가 제기한 대여금청구소송에서 채무자와 채권자 간에 이자의 약정 여부에 관하여 다툼이 있던 중 채무자가 채권자를 공탁물수령자로 하여 원금과 법정이율에 의한 이자를 변제공탁하자 채권자가 그 공탁금을 원금과 약정이율에 따른 이자에 충당하는 방법으로 계산한 뒤 남은 금액을 청구금액으로 하여 청구취지를 감축하고 그 청구취지 감축 및 원인변경신청서가 채무자에게 송달된 후에 공탁금을 수령한 경우, 위 공탁금수령 시 채권의 일부로 수령한다는 채권자의 묵시적인 이의유보의 의사표시가 있었다고 볼 수 있다.

② 공탁자가 공탁원인으로 들고 있는 사유가 법률상 효력이 없는 것이어서 공탁이 부적법하다고 하더라도, 그 공탁서에서 공탁물을 수령할 자로 지정된 피공탁자가 그 공탁물을 수령하면서 아무런 이의도 유보하지 아니하였다면, 공탁자가 공탁원인으로 주장한 대로 법률효과가 발생한다.

③ 채무자가 변제충당할 채무를 지정하여 공탁한 것을 채권자가 아무런 이의 없이 수령하였다면 그 공탁의 취지에 따라 변제충당된다.

④ 이의유보 의사표시의 상대방은 반드시 공탁관에 국한할 필요가 없고 공탁자에 대하여도 할 수 있다.

⑤ 채권자가 채무액에 대해서만 이의를 유보한 것이 아니라 채무자의 공탁원인인 부당이득반환채무금과 다른 손해배상채무금으로서 공탁금을 수령한다는 이의를 유보하더라도, 일단 그 공탁금을 수령하게 되면, 채무자의 공탁원인인 부당이득반환채무의 일부소멸의 효과가 발생한다.

해설 ⑤ 이의유보의 의사표시는 채권의 성질에 다툼이 있는 경우에는 할 수 없으므로, 차임으로 변제공탁한 것을 손해배상금으로 출급한다는 이의를 유보하고 공탁물을 출급하는 것은 허용되지 않는다.

정답 21 ② 22 ⑤

23 변제공탁에 관한 다음 설명 중 가장 옳지 않은 것은?

▸ 2019 법원사무관

① 변제공탁이 유효하려면 원칙적으로 채무 전부에 대한 변제의 제공 및 채무 전액에 대한 공탁이 있어야 하고, 채무전액이 아닌 일부에 대한 공탁은 그 부분에 관하여서도 효력이 생기지 않는다.

② 채무자가 채무의 일부를 변제공탁한 후 채권자가 공탁금을 채권의 일부에 충당한다는 유보의 의사표시를 하고 이를 수령한 때에는 그 공탁금은 채권의 일부의 변제에 충당되고, 그 경우 유보의 의사표시는 반드시 명시적으로 하여야 한다.

③ 채무자의 채무액이 근저당 채권최고액을 초과하는 경우에 채무자 겸 근저당권설정자가 그 채무의 일부인 채권최고액과 지연손해금 및 집행비용만을 변제공탁하였다면 이는 일부공탁에 해당되어 원칙적으로 무효이다.

④ 채권자에 대한 변제자의 공탁금액이 채무의 총액에 비하여 아주 근소하게 부족한 경우에는 당해 변제공탁은 신의칙상 유효한 것이라고 보아야 한다.

> **해설** ② 공탁금 수령 시 공탁자에 대한 이의유보의 의사표시는 반드시 명시적으로 해야 하는 것은 아니라고 해석되므로, 일정한 사정 아래서는 피공탁자가 위 공탁금을 수령함에 있어 이의유보의 의사표시를 명시적으로 하지 않았다 하더라도 공탁자에 대하여 채권의 일부로 수령한다는 묵시적인 이의유보의 의사표시가 있었다고 보아야 한다.

24 변제공탁물의 출급에 관한 설명으로 가장 틀린 것은?

▸ 2010 법무사

① 사업시행자가 토지수용위원회가 재결한 토지수용보상금을 공탁하고 토지소유자가 아무런 이의도 유보하지 아니한 채 공탁금을 수령하였다고 하더라도, 이의유보의 의사표시는 반드시 명시적으로 하여야 하는 것은 아니므로 위 공탁금수령 당시 수용보상금증액을 위한 행정소송이 계속 중이었다면 묵시적인 이의유보의 의사표시가 있었다고 볼 수 있다.

② 공탁된 토지수용보상금의 수령에 관한 이의유보의 의사표시를 함에 있어 그 의사표시의 상대방은 반드시 공탁관에 국한할 필요가 없고 보상금의 지급의무자인 사업시행자에 대하여 이의유보의 의사표시를 하는 것도 가능하다.

③ 공탁자가 공탁원인으로 들고 있는 사유가 법률상 효력이 없는 것이어서 공탁이 부적법하다고 하더라도, 그 공탁서에서 공탁물을 수령할 자로 지정된 피공탁자가 그 공탁물을 수령하면서 아무런 이의도 유보하지 아니하였다면, 특별한 사정이 없는 한 공탁자가 주장한 공탁원인을 수락한 것으로 보아 공탁자가 공탁원인으로 주장한 대로 법률효과가 발생한다.

④ 사업시행자가 토지수용보상금을 공탁하면서 그 공탁서에 공탁물을 수령할 자를 재결서에 수용대상토지의 소유자로 표시된 「甲, 乙」 제2인으로 기재하였다면, 甲이 수용대상토지가 자신의 단독소유임을 증명하는 서류를 첨부하여 공탁금출급청구를 하더라도, 공탁관으로서는 공탁금출급청구를 불수리하게 된다.

⑤ 매도인이 매매계약을 해제하면서 그가 받은 중도금을 변제공탁하였고 매수인이 이를 아무 이의 없이 수령하였다면 이는 공탁의 취지에 따라 수령한 것이 되어 공탁사유에 따른 법률효과가 발생한다.

> **해설** ① 사업시행자가 토지수용위원회가 재결한 토지수용보상금을 공탁하고 피공탁자인 토지소유자가 위 재결에 대하여 이의신청을 제기하거나 소송을 제기하고 있는 중이라고 할지라도 그 쟁송 중에 보상금 일부의 수령이라는 등 이의유보의 의사표시를 함이 없이 공탁금을 수령하였다면, 이는 종전의 수령거절의사를 철회하고 재결에 승복하여 공탁한 취지대로 보상금 전액을 수령한 것이라고 볼 수밖에 없으며, 공탁금수령 당시 이의신청이나 소송이 계속 중이라는 사실만으로 공탁금의 수령에 관한 이의유보의 의사표시가 있는 것과 같이 볼 수는 없다.

2 변제공탁의 회수

01 다음은 특정 형사사건에 대한 변제공탁과 관련하여 공탁금회수제한신고서를 제출하는 경우에 대한 설명이다. 가장 틀린 것은? ▸ 2009 법무사

① 위 서면은 공탁신청과 동시에 또는 공탁을 한 후에 제출할 수 있다.
② 위 서면이 제출된 경우에는 공탁자의 회수청구권에 대하여 압류통지서가 접수된 경우에 준하여 처리된다.
③ 최근 개정된 예규에 따르면 위 서면에 찍은 인영이 공탁서에 찍은 인영과 서로 달라도 인감증명서를 첨부할 필요가 없다.
④ 공탁자가 형사재판에서 집행유예의 판결을 받은 경우에는 피공탁자의 동의가 없어도 민법 제489조에 의한 회수청구권을 행사할 수 있다.
⑤ 선례에 의하면 형사재판과정에서 피공탁자가 한 수령거절의 의사표시는 공탁금회수청구에 대한 동의로 볼 수 없다.

> **해설** ④ 형사사건의 가해자(공탁자)가 피해자(피공탁자)에 대한 손해배상금을 변제공탁하면서 피공탁자의 동의가 없으면 형사사건에 대하여 불기소결정이 있거나 무죄재판이 확정될 때까지는 공탁금에 대한 회수청구권을 행사하지 않겠다는 취지의 공탁금회수제한신고서를 제출하였다면, 그러한 신고는 만약 유죄판결이 확정된다면 공탁금회수청구권을 행사하지 않겠다는, 즉 공탁금회수청구권의 조건부 포기의 의사표시로 해석되므로, 형사재판에서 유죄가 인정되어 집행유예의 확정판결을 받은 공탁자는 공탁통지서가 피공탁자의 수취거절로 반송된 사실과는 관계없이 민법 제489조(공탁물의 회수)의 규정에 의한 공탁금회수청구권을 행사할 수는 없다 할 것이고, 단지 착오로 공탁을 하거나 공탁의 원인이 소멸한 때에 한하여 공탁법 제9조(공탁물의 수령·회수) 제2항의 규정에 의한 공탁금회수청구를 할 수 있을 뿐이다.

02 변제공탁자는 '피공탁자의 동의가 없으면 특정 형사사건에 대하여 불기소결정(단, 기소유예는 제외)이 있거나 무죄판결이 확정될 때까지 회수청구권을 행사하지 않겠다.'는 뜻을 기재한 금전공탁서(형사사건용) 또는 공탁금회수제한신고서를 제출할 수 있는데, 이에 관한 다음 설명 중 가장 옳지 않은 것은? (다툼이 있는 경우 판례 및 예규, 선례에 의함)

▸ 2013 법원사무관 수정

① 이와 같은 공탁금회수제한신고서는 공탁신청과 동시에 하여야 하고, 공탁을 한 이후에는 할 수 없다.

② 형사재판과정에서 피공탁자가 한 공탁금수령거절의 의사표시는 공탁금회수청구에 대한 동의로 볼 수 없으므로, 공탁자는 피공탁자의 동의서를 첨부하지 않는 한 공탁금회수청구를 할 수 없다.

③ 착오공탁의 경우에는 공탁자의 회수가 가능하다.

④ 공탁자가 공탁서 및 회수제한신고서를 재판부에 제출하지 못한 경우에도 가해자가 형사재판으로 유죄판결을 받아 확정되었다면 피공탁자의 동의서를 첨부하지 않는 한 공탁금회수청구를 할 수 없다.

> **해설** ① 공탁금회수제한신고는 공탁신청과 동시에 또는 공탁을 한 후에도 할 수 있다.

03 다음은 형사사건으로 변제공탁을 하면서 '회수제한신고서'를 제출한 경우에 관한 설명이다. 가장 옳지 않은 것은?

▸ 2014 법무사 수정

① '특정 형사사건에 대하여 불기소결정이 있거나 무죄재판이 확정될 때까지 공탁금회수청구권을 행사하지 않겠다'는 취지의 공탁금회수제한신고는 만약 유죄판결이 확정된다면 공탁금회수청구권을 행사하지 않겠다는 의사표시로 해석된다.

② 형사재판과정에서 피공탁자가 공탁금수령거절의 의사표시를 한 경우, 공탁금회수청구에 대한 동의로 볼 수 있으므로, 공탁자는 피공탁자의 동의서를 첨부하지 않더라도 공탁금을 회수할 수 있다.

③ 공탁금회수제한의 신고서면이 제출된 경우에는 공탁자의 회수청구권에 관하여 압류통지서가 접수된 경우에 준하여 처리한다.

④ 공탁금회수제한신고서가 제출된 경우 공탁자 또는 그 승계인이 공탁금을 회수하기 위해서는 그 회수제한신고서에 기재된 대로 회수청구의 조건이 구비되었음을 증명하는 서면을 제출하여야 한다.

⑤ 공탁물의 수령인으로 지정된 자가 공탁물의 회수에 동의하거나 공탁물의 수령을 거절하는 의사를 공탁소에 통고한 경우 공탁물을 회수할 수 있다. 이때 공탁물 회수동의 또는 수령거절의사 통고는 해당 공탁소에 서면으로 하여야 한다.

해설 ② 형사재판과정에서 피공탁자가 한 공탁금수령거절의 의사표시는 공탁금회수청구에 대한 동의로 볼 수 없으므로, 공탁자는 피공탁자의 동의서를 첨부하지 않는 한 공탁금회수청구를 할 수 없다고 할 것이다.

04 불법행위로 인한 손해배상의 채무자가 변제공탁을 하면서 공탁소에 '피공탁자의 동의가 없으면 특정 형사사건에 대하여 불기소결정이 있거나 무죄판결이 확정될 때까지 공탁금 회수 청구권을 행사하지 않겠다'는 취지의 공탁금 회수제한신고를 한 경우에 관한 다음 설명 중 가장 옳지 않은 것은? ▸ 2021 법무사

① 이렇게 공탁금회수제한신고서가 제출된 경우에는 공탁자는 착오를 이유로 한 공탁금의 회수청구도 할 수 없다.

② 형사재판 과정에서 피공탁자가 한 공탁금 수령거절의 의사표시는 공탁금 회수청구에 대한 동의로 볼 수 없다.

③ 변제공탁 후 공탁서 및 공탁금회수제한신고서를 형사재판부에 제출하지 못한 경우라고 하더라도 가해자는 형사재판에서 유죄판결을 받아 확정되었다면 피공탁자의 동의서를 첨부하지 않는 한 공탁금 회수청구를 할 수 없다.

④ 피공탁자의 동의가 있다면 형사사건의 종결이나 결과 여부와 관계없이 공탁금의 회수가 가능하다.

⑤ 공탁자는 유죄판결이 확정되더라도 착오로 공탁한 사실을 증명하면 공탁금 회수청구를 할 수 있다.

해설 ① 공탁법 제9조의2에서는 공탁자가 형사사건 피해자를 위하여 변제공탁을 한 경우에는 민법 제489조에 의한 회수 및 공탁원인소멸에 따른 회수를 하지 못하고, 다만 ⅰ) 공탁물의 수령인으로 지정된 자가 공탁물의 회수에 동의하거나 공탁물의 수령을 거절하는 의사를 공탁소에 통고한 경우, ⅱ) 공탁의 원인이 된 해당 형사사건에서 무죄판결이 확정되거나 불기소 결정(기소유예는 제외한다)이 있는 경우에는 그 사실을 증명하여 공탁물을 회수할 수 있다고 규정하고 있다. 이때 공탁물 회수동의 또는 수령거절의사 통고는 해당 공탁소에 서면으로 하여야 한다). <u>공탁법 제9조의2에서는 회수를 하지 못하는 경우로 "착오로 공탁한 경우"를 제외하고 있어 착오공탁의 경우에는 공탁자의 회수가 가능하다.</u> 위 규정의 신설로 이제 형사변제공탁 및 형사특례공탁에서 회수제한신고서를 제출할 필요가 없게 되었고, 이에 따라 해당 공탁서 양식에서도 회수제한신고 내용이 삭제되는 대신 하단에 회수제한에 대한 안내문구가 추가되었다.

05 변제공탁에 관한 다음 설명 중 가장 옳은 것은 어느 것인가? (다툼이 있는 경우에는 판례, 예규, 선례에 의함) ▸ 2006 법무사

① 금전소비대차채무는 변제기 전이라도 기한의 이익을 포기하고 변제제공일까지의 약정이 자를 포함하여 기한 전에 변제공탁할 수 있다.

② 변제공탁의 피공탁자가 공탁금 중 일부 금액에 대해 이의를 유보하고 출급한 경우 미출급된 나머지 공탁금에 대해서는 공탁수락의 의사표시가 있는 것으로 보아 공탁자는 공탁금회수청구를 할 수 없다.

③ 채무자가 채무액의 일부만을 변제공탁한 후 부족분을 추가로 공탁하는 경우 피공탁자가 공탁물수령의 의사표시를 하기 전이라면 부족분을 추가로 공탁하면서 제1차 공탁 시에 지정된 공탁의 목적인 채무의 내용을 변경할 수 있다.

④ 가해자가 형사사건과 관련하여 피해자의 손해배상액을 변제공탁하는 경우 공탁금회수제한신고서를 제출하지 않으면 공탁공무원은 그 공탁신청을 불수리하여야 한다.

⑤ 공탁소에 관하여 법률에 특별규정이 없으면 법원은 변제자의 청구 또는 직권으로 공탁소를 지정하고 공탁물보관자를 선임하여야 한다.

> **해설** ① 변제기까지의 이자를 붙여서 공탁할 수 있다.
> ② 변제공탁의 피공탁자가 공탁된 금원 중 일부금을 이의를 유보하고 출급한 경우, 미출급된 공탁금에 대해서는 공탁수락의 의사표시가 미치지 않는다고 보아 공탁자의 공탁금회수청구권은 소멸되지 않는다.
> ④ 공탁금회수제한신고가 강제되는 것은 아니다.
> ⑤ 공탁소에 관하여 법률에 특별한 규정이 없으면 법원은 변제자의 청구에 의하여 공탁소를 지정하고 공탁물보관자를 선임하여야 한다(민법 제488조 제2항).

06 「공탁수락의 의사표시(민법 제489조 제1항)」에 관한 다음 설명 중 가장 틀린 것은?
▸ 2012 법무사

① 공탁물출급청구권의 양수인, 압류·가압류채권자, 추심채권자, 전부채권자, 채권자대위권을 행사하는 일반채권자는 모두 공탁수락의 의사표시를 할 수 있는 자들이다.

② 공탁수락의 의사표시는 공탁자 또는 공탁소에 할 수 있고, 그 방법에는 제한이 없으므로 구두나 서면으로 할 수 있으나, 공탁소에 대한 공탁수락의 의사표시는 공탁을 수락한다는 뜻을 적은 서면을 공탁관에게 제출하는 방법으로 하여야 한다.

③ 공탁수락의 의사표시는 원칙적으로 철회가 인정되지 않으나, 착오 또는 사기·강박에 의한 취소는 허용된다.

④ 변제공탁의 피공탁자가 공탁된 금원 중 일부금을 이의를 유보하고 출급한 경우, 미출급된 공탁금에 대하여 공탁자의 공탁금회수청구권은 소멸하지 않는다.

⑤ 공탁자가 공탁원인으로 들고 있는 사유가 법률상 효력이 없는 것이어서 공탁이 부적법하다고 하더라도 피공탁자가 그 공탁물을 수령하면서 아무런 이의도 유보하지 아니하였다면, 특별한 사정이 없는 한 공탁자가 주장한 공탁원인을 수락하는 것으로 보아 공탁자가 공탁원인으로 주장한 대로 법률효과가 발생한다.

해설 ① 공탁수락의 의사표시를 할 수 있는 자는 원칙적으로 피공탁자이나, 공탁물출급청구권은 민법상 지명채권과 같이 채권양도나 채권자대위 또는 압류·가압류의 대상이 될 수 있으므로, 공탁물출급청구권의 양수인, 전부채권자, 추심채권자 및 채권자대위권을 행사하는 일반채권자도 공탁수락의 의사표시를 할 수 있다. 그러나 압류·가압류채권자는 전부명령 또는 추심명령을 받지 않는 한 해당 청구권의 처분권한을 가지지 아니하므로 채권자대위에 의한 경우가 아니면 공탁수락의 의사표시를 할 수 없다.

07 변제공탁물의 지급에 관한 다음 설명 중 가장 옳지 않은 것은? ▶ 2023 법무사

① 사업시행자가 수용보상금을 그 토지의 공유자 전원을 피공탁자로 하여 공탁한 경우에는 공유토지에 대한 수용보상 공탁금을 가분채권으로 보아 공유자 각자가 자기의 등기부상 지분에 해당하는 공탁금을 출급청구할 수 있다.

② 추심채권자가 집행채권을 제3자에게 양도한 경우 해당 추심채권자로서의 지위도 집행채권의 양도에 수반하여 양수인에게 이전되므로, 집행채권의 양수인은 다시 국가를 제3채무자로 하여 압류 및 추심명령을 받을 필요는 없다.

③ 사해행위취소 및 가액배상을 구하는 소송을 제기한 수인의 취소채권자들 전부를 피공탁자로 하여 상대적불확지공탁을 한 경우 피공탁자 각자는 공탁서의 기재에 따라 각자의 소송에서 확정된 판결 등에서 인정된 가액배상금의 비율에 따라 공탁금을 출급청구할 수 있다.

④ 공탁자 및 공탁소에 대한 공탁수락의 의사표시는 구두나 서면으로 할 수 있다.

⑤ 공탁자가 착오로 공탁한 후 공탁물을 회수하기 전에 공탁물출급청구권에 대한 전부명령을 받아 공탁물을 수령한 자는 공탁자에 대하여 부당이득반환의무를 부담한다.

해설 ④ 공탁자에 대한 공탁수락의 의사표시는 제한 규정이 없으므로 구두나 서면으로 할 수 있으나, 공탁소에 대한 공탁수락의 의사표시는 공탁을 수락한다는 뜻을 적은 서면을 공탁관에게 제출하는 방법으로 하여야 한다(공탁규칙 제49조 제1항).

정답 05 ③ 06 ① 07 ④

08 갑(甲)은 피공탁자를 을(乙)로 하여 반대급부를 조건으로 500만원을 민법 제487조 변제공탁을 하였는데, 이후 을(乙)이 병(丙)에게 공탁금출급청구권을 양도한다는 양도통지서가 공탁소에 도달하였다. 다음 중 가장 옳지 않은 것은? ▶ 2014 법원사무관

① 병(丙)이 출급청구하기 전이라면 갑(甲)은 일반적으로 민법 제489조 제1항에 기하여 공탁금을 회수할 수 있다.
② 양도통지서에 을(乙)의 인감증명서가 첨부되어 있지 않더라도 을(乙)은 출급청구를 할 수 없다.
③ 병(丙)이 직접 출급청구하는 경우 병(丙)의 인감증명서 제출은 면제된다.
④ 병(丙)이 출급청구하기 위해서는 반대급부이행 증명서면을 첨부하여야 한다.

> **해설** ① 공탁물출급청구권의 양도는 피공탁자의 자유의사에 의한 것이므로 특별한 사정이 없는 한 양도행위 자체에 공탁수락의 의사표시가 포함되어 있다고 해석할 수 있다. 따라서 공탁관에게 도달된 공탁물출급청구권의 양도통지서에 공탁수락의 의사표시가 명시적으로 기재되어 있지 않더라도 적극적인 불수락의 의사표시가 기재되어 있지 않는 한 그 양도통지서의 도달과 동시에 공탁수락의 의사표시가 있는 것으로 보아 공탁자의 민법 제489조 제1항에 의한 회수청구권은 소멸된다.

09 다음 설명 중 가장 옳지 않은 것은? ▶ 2006 법무사

① 공탁금회수제한신고서가 제출된 경우에도 공탁자는 착오를 이유로 한 공탁금의 회수청구를 할 수 있다.
② 자조매각절차에 따라 그 매각대금을 공탁하는 경우에 채무자는 법원허가절차의 비용 및 목적물의 경매비용을 목적물의 환가대금으로부터 공제하고 그 잔액을 공탁할 수 있다.
③ 사용자가 퇴직금을 변제공탁한 경우 근로자 본인이 아닌 대리인은 원칙적으로 공탁물출급청구를 할 수 없다.
④ 반대급부조건부 변제공탁의 경우에 그 반대급부의 목적물을 직접 공탁공무원에게 이행할 수는 없다.
⑤ 변제공탁의 피공탁자가 공탁불수락의 의사표시를 한 경우에는 피공탁자의 공탁물출급청구권에 대하여 강제집행을 할 수 없다.

> **해설** ⑤ 피공탁자가 공탁불수락의 의사표시를 하더라도 그 공탁물출급청구권의 존부에는 영향을 미친다고 볼 수 없으므로, 피공탁자의 채권자가 공탁물출급청구권에 대하여 강제집행을 함에 아무런 지장이 없다.

10 변제공탁에 관한 다음 설명 중 가장 옳지 않은 것은? ▸2009 법무사

① 공탁물출급청구권의 양도통지서가 공탁관에게 도달된 경우 원칙적으로 공탁자의 민법 제489조 제1항에 의한 회수청구권은 소멸된다.

② 변제공탁의 피공탁자가 공탁된 금원 중 일부금을 이의를 유보하고 출급한 경우 미출급된 공탁금에 대해서는 민법 제489조 제1항에 의한 회수청구권이 소멸되지 않는다.

③ 피공탁자가 공탁불수락의 의사표시를 한 경우에도 피공탁자의 채권자는 공탁물출급청구권에 대하여 강제집행을 함에 아무런 지장이 없다.

④ 공탁유효의 확정판결이 있는 경우 공탁자의 회수를 제한하기 위해서는 피공탁자는 그 판결등본을 공탁관에게 제출하여야 한다.

⑤ 근저당권설정자가 피담보채무를 변제공탁한 경우 공탁자는 공탁서상의 근저당권등기가 말소되지 않은 등기사항증명서를 첨부하여 민법 제489조 제1항에 의한 공탁물회수청구를 할 수 있다.

해설 ⑤ 질권과 저당권은 변제공탁의 성립으로 당연히 소멸되므로, 공탁 후에 질물이 반환되었는지 또는 저당권설정등기가 말소되었는지 여부는 전혀 고려할 필요 없이 변제공탁의 성립과 동시에 민법 제489조에 의한 공탁물회수청구권은 확정적으로 소멸된다.

11 甲은 乙을 피공탁자로 하여 3천만원을 변제공탁하였다. 甲의 공탁금회수청구권이 인정되는 경우를 〈보기〉에서 모두 고른 것은? (〈보기〉는 모두 개별사안임) ▸2017 법원사무관

┤ 보기 ├

ㄱ. 형사사건이 계류 중인 甲이 공탁금회수제한신고서를 제출한 후 乙이 공탁금회수동의서를 공탁소에 제출한 경우

ㄴ. 乙의 채권자 丙이 공탁금출급청구권에 대한 압류·추심명령을 얻어 공탁소에 공탁수락의 의사표시를 한 경우

ㄷ. 乙의 공탁금출급청구권을 丁에게 양도한다는 채권양도통지서가 공탁소에 도달한 경우

ㄹ. 甲이 乙에 대한 채무담보를 위하여 자신의 소유 아파트에 근저당권을 설정해 주었고, 변제기가 도래하자 위 채무를 공탁한 경우

① ㄱ ② ㄱ, ㄴ
③ ㄱ, ㄴ, ㄷ ④ ㄱ, ㄴ, ㄷ, ㄹ

해설 ① ㄴ. 공탁수락의 의사표시를 할 수 있는 자는 출급청구권의 양수인, 전부채권자, 추심채권자 및 채권자대위권을 행사하는 일반채권자이다. 공탁수락의 의사를 표시하였으므로 공탁금회수를 할 수 없다.

ㄷ. 공탁물출급청구권의 양도는 피공탁자의 자유의사에 의한 것이므로 특별한 사정이 없는 한 양도행위 자체에 공탁수락의 의사표시가 포함되어 있다고 해석할 수 있다. 따라서 공탁관에게 도달된 공탁물출급청구권의 양도통지서에 공탁수락의 의사표시가 명시적으로 기재되어 있지 않더라도 적극적인 불수락의 의사표시가 기재되어 있지 않는 한 그 양도통지서의 도달과 동시에 공탁수락의 의사표시가 있는 것으로 보아 공탁자의 민법 제489조 제1항에 의한 회수청구권은 소멸된다.

ㄹ. 민법은 공탁으로 인하여 질권 또는 저당권이 소멸한 경우에는 공탁자가 공탁물을 회수할 수 없는 것으로 규정하고 있다(민법 제489조 제2항).

12 다음은 변제공탁물의 회수에 대한 설명이다. 가장 틀린 것은?　▶ 2010 법무사

① 토지수용보상금 공탁의 경우 민법 제489조 제1항에 의한 회수는 인정되지 않고, 착오공탁 또는 공탁사유소멸을 이유로 한 공탁물회수청구만이 인정된다.

② 공탁자가 특정형사재판과 관련하여 「공탁금회수제한신고서」를 제출한 경우에는 피공탁자의 동의가 없으면 무죄재판이 확정될 때까지 민법 제489조에 의한 회수청구는 물론 착오나 공탁원인소멸을 이유로도 회수청구를 할 수 없다.

③ 피공탁자가 공탁을 수락하면 민법 제489조 제1항에 의한 회수청구권은 소멸되고, 원칙적으로 공탁자가 공탁서에 공탁원인으로 기재한 대로 그 법률효과가 발생한다.

④ 공탁으로 인하여 저당권이 소멸된 경우, 공탁 후에 저당권설정등기가 말소되었는지 여부를 불문하고 민법 제489조 제1항에 의한 회수청구권은 확정적으로 소멸한다.

⑤ 공탁자가 착오로 공탁을 한 때는 착오사실 증명서면을 첨부하여 공탁을 회수할 수 있는데, 여기서 「착오로 공탁한 때」라 함은 공탁성립 시를 기준으로 객관적으로 판단하여야 한다.

해설 ② 공탁법 제9조의2에서는 공탁자가 형사사건 피해자를 위하여 변제공탁을 한 경우에는 민법 제489조에 의한 회수 및 공탁원인소멸에 따른 회수를 하지 못하고, 다만 ⅰ) 공탁물의 수령인으로 지정된 자가 공탁물의 회수에 동의하거나 공탁물의 수령을 거절하는 의사를 공탁소에 통고한 경우, ⅱ) 공탁의 원인이 된 해당 형사사건에서 무죄판결이 확정되거나 불기소 결정(기소유예는 제외한다)이 있는 경우에는 그 사실을 증명하여 공탁물을 회수할 수 있다고 규정하고 있다. 이때 공탁물 회수동의 또는 수령거절의사 통고는 해당 공탁소에 서면으로 하여야 한다). 공탁법 제9조의2에서는 회수를 하지 못하는 경우로 "착오로 공탁한 경우"를 제외하고 있어 착오공탁의 경우에는 공탁자의 회수가 가능하다. 위 규정의 신설로 이제 형사변제공탁 및 형사특례공탁에서 회수제한신고서를 제출할 필요가 없게 되었고, 이에 따라 해당 공탁서 양식에서도 회수제한신고 내용이 삭제되는 대신 하단에 회수제한에 대한 안내문구가 추가되었다.

13 민법 제487조에 따른 변제공탁 후 공탁금지급절차에 관한 내용이다(모두 개별사안임). 각 괄호 안에 들어갈 용어를 올바르게 나열한 것은? ▸2019 법무사

ㄱ. 형사사건이 계류 중인 甲은 乙을 피공탁자로 하여 1,000만원을 변제공탁하면서 회수제한신고를 하였다. 형사재판과정에서 乙이 공탁금수령거절의 의사표시를 하여 甲이 민법 제489조에 따라 공탁금회수청구를 한 경우 공탁관은 이를 인가할 수 (A).

ㄴ. 만약 위 사안에서, 乙이 공탁금회수동의서를 공탁소에 제출하였고, 甲이 공탁금을 회수하기 전에 乙이 변심하여 공탁금출급청구를 하는 경우 공탁관은 이를 인가할 수 (B).

ㄷ. 甲이 乙을 피공탁자로 하여 1,000만원을 변제공탁한 후, 乙의 공탁금출급청구권을 丁에게 양도한다는 채권양도통지서(적극적인 불수락의 의사표시가 기재되어 있지 않음)가 공탁소에 도달한 경우 甲은 민법 제489조에 따라 공탁금회수청구를 하는 경우 공탁관은 이를 인가할 수 (C).

ㄹ. 甲은 乙에게 3,000만원을 차용하면서 자신의 소유 아파트에 근저당권을 설정해 주었고, 변제기가 도래하자 甲은 위 채무 전액을 변제공탁하였다. 이후 甲이 사업자금이 필요하여 민법 제489조에 따라 공탁금회수청구를 하는 경우 공탁관은 이를 인가할 수 (D).

ㅁ. 甲(피고)은 가집행선고부 제1심 판결에서 선고된 금액 1,000만원을 채권자인 乙(원고)을 피공탁자로 하는 변제공탁을 하였고, 이에 대해 乙이 공탁소에 공탁수락의 서면을 제출하였다. 이후 항소심에서 제1심 판결보다 적은 500만원의 지급을 선고하자, 그 차액에 대하여 甲이 민법 제489조에 따라 공탁금회수청구를 하는 경우 공탁관은 이를 인가할 수 (E).

	A	B	C	D	E
①	있다	없다	있다	있다	있다
②	있다	없다	있다	없다	있다
③	없다	없다	없다	있다	있다
④	없다	있다	없다	없다	없다
⑤	없다	있다	없다	있다	없다

해설 ④ ㄱ. 형사재판과정에서 피공탁자가 한 공탁금수령거절의 의사표시는 공탁금회수청구에 대한 동의로 볼 수 없으므로, 공탁자는 피공탁자의 동의서를 첨부하지 않는 한 공탁금회수청구를 할 수 없다.

　ㄴ. 형사사건과 관련하여 보상금이 변제공탁된 후 피공탁자가 공탁금회수동의서를 공탁소에 제출한 경우에도 피공탁자의 공탁금출급청구권에는 영향이 없으므로 공탁금이 회수되지 않은 상태라면 피공탁자는 출급청구할 수 있다.

ㄷ. 공탁물출급청구권의 양도는 피공탁자의 자유의사에 의한 것이므로 특별한 사정이 없는 한 양도행위 자체에 공탁수락의 의사표시가 포함되어 있다고 해석할 수 있다. 따라서 공탁관에게 도달된 공탁물출급청구권의 양도통지서에 공탁수락의 의사표시가 명시적으로 기재되어 있지 않더라도 적극적인 불수락의 의사표시가 기재되어 있지 않는 한 그 양도통지서의 도달과 동시에 공탁수락의 의사표시가 있는 것으로 보아 공탁자의 민법 제489조 제1항에 의한 회수청구권은 소멸되므로 공탁관은 甲의 회수청구를 인가할 수 없다.

ㄹ. 민법은 공탁으로 인하여 질권 또는 저당권이 소멸한 경우에는 공탁자가 공탁물을 회수할 수 없는 것으로 규정하고 있다(민법 제489조 제2항). 이 경우 질권과 저당권은 변제공탁의 성립으로 당연히 소멸되므로, 공탁 후에 질물이 반환되었는지 또는 저당권설정등기가 말소되었는지 여부는 전혀 고려할 필요 없이 변제공탁의 성립과 동시에 민법 제489조에 의한 공탁물회수청구권은 확정적으로 소멸된다. 따라서 공탁관은 甲의 회수청구를 인가할 수 없다.

ㅁ. 민법 제489조 제1항에 의한 회수청구가 아니라 공탁법상 공탁원인 소멸을 원인으로 하여 회수청구를 하여야 한다. 즉, 공탁이 성립된 후에 공탁원인이 소멸하면 공탁을 지속시킬 이유가 없으므로 공탁자는 공탁원인소멸 증명서면을 첨부하여 공탁물을 회수할 수 있다(공탁법 제9조 제2항). 예컨대, 가집행선고부판결에 기한 공탁은 채무를 확정적으로 소멸시키는 원래의 변제공탁이 아니고, 상소심에서 그 가집행의 선고 또는 본인판결이 취소되는 것을 해제조건으로 하는 것이므로, 가집행선고부 제1심 판결의 채무액이 항소심 판결에서 일부 취소되었다면 그 차액에 대해서는 공탁원인이 소멸되었다고 할 수 있다(가집행선고 있는 판결에 기한 변제는 확정적 변제행위로서의 성격을 갖는 것이 아니라, 제1심 판결이 인용한 지연손해금의 확대를 방지하고 그 판결에 붙은 가집행선고에 기한 강제집행을 면하기 위하여 그 금원을 지급한 것으로 봄이 상당하다 ; 대판 1995.6.30, 95다15827).

14 乙에게 대여금 채무가 있는 甲은 피공탁자를 乙로 하여 변제공탁을 하였다. 이에 관한 다음 설명 중 가장 옳지 않은 것은? ▶ 2015 법원사무관

① 甲이 공탁물 회수권을 행사하여 공탁물을 회수한 경우, 공탁에 따른 채권소멸의 효력은 소급하여 없어진다.

② 甲의 변제공탁이 적법한 경우에는 乙이 공탁물 출급청구를 하였는지 여부와는 관계없이 공탁물을 납입한 때에 변제의 효력이 발생한다.

③ 甲의 채권자인 丙이 공탁자인 甲에게 대하여 가지는 별도 채권의 집행권원으로써 공탁자의 공탁물회수청구권에 대하여 압류·추심명령을 받아 그 집행으로 공탁물을 회수한 경우에도 채권소멸의 효력은 소급하여 없어진다.

④ 공탁자인 甲이 피공탁자인 乙의 공탁금출급청구권에 가압류집행을 하였다면 공탁자의 공탁으로 인한 채권소멸의 효력은 소급하여 없어진다.

해설 ④ 변제공탁이 적법한 경우에는 채권자가 출급청구를 하였는지 여부와는 관계없이 그 공탁을 한 때에 변제의 효력이 발생한다고 할 것이고, 그 후 채권자인 공탁자가 공탁물출급청구권에 대하여 가압류 집행을 하였더라도 그 변제의 효력에 영향을 미치지 아니한다.

15 공탁물의 출급에 관한 다음 설명 중 가장 옳지 않은 것은? ▸2021 법무사

① 변제공탁의 공탁물출급청구권자는 피공탁자 또는 그 승계인이다.
② 피공탁자는 공탁서의 기재에 의하여 형식적으로 결정된다.
③ 실체법상의 채권자라고 하더라도 피공탁자로 지정되어 있지 않으면 공탁물출급청구권을 행사할 수 없다.
④ 공탁자가 착오로 공탁한 때 또는 공탁의 원인이 소멸한 때에는 공탁자가 공탁물을 회수할 수 있을 뿐 피공탁자의 공탁물출급청구권은 존재하지 않는다.
⑤ 피공탁자 아닌 제3자가 피공탁자를 상대로 하여 공탁물출급청구권 확인판결을 받으면 직접 공탁물출급청구를 할 수 있다.

> **해설** ⑤ 변제공탁의 공탁물출급청구권자는 피공탁자 또는 그 승계인이고 피공탁자는 공탁서의 기재에 의하여 형식적으로 결정되므로, 실체법상의 채권자라고 하더라도 피공탁자로 지정되어 있지 않으면 공탁물출급청구권을 행사할 수 없다. 따라서 피공탁자 아닌 제3자가 피공탁자를 상대로 하여 공탁물출급청구권 확인판결을 받았더라도 그 확인판결을 받은 제3자가 직접 공탁물출급청구를 할 수는 없다(대판 2006.8.25, 2005다67476).

16 공탁물의 회수청구권 및 출급청구권 행사 등에 관한 다음 설명 중 가장 옳지 않은 것은? ▸2024 법무사

① 적법한 변제공탁이 있으면 피공탁자의 공탁금 출급청구권이 발생하고, 이러한 피공탁자의 공탁금 출급청구권은 피공탁자가 공탁불수락의 의사표시를 하더라도 그 존부에는 영향을 미친다고 볼 수 없으므로, 피공탁자의 채권자가 피공탁자의 공탁금 출급청구권에 대하여 강제집행을 함에 있어 아무런 지장이 없다.
② 부당한 반대급부 조건을 붙인 변제공탁은 채권자가 이를 수락하지 않는 한 무효의 공탁이지만, 피공탁자가 위 조건을 수락하여 공탁물의 출급을 받으려 한다면 먼저 반대급부 조건을 이행하고 반대급부조건을 이행하였음을 증명하는 서면을 첨부하여야 한다.
③ 변제공탁으로 인한 채권소멸의 효력을 소급적으로 소멸시키는 공탁물의 회수에는 공탁자에 의하여 이루어진 회수의 경우만 포함되고, 제3자가 공탁자에 대하여 가지는 별도 채권의 집행권원으로써 공탁자의 회수청구권에 대하여 압류 및 추심명령을 받아 그 집행으로 공탁물을 회수한 경우는 포함되지 않는다.
④ 관할 토지수용위원회가 재결한 보상금에 대하여 사업시행자가 불복하는 경우, 사업시행자는 보상금을 받을 자에게 자기가 산정한 보상금을 지급하고 그 금액과 토지수용위원회가 재결한 보상금과의 차액을 공탁하여야 하며, 이 경우 보상금을 받을 자는 그 불복의 절차가 종결될 때까지 공탁된 보상금을 수령할 수 없다.

정답 14 ④ 15 ⑤ 16 ③

⑤ 공탁자가 토지를 수용하면서 가처분권자가 있어서 그 토지의 합유자들과 위 가처분권자를 피공탁자로 한 상대적 불확지공탁을 한 경우에 합유자들이 공탁금을 출급하기 위하여는 공탁 이후에 가처분권자의 가처분취하로 인한 가처분취하증명원은 공탁금 출급청구권이 있음을 증명하는 서면이 될 수 없고, 가처분권자의 승낙서(인감증명서 첨부) 등이 필요하다.

> **해설** ③ 변제공탁으로 인한 채권소멸의 효력을 소급적으로 소멸시키는 공탁물의 회수에는 공탁자에 의하여 이루어진 회수의 경우뿐만 아니라, 제3자가 공탁자에 대하여 가지는 별도 채권의 집행권원으로써 공탁자의 회수청구권에 대하여 압류 및 추심명령을 받아 그 집행으로 공탁물을 회수한 경우도 포함된다.

17 변제공탁물의 회수에 관한 다음 설명 중 가장 옳지 않은 것은? ▶ 2025 법무사

① 공탁자는 ㉠ 민법 제489조에 따르는 경우, ㉡ 착오로 공탁을 한 경우, ㉢ 공탁원인이 소멸한 경우 중 어느 하나에 해당하면 그 사실을 증명하여 공탁물을 회수할 수 있다.

② 채권자가 공탁을 승인하거나 공탁소에 대하여 공탁물을 받기를 통고하거나 공탁유효의 판결이 확정되기까지는 변제자는 공탁물을 회수할 수 있다. 다만 이 경우에도 공탁 자체는 한 것으로 본다.

③ 공탁자가 착오로 공탁한 때 또는 공탁의 원인이 소멸한 때에는 공탁자가 공탁물을 회수할 수 있을 뿐 피공탁자의 공탁물출급청구권은 존재하지 않는다.

④ '공탁원인의 소멸'이라 함은 공탁이 유효하게 성립된 이후의 사정변경으로 더 이상 공탁을 지속시킬 필요가 없게 된 경우를 의미한다.

⑤ 공탁자가 형사사건 피해자를 위하여 변제공탁을 한 경우에는 공탁법 제9조 제2항 제1호(민법 제489조에 따르는 경우) 및 제3호의 사유(공탁의 원인이 소멸한 경우)로는 원칙적으로 공탁물을 회수하지 못한다.

> **해설** ② 변제자가 공탁물을 회수한 때에는 공탁하지 아니한 것으로 본다. 공탁물의 회수에 의하여 공탁은 소급적으로 효력을 상실하고 채권은 소멸하지 아니한 것으로 된다.

제4절 특수한 성질의 변제공탁

01 변제공탁금의 회수에 관한 다음 설명 중 가장 옳은 것은? ▶ 2019 법무사 수정

① 공탁소에 대한 공탁수락의 의사표시는 구두나 서면으로 하여야 한다.

② 공탁금출급청구의 경우는 인감증명서와 자격증명서면을 첨부하여야 하나, 공탁금회수청구의 경우에는 인감증명서와 자격증명서면을 첨부하지 않아도 무방하다.

③ 민법 제489조 제1항의 규정에 의하여 변제공탁물을 회수하는 경우에는 원칙적으로 별도의 회수청구권 증명서면을 첨부할 필요가 없다.

④ 공탁자가 형사사건 피해자를 위하여 변제공탁을 한 경우 민법 제489조에 의한 회수 및 공탁원인소멸에 따른 회수를 할 수 있다.

⑤ 청산금채권이 압류된 경우에 채권자(가등기담보권자)는 청산기간이 경과한 후 이에 해당하는 청산금을 공탁하여 그 범위에서 채무를 면할 수 있다. 채권자가 이와 같이 공탁을 한 경우에는 공탁금회수청구권은 압류된 것으로 본다.

해설 ① 공탁자에 대한 공탁수락의 의사표시는 제한 규정이 없으므로 구두나 서면으로 할 수 있으나, 공탁소에 대한 공탁수락의 의사표시는 공탁을 수락한다는 뜻을 적은 서면을 공탁관에게 제출하는 방법으로 하여야 한다(공탁규칙 제49조 제1항).

② 공탁물의 출급이나 회수 모두 동일하게 공탁물출급·회수청구서에 인감증명서와 자격증명서를 첨부하여야 한다.

④ 공탁자가 형사사건 피해자를 위하여 변제공탁을 한 경우에는 <u>민법 제489조에 의한 회수 및 공탁원인소멸에 따른 회수를 하지 못한다</u>(공탁법 제9조의2).

⑤ 공탁금회수청구권이 아니라 공탁금출급청구권이 압류 또는 가압류된 것으로 본다.

 **제5절** **형사공탁**

01 공탁법 제5조의2 형사공탁 특례와 관련한 다음 설명 중 가장 옳지 않은 것은?

▶ 2023 법원승진

① 형사공탁서에는 피공탁자의 인적사항이 기재되지 않기 때문에 피해자는 자신이 해당 형사사건의 피해자라는 사실을 법원 또는 검찰에서 발급하는 "피공탁자 동일인 확인증명서"로 증명하게 된다.

② 형사사건의 피의자나 피고인이 할 수 있다.

③ 첨부서면으로 형사재판이 계속 중인 법원을 확인할 수 있는 서면·법령 등에 따라 피해자 인적사항을 알 수 없음을 소명하는 서면을 첨부하여야 한다.

④ 법령 등에 따라 피해자 인적사항을 알 수 없다는 사실을 소명할 수 있는 서면 등을 첨부하셔야 한다.

해설 ② 공탁법 제5조의2(형사공탁의 특례)에서는 '형사사건의 피고인'이 형사공탁을 할 수 있다고 규정하고 있기 때문에 공소가 제기되기 전 단계인 형사피의자나 피내사자는 공탁법 제5조의2(형사공탁의 특례)에 근거한 형사공탁신청을 할 수 없고, 민법 제487조에 따른 형사변제공탁절차에 의하여야 한다.

02 공탁법 제5조의2 형사공탁의 특례에 관한 다음 설명 중 가장 옳은 것은? ▶ 2023 법원승진

① 형사사건의 피고인 또는 피의자는 법령 등에 따라 피해자의 인적사항을 알 수 없는 경우 형사공탁을 할 수 있다.

② 형사공탁의 신청은 반드시 피해자 주소지 관할 공탁소에 하여야 한다.

③ 형사공탁이 성립된 후 공탁관은 피공탁자 주소지로 공탁통지서를 발송하여야 한다.

④ 공탁물 수령을 위한 피공탁자 동일인 확인은 검찰이 발급한 증명서에 의할 수도 있다.

해설 ① 공탁법 제5조의2(형사공탁의 특례)에서는 "형사사건의 피고인"이 형사공탁을 할 수 있다고 규정하고 있기 때문에 공소가 제기되기 전 단계인 형사피의자나 피내사자는 공탁법 제5조의2(형사공탁의 특례)에 근거한 형사공탁신청을할 수 없고, 민법 제487조에 따른 형사변제공탁절차에 의하여야 한다.

② 공탁법 제5조의2 제1항에서 형사공탁은 해당 형사사건이 계속 중인 법원 소재지 공탁소에 할 수 있다고 규정함으로써 "형사법원이 계속 중인 법원 소재기공탁소"에 토지관할을 인정하고 있다.

③ 공탁자가 피공탁자에게 공탁통지를 하여야 할 경우에는 피공탁자의 수만큼 공탁통지서를 첨부하여야 하고, 소정의 우편료를 납입하여야 한다(공탁규칙 제23조 제1항, 제2항 참조). 하지만 형사공탁은 민법 제487조 변제공탁의 특칙으로서 피공탁자에게 공탁통지서를 발송하지 않고, 공고로 갈음하기 때문에 공탁통지서를 첨부할 필요가 없고, 그에 따른 우편료도 납입하지 않는다.

④ 형사공탁서에는 피공탁자의 인적사항이 기재되지 않기 때문에 피해자는 자신이 해당 형사사건의 피해자라는 사실을 법원 또는 검찰에서 발급하는 "피공탁자 동일인 확인증명서"로 증명하게 된다.

03 **공탁법 제5조의2 형사공탁의 특례에 관한 다음 설명 중 가장 옳은 것은?** ▶ 2023 법무사

① 공탁자는 피공탁자의 인적사항을 모르는 경우 공탁서의 피공탁자란에 해당 형사사건의 사건번호 등을 기재할 수 있지만, 인적사항을 아는 경우에는 피공탁자의 성명, 주민등록번호, 주소를 기재하여야 한다.

② 형사공탁은 반드시 피공탁자의 주소지 관할법원 소재 공탁소에 신청하여야 한다.

③ 기소되지 않은 형사사건의 피의자도 법령 등에 따라 피해자의 인적사항을 알 수 없는 경우에 형사공탁을 할 수 있다.

④ 군사법원에 계속 중인 형사사건의 피고인도 법령 등에 따라 피해자의 인적사항을 알 수 없는 경우에 형사공탁을 할 수 있다.

⑤ 공탁관은 공탁물보관자로부터 공탁물 납입사실의 전송을 받은 때 전자공탁 홈페이지에 형사공탁의 공고를 함과 동시에 피공탁자의 주소지로 공탁통지서를 발송하여야 한다.

해설 ① 피고인은 "공소장 등에 기재된 피해자를 특정할 수 있는 명칭"을 기재하여야 한다. 따라서 피고인이 피해자의 실명(홍길동)을 알고 있더라도 공소장 등에 피해자를 특정할 수 있는 명칭(홍길○)인 "홍길○"으로 기재하여야 한다. 또한 피공탁자의 주민등록번호와 주소도 기재하지 않는데(공탁규칙 제82조), 형사공탁서에는 피공탁자 주민등록번호와 주소를 기재하는 란 자체가 없다.

② 공탁법 제5조의2 제1항에서 형사공탁은 해당 형사사건이 계속 중인 법원 소재지 공탁소에 할 수 있다고 규정함으로써 "형사법원이 계속 중인 법원 소재지공탁소"에 토지관할을 인정하고 있다. 형사공탁 특례의 요건이 피해자의 주소 등 인적사항을 알 수 없는 경우라는 점과 피공탁자의 주소지를 관할하는 공탁소에 해당하는지 그 주소를 소명하는 서면을 첨부하여야 하는데, 주소소명서면이 첨부된 경우 민법 제487조 형사변제공탁절차에 의한다는 점에서 피공탁자 주소지 관할공탁소에 대한 형사공탁신청은 어려울 것으로 보인다.

③ 공탁법 제5조의2(형사공탁의 특례)에서는 "형사사건의 피고인"이 형사공탁을 할 수 있다고 규정하고 있기 때문에 공소가 제기되기 전 단계인 형사피의자나 피내사자는 공탁법 제5조의2(형사공탁의 특례)에 근거한 형사공탁신청을 할 수 없고, 민법 제487조에 따른 형사변제공탁절차에 의하여야 한다.

⑤ 형사공탁은 민법 제487조 변제공탁의 특칙으로서 피공탁자에게 공탁통지서를 발송하지 않고, 공고로 갈음하기 때문에 공탁통지서를 첨부할 필요가 없고, 그에 따른 우편료도 납입하지 않는다.

04 **공탁법 제5조의2 형사공탁지급절차에 관한 다음 설명 중 가장 옳지 않은 것은?**

▶ 2024 법원사무관

① 공탁금을 출급하려는 사람은 해당 형사사건이 진행 중인 법원을 방문하여 피공탁자 동일인 확인 증명서를 발급받아 공탁금 출급청구서에 첨부하여 공탁소에 제출하여야 한다.

② 해당 형사사건이 확정되어 기록이 검찰에 인계된 사건에 대한 피공탁자 동일인 확인 증명서 발급 및 송부는 검찰이 담당한다.

정답 **01** ② **02** ④ **03** ④ **04** ①

③ 법원은 피해자의 인적사항이 기재된 증거서류가 검찰로부터 제출되지 아니하는 등의 사정으로 피해자의 인적사항을 알 수 없어 피공탁자 동일인 확인 증명서를 발급할 수 없는 경우 공판검사에게 피해자 인적사항의 제공을 요구할 수 있다.

④ 공탁금 출급을 원치 않는 피공탁자는 공탁소를 방문하여 공탁금 회수동의서를 제출할 수 있고, 우편으로도 제출할 수 있다.

해설 ① 형사공탁절차에서 공탁물 수령을 위한 피공탁자 확인은 법원이나 검찰이 발급한 피공탁자 동일인 확인 증명서에 의하게 되는데, 이 경우 피공탁자 동일인 확인 증명서의 발급 절차를 공탁물을 수령하려는 사람이 법원 또는 검찰로부터 피공탁자 동일인 확인 증명서를 발급받아 제출하는 방식에서 공탁관으로부터 공탁사실통지를 받은 법원과 검찰이 피해자 인적사항을 확인한 후 직권으로 피공탁자 동일인 확인 증명서를 발급하여 공탁소에 송부하는 것으로 증명서 발급절차를 간소화함으로써 피공탁자가 공탁금에 관한 권리(출급, 회수동의)를 신속히 행사할 수 있도록 형사공탁예규가 개정되었음.

05 공탁법 제5조의2 형사공탁의 특례에 관한 다음 설명 중 가장 옳지 않은 것은?

▶ 2024 법무사

① 형사사건의 피고인이 법령 등에 따라 피해자의 인적사항을 알 수 없는 경우에 그 피해자를 위하여 하는 변제공탁(이하 "형사공탁"이라 한다)은 해당 형사사건이 계속 중인 법원 소재지의 공탁소에 할 수 있다.

② 공탁관은 공탁물납입사실의 전송이나 공탁물품납입통지서를 받은 때에는 지체 없이 형사공탁사실통지서를 피공탁자별로 작성하여 해당 형사사건이 계속 중인 법원 및 검찰에 통지서 원본을 우편 또는 사송의 방법으로 송부한 후 통지서 사본은 공탁기록에 편철한다.

③ 공탁물 수령을 위한 피공탁자 동일인 확인은 형사공탁에 관한 내용을 통지받은 법원 또는 검찰이 특별한 사정이 없는 한 지체 없이 피공탁자 동일인 확인 증명서를 발급하여 공탁소에 송부하는 방식으로 한다.

④ 사망한 피해자를 피공탁자로 한 형사공탁의 경우 법원 또는 검찰에서 발급한 피공탁자 동일인 확인 증명서에는 사망한 피해자의 인적사항과 그 상속인의 인적사항이 함께 기재되어 있어야 한다.

⑤ 형사공탁의 공탁서에는 피공탁자의 인적사항을 대신하여 해당 형사사건의 재판이 계속 중인 법원과 사건번호, 사건명, 조서, 진술서, 공소장 등에 기재된 피해자를 특정할 수 있는 명칭을 기재하고, 공탁원인사실을 피해 발생시점과 채무의 성질을 특정하는 방식으로 기재할 수 있다.

해설 ④ 동일인증명서의 발급은 법원 또는 검찰이 발급하는데, 피해자가 사망한 경우에는 피해자의 상속인을 알 수 없으므로 법원 또는 검찰은 사망한 피해자의 명의를 그대로 기재한 동일인 증명서를 발급하여 관할 공탁소에 송부하고, 상속인이 공탁금을 출급청구하는 경우에 상속인은 상속관계서류를 공탁관에게 제출하여 공탁금을 출급할 수 있다. 법원 또는 검찰에서 발급한 동일인 증명서에는 사망한 피해자의 인적사항이 기재되어 있으면 충분하고 그 상속인의 인적사항까지 기재되어 있을 필요는 없다. 이는 형사공탁 후 피공탁자가 사망한 경우에도 같다. 공탁관은 출급청구인이 사망한 피해자의 상속인에 해당하는지, 상속지분이 어떻게 되는지 등을 심사하기 위하여 상속관계서류의 제출을 보정권고할 수 있다(공탁선례 제202307-2호).

☑ 참고 형사변제공탁 회수

> 형사변제공탁 회수 공탁자가 형사사건 피해자를 위하여 변제공탁을 한 경우에는 **민법 제489조에 의한 회수 및 공탁원인소멸에 따른 회수를 하지 못한다.** 다만, ① **공탁물의 수령인으로 지정된 자가 공탁물의 회수에 동의하거나 공탁물의 수령을 거절하는 의사를 공탁소에 통고한 경우,** ② **공탁의 원인이 된 해당 형사사건에서 무죄판결이 확정되거나 불기소 결정(기소유예는 제외한다)**이 있는 경우에는 그 사실을 증명하여 공탁물을 회수할 수 있다(공탁법 제9조의2). 이때 공탁물 회수동의 또는 수령거절의사 통고는 해당 공탁소에 서면으로 하여야 한다(공탁규칙 제49조의2).

06 형사공탁의 특례에 관한 다음 설명 중 가장 옳지 않은 것은? (다툼이 있는 경우 판례 · 예규 및 선례에 따르고 전원합의체 판결의 경우 다수의견에 의함) ▶ 2025년 법무사

① 형사공탁의 공탁서에는 공소장, 조서, 진술서, 판결서에 기재된 피해자의 성명(성 · 가명을 포함한다)과 해당 형사사건이 계속 중인 법원과 사건번호 및 사건명, 공소장에 기재된 검찰청과 사건번호를 기재하여야 한다. 다만, 피공탁자의 주소와 주민등록번호는 기재하지 아니한다.

② 공탁서에는 해당 형사사건이 계속 중인 법원을 확인할 수 있는 서면을 첨부하여야 한다.

③ 피공탁자에 대한 공탁통지는 공탁관이 전자공탁홈페이지에 공고하는 방법으로 할 수 있다.

④ 군사법원에 계속 중인 형사사건에 관하여는 공탁규칙 중 형사공탁의 특례 규정을 적용하지 않는다.

⑤ 피공탁자나 그 포괄승계인 또는 법정대리인의 인적사항이 기재되어 있는 공탁관계 서류 및 전자기록에 대하여 열람 및 사실증명의 청구가 있는 경우 공탁관은 그 인적사항이 공개되지 않도록 개인정보 보호를 위한 비실명 처리 후 이를 열람하게 하거나 증명서를 발급하여야 한다.

해설 ④ 군사법원에 계속 중인 사건의 형사공탁은 별표 2 기재 군사법원 소재지의 지방법원 본원 공탁소에 할 수 있다.

정답 ▶ 05 ④ 06 ④

수용보상공탁

제1절 신청절차

01 甲 소유 토지에 대하여 乙 명의의 근저당권설정등기와 丙 명의의 가압류등기가 있었고, 그후 수용개시일 전에 丁이 甲의 소유권을 승계하였다. 사업시행자가 「공익사업을 위한 토지 등의 취득 및 보상에 관한 법률」에 따라 수용보상금을 공탁하고자 하는 경우 누구를 피공탁자로 기재하여야 하는가?
▶ 2009 법원사무관

① 甲   ② 甲과 乙과 丙

③ 丁   ④ 乙과 丙과 丁

해설 ③ 수용대상토지에 대하여 (근)저당권, 가압류 등의 등기가 되어 있다고 하더라도 그것만으로는 토지소유자가 보상금지급청구권자임에 변동이 없으므로, 수용보상금을 공탁하는 경우의 피공탁자는 수용개시일 당시 소유자가 된다. (근)저당권자, 가압류채권자, 압류채권자 등은 공탁서상의 어느 난에도 기재할 필요가 없다.

02 평택시는 지방도로 정비사업의 일환으로 甲 소유 토지를 수용하면서 수용보상금을 공탁하려고 한다. 수용대상토지에 乙의 근저당권설정등기, 丙의 가압류기입등기, 소유권이전등기말소청구권을 피보전권리로 하는 丁의 처분금지가처분등기가 각 순차로 마쳐져 있다. 평택시는 사업인정고시 후 재결 전에 丁에게서 甲으로 소유권변동이 있었음에도 착오로 종전소유자인 丁을 보상자로 하는 재결이 이루어졌다. 이 경우 평택시는 피공탁자를 누구로 기재하여야 하는가?
▶ 2012 법무사

① 甲   ② 丁

③ 甲 또는 丁   ④ 甲 및 丁

⑤ 甲 또는 乙 또는 丙 또는 丁

해설 ③ 수용대상토지에 대하여 (근)저당권, 가압류 등의 등기가 되어 있다고 하더라도 그것만으로는 토지소유자가 보상금지급청구권자임에 변동이 없으므로, 수용보상금을 공탁하는 경우의 피공탁자는 수용개시일 당시 소유자가 된다. (근)저당권자, 가압류채권자, 압류채권자 등은 공탁서상의 어느 난에도 기재할 필요가 없다. 소유권이전등기 말소청구권을 피보전권리로 하는 가처분등기가 있는 경우 가처분권자가 본안소송에서 승소확정판결을 얻을 경우 관념적으로 수용개시일 당시 소유자가 가처분권자로 변경될 수 있기 때문에 피공탁자는 '소유자 또는 가처분권자'로 기재하여야 한다. 또한 종전 소유자를 상대로 수용재결이 이뤄진 경우에도 수용 당시의 현재 등기기록상 소유자를 피공탁자로 기재하여야 하므로 피공탁자를 '甲 또는 丁'으로 기재하여야 한다.

03 甲 소유 토지의 수용보상금에 대해 甲을 가압류채무자로 하는 乙의 채권가압류가 있었고 그 후 수용의 개시일 이전에 丙이 甲의 소유권을 승계하였다. 사업시행자가 「공익사업을 위한 토지 등의 취득 및 보상에 관한 법률」에 따라 수용보상금을 공탁하고자 하는 경우 누구를 피공탁자로 기재하여야 하는가? ▸ 2006 법무사

① 甲   ② 乙

③ 丙   ④ 甲 또는 丙

⑤ 甲 또는 乙 또는 丙

해설 ③ 甲 소유의 토지에 대한 수용재결이 있은 후 수용의 개시일 이전에 丙이 甲으로부터 위 토지의 소유권을 승계한 경우에는 수용 당시의 소유인 丙이 토지수용에 의한 손실보상금이나 사업시행자가 이를 공탁한 경우 그 공탁금의 수령권자가 되며, 비록 丙이 소유권을 취득하기 전에 乙이 甲의 손실보상금채권을 가압류하였다고 하더라도 그것만으로는 甲의 위 토지처분행위를 저지하거나 丙의 소유권취득에 우선할 수 있는 효력이 없으며, 수용 당시에 甲은 위 토지의 소유권자가 아님으로써 손실보상금채권자가 될 수 없게 되었으므로 위 가압류명령은 수용 당시에 이르러 피가압류채권인 손실보상금채권이 부존재하게 되어 무효가 되는 것이므로, 위 보상금을 공탁하는 경우의 피공탁자는 丙이 되는 것이다.

04 피공탁자 지정과 관련한 다음 설명 중 가장 옳지 않은 것은? ▸ 2013 법무사

① 제3채무자가 금전채권 일부에 대한 채권압류통지를 받고 금전채권 전액을 민사집행법 제248조 제1항 공탁을 할 때 압류채무자를 피공탁자란에 기재하여야 한다.

② 상업등기법 제41조에 따른 상호가등기를 위한 공탁을 하는 경우 피공탁자는 「대한민국」 또는 「국」으로 기재한다.

③ 채권양도금지 특약에 반하여 채권양도가 이루어졌음을 이유로 채무자가 민법 제487조 변제공탁을 하는 경우 피공탁자를 「양도인 또는 양수인」으로 기재하여야 한다.

④ 수용대상토지에 강제경매개시결정의 등기가 마쳐져 있는 경우에 강제경매채권자를 피공탁자에 포함시킬 수는 없다.

⑤ 甲 소유 토지에 대하여 수용재결이 있은 후 乙이 甲의 수용보상금채권을 가압류하였고, 이후 수용개시일 전에 丙이 위 토지의 소유권을 취득한 경우 피공탁자는 「甲 또는 丙」이 된다.

해설 ⑤ 03번 해설 참조

정답 01 ③ 02 ③ 03 ③ 04 ⑤

05 다음은 공탁신청서 작성과 관련된 설명이다. 가장 틀린 것은? ▸2012 법무사 수정

① 공탁자가 외국인일 경우에는 공탁서 성명란의 주민등록번호는 여권번호, 외국인등록번호, 국내거소신고번호로 대신할 수 있다.

② 채권자의 주소불명으로 인한 수령불능을 이유로 변제공탁하는 경우에는 피공탁자주소는 불명으로 기재하되, 괄호 안에 확인된 최종주소를 기재하여야 한다.

③ 수용대상토지의 등기부에 기재된 (근)저당권, 가압류, 압류 등의 권리자는 공탁원인사실란에 기재하여야 한다.

④ 수용대상토지에 마쳐져 있는 제한물권 등기의 말소는 공탁서에 반대급부조건으로 기재할 수 없다.

⑤ 영업보증공탁이나 가압류해방공탁 또는 보관공탁은 피공탁자를 기재하지 않는다.

> **해설** ③ 수용대상토지에 대하여 담보물권, 압류, 가압류 등의 등기가 마쳐져 있다고 하더라도 그것만으로는 토지소유자가 피보상자임에는 변동이 없으므로 보상금을 공탁하는 경우 공탁서의 피공탁자란에는 토지소유자만 기재를 하여야 하고, 담보물권자, 압류, 가압류채권자 등은 공탁서의 어느 난에도 기재할 필요가 없다.

06 수용보상금 공탁절차에 관한 다음 설명 중 가장 옳지 않은 것은? ▸2022 법무사

① 수용대상토지에 대하여 경매개시결정의 기입등기가 마쳐져 있더라도 '토지소유자'를 피공탁자로 기재하여야 한다.

② 보상금지급청구권에 대하여 민사집행법에 따른 압류가 있는 경우 공탁근거법령은 '공익사업을 위한 토지 등의 취득 및 보상에 관한 법률 제40조 제2항 제4호 및 민사집행법 제248조 제1항'으로 기재한다.

③ 수용대상토지에 저당권이 등기된 경우 '공탁으로 인하여 소멸하는 질권, 전세권, 저당권란'에 그 취지의 기재를 하여야 한다.

④ 수용보상금의 공탁서에 '소유권이전등기 서류의 교부'를 반대급부로 기재하여서는 아니된다.

⑤ 수용보상금 공탁신청을 시·군법원 공탁관에게 하는 것은 인정되지 않는다.

> **해설** ③ 수용보상금의 공탁으로 인하여 수용대상토지에 설정된 저당권 등이 소멸된다 하더라도 이는 수용의 효과로 인하여 소멸하는 것이지 피담보채무의 변제로 인한 소멸이 아니므로, 수용대상토지에 등기된 전세권, (근)저당권, 임차권 등을 공탁서상의 '공탁으로 인하여 소멸하는 질권, 전세권, 저당권란'에 기재하여서는 아니 되며, 그 (근)저당권자 등을 공탁서상의 '피공탁자란'에 기재하여서도 아니 된다.

07 반대급부조건부 변제공탁에 관한 다음 설명 중 가장 옳은 것은? ▸ 2020 법무사

① 본래의 채권에 부착하고 있지 않은 조건을 붙여서 한 공탁은 채권자가 이를 수락하지 않는 한 그 조건만 무효로 된다.

② 수용보상금 공탁의 경우 반대급부조건부 공탁을 할 수 있다.

③ 변제공탁서는 반대급부이행 증명서면이 될 수 있다.

④ 반대급부의 이행이 증명되지 않은 동안에는 피공탁자가 공탁수락을 하더라도 공탁자의 회수청구를 막을 수는 없다.

⑤ 반대급부조건부 수용보상금 공탁을 하고 나서 수용개시일 이후에 반대급부 없는 공탁으로 정정하였다면 이러한 공탁은 소급하여 유효하게 된다.

해설 ① 본래의 채권에 부착하고 있지 않은 조건을 붙여서 한 공탁은 채권자가 이를 수락하지 않는 한 조건뿐만 아니라 공탁 그 자체가 무효로 된다.

② 사업시행자가 수용보상금의 공탁을 하면서 매매계약서, 등기필증, 인감증명서, 주민등록표 초본, 부동산등기부 등본(소유권이 사업시행자 앞으로 이전되고 소유권 이외의 권리 일체가 말소된 것)을 반대급부 조건으로 한 경우 그 공탁은 무효이다.

④ 피공탁자가 공탁을 승인하거나 공탁소에 대하여 공탁물을 받기를 통고하면 공탁자는 민법상의 공탁물회수청구권을 행사할 수 없는데, 이러한 공탁의 승인이나 공탁물 수령의 통고를 공탁수락이라 한다.

⑤ 토지수용보상금 공탁에 있어 반대급부 조건이 있는 것으로 공탁하였다가 수용개시일 이후에 반대급부 조건을 철회하는 공탁서 정정이 이루어진 경우에는 그 정정의 효력이 당초의 공탁 시나 수용개시일에 소급되는 것이 아니어서 수용개시일까지 보상금을 지급 또는 공탁하지 아니한 때에 해당되어 그 수용재결의 효력이 상실될 수 있다.

08 고양시는 甲 소유 토지에 대하여 수용절차를 진행 중인데, 보상금채권에 대하여 사해행위취소에 따른 乙의 채권처분금지가처분결정을 송달받고 위 보상금을 공탁하려고 한다. 다음 중 가장 옳은 것은? ▸ 2013 법무사

① 고양시는 공탁근거법령을 「공익사업을 위한 토지 등의 취득 및 보상에 관한 법률」 제40조 제2항 제2호, 피공탁자를 「甲 또는 乙」로 기재하여 공탁할 수 있다.

② 「민사집행법」 제301조에서 가처분의 경우에도 가압류절차를 준용하고 있으므로 고양시는 「민사집행법」 제291조 및 제248조 제1항 집행공탁을 할 수 있다.

③ 고양시는 공탁근거법령을 「공익사업을 위한 토지 등의 취득 및 보상에 관한 법률」 제40조 제2항 제2호 및 「민사집행법」 제291조 및 제248조 제1항, 피공탁자를 「甲 또는 乙」로 기재하여 혼합공탁을 할 수 있다.

④ 고양시는 공탁근거법령을 「공익사업을 위한 토지 등의 취득 및 보상에 관한 법률」 제40조 제2항 제1호, 피공탁자를 「甲」으로 하고, 공탁원인사실란에 가처분에 관한 사항을 기재하여 공탁할 수 있다.

⑤ 위 공탁이 성립된 후에 고양시는 「민법」 제489조에 기하여 공탁금을 회수할 수 있다.

> **해설** ①, ③ 사해행위취소에 따른 원상회복청구권을 피보전권리로 한 채권처분금지가처분결정이 제3채무자에게 송달된 경우 그 가처분권자는 채무자에 대한 채권자의 지위에 있을 뿐 채권이 가처분권자 자신에게 귀속한다고 다투는 경우가 아니므로 제3채무자는 피공탁자를 '가처분 채무자 또는 가처분권자'로 한 상대적 불확지 변제공탁을 할 수 없다. 사해행위취소에 따른 원상회복청구권을 피보전권리로 한 채권처분금지가처분결정의 경우는 가처분권자가 수용보상금채권에 대하여 권리귀속을 다투는 것이 아니므로 근거법령은 토지보상법 제40조 제2항 제1호, 피공탁자는 '가처분채무자'로 하는 확지변제공탁을 하여야 한다.
> ② 집행공탁은 공탁 이후 행해질 배당 등 절차의 진행을 전제로 한 것인데, 처분금지가처분은 그것이 설령 금전채권을 목적으로 하더라도 이러한 배당 등 절차와는 관계가 없으므로 제3채무자로서는 이를 이유로 집행공탁을 할 수는 없고, 변제공탁을 할 수 있다.
> ⑤ 수용보상공탁의 경우 민법 제489조에 기한 공탁금회수가 인정되지 않는다.

09 다음 중 토지수용보상금공탁에 있어서 상대적 불확지공탁을 할 수 없는 경우는?

▸ 2020 법무사 수정

① 수용대상토지에 대하여 소유권등기말소청구권을 피보전권리로 하는 처분금지가처분등기가 마쳐져 있는 경우

② 수용대상토지에 대한 등기부가 2개 개설되어 있고 그 소유명의인이 각각 다른 경우

③ 등기기록상 공유지분의 합계가 1을 초과하거나 미달되어 피수용자들의 정당한 공유지분을 알 수 없는 경우

④ 수용대상토지에 대하여 담보물권·소유권이전등기청구권 보전을 위한 가처분등기 또는 가등기가 마쳐져 있는 경우

> **해설** ④ 수용대상토지에 대하여 담보물권·소유권이전등기청구권 보전을 위한 가처분등기 또는 가등기가 마쳐져 있는 경우 및 가압류, 압류, 경매개시, 공매공고(납세담보물의 공매공고 포함) 등의 기입등기가 마쳐져 있는 경우에도 현 토지소유자의 토지소유권을 부정하는 물권적 분쟁은 아니므로 현 토지소유자가 보상금지급청구권자임에 변함이 없고, 따라서 이 경우는 상대적 불확지공탁은 물론 다른 공탁사유에도 해당되지 않는다.

10 공익사업을 위한 토지 등의 취득 및 보상에 관한 법률 제40조 제2항 제2호의 규정에 의한 상대적 불확지공탁을 할 수 있는 사유로서 다음 중 가장 옳지 않은 것은? ▶ 2009 법무사 수정

① 수용대상토지가 일반채권자에 의하여 압류 또는 가압류가 되어 있거나 수용대상토지에 근저당권설정등기가 마쳐져 있는 경우

② 수용대상토지에 대하여 소유권등기말소청구권을 피보전권리로 하는 처분금지가처분등기가 마쳐져 있는 경우

③ 수용대상토지에 대하여 등기부가 2개 개설되어 있고 그 소유명의인이 각각 다른 경우

④ 등기기록상 공유지분의 합계가 1을 초과하거나 미달되어 피수용자들의 정당한 공유지분을 알 수 없는 경우

> **해설** ① 수용대상토지에 대하여 담보물권·소유권이전등기청구권 보전을 위한 가처분등기 또는 가등기가 마쳐져 있는 경우 및 가압류, 압류, 경매개시, 공매공고(납세담보물의 공매공고 포함) 등의 기입등기가 마쳐져 있는 경우에도 현 토지소유자의 토지소유권을 부정하는 물권적 분쟁은 아니므로 현 토지소유자가 보상금지급청구권자임에 변함이 없고, 따라서 이 경우는 상대적 불확지공탁은 물론 다른 공탁사유에도 해당되지 않는다.

11 채권자 불확지 변제공탁 신청에 관한 다음 설명 중 가장 옳지 않은 것은?

▶ 2023 법원사무관 승진

① 제3채무자가 채무자에게 지급할 금전채권에 대하여 甲의 채권압류 및 전부명령을 송달받은 후 위 전부금채권에 대하여 사해행위취소에 따른 원상회복으로써의 채권양도청구권을 피보전권리로 한 채권처분금지가처분결정을 송달받은 경우 제3채무자는 피공탁자를 '전부권자(甲) 또는 가처분권자'로 한 상대적 불확지 변제공탁을 할 수 없다.

② 수용대상토지에 진정명의회복을 위한 소유권이전등기청구권을 피보전권리로 하는 가처분등기가 경료되어 있는 경우에는 '토지소유자 또는 가처분채권자'를 피공탁자로 하는 상대적 불확지 변제공탁을 할 수 있다.

③ 수용대상토지가 일반채권자에 의하여 압류 또는 가압류가 되어 있거나 수용대상토지에 근저당권설정등기가 마쳐져 있는 경우에는 수용에 따른 보상금청구권 자체가 압류 또는 가압류되어 있지 않더라도 '사업시행자가 과실 없이 보상금을 받을 자를 알 수 없는 때'에 해당하므로 채권자 불확지 변제공탁을 할 수 있다.

④ 채권이 이중으로 양도된 경우에 확정일자 있는 증서에 의한 채권양도 통지가 동시에 도달하였거나 그 도달의 선후가 불분명하다면 채무자는 채권자 불확지 변제공탁을 할 수 있다.

> **해설** ③ 수용대상토지가 일반채권자에 의하여 압류 또는 가압류되어 있거나 수용대상토지에 근저당권설정등기가 마쳐져 있더라도 그 토지의 수용에 따른 보상금청구권 자체가 압류 또는 가압류되어 있지 아니한 이상 보상금의 지급이 금지되는 것은 아니므로 이러한 사유만으로 토지보상법 제40조 제2항 제2호 소정의 '사업시행자가 과실 없이 보상금을 지급받을 자를 알 수 없는 때'의 공탁사유에 해당되지 않는다.

정답 09 ④ 10 ① 11 ③

12 다음은 공익사업을 위한 토지 등의 취득 및 보상에 관한 법률에 따라 보상금을 공탁하는 경우에 관한 설명이다. 가장 옳지 않은 것은? ▸ 2014 법원사무관

① 토지소유자의 채권자가 손실보상이 현금으로 지급될 것을 예상하여 수용보상금에 대하여 압류를 한 경우에도, 토지수용의 채권(債券)보상요건을 충족하고 공탁사유가 있으면 채권(債券)으로 공탁을 할 수 있다.

② 사업인정고시 후 재결 전에 소유권의 변동이 있음에도 종전 소유자를 상대로 재결이 이루어진 경우에도 현 소유자를 피공탁자로 하여 공탁하여야 한다.

③ 수용대상토지에 소유권이전등기청구권을 피보전권리로 하는 처분금지가처분등기가 경료되어 있는 경우에는 상대적 불확지공탁사유에 해당하지 않는다.

④ 사해행위취소에 따른 소유권이전등기말소청구권을 피보전권리로 한 가처분등기가 경료되어 있는 경우 토지소유자 또는 가처분권자를 피공탁자로 상대적 불확지공탁을 하여야 한다.

> 해설 ④ 사해행위취소에 따른 소유권등기말소청구권을 피보전권리로 한 가처분등기가 마쳐져 있는 경우 그 가처분권자는 종전 소유자에 대한 채권자로서의 지위에 있을 뿐 직접 그 소유권이 가처분권자 자신에게 속한다고 다투는 경우에 해당되지 않으므로, 토지소유자 또는 가처분채권자를 피공탁자로 하여 한 상대적 불확지공탁은 부적법하여 무효이다.

13 토지수용보상금 공탁에 관한 다음 설명 중 가장 옳지 않은 것은? ▸ 2016 법원사무관

① 수용대상토지가 미등기토지로 분할 전 토지의 토지대장에 甲이 사정받은 것으로 되어 있으나 분할된 이후의 토지대장에는 乙 명의로 소유권이전등록이 되어 있다면 乙을 피공탁자로 하는 '확지공탁'을 하여야 한다.

② 수용대상토지에 소유권등기말소청구권을 피보전권리로 하는 처분금지가처분등기가 마쳐져 있는 경우에는 상대적 불확지공탁사유가 된다 할 것이고, 이 경우 피공탁자는 토지소유자 또는 가처분채권자가 될 것이다.

③ 사해행위취소에 따른 소유권등기말소청구권을 피보전권리로 한 가처분등기가 마쳐져 있는 경우 토지소유자 또는 가처분채권자를 피공탁자로 하여 한 상대적 불확지공탁은 부적법하여 무효이다.

④ 중앙토지수용위원회가 이의신청에 대한 재결에서 보상금을 증액한 경우 사업시행자는 행정소송을 제기하기 전에 그 증액된 보상금을 공탁하여야 하는데, 이 경우에 보상금을 받을 자는 공탁된 보상금을 원칙적으로 소송종결 시까지 수령할 수 없다.

> 해설 ① 미등기토지에 대한 토지수용을 원인으로 한 공탁에 있어 분할 전 토지의 토지대장에 甲이 사정 받은 것으로 되어 있으나 본건 토지로 분할된 이후의 토지대장에는 乙 명의로 소유권이전등록이 되어 있다면 '甲과 乙' 중 누가 진정한 소유자인지 알 수 없으므로 '甲 또는 乙'을 피공탁자로 하여 상대적 불확지공탁을 할 수 있다(공탁선례 제2-174호).

14 토지수용보상금의 공탁절차에 관한 다음 설명 중 가장 옳지 않은 것은? (다툼이 있는 경우 판례 및 예규, 선례에 의함) ▸ 2013 법원사무관

① 사업시행자는 수용대상토지가 미등기이고 대장상 소유자란이 공란으로 되어 있어 소유자를 확정할 수 없는 경우 절대적 불확지공탁을 할 수 있다.

② 사업시행자는 수용대상토지에 상속등기가 경료되지 않은 경우 상속등기를 대위신청할 때 소요될 등록세액 기타 비용을 공제한 나머지 금액만을 공탁할 수는 없다.

③ 관할 토지수용위원회가 재결한 보상금에 대하여 사업시행자가 불복하는 경우 보상금을 받을 자는 그 불복의 절차가 종결될 때까지 공탁된 보상금을 수령할 수 없다.

④ 수용대상토지에 강제경매개시결정의 등기가 있는 경우 사업시행자가 소유권을 유효하게 취득하기 위해서는 강제경매개시결정 등기의 말소를 반대급부로 기재하여야 한다.

> **해설** ④ 수용대상토지에 대하여 (근)저당권, 가압류, 경매개시결정 등의 등기가 되어 있다고 하더라도 그것만으로는 토지소유자가 보상금지급청구권자임에 변동이 없으므로, 수용보상금을 공탁하는 경우의 피공탁자는 토지소유자가 되고, (근)저당권자, 가압류채권자, 압류채권자 등은 공탁서상의 어느 난에도 기재할 필요가 없다.

15 다음 사례에 대한 〈보기〉의 대화를 읽고 옳은 내용만을 모두 고른 것은? ▸ 2018 법무사

수용대상토지가 미등기이고, 대장상 성명은 기재되어 있으나 주소에 동(洞)까지만 있고 번지의 기재가 없어 사업시행자가 공익사업을 위한 토지 등의 취득 및 보상에 관한 법률에 따라 수용보상금을 공탁하려고 한다.

┤ 보기 ├

ㄱ. 甲 : 공탁제도에 있어 피공탁자가 특정되었다고 하려면 피공탁자의 동일성에 대하여 공탁관의 판단이 개입할 여지가 없고 그 공탁통지서의 송달에 지장이 없는 정도에 이르러야 한다.

ㄴ. 乙 : 위 사안의 경우 공탁자(사업시행자)는 피공탁자란에 피수용자 불명으로 기재하여, 우리 공탁제도상 예외적으로 허용되는 절대적 불확지공탁을 할 수 있다.

ㄷ. 丙 : 공탁자(사업시행자)는 절대적 불확지공탁을 통해 수용보상금 지급의무를 면하게 되어 공탁제도상 요구되는 피공탁자(채권자) 지정의무를 다하였다고 볼 수 있다.

ㄹ. 丁 : 공탁자(사업시행자)가 보상금을 적법하게 공탁을 한 이상 공탁자는 단순한 제3자에 불과하므로, 진정한 보상금 수령권자는 공탁자를 상대로 공탁금에 대한 출급청구권이 자신에게 귀속되었다는 확인판결을 받아 공탁금출급청구를 할 수는 없다.

① ㄱ, ㄴ ② ㄴ, ㄷ ③ ㄱ, ㄴ, ㄷ
④ ㄴ, ㄷ, ㄹ ⑤ ㄱ, ㄴ, ㄷ, ㄹ

해설 ① ㄷ. 절대적 불확지공탁을 예외적으로 허용하는 것은 공익을 위하여 신속한 수용이 불가피함에도 사업시행자가 채권자를 알 수 없다는 부득이한 사정으로 인한 임시적 조치로서 편의상 방편일 뿐, 사업시행자는 공탁으로 수용보상금 지급의무는 면하게 되지만 이로써 위에 본 공탁제도상 요구되는 채권자지정의무를 다하였다거나 그 의무가 면제되는 것은 아니다(대판(전) 1997.10.16, 96다11747).

ㄹ. 절대적 불확지공탁의 경우 정당한 권리자가 공탁자를 상대로 하여 공탁금출급청구권의 확인판결(화해조서, 조정조서 포함)을 받아 공탁금출급청구를 할 수 있다.

16 다음 설명 중 수용보상금 공탁에 있어 절대적 불확지공탁을 인정하는 경우를 모두 고른 것은? (다툼이 있는 경우 판례·예규 및 선례에 의함) ▸ 2017 법무사

> ㄱ. 수용대상토지가 미등기이고 대장상 소유자란이 공란으로 되어 있어 소유자를 확정할 수 없는 경우
> ㄴ. 미등기인 수용대상토지가 토지대장에 주소는 기재됨이 없이 소유자의 성명만 기재되어 있는 경우
> ㄷ. 수용대상토지의 등기사항증명서상 소유자의 주소 표시 중 번지가 누락된 경우
> ㄹ. 사업시행자가 토지조서 및 물건조서의 작성을 위하여 영업시설에 출입하여 영업의 현황 및 영업주의 현황을 방문 조사하였으나, 영업주, 종업원 등이 고의적으로 조사를 회피하는 등의 사정으로 과실 없이 영업주를 전혀 알 수 없는 경우
> ㅁ. 보상받을 사람이 사망하였으나 과실 없이 그 상속인의 전부 또는 일부를 알 수 없는 경우

① ㄱ, ㄴ, ㄷ   ② ㄱ, ㄷ, ㄹ   ③ ㄱ, ㄹ, ㅁ
④ ㄱ, ㄴ, ㄷ, ㄹ, ㅁ   ⑤ ㄱ, ㄴ, ㄷ

해설 ④ 모두 옳은 내용이다.

17 **수용보상금 공탁에 관한 다음 설명 중 가장 옳지 않은 것은?** ▸ 2022 법무사

① 소유권이전등기청구권을 피보전권리로 하는 처분금지가처분등기가 경료되어 있는 수용대상토지에 대한 소유권의 귀속에 관하여 다툼이 있는 경우에는 피공탁자의 상대적 불확지를 이유로 공탁할 수 있다.

② 분할 전과 후의 토지대장의 소유명의인이 다른 경우 상대적 불확지공탁을 할 수 있다.

③ 등기사항증명서상 공유지분의 합계가 1을 초과하거나 미달되어 피수용자들의 정당한 공유지분을 알 수 없는 경우 피보상자 불확지를 사유로 공탁할 수 있다.

④ 수용대상토지가 일반채권자에 의하여 압류 또는 가압류가 되어 있는 경우에는 상대적 불확지공탁 사유에 해당하지 않는다.

⑤ 미등기인 수용대상토지가 토지대장에 주소는 기재됨이 없이 소유자의 성명만 기재되어 있는 경우에는 절대적 불확지공탁을 할 수 있다.

> **해설** ① 수용대상토지에 소유권이전등기청구권을 피보전권리로 하는 처분금지가처분등기가 경료되어 있는 경우에는 상대적 불확지공탁사유에 해당하지 않는다.

18 **수용보상금 공탁에 관한 다음 설명 중 가장 옳은 것은? (다툼이 있는 경우 판례·예규 및 선례에 따르고 전원합의체 판결의 경우 다수의견에 의함)** ▸ 2018 법무사

① 수용개시일까지 소유권이전등기를 마치지 않았다고 하더라도, 수용개시일 이전에 乙이 甲으로부터 해당 토지를 매수하여 소유권이전등기청구권을 취득하였다면, 乙을 피공탁자로 하여 보상금을 공탁하여야 한다.

② 甲 소유 토지에 대한 수용재결이 있은 후 수용개시일 이전에 丙이 甲으로부터 위 토지의 소유권을 승계하였다고 하더라도, 丙이 소유권을 취득하기 전에 乙이 甲의 손실보상금채권을 가압류하였다면, 丙을 피공탁자로 하여 보상금을 공탁할 수는 없다.

③ 사업인정고시 후 수용재결 전에 甲에서 乙로 소유권변동이 있었다고 하더라도, 종전소유자인 甲을 상대로 수용재결이 이루어졌다면, 甲을 피공탁자로 하여 보상금을 공탁하여야 한다.

④ 甲 소유 토지에 대하여 사해행위취소에 따른 소유권등기말소청구권을 피보전권리로 하는 乙 명의의 처분금지가처분등기가 마쳐져 있다면, 甲 또는 乙을 피공탁자로 하여 보상금을 공탁하여야 한다.

⑤ 미등기토지에 대한 토지수용을 원인으로 한 공탁에서 분할 전 토지의 토지대장에 甲이 사정받은 것으로 되어 있으나, 분할된 이후의 토지대장에는 乙 명의로 소유권이전등록이 되어 있다면, 甲과 乙 중 누가 진정한 소유자인지 알 수 없으므로 '甲 또는 乙'을 피공탁자로 하여 상대적 불확지공탁을 할 수 있다.

정답 16 ④ 17 ① 18 ⑤

해설 ①, ②, ③ 보상금지급청구권자는 수용대상토지의 소유권이 토지소유자에서 사업시행자에게 넘어가는 시점인 수용의 개시일 당시의 토지소유자가 된다. 따라서 사업시행자가 수용보상금을 공탁하는 경우 원칙적으로 수용개시일 당시의 토지소유자를 피공탁자로 기재하여야 할 것이나, 수용보상금의 공탁은 수용 개시일 전에 이루어져야 하므로 결국 공탁 당시의 토지소유자를 피공탁자로 기재할 수밖에 없을 것이다. 예컨대, 사업인정고시 후 재결 전에 소유권의 변동이 있었음에도 종전 소유자를 상대로 재결이 이루어진 경우에 손실보상금의 수령권자는 소유권을 승계한 수용 당시의 현재 등기기록상 소유자가 되므로, 현 소유자에게 지급하거나 공탁할 경우 현 소유자를 피공탁자로 하여 공탁하여야 한다. 또한, 甲 소유의 토지에 대한 수용재결이 있은 후 수용의 개시일 이전에 丙이 甲으로부터 위 토지의 소유권을 승계한 경우에는 수용 당시의 소유인 丙이 손실보상금이나 공탁금의 수령권자가 되며, 비록 丙이 소유권을 취득하기 전에 乙이 甲의 손실보상금채권을 가압류하였다고 하더라도 수용 당시에 甲은 위 토지의 소유권자가 아니어서 손실보상금채권자가 될 수 없게 되었으므로, 위 가압류명령은 수용 당시에 이르러 피가압류채권인 손실보상금채권이 부존재하게 되어 무효가 되고, 따라서 위 보상금을 공탁하는 경우의 피공탁자는 丙이 된다.

④ 수용대상토지에 소유권등기말소청구권을 피보전권리로 하는 처분금지가처분등기가 마쳐져 있는 경우에는 현 토지소유자의 소유권등기에 대하여 무효 여부가 다투어지고 있다고 볼 수 있으므로, 그 본안소송의 결과에 따라서 토지소유권이 현 토지소유자 또는 전 토지소유자(가처분채권자)에게 귀속될 수 있다는 것을 의미하여 상대적 불확지공탁사유가 된다 할 것이고, 이 경우 피공탁자는 토지소유자 또는 가처분채권자가 될 것이다. 사해행위취소에 따른 소유권등기말소청구권을 피보전권리로 한 가처분 등기가 마쳐져 있는 경우 그 가처분채권자는 종전 소유자에 대한 채권자로서의 지위에 있을 뿐 직접 그 소유권이 가처분채권자 자신에게 속한다고 다투는 경우에 해당되지 않으므로, 토지소유자 또는 가처분채권자를 피공탁자로 하여 한 상대적 불확지공탁은 부적법하여 무효이다.

19 토지수용보상금의 공탁과 관련된 설명이다. 가장 옳지 않은 것은?　　　▶ 2014 법무사

① 사업인정고시 후 수용재결이 있기 전에 그 소유자인 甲의 장래의 손실보상금채권을 압류, 전부하였고, 이후 위 토지의 소유권이 乙에게 넘어가고 수용 당시에는 토지의 소유권자가 乙로 변경되었다 하더라도 위 甲의 보상금에 대한 압류전부명령이 확정되었다면 위 보상금에 대한 수령권자는 압류전부권자이다.

② 토지수용보상금채권의 일부에 대하여 압류 및 전부명령이 제3채무자인 기업자에게 송달되었으나 전부명령의 확정 여부를 알 수 없는 경우에는 제3채무자는 피공탁자를 압류채무자(토지소유자)로 하고, 공탁근거법령을 「공익사업을 위한 토지 등의 취득 및 보상에 관한 법률」 제40조 제2항 제4호 및 「민사집행법」 제248조 제1항으로 하여 보상금 전액을 공탁할 수 있다.

③ 위 ②항의 경우, 압류된 보상금부분은 공탁근거법령을 「공익사업을 위한 토지 등의 취득 및 보상에 관한 법률」 제40조 제2항 제4호 및 「민사집행법」 제248조 제1항으로 하고 피공탁자란은 기재하지 않는 집행공탁으로 한다.

④ 위 ②항의 경우, 압류되지 아니한 보상금부분은 압류채무자(토지소유자)에게 「공익사업을 위한 토지 등의 취득 및 보상에 관한 법률」 제40조 제2항 제1호 또는 제2호에 따른 공탁사유가 있는 경우에는 피공탁자를 압류채무자(토지소유자)로 하여 변제공탁할 수도 있다.

⑤ 토지수용보상금이 지급되기 전에 우선권 있는 저당권자가 물상대위에 의하여 토지수용보상금채권을 압류한 경우, 그 압류를 전후하여 토지수용보상금채권에 대한 체납처분에 의한 압류가 있었다고 하더라도 「민사집행법」 제248조 제1항에 의한 집행공탁을 할 수 있다.

해설 ① 사업인정고시 후 재결 전에 소유권의 변동이 있었음에도 종전 소유자를 상대로 재결이 이루어진 경우에 손실보상금의 수령권자는 소유권을 승계한 수용 당시의 현재 등기기록상 소유자가 되므로, 현 소유자에게 지급하거나 공탁할 경우 현 소유자를 피공탁자로 하여 공탁하여야 한다. 또한, 甲 소유의 토지에 대한 수용재결이 있은 후 수용의 개시일 이전에 丙이 甲으로부터 위 토지의 소유권을 승계한 경우에는 수용 당시의 소유자인 丙이 손실보상금이나 공탁금의 수령권자가 되며, 비록 丙이 소유권을 취득하기 전에 乙이 甲의 손실보상금채권을 가압류하였다고 하더라도 수용 당시에 甲은 위 토지의 소유권자가 아니어서 손실보상금채권자가 될 수 없게 되었으므로, 위 가압류명령은 수용 당시에 이르러 피가압류채권인 손실보상금채권이 부존재하게 되어 무효가 되고, 따라서 위 보상금을 공탁하는 경우의 피공탁자는 丙이 된다.

20 다음은 공탁신청서 작성과 관련한 설명이다. 가장 틀린 것은? ▸ 2010 법무사

① 건물소유자가 전세권자에게 지급할 전세보증금에 대하여 전세권자를 가처분채무자로 한 채권추심 및 처분금지가처분결정을 송달받은 경우 피공탁자를 「가처분채무자(전세권자) 또는 가처분채권자」로 기재한다.

② 수용대상토지의 등기부에 소유권말소예고등기가 마쳐져 있는 경우 피공탁자를 「토지소유자 또는 소제기자」로 기재한다.

③ 피공탁자를 국가로 하는 변제공탁서에는 피공탁자란에 「대한민국(소관청 : ○○○)」과 같이 기재한다.

④ 수용보상금을 공탁할 때 부동산등기부에 기재된 가압류, 압류 등은 공탁원인사실에 기재하여야 한다.

⑤ 수용보상금을 공탁할 때 수용대상토지의 등기부에 저당권이 등기되어 있더라도 「공탁으로 인하여 소멸하는 질권, 전세권 또는 저당권」란에 기재할 것은 아니다.

해설 ④ 수용대상토지에 대하여 담보물권, 압류, 가압류 등의 등기가 마쳐져 있다고 하더라도 그것만으로는 토지소유자가 피보상자임에는 변동이 없으므로 보상금을 공탁하는 경우 공탁서의 피공탁자란에는 토지소유자만 기재를 하여야 하고, 담보물권자, 압류, 가압류채권자 등은 공탁서의 어느 난에도 기재할 필요가 없다.

정답 ▸ 19 ① 20 ④

21 수용보상금 공탁에 관한 다음 설명 중 가장 옳은 것은? ▶ 2020 법원사무관 승진

① 사업시행자가 과실 없이 영업손실보상금을 받을 자를 알 수 없는 경우는 절대적 불확지 공탁을 할 수 없다.

② 중앙토지수용위원회가 이의재결에서 보상금을 증액한 경우 사업시행자는 행정소송 제기 전에 증액된 보상금을 공탁하여야 하고, 이 경우에 토지소유자는 이의유보를 해서 공탁된 보상금을 지급받을 수 있다.

③ 사업시행자가 채권(債券)으로 공탁한 경우 그에 대한 강제집행은 유체동산인도청구권에 대한 강제집행절차에 따라야 한다.

④ 피수용자의 등기기록상 주소지가 미수복지구로 되어 있고, 그와 다른 주소지를 사업시행자가 별도로 알 수 없는 경우에 사업시행자는 절대적 불확지공탁을 할 수 없다.

> **해설** ① 사업시행자가 과실 없이 영업손실보상금을 받을 자를 알 수 없는 경우는 절대적 불확지공탁을 할 수 있다.
> ② 중앙토지수용위원회가 이의신청에 대한 재결에서 보상금을 증액한 경우 사업시행자는 행정소송을 제기하기 전에 그 증액된 보상금을 공탁하여야 하고, 이 경우에 보상금을 받을 자는 공탁된 보상금을 소송종결 시까지 수령할 수 없다(토지보상법 제85조 제1항).
> ④ 피수용자의 등기기록상 주소지가 미수복지구로 되어 있고, 그와 다른 주소지를 사업시행자가 별도로 알 수 없는 경우에 사업시행자는 절대적 불확지공탁을 할 수 있다.

22 일부공탁에 관한 다음 설명 중 가장 옳지 않은 것은? ▶ 2015 법무사

① 사업시행자가 피수용자의 전기요금 등을 대납하였다 하더라도 그만큼을 공제한 차액만을 공탁할 수는 없다.

② 채무자가 공탁에 의하여 그 채무를 면하려면 채무액 전부를 공탁하여야 하고 일부의 공탁은 그 채무를 변제함에 있어 일부의 제공이 유효한 제공이라고 시인될 수 있는 특별한 사정이 있는 경우를 제외하고는 채권자가 이를 수락하지 않는 한 그에 상응하는 효력을 발생할 수 없는 것이다.

③ 사업시행자(도시철도건설자)는 토지수용위원회가 재결한 보상금을 공탁하는 경우 소득세법에 의한 소득세원천징수액을 공제한 나머지 금액을 공탁할 수 있다.

④ 사업시행자인 공탁자가 피수용토지에 대한 상속등기를 대위신청할 때 소요될 등록세액 기타 비용을 공제한 나머지 금액만을 공탁하였다 하더라도 그 공탁은 유효한 공탁이다.

⑤ 채권자에 대한 변제자의 공탁금액이 채무의 총액에 비하여 아주 근소하게 부족한 경우에는 해당 변제공탁은 신의칙상 유효한 것이라고 보아야 한다.

> **해설** ④ 수용의 효과를 발생시키는 보상금의 공탁은 재결에서 정해진 보상금 전액의 공탁을 의미하므로, 수용대상토지에 대한 상속등기를 대위신청할 때 소요된 등록세액 기타 비용을 공제한 나머지 금액만을 공탁한다면 이는 유효한 공탁이 될 수 없고, 이 경우 사업시행자가 대신 지출한 상속등기 비용은 별도로 수용보상금채권자들에게 구상하여야 한다.

23 다음 중 채무액의 일부 공탁으로 공탁이 무효인 경우는? ▸ 2022 법무사

① 경매부동산을 매수한 제3취득자가 그 부동산으로 담보하는 채권최고액과 경매비용을 변제공탁한 경우

② 채무자가 채무액의 일부만을 변제공탁하였으나 그 후 부족분을 추가로 공탁한 경우

③ 임대인이 임대차관계가 종료된 후 그 임대차보증금 중에서 목적물을 반환받을 때까지 생긴 연체차임 등 임대차관계에서 발생하는 모든 채무를 공제한 나머지 금액만을 변제공탁한 경우

④ 채권자에 대한 변제자의 공탁금액이 채무의 총액에 비하여 아주 근소하게 부족한 경우

⑤ 사업시행자가 토지수용보상금을 공탁하면서 수용대상토지에 대한 상속등기를 대위신청할 때 소요된 등록세액 그 밖의 비용을 공제한 나머지 금액만을 공탁한 경우

해설 ⑤ 수용대상토지에 대한 상속등기를 대위신청할 때 소요된 등록세액 기타 비용을 공제한 나머지 금액만을 공탁한다면 이는 유효한 공탁이 될 수 없다.

24 형사공탁의 특례에 관한 다음 설명 중 가장 옳지 않은 것은? (다툼이 있는 경우 판례 · 예규 및 선례에 따르고 전원합의체 판결의 경우 다수의견에 의함) ▸ 2025 법무사

① 형사공탁의 공탁서에는 공소장, 조서, 진술서, 판결서에 기재된 피해자의 성명(성 · 가명을 포함한다)과 해당 형사사건이 계속 중인 법원과 사건번호 및 사건명, 공소장에 기재된 검찰청과 사건번호를 기재하여야 한다. 다만, 피공탁자의 주소와 주민등록번호는 기재하지 아니한다.

② 공탁서에는 해당 형사사건이 계속 중인 법원을 확인할 수 있는 서면을 첨부하여야 한다.

③ 피공탁자에 대한 공탁통지는 공탁관이 전자공탁홈페이지에 공고하는 방법으로 할 수 있다.

④ 군사법원에 계속 중인 형사사건에 관하여는 공탁규칙 중 형사공탁의 특례 규정을 적용하지 않는다.

⑤ 피공탁자나 그 포괄승계인 또는 법정대리인의 인적사항이 기재되어 있는 공탁관계 서류 및 전자기록에 대하여 열람 및 사실증명의 청구가 있는 경우 공탁관은 그 인적사항이 공개되지 않도록 개인정보 보호를 위한 비실명 처리 후 이를 열람하게 하거나 증명서를 발급하여야 한다.

해설 ④ 군사법원에 계속 중인 사건의 형사공탁은 별표 2 기재 군사법원 소재지의 지방법원 본원 공탁소에 할 수 있다

정답 ▸ 21 ③ 22 ④ 23 ⑤ 24 ④

25 다음은 수용보상금 공탁절차에 관한 설명이다. 가장 잘못된 것은? ▸ 2012 법무사

① 사업인정고시 후 재결 전에 소유권의 변동이 있었음에도 종전 소유자를 상대로 재결이 이루어진 후 보상금을 공탁할 때 현재 등기기록상 소유자를 피공탁자로 기재하여야 한다.

② 사업시행자는 수용보상금을 공탁하면서 수용대상토지에 대하여 가압류 등 처분제한 등기가 있는 경우, 그러한 등기의 말소를 공탁서에 반대급부로 기재할 수 없다.

③ 관할 토지수용위원회가 재결한 보상금에 대하여 사업시행자가 불복하는 경우 사업시행자는 자기가 산정한 보상금을 지급하고 그 금액과 재결서상 보상금과의 차액을 공탁하여야 하는데, 이 경우 보상금을 받을 자는 그 불복절차가 종결될 때까지 공탁된 보상금을 수령할 수 없다.

④ 이의재결절차에서 보상금이 증액된 경우 사업시행자는 이의재결서를 받은 날부터 30일 이내에 보상금을 지급하거나 공탁하여야 하는데, 만약 그러하지 아니하면 이의재결은 실효된다.

⑤ 사업시행자는 재결에서 정한 보상금 전액을 공탁하여야 하는데, 수용대상토지에 대한 상속등기를 대위신청할 때 소요될 등록세액 기타 비용을 공제한 나머지 금액만을 공탁한다면 이는 유효한 공탁이 될 수 없다.

> **해설** ④ 공익사업을 위한 토지 등의 취득 및 보상에 관한 법률상의 이의재결절차는 수용재결에 대한 불복절차이면서 수용재결과는 확정의 효력 등을 달리하는 별개의 절차이므로 사업시행자가 이의재결에서 증액된 보상금을 일정한 기한 내에 지급 또는 공탁하지 아니하였다 하더라도 그 때문에 이의재결 자체가 당연히 실효된다고는 할 수 없다.

26 수용보상금 공탁절차에 관한 다음 설명 중 가장 옳지 않은 것은 ▸ 2023 법무사

① 토지소유자의 채권자가 손실보상이 현금으로 지급될 것을 예상하여 수용보상금에 대하여 압류를 한 경우에도 토지수용보상금을 채권으로 지급하는 것이 토지수용의 채권보상 요건을 충족하고 공탁사유가 있으면 채권으로 공탁할 수 있다.

② 압류나 가압류가 있는 수용보상금을 사업시행자가 채권과 현금으로 지급하고자 할 경우에는 피압류채권이 금전채권인 수용보상금채권이라면 현금으로 지급하는 수용보상금 부분은 공익사업을 위한 토지 등의 취득 및 보상에 관한 법률 제40조 제2항 제4호 및 민사집행법 제248조 제1항에 의하여 집행공탁할 수 있고, 채권으로 지급하는 수용보상금 부분은 공익사업을 위한 토지 등의 취득 및 보상에 관한 법률 제40조 제2항 각 호의 공탁사유가 있다면 유가증권공탁의 절차에 따라 공탁할 수 있다.

③ 공익사업을 위한 토지 등의 취득 및 보상에 관한 법률에 의하여 사업시행자가 토지소유자에게 지급할 보상금이 소득세법 제156조 또는 법인세법 제98조에 의하여 원천징수의 대상이 되는 경우에는 사업시행자는 토지소유자에게 지급할 보상금에서 그 원천징수세액을 공제한 나머지 금액을 공탁할 수 있다.

④ 수용보상금 공탁은 시·군법원 공탁관의 직무범위에 포함되지 않는다.

⑤ 이행의무가 없는 반대조건을 붙여 무효가 된 공탁을 수용개시일 이후에 반대급부가 없는 공탁으로 정정하면 그 공탁이 유효하게 되므로 재결의 효력이 유지된다.

해설 ⑤ 이행의무가 없는 반대조건을 붙여 무효가 된 공탁을 수용개시일 이후에 반대급부가 없는 공탁으로 정정하여도 소급하지 않으므로 결국 수용개시일까지 유효한 공탁을 한 것이 아니므로 재결의 효력이 유지되지 못한다.

👤 관/련/선/례

사업시행자가 수용보상금을 공탁하면서 납세증명서 제출을 반대급부 조건으로 한 경우 위 수용보상금 공탁의 효력 유무(공탁선례 제202410-1호)
「공익사업을 위한 토지 등의 취득 및 보상에 관한 법률」에 따른 손실보상금의 지급은 토지수용위원회의 수용재결이라는 행정처분에 따라 이루어지는 것일 뿐 사업시행자와 피수용자(손실보상금 청구권자) 사이의 계약에 의한 것이 아니고, 국세징수법 제107조 제1항의 납세증명서 제출 대상이 되는 '대금을 지급받을 경우'는 국가, 지방자치단체 또는 정부 관리기관과의 계약에 따른 대금 수령의 경우만을 의미하는 것으로 보이므로, 이와 같은 경우에까지 납세증명서의 제출을 요구한다면 이는 피수용자의 재산권에 대한 과도한 제한 내지 침해가 될 우려가 있으므로, 사업시행자가 피수용자에게 손실보상금을 지급함에 있어 납세증명서의 제출을 요구하거나 그 미제출을 이유로 손실보상금의 지급을 거절할 수는 없다. 따라서 납세증명서의 제출을 조건으로 하는 손실보상금의 공탁은 효력이 인정되지 않는다.

 **제2절** 출급절차

01 다음은 공익사업을 위한 토지 등의 취득 및 보상에 관한 법률에 따라 수용보상금 공탁을 할 때 피공탁자 지정과 관련된 설명이다. 가장 틀린 것은? (다툼이 있는 경우 예규 및 선례에 의함)
▶ 2012 법원사무관

① 수용재결이 있은 후 소유권의 승계가 있는 경우 그 승계인을 피공탁자로 기재하여야 한다.

② 재결 전에 소유권의 변동이 있었음에도 종전 소유자를 상대로 수용재결이 이루어진 경우에도 공탁 당시 현 소유자를 피공탁자로 지정하여야 한다.

③ 수용개시일 전에 토지소유자가 사망하였음에도 불구하고 망인(亡人)을 피공탁자로 한 경우 상속인은 상속관계증명서면을 첨부하여 직접 출급청구할 수 있다.

④ 수용개시일 전에 매매를 원인으로 소유권이전등기절차이행의 승소확정판결을 받은 자는 수용개시 전에 그 등기를 경료하지 못했다고 하더라도 승소확정판결문을 첨부하여 직접 출급청구할 수 있다.

> **해설** ④ 매매 등 법률행위에 의하여 소유권이 승계된 경우에는 그에 따른 소유권이전등기가 수용의 개시일 이전에 마쳐져야 하고, 이 경우 승계인은 피공탁자의 정정 없이도 소유권의 승계사실을 증명하는 서면(등기사항증명서 또는 수용재결경정서)을 첨부하여 공탁물을 직접 출급청구할 수 있다. 매수인이 매도인(등기기록상 소유명의인)을 상대로 매매를 원인으로 한 토지소유권이전등기절차 이행의 승소판결을 받았으나 그에 따른 소유권이전등기를 수용의 개시일 이후에 경료한 경우 그 매수인은 피공탁자인 매도인으로부터 공탁물출급청구권을 양도받지 않는 한 직접 공탁물의 출급청구를 할 수 없고 단지 피공탁자의 공탁물출급청구권을 양도받아서만 출급청구할 수 있게 되므로, 피공탁자가 임의로 양도해 주지 않으면 '공탁물출급청구권 양도의 의사를 표시하고 채무자인 국가(소관 공탁관)에 이를 통지하라'는 내용의 확정판결을 첨부하여야 공탁물을 출급청구할 수 있다.

02 다음은 수용보상공탁금의 출급에 관한 설명이다. 가장 틀린 것은?
▶ 2010 법무사

① 매수인이 등기기록상 소유명의인(매도인)을 상대로 매매를 원인으로 한 소유권이전등기절차 이행의 승소판결을 받았으나 소유권 이전등기를 하지 않고 있던 중 매도인을 피공탁자로 하여 수용보상금이 공탁되고 수용개시일에 수용의 효력이 발생하였다면, 매수인은 판결정본 및 확정증명서를 첨부하여 직접 공탁금출급청구를 할 수 있다.

② 공탁금을 수령할 자가 수용대상토지의 소유자로 표시된 「甲과 乙」의 2인으로 기재되어 있다면 수용대상토지가 甲의 단독소유임을 증명하는 서류를 첨부하였다 하더라도 甲이 단독으로 공탁금출급청구를 할 수는 없다.

③ 등기기록상 소유자가 예명으로 기재되어 있어 수용보상금의 피공탁자를 예명으로 하여 공탁한 경우 그 상속인은 공탁자를 상대로 하여 공탁금출급청구권이 자신에게 있다는 확인판결을 받아 공탁금출급청구를 할 수 있다.

④ 피공탁자가 아닌 제3자가 피공탁자를 상대로 하여 공탁금출급청구권 확인판결을 받았다 하더라도 그 확인판결을 받은 제3자는 직접 공탁금출급청구를 할 수 없다.

⑤ 일반적으로 피공탁자인 합유자 중 1인이 사망하면 그 상속인에게 공탁금출급청구권이 승계되지 않는다.

> **해설** ① 매수인이 매도인(등기기록상 소유명의인)을 상대로 매매를 원인으로 한 토지소유권이전등기절차 이행의 승소판결을 받았으나 그에 따른 소유권이전등기를 수용의 개시일 이후에 경료한 경우 그 매수인은 피공탁자인 매도인으로부터 공탁물출급청구권을 양도받지 않는 한 직접 공탁물의 출급청구를 할 수 없고 단지 피공탁자의 공탁물출급청구권을 양도받아서만 출급청구할 수 있게 되므로, 피공탁자가 임의로 양도해 주지 않으면 '공탁물출급청구권 양도의 의사를 표시하고 채무자인 국가(소관 공탁관)에 이를 통지하라'는 내용의 확정판결을 첨부하여야 공탁물을 출급청구할 수 있다.

03 수용대상토지에 대하여 매수인 甲이 매도인 乙(등기기록상 소유명의인)을 상대로 매매를 원인으로 한 소유권이전등기절차 이행의 승소판결을 받아 2011.4.25. 확정되었으나 사업시행자가 2011.5.11. 乙을 피공탁자로 하여 보상금을 공탁하였고 수용개시일은 2011.5.13.인 경우 다음 설명 중 가장 옳은 것은? ▶ 2011 법무사

① 甲은 소유권이전등기 여부와 관계없이 승소확정판결문을 첨부하여 공탁금을 출급청구할 수 있다.

② 甲이 2011.5.12. 소유권이전등기를 마친 경우 甲은 그 등기사항증명서를 첨부하여 공탁금을 출급청구할 수 있다.

③ 甲이 2011.5.12. 소유권이전등기를 마친 경우 甲은 乙로부터 공탁금출급청구권을 양도받아야 직접 공탁금출급청구를 할 수 있다.

④ 甲이 2011.5.16. 소유권이전등기를 마친 경우 甲은 그 등기사항증명서와 승소확정판결문을 첨부하여 공탁금을 출급청구할 수 있다.

⑤ 甲이 2011.5.16. 소유권이전등기를 마친 경우 「乙은 甲에게 공탁금출급청구권 양도의 의사를 표시하라」는 내용의 확정판결을 첨부하여 공탁금을 출급청구할 수 있다.

> **해설** ② 매매 등 법률행위에 의하여 소유권이 승계된 경우에는 그에 따른 소유권이전등기가 수용의 개시일 이전에 마쳐져야 하고, 이 경우 승계인은 피공탁자의 정정 없이도 소유권의 승계사실을 증명하는 서면(등기사항증명서 또는 수용재결경정서)을 첨부하여 공탁물을 직접 출급청구할 수 있다.

정답 ▶ 01 ④ 02 ① 03 ②

04 수용된 토지에 대한 공탁물출급에 관한 다음 설명 중 가장 옳지 않은 것은? (다툼이 있는 경우 판례·예규 및 선례에 의함) ▸ 2016 법무사

① 공탁물을 수령할 자가 수용대상토지의 소유자로 표시된 '甲과 乙'의 2인으로 기재되어 있다면 수용대상토지가 甲의 단독소유임을 증명하는 서류를 첨부하였다 하더라도 '甲'이 단독으로 공탁물출급청구를 할 수 없다.

② 사업인정고시 후 수용개시일 전에 수용대상토지의 소유자가 변경되었음에도 승계 전의 소유자를 피공탁자로 하여 공탁된 경우, 승계인은 소유권의 승계사실을 증명하는 서면(등기사항증명서)을 첨부하여 공탁물을 직접 청구할 수 있다.

③ 매수인이 매도인을 상대로 토지소유권이전등기절차 이행의 승소판결을 받고 그에 따른 소유권이전등기를 수용의 개시일 이후에 경료한 경우, 그 매수인은 판결문과 등기사항증명서를 첨부하여 직접 공탁금출급청구를 할 수 있다.

④ 절대적 불확지공탁의 경우 정당한 권리자는 공탁서 정정을 요청하거나, 공탁자를 상대로 한 공탁금출급청구권의 확인판결을 받아 공탁금출급청구를 할 수 있다.

⑤ 합유로 등기되어 있는 토지가 수용되어 보상금이 공탁된 후 합유자 중의 일부가 사망한 경우, 특약이 없는 한 사망한 사람의 상속인들에게는 공탁금출급청구권이 승계되지 않는다.

> **해설** ③ 매수인이 매도인(등기기록상 소유명의인)을 상대로 매매를 원인으로 한 토지소유권이전등기절차 이행의 승소판결을 받았으나 그에 따른 소유권이전등기를 수용의 개시일 이후에 경료한 경우 그 매수인은 피공탁자인 매도인으로부터 공탁물출급청구권을 양도받지 않는 한 직접 공탁물의 출급청구를 할 수 없다.

05 사업시행자에 의하여 확지공탁된 수용보상금의 출급 등에 대한 설명 중 가장 틀린 것은? ▸ 2008 법무사

① 피공탁자 아닌 제3자가 피공탁자를 상대로 하여 공탁물출급청구권 확인판결을 받았다 하더라도 그 확인판결을 받은 제3자가 직접 공탁물출급청구를 할 수는 없다.

② 공탁물을 수령할 자가 수용대상토지의 소유자로 표시된 「甲과 乙」의 2인으로 기재되어 있다면 수용대상토지가 甲의 단독소유임을 증명하는 서류를 첨부하였다고 하더라도 「甲」이 단독으로 공탁금출급청구를 할 수는 없다.

③ 수용재결의 상대방인 토지소유자가 사망자라는 이유만으로는 그 수용재결이 당연무효라고 할 수 없고, 그 효력은 상속인에게 미치므로 死者를 피공탁자로 한 공탁의 경우 그 상속인은 상속인임을 증명하는 서면을 첨부하여 출급청구할 수 있다.

④ 수용대상물인 지장물건에 대하여 소유권분쟁이 있어 그 수용보상금이 공탁된 경우 공탁서상 피공탁자로 기재된 자는 피공탁자가 아닌 위 소유권분쟁 당사자를 상대로 공탁금의 출급청구권이 자신에게 있다는 확인을 구하는 확인의 소를 제기하는 것이 가장 유효·적절한 방법이다.

⑤ 소유권이전등기의무의 목적부동산이 수용되어 그 소유권이전등기의무가 이행불능이 된 경우, 등기청구권자는 등기의무자에게 대상청구권의 행사로서 등기의무자가 지급받은 수용보상금의 반환을 구하거나 또는 등기의무자가 취득한 수용보상금청구권의 양도를 구할 수 있을 뿐 그 수용보상금청구권 자체가 등기청구권자에게 귀속되는 것은 아니다.

해설 ④ 지장물건에 대하여 소유권분쟁이 있어 그 수용보상금이 공탁된 경우, 공탁서상 피공탁자로 기재된 자는 직접 공탁관에 대하여 공탁금의 출급청구권을 행사하여 이를 수령하면 되는 것이고, 구태여 피공탁자가 아닌 위 소유권분쟁 당사자를 상대로 공탁금의 출급청구권이 자신에게 있다는 확인을 구할 필요는 없다.

06 수용보상금 공탁에 관한 다음 설명 중 가장 옳지 않은 것은? ▶ 2025 법무사

① 수용의 효과를 발생시키는 보상금의 공탁은 특별한 사정이 없는 한 보상금 전액을 공탁하여야 하므로 사업시행자가 피수용자의 전기요금 등을 대납하였다 하더라도 그만큼을 공제한 차액만을 공탁할 수는 없다.

② 수용의 효과를 발생시키는 보상금의 공탁은 재결에서 정해진 보상금 전액의 공탁을 의미하므로, 수용대상토지에 대한 상속등기를 대위신청할 때 소요될 등록면허세액(지방교육세 포함) 그 밖의 비용을 공제한 나머지 금액만을 공탁한다면 이는 유효한 공탁이 될 수 없다.

③ 사업시행자는 피수용자에게 손실보상금을 지급함에 있어 국세징수법 제107조 제1항에 따라 납세증명서의 제출을 요구할 수 있으므로 납세증명서의 제출을 조건으로 하는 손실보상금의 공탁은 유효하다.

④ 피수용자가 반대급부 또는 그 밖의 조건의 이행을 할 의무가 없음에도 불구하고 사업시행자가 이를 조건으로 공탁을 한 때에는 피수용자가 그 조건을 수락하지 아니하는 한 공탁은 효력이 없다.

⑤ 이행의무가 없는 반대조건을 붙여 무효가 된 공탁을 수용의 개시일 이전에 반대급부가 없는 공탁으로 정정하면 그 공탁이 유효하게 되나, 수용의 개시일이 지난 후에는 반대급부 없는 공탁으로 정정하였다 하더라도 그 효력이 수용의 개시일까지 소급되지 아니하므로 재결의 효력이 상실된다.

해설 ③ 사업시행자가 수용보상금을 공탁하면서 납세증명서 제출을 반대급부 조건으로 한 경우 위 수용보상금 공탁의 효력 유무(공탁선례 제202410-1호) : 「공익사업을 위한 토지 등의 취득 및 보상에 관한 법률」에 따른 손실보상금의 지급은 토지수용위원회의 수용재결이라는 행정처분에 따라 이루어지는 것일 뿐 사업시행자와 피수용자(손실보상금 청구권자) 사이의 계약에 의한 것이 아니고, 국세징수법 제107조 제1항의 납세증명서 제출 대상이 되는 '대금을 지급받을 경우'는 국가,

지방자치단체 또는 정부 관리기관과의 계약에 따른 대금 수령의 경우만을 의미하는 것으로 보이므로, 이와 같은 경우에까지 납세증명서의 제출을 요구한다면 이는 피수용자의 재산권에 대한 과도한 제한 내지 침해가 될 우려가 있으므로, 사업시행자가 피수용자에게 손실보상금을 지급함에 있어 납세증명서의 제출을 요구하거나 그 미제출을 이유로 손실보상금의 지급을 거절할 수는 없다. 따라서 납세증명서의 제출을 조건으로 하는 손실보상금의 공탁은 효력이 인정되지 않는다.

07 토지수용보상금 공탁절차에서 사업시행자는 재결 당시 토지소유자인 甲을 피공탁자로 하여 수용보상금을 공탁하였는데, 피공탁자가 아닌 乙이 공탁금 출급청구를 하려고 한다. 다음 설명 중 가장 옳지 않은 것은?

▶ 2021 법원사무관

① 수용시기 전에 乙이 甲으로부터 위 토지소유권을 취득한 경우 乙은 등기사항증명서를 첨부하여 소유권 승계사실을 증명하고 공탁금 출급을 청구할 수 있다.

② 수용시기 전에 甲이 사망한 경우 甲의 상속인인 乙은 상속을 증명하는 서면을 첨부하여 직접 자기의 지분에 해당하는 공탁금 출급을 청구할 수 있다.

③ 수용시기 전에 乙이 甲을 채무자로 하여 위 토지에 대하여 처분금지가처분을 하였다면 수용시기가 지난 후 소유권이전등기소송의 승소확정판결을 얻은 경우 乙은 위 확정판결을 첨부하여 공탁금 출급을 청구할 수 있다.

④ 수용시기 전에 甲 소유 토지를 매수한 乙이 소유권이전등기는 경료하지 못했지만 수용개시 후 甲으로부터 공탁금출급청구권을 양도받은 경우 그 양도사실을 증명하고 공탁금 출급을 청구할 수 있다.

> **해설** ③ 승계인으로 인정받을 수 있느냐 여부에 따라 구체적인 공탁물 출급절차가 달라지게 되므로 승계인의 인정기준이 문제되는데, 수용개시일 전까지 소유권을 취득하여야 한다. 매수인이 매도인(등기기록상 소유명의인)을 상대로 매매를 원인으로 한 토지소유권이전등기절차 이행의 승소판결을 받았으나 그에 따른 소유권이전등기를 수용의 개시일 이후에 경료한 경우 그 매수인은 피공탁자인 매도인으로부터 공탁물출급청구권을 양도받지 않는 한 직접 공탁물의 출급청구를 할 수 없다. 수용의 개시일 이전에 수용대상토지에 대하여 처분금지가처분을 한 자가 수용의 개시일이 지난 후에 소유권이전등기청구소송의 승소확정판결을 얻었다고 하더라도, 위 판결을 집행하여 자기 명의로의 소유권이전등기를 경료할 수도 없고 피공탁자의 승계인으로서 공탁물을 출급청구할 수도 없다.

08 사업시행자가 수용보상금을 공탁한 경우 공탁물출급청구를 하는 경우에 관한 다음 설명 중 가장 옳지 않은 것은? ▸ 2015 법원사무관

① 정당한 공탁금수령권자이면서 공탁관으로부터 공탁금의 출급을 거부당한 자는 공탁자인 사업시행자를 상대방으로 하여 공탁금출급청구권의 확인판결을 받아 출급청구를 할 수 있다.

② 수용개시일 전에 수용대상토지의 소유자가 변경되었음에도 불구하고 수용보상금이 승계 전의 소유자를 피공탁자로 하여 공탁된 경우 그 승계인은 피공탁자의 정정이나 공탁물출급청구권을 양도받아서만 출급청구할 수 있다.

③ 수용보상금이 상대적 불확지공탁이 된 경우 공탁자의 승낙서나 국가를 상대로 한 공탁물출급청구권 확인판결 등은 출급청구권이 있음을 증명하는 서면이 될 수 없다.

④ 수용보상금이 절대적 불확지공탁이 된 경우 공탁자가 나중에 피공탁자를 알게 되었음에도 공탁서 정정을 하지 않을 때에는 정당한 권리자는 공탁자를 상대로 공탁물출급청구권의 확인판결을 받아 출급청구를 할 수 있다.

해설 ② 사업인정고시 후 수용의 개시일 전에 수용대상토지의 소유권에 변동이 있는 때에는 그 소유권을 승계한 자가 보상금 또는 공탁금을 수령하므로, 수용의 개시일 전에 수용대상토지의 소유자가 변경되었음에도 불구하고 수용보상금이 승계 전의 소유자를 피공탁자로 하여 공탁된 경우 그 승계인은 피공탁자의 정정 없이도 소유권의 승계사실을 증명하는 서면(등기사항증명서 또는 수용재결경정서)을 첨부하여 공탁물을 직접 출급청구할 수 있다.

09 다음은 수용보상금 공탁의 출급청구에 관한 설명이다. 가장 옳지 않은 것은? ▸ 2014 법무사

① 합유자 중 1인이 사망하면 특약이 없는 한 사망한 사람의 상속인들에게 공탁금출급청구권이 승계되지 않으므로 잔존 합유자들은 합유자 간의 특약 유무에 대한 소명 없이 공탁금출급청구를 할 수 있다.

② 수용개시일 전에 수용대상토지의 소유자가 변경되었음에도 불구하고 수용보상금이 승계 전의 소유자를 피공탁자로 하여 공탁된 경우 그 승계인은 피공탁자의 정정이나 공탁물출급청구권을 양도받아야만 출급청구할 수 있다.

③ 소유권이전등기의무의 목적부동산이 수용되어 그 소유권이전등기의무가 이행불능이 된 경우, 수용보상금청구권 자체가 등기청구권자에게 귀속되는 것은 아니다.

④ 수용보상금이 상대적 불확지공탁이 된 경우 공탁자의 승낙서나 국가를 상대로 한 공탁물출급청구권 확인판결 등은 출급청구권이 있음을 증명하는 서면이 될 수 없다.

⑤ 수용보상금이 절대적 불확지공탁이 된 경우 공탁자가 나중에 피공탁자를 알게 되었음에도 공탁서 정정을 하지 않을 때에는 정당한 권리자는 공탁자를 상대로 공탁물출급청구권의 확인판결을 받아 출급청구를 할 수 있다.

정답 07 ③   08 ②   09 ②

해설 ② 사업인정고시 후 수용의 개시일 전에 수용대상토지의 소유권에 변동이 있는 때에는 그 소유권을 승계한 자가 보상금 또는 공탁금을 수령하므로, 수용의 개시일 전에 수용대상토지의 소유자가 변경되었음에도 불구하고 수용보상금이 승계 전의 소유자를 피공탁자로 하여 공탁된 경우 그 승계인은 피공탁자의 정정 없이도 소유권의 승계사실을 증명하는 서면(등기사항증명서 또는 수용재결경정서)을 첨부하여 공탁물을 직접 출급청구할 수 있다.

10 수용보상금 공탁에 관한 다음 설명 중 가장 옳은 것은?

▶ 2017 법원사무관

① 수용대상토지에 대하여 소유권이전등기청구권을 피보전권리로 하는 처분금지가처분등기가 경료되어 있는 경우, 피공탁자를 토지소유자 또는 가처분채권자로 하여 상대적 불확지공탁을 하여야 한다.

② 수용대상토지에 등기된 지상권, 전세권, 저당권, 지역권, 임차권 등은 '공탁으로 인하여 소멸하는 질권, 전세권, 저당권란'에 기재하여야 한다.

③ 합유로 등기되어 있는 토지를 수용하고 수용보상금을 공탁한 이후 합유자 중 1명이 사망한 경우에 특약이 없는 한 사망한 사람의 상속인들에게 공탁금출급청구권이 승계되지 않는다.

④ 수용보상금 공탁의 피공탁자로 지정되지 않은 甲이 수용개시일 전에 경매부동산을 낙찰받고, 수용개시일 이후에 매각대금을 납부했더라도 직접 공탁금출급청구를 할 수 있다.

해설 ① 수용대상토지에 소유권등기말소청구권을 피보전권리로 하는 처분금지가처분등기가 마쳐져 있는 경우에는 현 토지소유자의 소유권등기에 대하여 무효 여부가 다투어지고 있다고 볼 수 있으므로, 그 본안소송의 결과에 따라서 토지소유권이 현 토지소유자 또는 전 토지소유자(가처분채권자)에게 귀속될 수 있다는 것을 의미하여 상대적 불확지공탁사유가 된다 할 것이고, 이 경우 피공탁자는 토지소유자 또는 가처분채권자가 될 것이다. 그러나 수용대상토지에 소유권이전등기청구권을 피보전권리로 하는 처분금지가처분등기가 마쳐져 있는 경우에는 현 토지소유자의 소유권을 인정하는 전제하에서 가처분 채권자에게 소유권이전등기를 해달라는 분쟁에 불과하므로, 그 본안소송의 결과에 상관없이 현 토지소유자가 보상금지급청구권자임에 변경이 없고, 따라서 이 경우에는 원칙적으로 상대적 불확지공탁을 할 수 없음은 물론 다른 공탁사유에도 해당되지 않는다.

② 수용대상토지에 대하여 (근)저당권, 가압류, 경매개시결정 등의 등기가 되어 있다고 하더라도 그것만으로는 토지소유자가 보상금지급청구권자임에 변동이 없으므로, 수용보상금을 공탁하는 경우의 피공탁자는 토지소유자가 되고, (근)저당권자, 가압류채권자, 압류채권자 등은 공탁서상의 어느 난에도 기재할 필요가 없다.

④ 경매절차의 매수인은 매각대금 납부 시에 매각부동산의 소유권을 취득하므로, 매각부동산이 매각대금 납부 전에 수용완료되었다면 매수인이 수용완료 후에 매각대금을 납부하였다고 하더라도 매각부동산의 소유권을 취득할 수 없다. 따라서 매각부동산에 대한 수용보상금인 공탁금에 대하여도 직접적인 권리행사는 할 수 없다.

11 공익사업을 위한 토지 등의 취득 및 보상에 관한 법률에 따라 보상금을 공탁하는 경우에 관한 설명이다. 가장 옳지 않은 것은? (다툼이 있는 경우 예규, 선례에 의함) ▸ 2013 법원사무관

① 명의수탁자 '망 갑(甲)'을 피공탁자로 하여 수용보상금을 공탁한 경우 명의신탁자는 망 갑(甲)의 상속인들을 상대로 '피고(상속인들)는 원고(명의신탁자)에게 공탁금출급청구권 양도의 의사표시를 하라'는 내용의 확정판결을 첨부하여 공탁금을 출급청구할 수 있다.

② 사업시행자가 수용대상토지에 가처분등기가 있음을 사유로 토지소유자와 가처분권자를 피공탁자로 한 상대적 불확지공탁을 한 경우 토지소유자는 가처분취하증명원을 첨부하여 공탁금을 출급청구할 수는 없다.

③ 사업시행자가 토지수용보상금에 대하여 절대적 불확지공탁을 한 경우 사업시행자가 발행한 출급청구권을 갖는다는 확인증명서를 첨부하여 공탁금을 출급청구할 수는 없다.

④ 토지수용보상금에 대하여 압류경합을 이유로 집행공탁 및 사유신고가 이루어진 이후에는 수용대상토지의 근저당권자는 물상대위권을 행사할 수 없다.

해설 ① 명의수탁자 '망 갑'을 피공탁자로 하여 수용보상금을 공탁한 경우 명의신탁자는 망 갑(甲)의 상속인들로부터 공탁금출급청구권을 양도받고 공탁관에게 양도통지를 하도록 하거나, 상속인들을 상대로 '피고(상속인들)는 원고(명의신탁자)에게 공탁금출급청구권 양도의 의사표시를 하고 소외 대한민국(소관 : 공탁관)에게 위 공탁금출급청구권 양도의 통지를 하라'는 내용의 집행권한(판결 등)을 얻어야 공탁금출급청구를 할 수 있다.

12 다음 사례에 대한 설명 중 옳은 내용만을 〈보기〉에서 모두 고른 것은? (다툼이 있는 경우 선례 및 판례에 의함) ▸ 2017 법원사무관

> (사례1) 사업시행자 甲은 미등기 토지를 수용하고 토지대장상 소유명의자 乙을 피공탁자로 하여 보상금 2억원을 공탁하였다.
> (사례2) 甲이 확정판결에 따라 乙과 丙을 피공탁자(지분 각 1/2)로 하여 판결에서 지급을 명한 금액을 변제공탁하였다.

> ┤ 보기 ├
> ㄱ. (사례1) 수용대상토지의 실질적인 소유자인 丙 종중은 피공탁자 乙을 상대로 공탁물출급청구권 확인판결을 받아 직접 출급청구를 할 수 있다.
> ㄴ. (사례1) 수용대상토지의 실질적인 소유자인 丙 종중은 피공탁자 乙을 상대로 공탁물출급청구권 양도의 의사표시를 하고 채무자인 국가(소관 : 공탁관)에 이를 통지하라는 취지의 판결을 받아 출급청구를 할 수 있다.
> ㄷ. (사례2) 乙과 丙은 각자 위 공탁금의 1/2 지분에 해당하는 공탁금을 출급청구할 수 있다.
> ㄹ. (사례2) 乙은 丙을 상대로 자신의 1/2 지분을 초과하는 지분에 대한 공탁금출급청구권의 확인을 청구할 수 있다.

정답 ▸ 10 ③ 11 ① 12 ②

① ㄱ, ㄴ   ② ㄴ, ㄷ   ③ ㄷ, ㄹ   ④ ㄱ, ㄹ

해설 ② ㄱ. 종중이 수용대상토지에 대한 명의신탁을 해지하였다고 하더라도 수용의 개시일 전에 소유권등기를 회복하지 못하였다면 수용보상금의 출급청구권은 수용 당시의 소유자인 명의수탁자가 취득하는 것이고 종중은 명의수탁자로부터 공탁금출급청구권을 양도받지 않는 한 공탁금출급청구권을 취득할 수는 없으므로, 비록 종중이 명의수탁자를 피고로 하여 명의신탁의 해지를 이유로 공탁금출급청구권 확인판결(공탁금출급청구권을 증명하는 서면이 될 수는 없음)을 받았다고 하더라도 종중은 그 판결에 기하여 직접 공탁금출급청구를 할 수는 없다.

ㄹ. 채무자가 확정판결에 따라 갑과 을을 피공탁자(지분 각 1/2)로 하여 판결에서 명한 금액을 변제공탁한 경우 갑과 을은 각자의 위 공탁금 1/2 지분에 해당하는 공탁금을 출급청구할 수 있을 뿐이고, 각자의 지분을 초과하는 지분에 대하여는 갑과 을이 피공탁자로 지정되어 있지 않으므로 초과지분에 대하여는 상대방을 상대로 공탁금출급청구권의 확인을 구할 수 없다. 이 경우 실체법상의 채권자는 피공탁자로부터 공탁물출급청구권을 양도받아야 공탁물을 출급청구할 수 있다.

13 공탁금출급청구권 증명서면 등에 관한 설명이다. 가장 옳지 않은 것은? ▶ 2014 법무사

① 채무자가 확정판결에 따라 甲과 乙을 피공탁자(지분 각 1/2)로 하여 판결에서 지급을 명한 금액을 변제공탁한 경우, 甲과 乙은 각자 위 공탁금의 1/2 지분에 해당하는 공탁금을 출급청구할 수 있을 뿐이고, 각자의 지분을 초과하는 지분에 대하여는 甲과 乙이 피공탁자로 지정되어 있지 않으므로 초과지분에 대하여 상대방을 상대로 공탁금출급청구권의 확인을 청구할 수 없다.

② 수용대상토지에 대하여 가처분등기가 경료되어 있으나 그 가처분의 피보전권리가 공시되어 있지 않아 사업시행자가 '토지소유자 또는 가처분권리자'를 피공탁자로 하는 상대적 불확지공탁을 한 이후에 그 가처분의 피보전권리가 소유권이전등기청구권임이 확인된 경우에는 기존의 불확지공탁에서 토지소유자를 피공탁자로 하는 확지공탁으로 바꾸는 공탁서 정정은 공탁의 동일성을 해하지 아니하므로 정정이 가능하다.

③ 등기관이 등기부를 이기하는 과정에서 등기부상 종전 소유자 '갑(甲)'을 '을(乙)'로 잘못 이기한 결과, 사업시행자가 피공탁자 성명을 '을(乙)'로 기재하여 공탁한 경우, 위 '갑(甲)'의 상속인은 공탁자인 사업시행자에게 피공탁자 표시를 정정하는 공탁서 정정신청을 해 줄 것을 촉구할 수 있다. 만일, 사업시행자가 이를 이행하지 않을 경우 공탁자를 상대로 공탁금출급청구권 확인판결을 받아 공탁금출급청구를 할 수 있다.

④ 등기부상 소유자를 피공탁자로 하여 토지수용보상금을 공탁한 경우, 그 등기부상 소유 명의인이 실명이 아닌 예명인 경우에는 수용대상토지의 실제 소유자가 공탁금을 출급하기 위해서는 공탁자를 상대로 공탁금출급청구권이 자신에게 있다는 확정판결(조정, 화해조서 포함)을 받아 첨부하여야 한다.

⑤ 공탁금지급청구권의 양도통지서에 날인된 양도인의 인영에 대하여 인감증명서가 첨부되지 아니한 경우라 하더라도 양도인은 공탁금의 지급청구를 할 수 없다.

해설 ② 공탁자, 공탁금액, 공탁물수령자 등 공탁의 요건에 관한 사항에 대한 정정은 공탁의 동일성을 해하는 내용의 정정이므로 허용될 수 없으며, 이러한 경우에는 착오를 증명하는 서면을 첨부하여 공탁물을 회수한 다음 다시 공탁할 수밖에 없다. 따라서 '갑 및 을' 2인으로 되어 있는 피공탁자 명의를 '갑' 1인으로 정정하거나(일부 피공탁자의 삭제), '갑' 1인으로 되어 있는 피공탁자를 '갑 또는 을'로 정정하는 것(기존의 확지공탁을 상대적 불확지공탁으로 정정)은 단순한 착오기재의 정정에 그치지 아니하고 공탁에 의하여 형성된 실체관계의 변경을 가져오는 것으로서 공탁의 동일성을 해하는 내용의 정정이므로 허용될 수 없다.

14 공탁금 출급청구권자에 관한 다음 설명 중 가장 옳지 않은 것은? ▸ 2024 법무사

① 가분채권은 원칙적으로 각 채권자별로 그 채무이행지 공탁소에 공탁하여야 하나 공탁원인과 공탁소가 동일한 경우에는 1건의 공탁을 할 수 있고, 이 경우에는 각 채권자가 자기 지분만을 출급청구할 수 있다.

② 채무자가 확정판결에 따라 甲과 乙을 피공탁자(지분 각 1/2)로 하여 판결에서 지급을 명한 금액을 변제공탁한 경우, 甲과 乙은 각자 위 공탁금의 1/2 지분에 해당하는 공탁금을 출급청구할 수 있을 뿐만 아니라 각자의 지분을 초과하는 지분에 대하여도 상대방을 상대로 공탁금출급청구권의 확인을 청구할 수 있다.

③ 공탁물출급청구권에 대한 압류 및 전부명령이 국가에 송달된 후 그 전부명령이 확정되기 전에 다른 압류명령 등이 국가에 송달되었더라도 선행의 전부명령이 실효되지 않는 한 압류의 경합이 생기지 아니하므로, 차후에 그 전부명령이 확정되면 전부채권자는 피공탁자의 특정승계인으로서 출급청구할 수 있다.

④ 조합재산을 수용하고 그 보상금을 공탁하면서 합유자인 조합원 전체를 피공탁자로 한 경우에는 조합원의 지분을 특정하였더라도 그 보상금은 조합원 전체의 합유이므로 위 공탁금을 출급청구함에 있어서는 조합원 전원의 청구에 의하여야 한다.

⑤ 수용대상 토지에 소유권등기말소청구권을 피보전권리로 한 처분금지가처분등기가 되어 있어 사업시행자가 피공탁자를 '가처분채권자 또는 토지소유자'로 하는 상대적 불확지공탁을 한 경우 가처분채권자가 토지소유자를 상대로 제기한 소유권이전등기말소청구의 소에서 패소확정의 본안판결을 받았다면 토지소유자는 그 확정판결을 출급청구권 증명 서면으로 하여 공탁금 출급청구를 할 수 있다.

해설 ② 채무자가 확정판결에 따라 갑과 을을 피공탁자(지분 각 1/2)로 하여 판결에서 명한 금액을 변제공탁한 경우 갑과 을은 각자의 위 공탁금 1/2 지분에 해당하는 공탁금을 출급청구할 수 있을 뿐이고, 각자의 지분을 초과하는 지분에 대하여는 갑과 을이 피공탁자로 지정되어 있지 않으므로 초과 지분에 대하여는 상대방을 상대로 공탁금 출급청구권의 확인을 구할 수 없다. 이 경우 실체법상의 채권자는 피공탁자로부터 공탁물출급청구권을 양도받아야 공탁물을 출급청구할 수 있다.

정답 ▸ 13 ② 14 ②

15 수용보상공탁금의 지급에 관한 다음 설명 중 가장 옳은 것은? ▸ 2018 법무사

① 사업시행자가 토지수용보상금을 공탁하고, 수용개시일 이후에 부동산소유권 이전등기 등에 관한 특별조치법에 의하여 이전등기를 마친 자는 공탁된 수용보상금을 직접 출급청구할 수 있다.

② 공탁의 원인이 소멸한 때에는 공탁자가 공탁물을 회수할 수 있을 뿐 피공탁자의 공탁물 출급청구권은 존재하지 않으므로, 이러한 경우 공탁자가 공탁물을 회수하기 전에 위 공탁물출급청구권에 대한 전부명령을 받아 공탁물을 수령한 자는 법률상 원인 없이 공탁물을 수령한 것이 되어 공탁자에 대하여 부당이득반환의무를 부담한다.

③ 소유권이전등기의무의 목적부동산이 수용되어 그 소유권이전등기의무가 이행불능이 된 경우, 수용보상금청구권 자체가 등기청구권자에게 당연히 귀속된다.

④ 공탁자가 토지를 수용하면서 가처분권자가 있어서 그 토지의 합유자들과 위 가처분권자를 피공탁자로 한 상대적 불확지공탁을 한 경우에 합유자들은 공탁 이후에 가처분권자의 가처분취하로 인한 가처분취하증명원을 첨부하여야 공탁금을 출급할 수 있다.

⑤ 종중이 명의수탁자를 피고로 하여 명의신탁의 해지를 이유로 공탁금출급청구권 확인판결을 받았다면 종중은 그 판결에 기하여 직접 공탁금출급청구를 할 수는 있다.

> **해설** ① 수용개시일 이후에 「부동산소유권 이전등기 등에 관한 특별조치법」에 의하여 이전등기를 마친 경우 공탁된 토지수용보상금을 직접 출급청구할 수 없고, 피공탁자로부터 공탁금출급청구권을 양도받거나, 공탁금출급청구권을 양도하고 제3채무자인 국가에게 양도통지를 하라는 취지의 확정판결을 받아 공탁금을 출급청구할 수 있다(공탁선례 제2-229호).
> ③ 소유권이전등기의무의 목적부동산이 수용되어 그 소유권이전등기의무가 이행불능이 된 경우, 등기청구권자는 등기의무자에게 대상청구권의 행사로써 등기의무자가 지급받은 수용보상금의 반환을 구하거나 또는 등기의무자가 취득한 수용보상금청구권의 양도를 구할 수 있을 뿐 그 수용보상금청구권 자체가 등기청구권자에게 귀속되는 것은 아니다.
> ④ 가처분권자의 가처분취하로 인한 가처분취하증명원은 공탁금출급청구권이 있음을 증명하는 서면이 될 수 없고, 가처분권자의 승낙서(인감증명서 첨부) 등이 필요하다(공탁선례 제2-231호).
> ⑤ 종중이 수용대상토지에 대한 명의신탁을 해지하였다고 하더라도 수용의 개시일 전에 소유권등기를 회복하지 못하였다면 수용보상금의 출급청구권은 수용 당시의 소유자인 명의수탁자가 취득하는 것이고 종중은 명의수탁자로부터 공탁금출급청구권을 양도받지 않는 한 공탁금출급청구권을 취득할 수는 없으므로, 비록 종중이 명의수탁자를 피고로 하여 명의신탁의 해지를 이유로 공탁금출급청구권 확인판결(공탁금출급청구권을 증명하는 서면이 될 수는 없음)을 받았다고 하더라도 종중은 그 판결에 기하여 직접 공탁금출급청구를 할 수는 없다.

16 다음은 공탁금출급·회수청구서의 첨부서류에 관한 설명이다. 가장 옳지 않은 것은?

▸ 2013 법무사

① 공탁물출급청구권에 대하여 압류 및 전부명령을 얻은 전부채권자가 공탁물을 출급청구하는 경우에는 압류 및 전부명령정본과 확정증명서를 첨부하여야 하나 공탁통지서를 첨부하지 않아도 된다.

② 민법 제489조 제1항에 의하여 변제공탁물을 회수하는 경우에는 원칙적으로 별도의 회수청구권 증명서면을 첨부할 필요가 없다.

③ 변제공탁에서 당사자 간의 협의해결로 채권자의 승낙에 의하여 회수하는 경우에는 채권자의 승낙서, 채권자가 채권을 포기한 경우에는 채권포기 증명서면이 공탁원인소멸 증명서면이 된다.

④ 형사공판과정에서 피공탁자가 공탁금수령거절의 의사표시를 하였더라도 공탁자는 피공탁자의 동의서를 첨부하지 않는 한 공탁금회수청구를 할 수 없다.

⑤ 수용보상금에 대하여 절대적 불확지공탁을 한 경우 사업시행자가 발행한 출급청구권을 갖는다는 확인증명서 또는 확인서를 첨부하여 공탁금출급청구를 할 수 있다.

해설 ⑤ 절대적 불확지공탁의 경우에는 공탁자(사업시행자)가 나중에 피공탁자를 알게 되었을 때에는 먼저 그를 피공탁자로 지정하는 공탁서 정정을 한 후 그로 하여금 공탁금을 출급청구하게 할 수 있고, 공탁자가 공탁서 정정을 하지 않을 때에는 정당한 권리자가 공탁자를 상대로 하여 공탁금출급청구권의 확인판결(화해조서, 조정조서 포함)을 받아 공탁금출급청구를 할 수 있다. 따라서 절대적 불확지공탁에 있어서 위와 같은 공탁금출급절차에 의하지 않고 사업시행자가 발행한 출급청구권을 갖는다는 확인증명서(또는 확인서)만을 첨부하여 공탁금출급청구를 하는 경우 위 확인증명서는 출급청구권 증명서면으로 볼 수 없다. 그러나 사업시행자인 국가를 상대로 하여 '공탁금출급청구권 확인판결'이 아닌 '토지소유권 확인판결'을 받은 경우에도 판결에 의하여 수용 당시의 소유자임이 확인되는 경우에는 그 판결을 출급청구권 증명서면으로 볼 수 있다.

17 공탁물출급 시 첨부서면에 관한 설명으로 가장 틀린 것은?

▸ 2010 법무사

① 공탁물을 출급하려는 사람은 공탁물출급청구서에 공탁통지서를 첨부하여야 하나, 출급청구하는 공탁금액이 5,000만원 이하인 경우(다만, 청구인이 관공서이거나 법인 아닌 사단이나 재단인 때에는 그 금액이 1,000만원 이하인 경우)에는 공탁통지서를 첨부할 필요가 없다.

② 「甲 또는 乙」을 피공탁자로 하여 상대적 불확지공탁을 한 경우, 甲이 출급청구하기 위하여는 출급청구권을 증명하는 서면으로써 피공탁자로 지정되어 있는 다른 사람인 乙의 승낙서면(인감증명서 첨부)이나 그를 상대로 한 권리관계를 증명하는 확인판결(화해조서, 조정조서 등)정본을 첨부하여 공탁금을 출급받을 수 있다.

정답 ▸ 15 ② 16 ⑤ 17 ③

③ 절대적 불확지공탁의 경우에는 공탁자가 공탁서 정정을 하지 않을 때에는 정당한 권리자가 공탁자를 상대로 공탁금출급청구권의 확인판결을 받거나, 공탁자(사업시행자)가 발행한 확인서를 받아 공탁금을 출급받을 수 있다.

④ 배당이나 그 밖에 관공서 결정에 따라 공탁물을 지급하는 경우 해당 관공서는 공탁관에게 지급위탁서를 보내고 지급을 받을 자에게는 그 자격에 관한 증명서를 주어야 한다.

⑤ 공탁물을 수령할 자가 반대급부를 하여야 하는 경우에는 공탁자의 서면 또는 판결문, 공정증서, 그 밖의 관공서에서 작성한 공문서 등에 의하여 그 반대급부가 있었음을 증명하지 아니하면 공탁물을 수령하지 못한다.

> **해설** ③ 절대적 불확지공탁의 경우에는 사업시행자가 발행한 출급청구권을 갖는다는 확인증명서(또는 확인서)만을 첨부하여 공탁금출급청구를 하는 경우 위 확인증명서는 출급청구권 증명서면으로 볼 수 없다.

18 다음은 상대적 또는 절대적 불확지공탁의 출급에 관한 내용이다. 각 괄호 안에 들어갈 용어를 올바르게 나열한 것은?
▸ 2020 법원사무관 승진

> ㉠ 상대적 불확지공탁의 경우 공탁자의 승낙서나 공탁자 또는 국가를 상대로 한 공탁물출급청구권 확인판결은 출급청구권이 있음을 증명하는 서면으로 볼 수 (A).
> ㉡ 공탁자가 토지를 수용하면서 가처분권자가 있어서 그 토지의 합유자들과 위 가처분권자를 피공탁자로 한 상대적 불확지공탁을 한 경우에 공탁 이후에 가처분권자의 가처분취하로 인한 가처분취하증명원은 합유자들에게 공탁금출급청구권이 있음을 증명하는 서면이 될 수 (B).
> ㉢ 절대적 불확지공탁에서 사업시행자가 발행한 출급청구권을 갖는다는 확인증명서(또는 확인서)만을 첨부하여 공탁금 출급청구를 하는 경우 위 확인증명서는 출급청구권 증명서면으로 볼 수 (C).
> ㉣ 토지수용절차에서 피공탁자를 망 소유자의 상속인으로 기재하여 공탁한 후, 사업시행자가 공탁 이후에 상속인들을 알게 되었음에도 공탁서 정정신청을 하지 않는 경우 상속인들은 공탁자를 상대로 하여 공탁금에 대한 출급청구권이 자신에게 있다는 확인판결을 받아 출급청구할 수 (D).

	A	B	C	D
①	없다	있다	없다	없다
②	없다	없다	없다	있다
③	있다	있다	없다	있다
④	있다	없다	있다	없다

해설 ② ㉠ 상대적 불확지공탁의 경우 공탁자의 승낙서나 공탁자 또는 국가를 상대로 한 공탁물출급청구권 확인판결은 출급청구권이 있음을 증명하는 서면으로 볼 수 없다.

㉡ 공탁자가 토지를 수용하면서 가처분권자가 있어서 그 토지의 합유자들과 위 가처분권자를 피공탁자로 한 상대적 불확지공탁을 한 경우에 공탁 이후에 가처분권자의 가처분취하로 인한 가처분취하증명원은 합유자들에게 공탁금출급청구권이 있음을 증명하는 서면이 될 수 없다.

㉢ 절대적 불확지공탁에서 사업시행자가 발행한 출급청구권을 갖는다는 확인증명서(또는 확인서)만을 첨부하여 공탁금 출급청구를 하는 경우 위 확인증명서는 출급청구권 증명서면으로 볼 수 없다.

㉣ 토지수용절차에서 피공탁자를 망 소유자의 상속인으로 기재하여 공탁한 후, 사업시행자가 공탁 이후에 상속인들을 알게 되었음에도 공탁서 정정신청을 하지 않는 경우 상속인들은 공탁자를 상대로 하여 공탁금에 대한 출급청구권이 자신에게 있다는 확인판결을 받아 출급청구할 수 있다.

19 공탁금 출급절차에 관한 다음 설명 중 가장 옳지 않은 것은? ▶ 2022 법무사

① 실체법상 채권자라고 하더라도 공탁서에 피공탁자로 기재되어 있지 않다면 공탁물출급청구권을 행사할 수 없다.

② '수령거절'을 이유로 사업시행자가 수용보상금을 공탁하면서 수용대상토지의 공유자 전원을 피공탁자로 한 경우 공유자 각자는 자기의 등기기록상 지분에 해당하는 공탁금을 출급청구할 수 있다.

③ 채무자인 공탁자가 변제공탁을 하면서 공탁서에 불가분채권자 2인을 피공탁자로 기재한 경우 피공탁자 중 1인이 공탁자의 출급동의서를 첨부한 경우에는 단독으로 공탁금 출급청구를 할 수 있다.

④ 토지수용보상금이 상대적 불확지공탁된 경우 공탁자를 상대로 한 공탁물출급청구권 확인의 확정판결은 출급청구권 증명서면이 될 수 없다.

⑤ 토지수용보상금이 상대적 불확지공탁된 경우 피공탁자 전원이 공동으로 출급청구하는 경우에는 별도의 출급청구권 증명서면을 제출할 필요가 없다.

해설 ③ 실체법상 불가분채권자 1인이 모든 채권자를 위하여 단독으로 이행을 청구할 수 있더라도 채무자인 공탁자가 변제공탁을 하면서 공탁서에 불가분채권자 2인을 피공탁자로 기재하였다면 비록 피공탁자 중 1인이 공탁자의 출급동의서를 첨부하였더라도 단독으로 공탁금출급청구를 할 수 없고, 피공탁자 전원이 함께 청구하거나 피공탁자 1인이 나머지 피공탁자의 위임을 받아 청구해야 한다(공탁선례 제2-133호).

정답 18 ② 19 ③

20 수용보상금 공탁에 관한 다음 설명 중 가장 옳지 않은 것은? ▸ 2019 법무사

① 토지소유자에게 지급할 보상금이 소득세법 제156조 또는 법인세법 제98조에 따라 원천 징수의 대상이 되는 경우에는 사업시행자는 토지소유자에게 지급할 보상금에서 그 원천 징수세액을 공제한 나머지 금액을 공탁할 수 있다.

② 사업시행자가 수용보상금을 절대적 불확지공탁한 후에 피공탁자를 알게 된 때에 그를 피공탁자로 지정하는 공탁서 정정을 신청할 수 있고, 그 공탁서 정정이 적법하게 수리된 경우에 정정의 효력은 당초 공탁 시로 소급하여 발생한다.

③ 수용대상물인 지장물건에 대하여 소유권 분쟁이 있어 그 수용보상금이 공탁된 경우, 공 탁서상 피공탁자로 기재된 자는 직접 공탁관에 대하여 공탁금의 출급청구권을 행사하면 되고, 위 소유권 분쟁 당사자를 상대로 공탁금의 출급청구권이 자신에게 있다는 확인을 구할 필요는 없다.

④ 매수인이 수용개시일 이전에 매수토지에 관한 소유권이전등기를 마치지 않고 있던 중 사업시행자가 보상금을 매도인 앞으로 공탁함으로써 수용개시일에 수용의 효력이 발생 하였다면, 그 이후 매수인이 자기 앞으로 소유권이전등기를 마쳤다고 하더라도 그 매수 인은 피공탁자인 매도인으로부터 공탁금출급청구권을 양도받지 않는 한 직접 공탁금의 출급청구를 할 수 없다.

⑤ 이행의무가 없는 반대조건을 붙여 무효가 된 공탁을 수용의 개시일이 지난 후에 반대급 부 없는 공탁으로 정정하면 그 공탁이 유효하게 되므로 재결의 효력이 유지된다.

해설 ⑤ 공탁서 정정이 적법하게 수리된 경우에는 정정의 효력이 당초 공탁 시로 소급하여 발생한다. 그 러나 반대급부조건을 철회하는 공탁서 정정신청을 수리한 때에는 그때로부터 반대급부조건이 없 는 변제공탁으로서의 효력을 갖는 것으로서 그 효력이 당초의 공탁 시로 소급하는 것은 아니라는 판례(대판 1986.8.19, 85누280, 대판 1971.6.30, 71다874)가 있다. 따라서 토지수용보상금 공 탁에 있어 반대급부조건이 있는 것으로 공탁하였다가 수용개시일 이후에 반대급부조건을 철회하 는 공탁서 정정이 이루어진 경우에는 그 정정의 효력이 당초의 공탁 시나 수용개시일에 소급되는 것이 아니어서 수용개시일까지 보상금을 지급 또는 공탁하지 아니한 때에 해당되어 그 수용재결 의 효력이 상실될 수 있다.

21 수용보상금 공탁금 출급절차에 관한 다음 설명 중 가장 옳지 않은 것은? ▸ 2024 법원사무관

① 사업시행자가 수용보상금을 공유자 전원을 피공탁자로 하여 공탁한 경우 공유자 각자가 자기의 등기부상 지분에 해당하는 공탁금을 출급청구할 수 있다.

② 공탁서에 피공탁자가 '甲과 乙'로 기재되어 있더라도 甲은 자신이 단독 소유자임을 증명하는 서류를 첨부하여 단독으로 공탁금 출급청구를 할 수 있다.

③ 수용개시일 전에 소유권이 甲에서 乙로 변경되었음에도 수용보상금이 승계전소유자인 甲에게 공탁되어 있는 경우 乙은 피공탁자의 정정 없이도 소유권 승계사실을 증명하는 서면을 첨부하여 공탁금을 직접 출급청구할 수 있다.

④ 사업시행자가 토지수용보상금을 공탁하고 수용개시일 이후에 '부동산소유권이전등기 등에 관한 특별조치법'에 의하여 이전등기를 마친 경우라도 공탁된 수용보상금을 직접 출급청구할 수 없다.

> **해설** ② 공탁물을 수령할 자가 수용대상토지의 소유자로 표시된 甲과 乙의 2인으로 기재되어 있다면 수용대상토지가 甲의 단독 소유임을 증명하는 서류를 첨부하였다 하더라도 甲이 단독으로 공탁금 출급청구를 할 수는 없다.

22 수용보상 공탁금의 출급에 관한 다음 설명 중 가장 옳은 것은? ▸ 2021 법무사

① 수용보상금을 받을 자가 주소불명으로 인하여 그 보상금을 수령할 수 없는 때에 해당함을 이유로 하여 보상금이 공탁된 경우 정당한 공탁금수령권자이면서도 공탁공무원으로부터 공탁금의 출급을 거부당한 자는 공탁자인 사업시행자를 상대방으로 하여 그 공탁금 출급권의 확인을 구하는 소송을 제기할 이익이 있다.

② 수용보상금의 공탁서에 공탁물을 수령할 자로 甲, 乙로 기재되어 있더라도, 甲은 수용대상토지가 자신의 단독 소유임을 증명하는 서류를 첨부하여 단독으로 공탁관에게 공탁금 출급청구를 할 수 있다.

③ 사업시행자가 이미 사망한 사람을 피공탁자로 하여 공탁하였다면 이는 무효이므로, 그 피공탁자의 상속인들이 직접 공탁금을 출급청구할 수 없다.

④ 매수인이 매도인을 상대로 매매를 원인으로 한 토지소유권이전등기 절차 이행의 승소판결을 받았으나 그에 따른 소유권이전등기를 마치지 않고 있던 중 사업시행자가 해당 토지를 수용하고 매도인 앞으로 수용보상금을 공탁함으로써 수용의 효력이 발생한 경우 그 수용을 원인으로 한 소유권이전등기가 마쳐지기 전에 매수인이 자기 명의로 소유권이전등기를 마쳤다면 그 매수인은 직접 공탁금의 출급청구를 할 수 있다.

정답 20 ⑤ 21 ② 22 ①

⑤ 종중이 수용대상 토지에 관한 명의신탁을 해지하였으나 수용시기 전에 소유권등기를 회복하지 못하였다 해도, 종중이 명의수탁자를 상대로 명의신탁의 해지를 이유로 공탁금출급청구권 확인판결을 받았다면 종중은 위 확인판결에 기하여 직접 공탁금 출급청구를 할 수 있다.

해설 ② 공탁물을 수령할 자가 수용대상토지의 소유자로 표시된 "갑과 을"의 2인으로 기재되어 있다면 수용대상토지가 갑의 단독 소유임을 증명하는 서류를 첨부하였다 하더라도 "갑"이 단독으로 공탁금출급청구를 할 수는 없다.

③ 자연인이 사망하면 공탁당사자능력도 당연히 소멸하지만, 등기기록상 소유자를 피공탁자로 하여 보상금을 공탁한 경우 피공탁자가 이미 사망하였다면 그 공탁은 상속인들에 대한 공탁으로서 유효하다.

④ 매수인이 매도인(등기기록상 소유명의인)을 상대로 매매를 원인으로 한 토지소유권이전등기절차 이행의 승소판결을 받았으나 그에 따른 소유권이전등기를 수용의 개시일 이후에 경료한 경우 그 매수인은 피공탁자인 매도인으로부터 공탁물출급청구권을 양도받지 않는 한 직접 공탁물의 출급청구를 할 수 없다.

⑤ 종중이 수용대상토지에 대한 명의신탁을 해지하였다고 하더라도 수용의 개시일 전에 소유권등기를 회복하지 못하였다면 수용보상금의 출급청구권은 수용 당시의 소유자인 명의수탁자가 취득하는 것이고 종중은 명의수탁자로부터 공탁금출급청구권을 양도받지 않는 한 공탁금출급청구권을 취득할 수는 없으므로, 비록 종중이 명의수탁자를 피고로 하여 명의신탁의 해지를 이유로 공탁금출급청구권 확인판결(공탁금출급청구권을 증명하는 서면이 될 수는 없음)을 받았다고 하더라도 종중은 그 판결에 기하여 직접 공탁금출급청구를 할 수는 없다.

제3절 물상대위

01 수용보상금 공탁에 따른 담보물권자의 물상대위권 행사에 관한 다음 〈보기〉의 설명 중 옳은 내용만을 모두 고른 것은?
▶ 2019 법원사무관

┤ 보기 ├

ㄱ. 사업인정의 고시가 있으면 수용대상토지에 대한 손실보상금의 지급이 확실시되므로 토지수용의 재결 이전 단계에서도 담보물권자는 물상대위권을 행사할 수 있다.

ㄴ. 담보물권자가 물상대위권을 행사하기 위해서는 수용보상금의 지급 전에 이를 압류하여야 하는데, 사업시행자가 보상금을 변제공탁한 경우 그 공탁금이 출급되기 전까지는 그 지급이 있었다고 할 수 없고, 이는 보상금의 변제 효과와는 별개의 문제이다.

ㄷ. 수용보상금에 대하여 다른 일반채권자가 먼저 가압류나 압류의 집행을 하였다고 하더라도 담보물권자는 물상대위권을 행사하여 우선변제를 받을 수 있으므로 사업시행자가 집행공탁 후 공탁사유신고를 한 이후에도 물상대위권을 행사할 수 있다.

ㄹ. 사업시행자가 수용보상금을 국세징수법상의 체납처분에 의한 압류만을 이유로 하여 집행공탁을 하고 공탁사유신고를 한 경우 배당요구의 종기가 도래하여 담보물권자는 물상대위권을 행사할 수 없다.

① ㄱ, ㄴ

② ㄴ, ㄷ

③ ㄷ, ㄹ

④ ㄱ, ㄹ

해설 ① ㄷ. 물상대위권의 행사는 늦어도 민사집행법 제247조 제1항 각 호에서 정하고 있는 배당요구의 종기까지 하여야 하므로, 담보물권자는 제3채무자가 민사집행법 제248조 제4항 소정의 공탁사유신고를 하기 이전에 스스로 담보권의 존재를 증명하는 서류를 제출하여 물상대위권의 목적채권을 압류하거나 법원에 배당요구를 하여야 하는 것이고, 그 이후에는 물상대위권자로서 우선변제권을 행사할 수 없게 된다.

ㄹ. 사업시행자가 수용보상금을 국세징수법상의 체납압류만을 이유로 하여 집행공탁을 하고 공탁사유신고를 하였다고 하더라도 이는 집행공탁의 요건을 갖추지 못한 경우로 사유신고로 인하여 배당요구 종기가 도래하여 그 후의 배당요구를 차단하는 효력이 발행할 수 없어 담보물권자는 물상대위권을 행사할 수 있다.

정답 01 ①

02 토지수용절차에서 저당권자의 물상대위권 행사에 관한 다음 설명 중 가장 옳지 않은 것은?
(다툼이 있는 경우 판례·예규 및 선례에 의함) ▶ 2016 법무사

① 물상대위권을 행사하기 위해서는 압류를 요하나 일반채권자로서 강제집행을 하는 것이
아니므로 집행권원을 필요로 하지 않는다.

② 물상대위권을 행사하기 위해서 압류는 반드시 저당권자 스스로 하여야 하는 것은 아니
고, 이미 제3자가 압류하여 그 금전 또는 물건이 특정된 이상 저당권자는 스스로 이를
압류하지 않고서도 물상대위권을 행사할 수 있다.

③ 저당권자로서는 제3채무자가 민사집행법 제248조 제4항 소정의 공탁사유신고를 한 이
후에는 물상대위권자로서의 우선변제권을 행사할 수 없다.

④ 근저당권자가 물상대위권 행사를 위한 압류를 하지 아니하고 일반채권에 기하여 가압류
만 하고 있던 중에 다른 채권자가 압류를 하게 되면 공탁관은 압류와 가압류의 경합을
사유로 하여 압류법원에 사유신고를 하게 되므로, 그 이후에는 근저당권자는 위 배당절
차에서 근저당권자가 아닌 단순한 가압류채권자로서 다른 채권자들과 안분배분을 받을
수 있을 뿐이다.

⑤ 보상금에 대하여 다른 일반채권자가 먼저 가압류나 압류의 집행을 하였다면 담보물권자
는 더 이상 물상대위권을 행사하여 우선변제를 받을 수는 없다.

해설 ⑤ 담보물권을 행사하기 위한 요건으로서 수용보상금의 지급 전에 압류하여야 하는데, 사업시행자
가 수용보상금을 변제공탁한 경우 그 공탁금이 출급되기까지는 그 지급이 있었다고 할 수 없고,
이는 보상금의 변제효과와는 별개의 문제이다. 따라서 담보물권자가 물상대위권을 행사하기 전
에 양도 또는 전부명령 등에 의하여 보상금채권이 타인에게 이전된 경우라도 보상금이 직접 지급
되거나 보상금지급청구권에 관한 강제집행절차에 있어서 배당요구의 종기에 이르기 전에는 여전
히 그 보상금지급청구권에 대한 추급이 가능하므로, 그 경우에도 담보물권자는 물상대위권을 행
사하여 다른 일반채권자보다 우선적으로 보상금을 지급받을 수 있다. 즉, 수용보상금에 대하여
다른 일반채권자가 먼저 가압류나 압류의 집행을 하였다고 하더라도 담보물권자는 물상대위권을
행사하여 우선변제를 받을 수 있으나, 일단 사업시행자가 집행공탁을 하고 공탁사유신고를 한
때 또는 추심채권자가 추심하고 추심신고를 한 때에는 배당요구의 종기가 지난 후이므로 물상대
위권을 행사할 수 없다.

03 수용보상금 공탁에 관한 설명 중 가장 옳지 않은 것은? (다툼이 있는 경우 판례, 선례에 의함)

▸ 2011 법원사무관

① 수용개시일 이후에 자기 명의로 소유권이전등기를 경료한 매수인은 공탁금의 출급청구를 할 수 없다.

② 사업시행자가 수용보상금을 공탁하는 경우 사업시행자는 어느 경우이든 민법 제489조에 의한 공탁금회수청구는 허용되지 않는다.

③ 근저당권자가 물상대위권을 행사하기 위해서는 수용보상금의 지급 전에 수용보상금채권을 압류하여야 하고 위 압류는 반드시 저당권자가 스스로 하여야 하므로 제3자가 이미 압류하고 있는 경우에도 스스로 이를 압류하여야 한다.

④ 수용대상토지에 대한 상속등기를 대위신청할 때 소요된 등록세액 그 밖의 비용을 공제한 나머지 금액만을 공탁한 경우에 이는 유효한 공탁이 될 수 없다.

해설 ③ 담보물권자가 물상대위권을 행사하기 위해서는 수용보상금의 지급 전에 압류하여야 하는데, 그 취지는 물상대위의 목적이 되는 금전 기타 물건의 특정성을 유지하여 제3자에게 불측의 손해를 입히지 아니하려는 데 있는 것이므로, 담보목적물의 변형물인 금전 기타물건에 대하여 이미 제3자가 압류하여 그 금전 또는 물건이 특정된 이상 담보물권자는 스스로 이를 압류하지 않고서도 물상대위권을 행사할 수 있다.

04 토지소유자 甲을 피공탁자로 하여 변제공탁의 사유로 수용보상금이 공탁된 후 근저당권자 乙이 물상대위를 하려고 한다. 다음 설명 중 가장 옳지 않은 것은?

▸ 2015 법무사

① 甲이 공탁금출급청구권을 丙에게 양도한 경우 출급되기 전이라면 乙은 물상대위권을 행사할 수 있다.

② 甲의 공탁금출급청구권에 대하여 丁의 압류 및 추심명령이 있더라도 추심하고 추심신고를 하기 전이라면 乙은 물상대위권을 행사할 수 있다.

③ 甲의 공탁금출급청구권에 대하여 압류가 경합되어 공탁관이 집행법원에 사유신고를 한 후라면 乙은 물상대위권을 행사할 수 없다.

④ 乙이 일반채권에 기하여 공탁금출급청구권에 대하여 가압류를 하고 있던 중에 다른 채권자가 압류를 하게 되는 경우 공탁관이 사유신고를 하게 되므로, 그 이후에는 물상대위권을 행사할 수 없다.

⑤ 乙이 일반집행권원에 의하여 공탁금출급청구권에 대하여 압류 및 전부명령을 얻은 경우도 물상대위권을 행사한 것으로 볼 수 있으므로 압류가 경합된 상태에서 발부된 전부명령은 유효하다.

정답 ▸ **02** ⑤ **03** ③ **04** ⑤

해설 ⑤ 저당권에 기한 물상대위권을 갖는 채권자가 동시에 집행권원을 가지고 있으면서 집행권원에 의한 강제집행의 방법을 선택하여 채권의 압류 및 전부명령을 얻은 경우에는 비록 그가 물상대위권을 갖는 실체법상의 우선권자라 하더라도 원래 일반 집행권원에 의한 강제집행절차와 담보권의 실행절차와는 그 개시요건이 다를 뿐만 아니라 다수의 이해관계인이 관여하는 집행절차의 안정과 평등배당을 기대한 다른 일반채권자의 신뢰를 보호할 필요가 있는 점에 비추어 압류가 경합된 상태에서 발부된 전부명령은 무효로 볼 수밖에 없다.

05 토지수용절차에서 저당권자의 물상대위권 행사에 관한 다음 설명 중 가장 옳지 않은 것은? (다툼이 있는 경우 판례·예규 및 선례에 의함) ▶ 2017 법무사

① 저당권자의 물상대위권 행사방법은 「민사집행법」 제273조에 따라 담보권의 존재를 증명하는 서류를 집행법원에 제출하여 채권압류 및 전부명령을 신청하는 것이거나 「민사집행법」 제247조 제1항에 따라 배당요구를 하는 것이다.

② 저당권자가 물상대위권을 행사하기 위해서는 압류가 필요하나, 압류는 반드시 저당권자 스스로 하여야 하는 것은 아니고, 이미 제3자가 압류하여 그 금전 또는 물건이 특정된 이상 저당권자는 스스로 이를 압류하지 않고서도 물상대위권을 행사할 수 있다.

③ 저당권자가 물상대위권의 행사에 나아가지 아니한 채 수용대상토지에 대하여 담보물권의 등기가 된 것만으로는 그 보상금으로부터 우선변제를 받을 수 없으므로, 다른 채권자가 그 보상금 또는 이에 관한 변제공탁금으로부터 이득을 얻었다고 하더라도 저당권자는 이를 부당이득으로서 반환청구할 수 없다.

④ 사업인정의 고시가 있으면 수용대상토지에 대한 손실보상금의 지급이 확실시되므로, 토지수용의 재결 이전 단계에서도 물상대위권을 행사할 수 있다.

⑤ 저당권에 기한 물상대위권을 갖는 채권자가 동시에 집행권원을 가지고 있으면서 집행권원에 의한 강제집행의 방법을 선택하여 채권의 압류 및 전부명령을 얻은 경우, 그는 물상대위권을 갖는 실체법상의 우선권자이므로, 그 전부명령이 압류가 경합된 상태에서 발부되었다고 하여 이를 무효라고 볼 수 없다.

해설 ⑤ 저당권에 기한 물상대위권을 갖는 채권자가 동시에 집행권원을 가지고 있으면서 집행권원에 의한 강제집행의 방법을 선택하여 채권의 압류 및 전부명령을 얻은 경우에는 비록 그가 물상대위권을 갖는 실체법상의 우선권자라 하더라도 원래 일반 집행권원에 의한 강제집행절차와 담보권의 실행절차와는 그 개시요건이 다를 뿐만 아니라 다수의 이해관계인이 관여하는 집행절차의 안정과 평등배당을 기대한 다른 일반채권자의 신뢰를 보호할 필요가 있는 점에 비추어 압류가 경합된 상태에서 발부된 전부명령은 무효로 볼 수밖에 없다.

06 토지수용절차에서 저당권자의 물상대위권 행사에 관한 설명이다. 가장 옳지 않은 것은?

▸ 2014 법무사

① 저당권자의 물상대위권의 행사방법은 「민사집행법」 제273조에 따라 담보권의 존재를 증명하는 서류를 제출하여 채권압류 및 전부명령을 신청하거나 「민사집행법」 제247조 제1항에 의하여 배당요구를 하는 것이다.

② 「공익사업을 위한 토지 등의 취득 및 보상에 관한 법률」에 의한 사업인정의 고시가 있으면 수용대상토지에 대한 손실보상금의 지급이 확실시되므로 토지수용의 재결 이전 단계에서도 물상대위권을 행사할 수 있다.

③ 저당권자가 물상대위권의 행사에 나아가지 아니한 채 단지 수용대상토지에 대하여 담보물권의 등기가 된 것만으로는 그 보상금으로부터 우선변제를 받을 수 없으므로, 다른 채권자가 그 보상금 또는 이에 관한 변제공탁금으로부터 이득을 얻었다고 하더라도 저당권자는 이를 부당이득으로서 반환청구할 수 없다.

④ 「국세징수법」상의 체납처분에 의한 압류만을 이유로 하여 사업시행자가 「공익사업을 위한 토지 등의 취득 및 보상에 관한 법률」 제40조 제2항 제4호 또는 「민사집행법」 제248조 제1항에 의한 집행공탁을 하고, 「민사집행법」 제248조 제4항에 따라 법원에 공탁사유를 신고하였다고 하더라도, 수용되는 부동산의 근저당권자가 사업시행자의 공탁사유신고 이후 배당금이 지급되기 전에 공탁금출급청구권에 관한 압류 및 추심명령을 받아 위 배당절차에서 배당요구를 하였다면, 이는 적법하게 물상대위권을 행사한 것으로 볼 수 있다.

⑤ 담보권자는 「공익사업을 위한 토지 등의 취득 및 보상에 관한 법률」에 의한 사업인정의 고시가 있으면 토지수용의 재결 이전단계에서도 물상대위권의 행사로서 피수용자의 기업자에 대한 손실보상금채권을 압류 및 전부를 받을 수 있지만, 그 압류 전에 양도 또는 전부명령 등에 의하여 보상금채권이 타인에게 이전된 경우라면, 보상금이 직접 지급되거나 보상금지급청구권에 관한 강제집행절차에 있어서 배당요구의 종기에 이르기 전이라도 그 청구권에 대한 추급은 불가능하다.

해설 ⑤ 담보물권을 행사하기 위한 요건으로서 수용보상금의 지급 전에 압류하여야 하는데, 사업시행자가 수용보상금을 변제공탁한 경우 그 공탁금이 출급되기까지는 그 지급이 있었다고 할 수 없고, 이는 보상금의 변제효과와는 별개의 문제이다. 따라서 담보물권자가 물상대위권을 행사하기 전에 양도 또는 전부명령 등에 의하여 보상금채권이 타인에게 이전된 경우라도 보상금이 직접 지급되거나 보상금지급청구권에 관한 강제집행절차에 있어서 배당요구의 종기에 이르기 전에는 여전히 그 보상금지급청구권에 대한 추급이 가능하므로, 그 경우에도 담보물권자는 물상대위권을 행사하여 다른 일반채권자보다 우선적으로 보상금을 지급받을 수 있다. 즉, 수용보상금에 대하여 다른 일반채권자가 먼저 가압류나 압류의 집행을 하였다고 하더라도 담보물권자는 물상대위권을 행사하여 우선변제를 받을 수 있으나, 일단 사업시행자가 집행공탁을 하고 공탁사유신고를 한 때 또는 추심채권자가 추심하고 추심신고를 한 때에는 배당요구의 종기가 지난 후이므로 물상대위권을 행사할 수 없다.

정답 05 ⑤ 06 ⑤

07 수용공탁에 관한 다음 설명 중 가장 옳지 않은 것은? ▶ 2024 법무사

① 공탁자를 상대로 한 전부금소송에서 공탁유가증권을 직접 출급할 수 있다는 조정결정을 받았다 하더라도 위 조정조서를 가지고는 공탁된 수용보상금채권(債券)을 전부채권자가 직접 출급할 수는 없다.

② 수용보상금 공탁의 경우 수용보상금의 지급과 수용으로 인한 소유권이전등기는 동시이행관계에 있는 것이 아니므로 수용보상금의 공탁서에 소유권이전등기 서류의 교부를 반대급부로 기재할 수 없고, 수용대상토지에 대하여 제한물권이나 처분제한의 등기가 있는 경우에도 그러한 등기의 말소를 반대급부로 기재할 수는 없다.

③ 근저당권 등기가 되어 있는 토지에 대한 수용재결이 있은 후 제3자가 보상금채권을 압류하였으나 근저당권자가 물상대위권을 행사하지 아니한 경우에 사업시행자는 압류에 의하여 보상금의 지급이 금지되었음을 이유로 보상금을 공탁하여야 하고, 압류하지 않은 근저당권자도 압류한 것으로 취급하여 공탁할 것은 아니다.

④ 사업시행자가 일단 수용보상금을 공탁하였다 하더라도 그 공탁이 무효라면 사업시행자가 수용개시일까지 보상금을 지급 또는 공탁하지 아니하였을 때에 해당하므로 그 수용재결은 효력을 상실하게 된다.

⑤ 수용 전 토지에 대하여 체납처분에 의하여 압류한 체납처분청이 다시 수용보상금에 대하여 체납처분에 의한 압류를 하였다면 물상대위의 법리에 의하여 수용 전 토지에 대한 체납처분에 의한 우선권이 수용금채권에 대한 배당절차에서 종전 순위대로 유지된다.

> **해설** ⑤ 수용 전 토지에 대하여 체납처분으로 압류를 한 체납처분청이 다시 수용보상금에 대하여 체납처분에 의한 압류를 하였다고 하여 물상대위의 법리에 의하여 수용 전 토지에 대한 체납처분에 의한 우선권이 수용보상금 채권에 대한 배당절차에서 종전 순위대로 유지된다고 볼 수 없고, 압류선착주의는 조세가 체납처분절차를 통하여 징수되는 경우뿐만 아니라 강제집행절차를 통하여 징수되는 경우에도 적용되어야 한다.

제4절 회수절차

01 다음 설명 중 가장 옳지 않은 것은? ▶ 2014 법무사

① 사업시행자가 공익사업을 위한 토지 등의 취득 및 보상에 관한 법률 제40조 제2항에 따라 수용보상금을 공탁한 경우 민법 제489조에 의한 공탁금회수청구는 인정되지 아니하나, 착오로 공탁한 때 또는 재결이 당연무효이거나 취소되는 등 공탁 원인이 소멸한 때에는 공탁금을 회수할 수 있다.

② 사업시행자가 공익사업을 위한 토지 등의 취득 및 보상에 관한 법률에 따라 적법하게 보상금을 공탁하는 등 수용절차를 마친 이상 그 후에 민법 제489조 제1항에 따라 부적법하게 공탁금을 회수하였다는 사정만으로는 종전 공탁의 효력이 무효로 되는 것은 아니다.

③ 공탁자의 회수청구권을 소멸시키는 공탁유효의 판결에는 채무자가 공탁하였다는 항변이 인정되어 원고의 청구를 기각한 민사판결뿐만 아니라 공탁에 기한 정상참작을 받은 사실이 나타나 있는 형사판결도 포함된다.

④ 甲(피고)이 가집행선고부 제1심판결에서 선고된 1억원을 변제공탁하고 이에 대하여 乙(원고)이 공탁수락의 의사표시를 공탁소에 한 후, 항소심 판결에서 甲(피고)의 이행의무가 7,000만원으로 감축되어 확정된 경우, 甲은 차액 3,000만원에 대하여 회수할 수 있다.

⑤ 항소심의 가집행선고부 판결에 대한 강제집행정지를 위해 제공된 담보는 상고심에서 그 항소심 판결이 파기되면 담보의 사유가 소멸한다.

해설 ③ 공탁의 유효 여부에 대하여 법적 판단을 할 수 없는 형사판결은 공탁유효판결로 볼 수 없으므로, 비록 형사사건에서 공탁에 기한 정상참작을 받은 사실이 판결이유 중에 나타나더라도 그 형사판결은 공탁유효판결에 포함되지 않는다.

02 공탁금 회수에 관한 다음 설명 중 가장 옳지 않은 것은? ▸2024 법무사

① 변제공탁의 조건으로 한 반대급부는 피공탁자의 공탁물출급청구권 행사에 제한사유가
될 뿐이지, 공탁자가 공탁금을 회수하는 경우에는 공탁관의 지급제한사유가 될 수 없다.

② 재판상담보공탁에서 법원의 담보제공명령도 없이 임의로 담보공탁한 경우 착오를 원인
으로 공탁금을 회수할 수 있다.

③ 선행 채권양도의 효력에 대하여 다툼이 없어 채권자 불확지 변제공탁을 할 만한 사정이
없음에도 후행 채권가압류가 있어 혼합공탁을 한 경우 착오를 원인으로 공탁금을 회수할
수 있다.

④ 토지수용보상금 공탁이 부적법하여 토지수용재결의 효력이 상실되었다는 판결이 확정된
경우 사업시행자(공탁자)는 확정판결을 첨부하여 공탁금 회수청구를 할 수 있는데, 이
때 사업시행자 명의의 소유권이전등기가 말소된 수용대상토지의 등기사항증명서를 첨부
해야 한다.

⑤ 토지수용보상금 공탁의 경우 민법 제489조에 따른 공탁금 회수청구는 인정되지 않는다.

> **해설** ④ 수용보상금 공탁이 부적법하여 토지수용재결의 효력이 상실되었다는 확정판결에 의하여 공탁자
> 인 사업시행자가 공탁금의 회수를 청구하는 때에는 회수청구서에 위 확정판결을 첨부하는 것으
> 로 충분하고, 수용된 토지의 등기부상 사업시행자 명의의 소유권이전등기가 말소된 등기사항증
> 명서를 첨부할 필요는 없다.

정답 ▶ **02** ④

01 재판상 담보공탁에 관한 다음 설명 중 가장 옳지 않은 것은? ▸ 2014 법무사

① 당사자 본인에게 공탁명령이 나간 경우에도 제3자는 당사자를 대신하여 공탁할 수 있고, 이 경우 법원의 허가나 담보권리자의 동의도 필요 없다.

② 가집행선고 있는 판결에 대한 강제집행정지를 위하여 공탁한 담보는 강제집행정지로 인하여 채권자에게 생길 손해를 담보하기 위한 것이고, 정지의 대상인 기본채권 자체를 담보하는 것은 아니다.

③ 건물명도 및 그 명도 시까지의 차임 상당액의 지급을 명한 가집행선고부판결에 대한 강제집행정지를 위하여 담보공탁을 한 경우, 집행의 정지가 효력을 갖는 기간 내에 발생된 차임 상당의 손해는 위 명도집행정지를 위한 공탁금의 피담보채무가 된다.

④ 재판상 담보공탁의 경우 담보제공명령을 발한 법원 소재지 공탁소에 공탁하여야 한다.

⑤ 가압류를 위해 제공된 담보공탁이 담보하는 손해배상의 범위에는 그 가압류 자체를 다투는 데 필요한 소송비용도 포함된다.

해설 ④ 재판상 담보공탁의 경우 공탁소에 관하여 특별한 제한규정이 없으므로 담보제공자가 임의로 정한 공탁소에 공탁하면 된다.

02 다음 〈보기〉 중 재판상 담보공탁에 있어 담보권이 미칠 수 있는 경우를 모두 고른 것은?

▸ 2021 법원사무관

> ┤ 보기 ├
>
> ㄱ. 민사집행법 제280조 제2항 가압류 담보공탁이 된 후 채무자가 가압류취소결정을 받은 경우 가압류의 취소에 관한 소송비용
>
> ㄴ. 강제집행정지를 위한 재판상 담보공탁에 있어 담보제공자의 권리행사최고에 따라 담보권리자가 권리행사를 위하여 제기한 소송의 소송비용
>
> ㄷ. 근저당권에 기한 경매절차의 정지를 위한 재판상 담보공탁이 된 경우 근저당권설정등기말소에 관한 소송비용
>
> ㄹ. 건물명도 및 그 명도 시까지의 차임 상당액의 지급을 명한 가집행선고부 판결에 대한 강제집행정지를 위하여 담보공탁을 한 경우, 특별한 사정이 없는 한 집행의 정지가 효력이 있는 기간 내에 발생한 차임 상당의 손해액

정답 **01** ④ **02** ②

① ㄱ, ㄴ, ㄷ   ② ㄱ, ㄴ, ㄹ

③ ㄱ, ㄷ, ㄹ   ④ ㄴ, ㄷ, ㄹ

> **해설**   ㄷ. 근저당권에 기한 경매절차의 정지를 위한 재판상 담보공탁이 된 경우 근저당권설정등기말소에 관한 소송비용은 담보권의 범위에 포함되지 않는다. 가압류를 위하여 법원의 명령으로 제공된 공탁금은 부당한 가압류로 인하여 채무자가 입은 손해를 담보하는 것이므로, 가압류의 취소에 관한 소송비용은 가압류를 위하여 제공된 공탁금이 담보하는 손해의 범위에 포함되나, 채권자가 본안의 소를 제기함에 따라 그 응소를 위하여 채무자가 지출한 가압류의 본안소송에 관한 소송비용은 담보하는 손해의 범위에 포함되지 않는다.

03   재판상 담보공탁에 관한 다음 설명 중 가장 옳은 것은?   ▶ 2018 법무사

① 담보권리자(피공탁자)는 피담보채권에 관한 확정판결을 제출하여 공탁금의 직접 출급청구를 할 수는 없다.

② 피공탁자가 출급청구한 금액 중 일부에 관하여 피담보채권이 발생된 것으로 인정되는 경우에는 출급청구 전체를 불수리하여야 한다.

③ 피공탁자로부터 재판상 담보공탁금에 대하여 출급청구를 받은 공탁관은 피공탁자가 자신의 공탁금출급청구권에 기하여 직접 출급청구한 경우에는 공탁원인사실에 기재된 피담보채권이 발생하였음을 증명하는 서면의 제출이 확인된 경우에만 공탁금을 지급하여야 한다.

④ 甲은 乙에 대한 대여금채권 2억원을 피보전권리로 하여 乙 소유 부동산에 가압류를 하기 위한 재판상 담보공탁(공탁금액 1천만원, 피공탁자 乙)을 한 경우, 乙이 甲에 대한 물품대금채권에 기한 집행권원에 의해서 甲의 회수청구권에 대하여 강제집행을 하였다면, 선행하는 다른 일반채권자보다 우월한 지위를 갖는다.

⑤ 담보권리자가 공탁자의 공탁금회수청구권을 압류하고 추심명령이나 확정된 전부명령을 받은 후 담보취소결정을 받아 공탁금회수청구를 하는 경우, 담보공탁의 피담보채권을 집행채권으로 하는 이상, 그에 선행하는 일반채권자의 압류 및 추심명령이나 전부명령으로 대항할 수 있다.

> **해설**   ① 공탁관은 재판상 담보공탁의 피공탁자(담보권리자)가 공탁원인사실에 기재된 피담보채권이 발생하였음을 증명하는 서면을 제출하여 공탁금을 출급청구(청구서에 회수청구라고 기재한 때에도 출급청구한 것으로 본다)한 경우에는 공탁금을 피공탁자에게 지급한다. 그러나 담보취소결정 정본 및 확정증명이 이미 제출된 경우에는 그러하지 아니한다.
>
> ② 피공탁자가 출급청구한 금액 중 일부에 관하여 피담보채권이 발생된 것으로 인정되는 경우에는 그 범위 내에서 출급청구를 수리하되, 피담보채권이 발생하였는지 여부가 명확하지 아니한 경우에는 출급청구를 수리하지 아니한다.

④ 위와 같이 乙은 피담보채권(甲의 가압류로 인해 乙이 입은 손해배상채권)이 아닌 일반채권(甲에 대한 물품대금채권)에 기한 집행권원에 의해서도 甲의 공탁금회수청구권에 대하여 강제집행을 할 수 있다. 단, 이 경우 다른 일반채권자보다 우월한 지위를 갖지는 않는다.

⑤ 담보권리자가 공탁금회수청구권을 압류하고 추심명령이나 확정된 전부명령을 받은 후 담보취소 결정을 받아 공탁금회수청구를 하는 경우에도 그 담보공탁금의 피담보채권을 집행채권으로 하는 것인 이상, 담보권리자의 위와 같은 담보취소신청은 어디까지나 담보권을 포기하고 일반채권자로서 강제집행을 하는 것이 아니라 오히려 적극적인 담보권실행에 의하여 그 공탁물회수청구권을 행사하기 위한 방법에 불과하다고 보는 것이 합리적이므로 이는 담보권의 실행방법으로 인정되고, 따라서 이 경우에도 질권자와 동일한 권리가 있다고 할 것이므로 그에 선행하는 일반채권자의 압류 및 추심명령이나 전부명령으로 이에 대항할 수 없다(대판 2004.11.26, 2003다19183).

04 재판상 담보공탁에 관한 다음 설명 중 가장 옳지 않은 것은? (다툼이 있는 경우 판례·예규 및 선례에 따르고 전원합의체 판결의 경우 다수의견에 의함) ▶ 2019 법무사

① 재판상 담보공탁금에 대하여 채권자(피공탁자)가 출급청구를 한 경우, 형식적 심사권만을 갖는 공탁관으로서는 피공탁자가 자신의 공탁금출급청구권에 기하여 청구한 것인지 아니면 공탁자의 공탁금회수청구권에 대한 압류 및 추심명령이나 확정된 전부명령을 받아 청구한 것인지 확인할 필요가 없으므로, 각각의 경우에 요구되는 서면이 확인되지 않더라도 공탁관이 보정을 명하거나 불수리결정을 할 수는 없다.

② 담보제공자의 권리행사최고에 따라 담보권리자가 권리행사를 위하여 제기한 소송의 소송비용은 강제집행정지를 위하여 법원의 명령으로 제공된 담보공탁금의 피담보채권에 포함된다.

③ 당사자 본인에게 공탁명령이 나간 경우에도 제3자는 당사자를 대신하여 공탁할 수 있고, 이 경우 법원의 허가나 담보권리자의 동의는 필요 없으나 제3자가 당사자를 대신하여 공탁함을 공탁서에 기재하여야 한다.

④ 가집행선고부판결에 대한 강제집행정지를 위하여 공탁한 담보는 강제집행정지로 인하여 채권자에게 생길 손해를 담보하기 위한 것이고 정지의 대상인 기본채권 자체를 담보하는 것은 아니다.

⑤ 건물인도 및 그 인도 시까지의 차임 상당액의 지급을 명한 가집행선고부판결에 대한 강제집행정지를 위하여 담보공탁을 한 경우, 그 건물의 인도집행이 지연됨으로 인한 손해에는 반대되는 사정이 없는 한 집행의 정지가 효력을 갖는 기간 내에 발생된 차임상당의 손해가 포함되고, 그 경우 차임 상당의 그 손해배상청구권은 인도집행정지를 위한 공탁금의 피담보채무가 된다.

해설 ① 피공탁자로부터 재판상 담보공탁금에 대하여 출급청구를 받은 공탁관은 피공탁자가 자신의 공탁
금출급청구권에 기하여 청구한 것인지, 아니면 공탁자의 공탁금회수청구권에 대한 압류 및 추심
명령이나 확정된 전부명령을 받아 청구한 것인지를 먼저 확인한 다음, 전자에 해당할 경우에는
공탁원인사실에 기재된 피담보채권이 발생하였음을 증명하는 서면, 즉 피담보채권인 '강제집행정
지로 인한 손해배상채권'에 관한 확정판결, 이에 준하는 서면(화해조서, 조정조서, 공정증서 등)
또는 공탁자의 동의서가 제출되었는지를 확인하여야 하고, 후자에 해당할 경우에는 재판상 담보
공탁의 피공탁자가 피담보채권에 기초하여 공탁자의 공탁금회수청구권에 대하여 받은 압류명령
정본, 추심명령 또는 전부명령 정본, 위 명령의 송달증명, 전부명령의 경우에는 전부명령에 관
한 확정증명이 제출되었는지를 확인하여야 하며, 각 위와 같은 서면이 확인된 경우에만 공탁금
을 지급하여야 하고 확인되지 않은 경우에는 보정을 명하거나 불수리결정을 하여야 한다(대판
2017.4.28, 2016다277798).

05 재판상 담보공탁의 담보권이 미치는 범위 등에 관한 다음 설명 중 가장 옳지 않은 것은?

▶ 2022 법원사무관

① 가집행선고부판결에 대한 강제집행정지를 위하여 한 담보공탁은 강제집행정지로 인하여
채권자에게 생길 손해를 담보하기 위한 것이고 정지의 대상인 기본채권 자체를 담보하는
것은 아니다.

② 제1심 판결과 항소심판결에 대한 강제집행정지를 위하여 담보공탁을 두 차례 걸쳐 한
경우, 제1심에서 제공한 담보는 항소심에서 다시 담보가 제공되어 담보제공사유가 소멸
하였으므로 담보취소결정을 받아 공탁금을 회수할 수 있다.

③ 본안소송에서 패소 확정된 가압류채권자에 대하여 손해배상을 청구하는 경우, 가압류채
무자가 가압류청구금액을 공탁하고 그 집행취소결정을 받았다면, 가압류채무자는 적어
도 그 가압류집행으로 인하여 가압류해방공탁금에 대한 민사 법정이율인 연 5% 상당의
이자와 공탁금 이율 상당의 이자의 차액 상당의 손해를 입었다고 볼 수 있다.

④ 채권자가 본안의 소를 제기함에 따라 그 응소를 위하여 채무자가 지출한 소송비용은 가
압류로 인하여 입은 손해라고 할 수 없으므로, 가압류의 본안소송에 관한 소송비용은 가
압류를 위하여 제공된 공탁금이 담보하는 손해의 범위에 포함되지 않는다.

해설 ② 근저당권설정등기의 채무자로서 부동산임의경매절차진행 중 근저당권설정등기 말소등기청구소
송을 제기하면서 보증공탁을 하고 제1심 판결선고 시까지 경매절차정지결정을 받았으나 패소한
후, 항소하면서 다시 보증공탁을 하고 항소심 판결선고 시까지 경매절차정지결정을 받아 현재
항소심 계속 중인 경우, 2차에 걸친 공탁은 각기 해당 심급에 관한 채권자의 손해를 담보하는
것이다. 따라서 1심에서 제공한 담보에 관하여는 항소심에서 다시 담보가 제공되었다는 이유로
담보사유가 소멸되었다고 할 수 없으며, 담보를 제공한 당사자의 승소판결이 확정된 경우 또는
그것에 준하는 경우에만 담보의 사유가 소멸하는 것이다. 그러므로 공탁자는 담보권리자의 동의
가 있는 경우를 제외하고는 공탁자의 승소판결이 확정되거나, 패소의 경우에는 소송의 완결 후
담보권리자가 권리행사최고기간 내에 그 행사를 하지 않는 경우에 비로소 담보취소결정을 받아
공탁금을 회수할 수 있다.

06 재판상 담보공탁의 담보권이 미치는 범위에 관한 다음 설명 중 가장 옳지 않은 것은?

▶ 2024 법무사

① 근저당권에 기한 경매절차의 정지를 위한 담보공탁의 경우 근저당권설정등기말소소송의 소송비용에도 담보권의 효력이 미친다.

② 본안소송에서 패소 확정된 보전처분 채권자에 대하여 손해배상을 청구하는 경우, 가압류채무자가 가압류 청구금액을 공탁하고 그 집행취소결정을 받았다면 가압류채무자는 적어도 그 가압류 집행으로 인하여 가압류해방공탁금에 대한 민사 법정이율인 연 5% 상당의 이자와 공탁금 이율 상당의 이자의 차액 상당의 손해를 입었다고 보아야 한다.

③ 근저당권설정등기의 채무자로서 부동산임의경매절차 진행 중 근저당권설정등기말소등기청구소송을 제기하면서 보증공탁을 하고 제1심 판결선고 시까지 경매절차정지결정을 받았으나 패소한 후, 항소하면서 다시 보증공탁을 하고 항소심 판결선고 시까지 경매절차정지결정을 받아 현재 항소심 계속 중인 경우, 2차에 걸친 공탁은 각기 당해 심급에 관한 채권자의 손해를 담보하는 것이므로, 1심에서 제공한 담보에 관하여는 항소심에서 다시 담보가 제공되었다는 이유로 담보사유가 소멸되었다고 할 수 없다.

④ 금전 및 이에 대한 지연손해금의 지급을 명한 판결이나 건물명도 및 그 명도 시까지의 차임 상당액의 지급을 명한 가집행선고부 판결에 대한 강제집행정지를 위하여 담보공탁을 한 경우 그 가집행이 지연됨으로 인한 손해에는 반대의 사정이 없는 한 집행의 정지가 효력이 있는 기간 내에 발생된 지연손해금이나 차임 상당의 손해가 포함된다.

⑤ 강제집행정지를 위하여 법원의 명령으로 제공된 공탁금은 채권자가 강제집행정지 자체로 인하여 입은 손해배상금채권을 담보하는 것이다.

> **해설** ① 근저당권에 기한 경매절차의 정지를 위한 담보공탁은 그 경매절차의 정지 때문에 채권자에게 손해가 발생할 경우에 그 손해배상의 확보를 위하여 하는 것이므로 그 담보권의 효력이 미치는 범위는 위 손해배상청구권에 한하고, 근저당권의 피담보채권이나 근저당권설정등기말소소송의 소송비용에까지 미치는 것은 아니다.

07 재판상 담보공탁의 담보권이 미치는 범위 등에 관한 다음 설명 중 가장 옳지 않은 것은?

▸ 2023 법무사

① 보전명령이 부집행·집행불능인 경우라도 그 명령의 존재만으로 피공탁자는 명예훼손 또는 신용저하, 불안 등 정신상의 손해를 입을 수 있으므로 이 정신적 손해배상청구권도 피담보채권의 범위에 든다 할 것이며, 위 보전명령 그 자체를 다투는 데 필요한 소송의 비용도 위 피담보채권의 범위에 포함된다.

② 강제집행정지를 위하여 법원의 명령으로 제공된 공탁금은 채권자가 강제집행정지 자체로 인하여 입은 손해배상금채권을 담보하는 것이므로, 담보제공자의 권리행사최고에 따라 담보권리자가 권리행사를 위하여 제기한 소송의 소송비용은 강제집행정지로 인하여 입은 통상손해에 해당한다고 볼 수 없으므로 위 소송비용은 강제집행정지를 위하여 법원의 명령으로 제공된 담보공탁금의 피담보채권에 해당하지 않는다.

③ 피담보채권에 관한 확정판결(이행판결과 확인판결을 모두 포함), 이에 준하는 서면(화해 조서, 조정조서, 공정증서 등) 또는 공탁자의 동의서(인감증명서 첨부)는 특별한 사정이 없는 한 피담보채권이 발생하였음을 증명하는 서면으로 본다.

④ 가압류를 위하여 법원의 명령으로 제공된 공탁금은 부당한 가압류로 인하여 채무자가 입은 손해를 담보하는 것인바, 채권자가 본안의 소를 제기함에 따라 그 응소를 위하여 채무자가 지출한 소송비용은 가압류로 인하여 입은 손해라고 할 수 없으므로, 가압류의 본안소송에 관한 소송비용은 가압류를 위하여 제공된 공탁금이 담보하는 손해의 범위에 포함되지 않는다.

⑤ 특별사정으로 인한 가처분취소(민사집행법 제307조)의 경우, 가처분채무자가 제공하는 담보는 가처분채권자가 본안소송에서 승소하였음에도 가처분의 취소로 말미암아 가처분 목적물이 존재하지 않게 됨으로써 입는 손해를 담보하기 위한 것이므로, 가처분채권자는 가처분취소로 인하여 입은 손해배상 청구소송의 승소판결을 얻은 후에 그 담보에 대하여 질권자와 동일한 권리를 가지고 우선변제를 받을 수 있다.

해설 ② 강제집행정지를 위하여 법원의 명령으로 제공된 공탁금은 채권자가 강제집행정지 자체로 인하여 입은 손해배상채권을 담보한다. 그 손해의 범위는 민법 제393조에 따라 정해진다. 담보제공자의 권리행사최고에 따라 담보권리자가 권리행사를 위하여 제기한 소송의 소송비용은 강제집행정지로 인하여 입은 통상손해에 해당한다고 할 것이므로 위 소송비용은 강제집행정지를 위하여 법원의 명령으로 제공된 담보공탁금의 피담보채권이 된다.

08 재판상 담보공탁에 관한 다음 설명 중 가장 옳은 것은? ▶ 2021 법무사

① 담보제공명령의 당사자가 아닌 제3자도 담보제공의무자를 대신하여 공탁할 수 있지만 법원의 허가 또는 담보권리자의 동의를 요한다.

② 금전 및 이에 대한 지연손해금의 지급을 명한 가집행선고부 판결에 대한 강제집행정지를 위하여 담보공탁을 한 경우 집행의 정지가 효력이 있는 기간 내에 발생한 지연손해금뿐만 아니라 원금에 대하여도 담보권의 효력이 미친다.

③ 피담보채권에 관한 확정판결 이외에도 공탁자의 동의서(인감증명서 첨부)도 공탁원인사실란에 기재된 피담보채권이 발생하였음을 증명하는 서면이 된다.

④ 피공탁자가 피담보채권에 기하여 민사집행법 제273조에서 정한 채권에 대한 강제집행절차에 따라 공탁자의 공탁금회수청구권을 압류 및 추심명령을 얻어 공탁금 출급청구를 하는 경우에도 담보취소결정을 받아야 한다.

⑤ 제1심에서 가집행의 정지를 위하여 제공된 담보의 경우 항소심에서 제1심 판결이 취소되었다면 그 항소심판결이 미확정인 상태일지라도 담보사유는 소멸한다.

해설 ① 재판상 담보공탁의 공탁자는 법령상 담보제공의 의무를 지는 자이나, 제3자도 담보제공의무자를 위하여 자기명의로 공탁할 수 있다. 즉 당사자 본인에게 공탁명령이 나간 경우에도 제3자는 당사자를 대신하여 공탁할 수 있고, 이 경우 법원의 허가나 담보권리자의 동의는 필요 없으나 제3자가 당사자를 대신하여 공탁함을 공탁서의 비고란에 기재하여야 한다.

② 가집행선고부 판결에 대한 강제집행정지를 위하여 한 담보공탁은 강제집행 정지로 인하여 채권자에게 생길 손해를 담보하기 위한 것이고 정지의 대상인 기본채권 자체를 담보하는 것은 아니므로, 채권자는 강제집행정지로 인한 손해배상청구권에 한해서만 질권자와 동일한 권리가 있을 뿐 기본채권에까지 담보적 효력이 미치는 것은 아니다.

④ 공탁관은 담보공탁의 피공탁자가 피담보채권에 터 잡아 민사집행법 제273조에서 정한 채권에 대한 강제집행절차에 따라 공탁자의 공탁금회수청구권을 압류하고 추심명령이나 확정된 전부명령을 얻어 공탁금을 출급청구(청구서의 표시를 회수청구라고 기재한 때에도 같다)를 한 경우에도 공탁물을 피공탁자에게 교부한다. 이 경우에, 피공탁자는 공탁금출급청구서와 함께 질권(담보권) 실행을 위한 압류명령정본, 추심명령 또는 전부명령 정본, 위 명령의 송달증명, 전부명령에 관한 확정증명을 제출하여야 한다(담보권실행의 신청을 할 때 담보권의 존재를 증명하는 서류를 제출하므로 따로 담보취소결정을 받을 필요는 없다).

⑤ 가집행의 정지를 위해 제공된 담보는 상소심의 소송절차에서 담보제공자의 승소판결이 확정된 경우 또는 이와 같이 볼 수 있는 경우에 담보의 사유가 소멸된다고 보므로, 제1심에서 가집행의 정지를 위해 제공된 담보는 항소심에서 그 가집행선고부 제1심 판결이 취소된 경우에도 담보사유가 소멸되지 않고, 그 항소심 판결이 확정되어야 담보의 사유가 소멸된다.

09 재판상 담보공탁에 관한 다음 설명 중 가장 옳지 않은 것은? ▸ 2023 법원사무관 승진

① 2인이 공동명의로 강제집행정지신청을 하고 담보제공명령을 받아 담보공탁을 하면서 각자의 공탁금액을 나누어 기재하지 않고 공동으로 하나의 공탁금액을 기재한 경우 공탁자들은 균등한 비율로 공탁한 것으로 보아야 한다.

② 재판상 담보공탁을 강제집행정지 신청인인 집행권원상의 채무자가 아니라 제3자가 한 경우 그 공탁금에 대한 회수청구권은 위 제3자가 아니라 채무자가 갖는다.

③ 재판상 담보공탁의 경우에는 법원의 담보제공을 명하는 재판에 의하여 비로소 담보를 제공할 의무가 구체화되므로 담보제공명령(담보액과 담보제공의 기간을 결정)이 있어야만 공탁을 할 수 있다.

④ 당사자 본인에게 담보제공명령(공탁명령)이 나간 경우에도 제3자는 당사자를 대신하여 자기명의로 공탁할 수 있고, 이 경우 법원의 허가나 담보권리자의 동의는 필요 없다.

> **해설** ② 담보제공 의무자를 위하여 제3자가 자신소유의 금전 또는 유가증권을 자기 명의로 공탁할 수 있다. 따라서 당사자 본인에게 담보제공명령이 나간 경우에도 제3자는 당사자를 대신하여 공탁할 수 있고, 이 경우 법원의 허가나 담보권리자의 동의는 필요 없으나, 제3자가 당사자를 대신하여 공탁함을 공탁서 비고란에 기재하여야 한다. 이때 제3자는 일종의 물상보증인으로서 공탁당사자적격을 가진다. 재판상 담보공탁을 제3자가 한 경우 그 공탁금에 대한 회수청구권은 제3자가 갖는다고 보아야 한다.

10 가처분채권자가 담보공탁한 후 파산선고를 받았고, 담보공탁금의 피담보채권인 가처분채무자의 손해배상청구권이 파산채권인 경우에 관한 다음 설명 중 가장 옳은 것은?

▸ 2021 법무사

① 가처분채무자는 파산절차에 의하지 아니하고 질권을 실행할 수 있다.

② 가처분채무자로서는 가처분채권자를 상대로 담보공탁금의 피담보채권인 손해배상청구권의 존부에 관한 확인의 소를 제기하여 확인판결을 받는 등의 방법에 의하여 피담보채권이 발생하였음을 증명하는 서면을 확보할 수 있다.

③ 가처분채무자는 이행의 소를 제기할 수도 있다.

④ 가처분채권자는 담보공탁금에 대하여 질권자와 동일한 권리가 있다.

⑤ 가처분채권자가 제공한 담보공탁금에 대한 회수청구권에 관한 권리는 파산재단에 속하지 않는다.

> **해설** ① 가처분채권자가 파산선고를 받게 되면 가처분채권자가 제공한 담보공탁금에 대한 공탁금회수청구권에 관한 권리는 파산재단에 속하므로, 가처분채무자가 공탁금회수청구권에 관하여 질권자로서 권리를 행사한다면 이는 별제권을 행사하는 것으로서 파산절차에 의하지 아니하고 담보권을 실행할 수 있다.
> ② 가처분채권자가 가처분으로 인하여 가처분채무자가 받게 될 손해를 담보하기 위하여 법원의 담보제공명령으로 일정한 금전을 공탁한 후 파산선고를 받은 경우, 가처분채무자로서는 가처분

채권자의 파산관재인을 상대로 그 담보공탁금의 피담보채권인 손해배상청구권이 발생하였음을 증명하는 서면을 확보한 후, 민법 제354조에 의하여 민사집행법 제273조에서 정한 담보권 존재 증명 서류로서 위 서면을 제출하여 채권에 대한 질권 실행방법으로 공탁금회수청구권을 압류하고 추심명령이나 확정된 전부명령을 받아 담보공탁금 출급청구를 함으로써 담보권을 실행할 수 있다.

③ 가처분채무자가 가처분채권자의 파산관재인을 상대로 파산채권에 해당하는 위 손해배상청구권에 관하여 이행소송을 제기하는 것은 파산재단에 속하는 특정재산에 대한 담보권의 실행이라고 볼 수 없으므로 이를 별제권의 행사라고 할 수 없고, 결국 이는 파산절차 외에서 파산채권을 행사하는 것이어서 허용되지 아니한다.

④ 가처분채권자가 가처분으로 인하여 가처분채무자가 받게 될 손해를 담보하기 위하여 법원의 담보제공명령으로 일정한 금전을 공탁한 경우에, 피공탁자로서 담보권리자인 가처분채무자는 담보공탁금에 대하여 질권자와 동일한 권리가 있다(민사집행법 제19조 제3항, 민사소송법 제123조).

⑤ 가처분채권자가 파산선고를 받게 되면 가처분채권자가 제공한 담보공탁금에 대한 공탁금회수청구권에 관한 권리는 파산재단에 속한다.

11 다음은 재판상 담보공탁의 담보권실행에 대한 설명이다. 가장 틀린 것은? ▸ 2010 법무사

① 담보취소결정 정본 및 확정증명이 제출되기 전에 피공탁자(담보권리자)가 공탁자의 동의서(인감증명서 첨부)를 첨부하여 공탁금을 출급청구한 경우에는 공탁금을 피공탁자에게 지급한다.

② 피공탁자가 피담보채권에 터잡아 「민사집행법」 제273조에서 정한 채권에 대한 강제집행절차에 따라 공탁자의 공탁금회수청구권을 압류하고 추심명령이나 확정된 전부명령을 얻고 공탁금을 출급청구하는 경우 따로 담보취소결정을 받을 필요는 없다.

③ 담보권리자가 공탁금회수청구권을 압류하고 추심명령이나 확정된 전부명령을 받은 후 담보취소결정을 받아 공탁금회수청구를 하는 경우에도 그 담보공탁금의 피담보채권을 집행채권으로 하는 이상 담보권의 실행방법으로 인정된다.

④ 공탁자의 공탁금회수청구권이 제3자에게 양도된 경우에는, 담보취소결정 정본 및 확정증명이 제출되기 전이라도 피공탁자는 담보권을 실행할 수 없다.

⑤ 피공탁자의 공탁금출급청구권에 대하여 압류가 경합된 경우에는 담보권의 실행요건을 갖춘 때 먼저 송달된 압류명령의 집행법원에 사유신고를 한다.

> **해설** ④ 공탁자의 채권자가 공탁자의 공탁금회수청구권에 대하여 일반강제집행절차에 따라 (가)압류하였거나 공탁자의 공탁금회수청구권이 제3자에게 양도된 경우에도, 피공탁자가 담보권을 실행하면 피공탁자에게 공탁금을 지급한다. 그러나 담보취소결정 정본 및 확정증명이 이미 제출된 경우에는 그러하지 아니하다.

정답 ▸ 09 ② 10 ① 11 ④

12 甲은 乙에 대한 대여금채권 1억원을 피보전권리로 하여 乙 소유 부동산에 가압류를 신청하였는데, 법원의 담보제공명령에 따라 乙을 피공탁자로 기재하고, 5백만원을 공탁하였다. 다음 설명 중 가장 옳지 않은 것은? ▸ 2013 법무사

① 乙은 가압류로 인한 손해발생에 관한 확정판결을 첨부하여 직접 출급청구할 수 있다.

② 乙은 甲의 회수청구권에 대하여 「민사집행법」 제273조 담보권실행에 의한 압류 및 전부를 할 수 있다.

③ 乙은 甲에 대한 물품대금채권에 관한 집행권원에 기하여 甲의 회수청구권에 대하여 강제집행을 할 수 있다.

④ 甲의 채권자 丙이 甲의 회수청구권에 대하여 압류 및 전부명령을 먼저 한 경우 비록 담보취소결정 정본 및 확정증명이 제출되지 않았더라도 乙은 담보권실행을 할 수 없다.

⑤ 乙의 담보권실행에 따른 출급청구권에 대하여 丁과 戊의 압류가 경합된 때에는 담보권실행요건을 갖춘 때 공탁관은 먼저 송달된 압류명령의 집행법원에 사유신고를 한다.

> **해설** ④ 공탁자의 채권자가 공탁자의 공탁금회수청구권에 대하여 일반 강제집행절차에 따라 (가)압류하였거나 공탁자의 공탁금회수청구권이 제3자에게 양도된 경우에도, 피공탁자가 담보권을 실행하면 피공탁자에게 공탁금을 지급한다. 그러나 담보취소결정 정본 및 확정증명이 이미 제출된 경우에는 그러하지 아니하다.

13 다음 〈보기〉 중 공탁소에서 甲에게 담보공탁금을 지급할 수 있는 경우를 모두 고른 것은? ▸ 2020 법원사무관 승진

┤ 보기 ├

ㄱ. 공탁자의 공탁금회수청구권이 제3자에게 양도된 후에 피공탁자 甲이 질권실행을 위한 압류·추심명령을 얻은 경우

ㄴ. 피공탁자 甲의 공탁금출급청구권에 대해 甲의 채권자가 압류한 후에 甲이 담보권 실행으로서 공탁금출급청구를 한 경우

ㄷ. 담보공탁금의 공탁금회수청구권에 다른 채권자의 압류가 된 후 담보권리자 甲이 피담보채권이 아닌 일반 채권을 집행권원으로 압류·전부를 한 경우

ㄹ. 담보공탁의 피공탁자 甲이 공탁자의 동의서(인감증명서 첨부)를 첨부해서 출급청구하는 경우

① ㄱ, ㄹ ② ㄴ, ㄷ
③ ㄱ, ㄷ ④ ㄱ, ㄹ

> **해설** ㄱ. 공탁자의 채권자가 공탁자의 공탁금회수청구권에 대하여 일반 강제집행절차에 따라 (가)압류하였거나 공탁자의 공탁금회수청구권이 제3자에게 양도된 경우에도, 피공탁자가 담보권을 실행하면 피공탁자에게 공탁금을 지급한다. 재판상 담보공탁의 공탁물출급청구권은 공탁물 회수청구권

보다 우선한다. 따라서 재판상 담보공탁의 공탁물회수청구권에 대한 양도·전부 등이 있더라도 담보권이 소멸되지 않는 한 양수인 등이 권리를 행사할 수는 없으며, 피공탁자는 여전히 담보권이 발생하였음을 증명하여 출급청구권을 행사할 수 있다.

ㄴ. 피공탁자가 담보권을 실행함으로써 가지게 되는 공탁금출급청구권에 대하여 피공탁자의 채권자가 (가)압류한 때에는, 피공탁자가 담보권의 실행으로서 공탁금 출급청구(청구서의 표시를 회수청구라고 한 때에도 같다)를 하더라도 피공탁자에게 공탁금을 지급하지 아니한다.

ㄷ. 피담보채권이 아닌 일반채권에 기한 집행권원에 의해서도 회수청구권에 대하여 강제집행을 할 수 있다. 단, 이 경우 다른 일반채권자보다 우월한 지위를 갖지는 않는다. 이 경우 압류가 경합되므로 공탁관의 사유신고에 따라 집행법원의 배당절차를 통해 지급된다.

ㄹ. 공탁자의 동의서(인감증명서나 본인서명사실확인서 또는 전자본인서명확인서의 발급증 첨부)는 특별한 사정이 없는 한 피담보채권이 발생하였음을 증명하는 서면으로 보므로 이를 첨부해서 출급청구할 수 있다.

14 甲은 乙에 대한 물품대금채권 2억원을 피보전권리로 하여 乙 소유 부동산에 가압류를 신청하였는데, 법원의 담보제공명령에 따라 乙을 피공탁자로 기재하고, 1천만원을 공탁하였다. 다음 중 가장 옳지 않은 것은? ▶ 2017 법원사무관

① 공탁관은 피공탁자 乙이 피담보채권이 발생하였음을 증명하는 서면으로 공탁자의 동의서(인감증명서 첨부)를 제출하여 공탁금출급청구를 하더라도 乙에게 공탁금을 교부해서는 안 된다.

② 피공탁자 乙은 피담보채권 발생에 관한 확정판결을 첨부하여 甲의 회수청구권에 대하여 민사집행법 제273조 담보권실행을 위한 강제집행의 방법(압류 및 전부 또는 추심명령)으로 공탁금의 지급을 청구할 수 있다.

③ 乙은 甲에 대한 피담보채권이 아닌 일반채권에 기한 집행권원에 의해서도 회수청구권에 대하여 강제집행을 할 수 있다.

④ 본안에서 甲이 승소하였다면 甲의 채권자 丙은 집행권원을 얻어 회수청구권을 압류하고 甲을 대위하여 담보취소신청절차를 밟아 공탁금회수청구권에 대하여 강제집행을 할 수 있다.

해설 ① 공탁관은 재판상 담보공탁의 피공탁자(담보권리자)가 공탁원인사실에 기재된 피담보채권이 발생하였음을 증명하는 서면을 제출하여 공탁금을 출급청구(청구서에 회수청구라고 기재한 때에도 출급청구한 것으로 본다)한 경우에는 공탁금을 피공탁자에게 지급한다. 그러나 담보취소결정 정본 및 확정증명이 이미 제출된 경우에는 그러하지 아니한다. 피담보채권에 관한 확정판결(이행판결과 확인판결을 모두 포함), 이에 준하는 서면(화해조서, 조정조서, 공정증서 등) 또는 공탁자의 동의서(인감증명서나 본인서명사실확인서 또는 전자본인서명확인서의 발급증 첨부)는 특별한 사정이 없는 한 피담보채권이 발생하였음을 증명하는 서면으로 본다.

정답 12 ④   13 ④   14 ①

15 재판상 담보공탁에 관한 다음 설명 중 가장 옳지 않은 것은? ▸ 2017 법무사

① 공탁자의 채권자가 공탁자의 공탁금회수청구권에 대하여 일반강제집행절차에 따라 (가)압류하였을 경우에도, 피공탁자가 담보권을 실행하면 피공탁자에게 공탁금을 지급한다. 그러나 담보취소결정 정본 및 확정증명이 이미 제출된 경우에는 그러하지 아니하다.

② 공탁자의 공탁금회수청구권이 제3자에게 양도된 경우에는 피공탁자가 담보권을 실행하더라도 피공탁자에게 공탁금을 지급하지 아니한다. 그러나 담보취소결정 정본 및 확정증명이 이미 제출된 경우에는 그러하지 아니하다.

③ 피공탁자가 담보권을 실행함으로써 가지게 되는 공탁금출급청구권에 대하여 피공탁자의 채권자가 압류한 때에는, 피공탁자가 담보권의 실행으로써 공탁금출급청구를 하더라도 피공탁자에게 공탁금을 지급하지 아니한다.

④ 가압류나 가처분 등 보전처분의 집행 후에 집행채권자가 본안소송에서 패소확정되었다면, 그 집행채권자는 부당한 집행으로 인한 손해에 대하여 이를 배상하여야 할 책임이 있다.

⑤ 제1심에서 제공한 담보에 관하여는 항소심에서 다시 담보가 제공되었다는 이유로 담보 사유가 소멸되었다고 할 수 없으며, 담보를 제공한 당사자의 승소판결이 확정된 경우 또는 그것에 준하는 경우에만 담보의 사유가 소멸하는 것이다.

> **해설** ② 공탁자의 채권자가 공탁자의 공탁금회수청구권에 대하여 일반 강제집행절차에 따라 (가)압류하였거나 공탁자의 공탁금회수청구권이 제3자에게 양도된 경우에도, 피공탁자가 담보권을 실행하면 피공탁자에게 공탁금을 지급한다. 그러나 담보취소결정 정본 및 확정증명이 이미 제출된 경우에는 그러하지 아니하다.

16 재판상 담보공탁의 지급청구에 관한 다음 설명 중 가장 옳지 않은 것은? ▸ 2016 법원사무관

① 담보권리자(피공탁자)는 피담보채권에 관한 확정판결이나 이에 준하는 서면을 제출하여 공탁금의 직접 출급청구를 할 수 있다.

② 담보권리자(피공탁자)는 공탁자에 대한 집행권원에 기초하여 일반강제집행절차에 따라 공탁자의 공탁금회수청구권을 압류하고 추심명령 또는 전부명령을 얻어 공탁금회수청구서와 함께 담보취소결정 정본 및 확정증명, 일반강제집행절차에 의한 압류명령 정본, 추심명령 또는 전부명령 정본, 추심명령의 송달증명 또는 전부명령의 확정증명을 제출하여 회수청구를 할 수 있다.

③ 공탁자의 공탁금회수청구권이 이미 제3자에게 양도된 후에는 양수인이 담보취소결정 정본 및 확정증명을 제출하지 않았더라도 피공탁자는 담보권을 실행할 수 없다.

④ 공탁자는 보전처분결정 전에 그 신청을 취하하였거나 신청이 각하된 경우 담보취소절차 없이 결정 전 취하증명 또는 각하결정으로 공탁원인소멸을 증명하여 공탁물을 회수할 수 있다.

해설 ③ 공탁자의 채권자가 공탁자의 공탁금회수청구권에 대하여 일반 강제집행절차에 따라 (가)압류하였거나, 공탁자의 공탁금회수청구권이 제3자에게 양도된 경우에도, 피공탁자가 담보권실행의 절차에 따라 담보권을 실행하면 피공탁자에게 공탁금을 지급한다.

17 재판상 담보공탁에 관한 다음 〈보기〉의 설명 중 옳은 내용만을 고른 것은? ▶ 2018 법원사무관

┤ 보기 ├

ㄱ. 집행권원상의 채무자가 집행권원에 대한 강제집행정지를 위하여 재판상 담보공탁을 한 경우 그 담보는 그 강제집행정지로 인하여 채권자(피공탁자)에게 생길 손해 및 강제집행정지의 대상인 집행권원에 기한 기본채권 자체를 담보한다.

ㄴ. 담보권리자가 그 담보공탁금의 피담보채권을 집행채권으로 하여 공탁금회수청구권을 압류하고 추심명령을 받은 후, 담보취소결정을 받아 공탁금회수청구를 하는 경우라도 공탁금회수청구권에 선행하는 다른 일반채권자의 압류 및 추심명령이나 전부명령이 있다면 다른 일반채권자에게 대항할 수 없다.

ㄷ. 공탁자의 채권자가 공탁자의 공탁금회수청구권에 대하여 일반강제집행절차에 따라 압류한 경우에도 피공탁자가 담보권을 실행하면 공탁관은 피공탁자에게 공탁금을 지급한다(담보취소결정 정본 및 확정증명이 제출되기 이전임).

ㄹ. 2인이 공동명의로 강제집행정지신청을 하고 담보제공명령을 받아 담보공탁을 하면서 각자의 공탁금액을 나누어 기재하지 않고 공동으로 하나의 공탁금액을 기재한 경우 공탁자들은 균등한 비율로 공탁한 것으로 보아야 하므로 담보취소결정 등으로 공탁원인이 소멸한 경우 공탁자 중 1인은 공탁금 중 1/2의 회수를 청구할 수 있다.

① ㄱ, ㄴ   ② ㄴ, ㄷ
③ ㄷ, ㄹ   ④ ㄱ, ㄹ

해설 ③ ㄱ. 가집행선고부판결에 대한 강제집행정지를 위하여 한 담보공탁은 강제집행정지로 인하여 채권자에게 생길 손해를 담보하기 위한 것이고 정지의 대상인 기본채권 자체를 담보하는 것은 아니므로, 채권자는 강제집행정지로 인한 손해배상청구권에 한해서만 질권자와 동일한 권리가 있을 뿐 기본채권에까지 담보적 효력이 미치는 것은 아니다.

ㄴ. 담보권리자가 공탁금회수청구권을 압류하고 추심명령이나 확정된 전부명령을 받은 후 담보취소결정을 받아 공탁금회수청구를 하는 경우에도 그 담보공탁금의 피담보채권을 집행채권으로 하는 것인 이상, 담보권리자의 위와 같은 담보취소신청은 어디까지나 담보권을 포기하고 일반채권자로서 강제집행을 하는 것이 아니라 오히려 적극적인 담보권실행에 의하여 그 공탁물회수청구권을 행사하기 위한 방법에 불과하다고 보는 것이 합리적이므로 이는 담보권의 실행방법으로 인정되고, 따라서 이 경우에도 질권자와 동일한 권리가 있다고 할 것이므로 그에 선행하는 일반채권자의 압류 및 추심명령이나 전부명령으로 이에 대항할 수 없다(대판 2004.11.26, 2003다19183).

정답 15 ② 16 ③ 17 ③

18 갑(甲)은 피공탁자를 을(乙)로 하여 강제집행정지를 위한 재판상 담보공탁을 하였는데, 다음 중 가장 옳지 않은 것은? (다툼이 있는 경우 판례 및 예규, 선례에 의함) ▸ 2013 법원사무관

① 갑(甲)은 담보취소결정 정본 및 그 확정증명으로 공탁원인이 소멸되었음을 증명하고 공탁금을 회수청구할 수 있다.

② 을(乙)은 피담보채권이 발생하였다는 갑(甲)의 동의서(인감증명서 첨부)를 첨부하여 공탁금을 출급청구할 수 있다.

③ 을(乙)은 피담보채권에 터잡아 공탁금회수청구권에 대하여 담보권실행을 위한 강제집행을 할 수 있는데, 이때 담보취소결정이 선행되어야 한다.

④ 공탁관은 공탁금출급청구권에 대하여 압류가 경합된 경우, 바로 사유신고를 할 것은 아니고, 담보권실행요건을 갖춘 때에 사유신고를 하여야 한다.

> **해설** ③ 공탁관은 담보공탁의 피공탁자가 피담보채권에 터 잡아 민사집행법 제273조에서 정한 채권에 대한 강제집행절차에 따라 공탁자의 공탁금회수청구권을 압류하고 추심명령이나 확정된 전부명령을 얻어 공탁금을 출급청구(청구서의 표시를 회수청구라고 기재한 때에도 같다)를 한 경우에도 공탁물을 피공탁자에게 교부한다. 이 경우에, 피공탁자는 공탁금출급청구서와 함께 질권(담보권) 실행을 위한 압류명령 정본, 추심명령 또는 전부명령 정본, 위 명령의 송달증명, 전부명령에 관한 확정증명을 제출하여야 한다(담보권실행의 신청을 할 때 담보권의 존재를 증명하는 서류를 제출하므로 따로 담보취소결정을 받을 필요는 없다).

19 재판상 담보공탁의 지급청구절차에 관한 다음 설명 중 가장 옳지 않은 것은? ▸ 2015 법무사

① 재판상 담보공탁의 피공탁자는 공탁원인사실에 기재된 피담보채권이 발생하였음을 증명하는 서면으로 공탁자의 동의서(인감증명서 첨부)를 제출할 수 있다.

② 담보권리자(피공탁자)가 공탁금회수청구권을 압류하고 추심명령을 받은 후 담보취소결정을 받아 공탁금회수청구를 하는 경우에는 그 담보공탁금의 피담보채권을 집행채권으로 하는 경우라도 그에 선행하는 일반채권자의 압류 및 전부명령으로 이에 대항할 수 있다.

③ 담보권리자(피공탁자)가 담보권의 실행방법의 하나로서 공탁금회수청구권에 대해 압류·전부명령을 받은 후 담보취소결정을 받아 회수청구를 하는 경우에는 그 전부명령은 확정되어 효력이 있는 것이어야 한다.

④ 공탁관은 공탁자의 공탁금회수청구권에 대하여 일반 강제집행절차에 따라 한 압류가 경합된 경우, 공탁원인이 소멸되었음을 증명하는 서면이 제출된 때에 먼저 송달된 압류명령의 집행법원에 사유신고를 한다.

⑤ 2인이 공동명의로 강제집행정지신청을 하고 담보제공명령을 받아 담보공탁을 하면서 각자의 공탁금액을 나누어 기재하지 않고 공동으로 하나의 공탁금액을 기재한 경우 공탁의 내용은 공탁서의 기재에 의하며 형식적으로 결정되므로 공탁자들은 균등한 비율로 공탁한 것으로 보아야 하므로, 담보취소결정 등으로 공탁원인이 소멸한 경우 공탁자 중 갑은 공탁금 중 1/2의 회수를 청구할 수 있고, 공탁관은 갑의 청구를 인가할 수 있다.

해설 ② 담보권리자가 공탁금회수청구권을 압류하고 추심명령이나 확정된 전부명령을 받은 후 담보취소 결정을 받아 공탁금회수청구를 하는 경우에도 그 담보공탁금의 피담보채권을 집행채권으로 하는 것인 이상, 담보권리자의 위와 같은 담보취소신청은 어디까지나 담보권을 포기하고 일반채권자로서 강제집행을 하는 것이 아니라 오히려 적극적인 담보권실행에 의하여 그 공탁물회수청구권을 행사하기 위한 방법에 불과하다고 보는 것이 합리적이므로 이는 담보권의 실행방법으로 인정되고, 따라서 이 경우에도 질권자와 동일한 권리가 있다고 할 것이므로 그에 선행하는 일반채권자의 압류 및 추심명령이나 전부명령으로 이에 대항할 수 없다(대판 2004.11.26, 2003다19183).

20 담보공탁에 관한 다음 설명 중 가장 옳지 않은 것은?
▶ 2015 법무사

① 담보공탁의 종류로는 재판상 담보공탁, 영업보증공탁, 납세담보공탁 등이 있는데, 담보공탁은 공탁물에 대하여 피공탁자 등 일정한 상대방에게 일종의 우선변제권을 부여함으로써 담보제공의 기능을 하게 된다.

② 가집행선고부판결에 대한 강제집행정지를 위하여 공탁한 담보는 강제집행정지로 인하여 채권자에게 생길 손해를 담보하기 위한 것이고 정지의 대상인 기본채권 자체를 담보하는 것은 아니므로, 채권자는 위 손해배상청구권에 한하여 질권자와 동일한 권리가 있을 뿐이다.

③ 가집행선고부 제1심이 판결이 항소심 판결에 의하여 취소되거나 또는 가집행선고가 붙은 항소심 판결이 상고심에서 파기되어 환송되었더라도, 각 본안판결이 아직 확정되지 아니한 이상 가집행판결의 집행정지를 위한 담보사유가 소멸한 것이라고 볼 수 없다.

④ 소송완결 후 담보제공자의 신청이 있는 때에는 법원은 담보권리자에게 일정한 기간 이내에 그 권리를 행사할 것을 최고하고, 담보권리자가 그 행사를 하지 아니하는 때에는 담보취소에 대한 담보권리자의 동의가 있는 것으로 본다.

⑤ 보전처분에 관한 본안소송이 이미 제기되어 계속 중인 경우에는, 비록 보전처분이 그에 대한 이의신청 등을 통하여 취소확정되고 그 집행이 해제되었다고 하더라도 그것만으로 민사소송법 제125조에서 말하는 '소송이 완결된 뒤'라고 볼 수 없고, 계속 중인 본안사건까지 확정되어야만 소송의 완결로 인정할 수 있다.

해설 ③ 가집행의 정지를 위해 제공된 담보는 상소심의 소송절차에서 담보제공자의 승소판결이 확정된 경우 또는 이와 같이 볼 수 있는 경우에 담보의 사유가 소멸된다고 보므로, 제1심에서 가집행의 정지를 위해 제공된 담보는 항소심에서 그 가집행선고부 제1심 판결이 취소된 경우에도 담보사유가 소멸되지 않고, 그 항소심 판결이 확정되어야 담보의 사유가 소멸된다. 그러나 항소심의 가집행선고부판결에 대한 강제집행정지를 위해 제공된 담보는 상고심에서 그 항소심 판결이 파기되면 담보의 사유가 소멸된다.

21 다음은 당사자의 소송행위나 재판상의 처분으로 인하여 상대방이 받게 될 손해를 담보하기 위한 공탁과 관련된 설명이다. 가장 틀린 것은? ▶ 2012 법무사

① 피고가 가집행선고 붙은 패소판결을 받은 후 항소하면서 강제집행의 정지를 위하여 담보공탁하는 경우가 이에 속한다.

② 제1심 판결과 항소심판결에 대한 강제집행정지를 위하여 담보공탁을 두 차례 걸쳐 한 경우, 제1심에서 제공한 담보는 항소심에서 다시 담보가 제공되어 담보제공사유가 소멸하였으므로 담보취소결정을 받아 공탁금을 회수할 수 있다.

③ 가압류나 가처분의 집행 후에 집행채권자가 본안소송에서 패소확정되었다면, 그 보전처분의 집행으로 인하여 채무자가 입은 손해에 대하여 특별한 반증이 없는 한 집행채권자에게 고의 또는 과실이 있다고 추정되고, 따라서 그 부당한 집행으로 인한 손해에 대하여 이를 배상할 책임이 있다.

④ 공탁관은 재판상 담보공탁의 피공탁자가 공탁원인사실에 기재된 피담보채권에 관한 확정판결을 제출하여 공탁금을 출급청구하는 경우에는 공탁금을 피공탁자에게 지급하여야 한다. 이때 피담보채권에 관한 확정판결이란 공탁자의 부당한 보전처분이나 강제집행정지 등으로 피공탁자에게 손해가 발생하였음을 청구원인으로 하는 판결을 말한다.

⑤ 법원의 담보제공명령에 따라 甲과 乙이 공동으로 2,000만원을 재판상 담보공탁한 후, 甲이 1,000만원 부분에 대하여 담보취소결정을 받아 회수청구를 하는 경우에 공탁관은 甲의 청구를 인가할 수 없다.

> **해설** ② 20번 해설 참조
> ⑤ 2인이 공동명의로 강제집행정지신청을 하고 담보제공명령을 받아 담보공탁을 하면서 각자의 공탁금액을 나누어 기재하지 않고 공동으로 하나의 공탁금액을 기재한 경우 공탁의 내용은 공탁서의 기재에 의하며 형식적으로 결정되므로 공탁자들은 균등한 비율로 공탁한 것으로 보아야 하므로, 담보취소결정 등으로 공탁원인이 소멸한 경우 공탁자 중 갑은 공탁금 중 1/2의 회수를 청구할 수 있고, 공탁관은 갑의 청구를 인가할 수 있다(공탁선례 제201510-1호).

22 재판상 담보공탁의 담보취소에 관한 다음 설명 중 가장 옳지 않은 것은? ▶ 2024 법무사

① 권리행사 최고기간의 만료에 따른 담보취소결정이 있은 후, 위 담보취소결정이 확정되기 전에 담보권리자가 권리행사를 하고 이를 증명하더라도 위 담보취소결정을 취소할 수 없다.

② 담보제공자는 담보취소에 관한 담보권리자의 동의를 얻은 것을 증명하여 담보취소 신청을 할 수 있다.

③ 법원이 가처분채무자의 이의신청에 따라 결정으로 가처분을 취소하면서 적당한 담보를 제공할 것을 명한 경우, 제공된 담보는 가처분의 취소 자체로 인하여 가처분채권자가 입은 손해를 담보하기 위한 것으로 봄이 상당하다.

④ 가집행선고가 붙은 항소심판결이 상고심에서 파기되어 항소심에 환송된 경우에는 비록 본안판결이 확정되지 아니하였다 하여도 위의 가집행선고가 붙은 판결의 집행을 정지하기 위하여 제공된 담보는 그 담보원인이 소멸되었다고 할 것이다.

⑤ 담보취소 신청사건은 담보제공을 명한 법원 또는 그 기록을 보관하고 있는 법원이 관할한다.

> **해설** ① 최고에서 정한 권리행사기간 안에 권리를 행사하지 않았더라도 담보취소결정을 하기 전에 권리행사를 한 사실을 증명하면 담보취소결정을 할 수 없다. 또 담보취소결정이 있었더라도 그 결정이 확정되기 전에 권리행사가 있으면 담보취소결정은 유지될 수 없다.

23 다음 설명 중 가장 옳지 않은 것은?
▶ 2014 법무사

① 사업시행자가 공익사업을 위한 토지 등의 취득 및 보상에 관한 법률 제40조 제2항에 따라 수용보상금을 공탁한 경우 민법 제489조에 의한 공탁금회수청구는 인정되지 아니하나, 착오로 공탁한 때 또는 재결이 당연무효이거나 취소되는 등 공탁 원인이 소멸한 때에는 공탁금을 회수할 수 있다.

② 사업시행자가 공익사업을 위한 토지 등의 취득 및 보상에 관한 법률에 따라 적법하게 보상금을 공탁하는 등 수용절차를 마친 이상 그 후에 민법 제489조 제1항에 따라 부적법하게 공탁금을 회수하였다는 사정만으로는 종전 공탁의 효력이 무효로 되는 것은 아니다.

③ 공탁자의 회수청구권을 소멸시키는 공탁유효의 판결에는 채무자가 공탁하였다는 항변이 인정되어 원고의 청구를 기각한 민사판결뿐만 아니라 공탁에 기한 정상참작을 받은 사실이 나타나 있는 형사판결도 포함된다.

④ 甲(피고)이 가집행선고부 제1심 판결에서 선고된 1억원을 변제공탁하고 이에 대하여 乙(원고)이 공탁수락의 의사표시를 공탁소에 한 후, 항소심 판결에서 甲(피고)의 이행의무가 7,000만원으로 감축되어 확정된 경우, 甲은 차액 3,000만원에 대하여 회수할 수 있다.

⑤ 항소심의 가집행선고부 판결에 대한 강제집행정지를 위해 제공된 담보는 상고심에서 그 항소심 판결이 파기되면 담보의 사유가 소멸한다.

> **해설** ③ 공탁의 유효 여부에 대하여 법적 판단을 할 수 없는 형사판결은 공탁유효판결로 볼 수 없으므로, 비록 형사사건에서 공탁에 기한 정상참작을 받은 사실이 판결이유 중에 나타나더라도 그 형사판결은 공탁유효판결에 포함되지 않는다.

24 재판상 담보공탁에 관한 다음 설명 중 가장 옳지 않은 것은? ▸ 2020 법무사

① 법원의 담보제공명령에 의하여 현금공탁을 한 후에는 법원이 담보물을 변환하는 것에 관한 재량이 없으므로 이를 유가증권으로 변경하는 것은 허용될 수 없다.

② 재판상 담보공탁의 피공탁자인 담보권리자가 공탁금회수청구권을 압류하고 추심명령이나 확정된 전부명령을 받은 후 담보취소결정을 받아 공탁금회수청구를 하는 경우에도 질권자와 동일한 권리가 인정되므로, 그에 선행하는 일반 채권자의 압류 및 추심명령이나 전부명령으로 이에 대항할 수 없다.

③ 피공탁자가 담보권을 실행함으로써 가지게 되는 공탁금출급청구권에 대하여 압류가 경합된 경우에는 담보권 실행 요건을 갖춘 때에 먼저 송달된 압류명령의 집행법원에 사유신고를 한다.

④ 공탁자의 공탁금회수청구권이 제3자에게 양도된 경우에도 피공탁자가 관련 규정에 따라 재판상 담보공탁에 대한 담보권을 실행하면 피공탁자에게 공탁금을 지급한다. 그러나 담보취소결정정본 및 확정증명이 이미 제출된 경우에는 그러하지 아니하다.

⑤ 가압류·가처분 결정이 이루어진 경우 가압류·가처분을 위해 제공된 담보는 본안소송이 계속 중인 한 담보사유가 소멸되지 않고, 채권자(담보제공자)가 본안의 승소판결을 받아 확정되어야 담보의 사유가 소멸한다.

> **해설** ① 법원의 담보제공명령에 의하여 현금공탁을 한 후 이를 유가증권으로 변경하는 것도 허용될 수 있다. 판례는 공탁한 담보물이 금전인 경우에 유가증권으로 담보물을 변환하는 것은 법원의 재량에 속한다고 하고 있다.

25 재판상 담보공탁절차에 관한 다음 설명 중 가장 옳은 것은? ▸ 2024 법원사무관

① 공탁자는 공탁서에 담보권리자를 피공탁자로 기재하고, 공탁관은 피공탁자에게 공탁통지서를 발송하여야 한다.

② 담보제공명령을 받은 사람을 대신하여 제3자도 재판상 담보공탁을 할 수 있지만, 이 경우 공탁금회수청구권은 담보제공명령을 받은 사람이 갖는다.

③ 가압류채권자가 본안의 소를 제기함에 따라 그 응소를 위하여 가압류채무자가 지출한 소송비용은 가압류를 위하여 제공된 공탁금이 담보하는 손해의 범위에 포함된다.

④ 담보제공자의 권리행사최고에 따라 담보권리자가 권리행사를 위하여 제기한 소송의 소송비용은 강제집행정지를 위하여 법원의 명령으로 제공된 담보공탁금의 피담보채권이 된다.

> **해설** ① 변제공탁이 아닌 담보공탁의 경우 피공탁자에게 공탁통지서를 발송하지 않는다.
> ② 재판상 담보공탁을 제3자가 한 경우 그 공탁금에 대한 회수청구권은 제3자가 갖는다고 보아야 한다.
> ③ 가압류채권자가 본안의 소를 제기함에 따라 그 응소를 위하여 가압류채무자가 지출한 소송비용은 가압류를 위하여 제공된 공탁금이 담보하는 손해의 범위에 포함되지 않는다.

26 담보공탁에 관한 다음 설명 중 옳은 것을 모두 고른 것은? ▶ 2025 법무사

ㄱ. 금전과 이에 대한 다 갚는 날까지의 지연손해금의 지급을 명한 가집행선고부 판결에 대한 강제집행정지를 위하여 담보공탁을 한 경우, 위 금전의 가집행이 지연됨으로 인한 손해에는 집행의 정지가 효력을 갖는 기간 내에 발생한 지연손해금 상당의 손해가 원칙적으로 포함되지 않는다. 따라서 지연손해금 상당의 그 손해배상청구권은 강제집행정지를 위한 담보공탁의 피담보채권이 될 수 없다.

ㄴ. 재판상 담보공탁의 담보권리자가 공탁금회수청구권을 압류하고 추심명령이나 확정된 전부명령을 받은 후 담보취소결정을 받아 공탁금회수청구를 하는 경우, 그 담보공탁금의 피담보채권을 집행채권으로 하는 것인 이상, 담보권리자의 위와 같은 담보취소신청은 어디까지나 담보권을 포기하고 일반 채권자로서 강제집행을 하는 것이 아니라 오히려 적극적인 담보권실행에 의하여 그 공탁물회수청구권을 행사하기 위한 방법으로 보는 것이 타당하다.

ㄷ. 담보제공자가 담보권리자의 동의 없이 담보취소신청을 한 경우에 담보권리자가 권리행사의 최고를 받고도 권리를 행사하지 아니하면 담보취소에 동의한 것으로 본다. 최고를 받은 담보권리자가 소의 제기, 지급명령의 신청 등 소송의 방법으로 권리행사를 한 경우에도 권리 주장의 범위가 담보공탁금액 중 일부에 한정되어 있을 때에는 초과부분에 대해서는 담보취소에 대한 동의가 있다고 보아야 하므로, 법원은 그 부분 일부 담보를 취소하여야 한다.

ㄹ. 부동산에 대한 강제집행정지 신청사건에서 담보제공명령을 받은 당사자가 아닌 제3자는 당사자를 대신하여 담보를 공탁한다는 취지를 공탁서에 기재하더라도 유효하게 당사자를 위한 담보를 제공할 수는 없다.

① ㄱ, ㄴ   ② ㄴ, ㄷ   ③ ㄷ, ㄹ   ④ ㄴ, ㄹ   ⑤ ㄱ, ㄷ

해설 ㄱ. 가집행선고부 판결에 대한 강제집행정지를 위하여 공탁한 담보는 강제집행정지로 인하여 채권자에게 생길 손해를 담보하기 위한 것이고 정지의 대상인 기본채권 자체를 담보하는 것은 아니므로 채권자는 그 손해배상청구권에 한해서만 질권자와 동일한 권리가 있을 뿐 기본채권에까지 담보적 효력이 미치는 것은 아니다. 금전 및 이에 대한 지연손해금의 지급을 명한 판결이나 건물명도 및 그 명도 시까지의 차임 상당액의 지급을 명한 가집행선고부 판결에 대한 강제집행정지를 위하여 담보공탁을 한 경우, 그 가집행이 지연됨으로 인한 손해에는 반대의 사정이 없는 한 집행의 정지가 효력이 있는 기간 내에 발생된 지연손해금이나 차임 상당의 손해가 포함된다. 이 경우 지연손해금이나 차임 상당의 그 손해배상청구권은 기본채권 자체라 할 것은 아니므로 강제집행정지를 위한 담보공탁의 피담보채무가 된다.

ㄹ. 담보제공 의무자를 위하여 제3자가 자신소유의 금전 또는 유가증권을 자기 명의로 공탁할 수 있다. 따라서 당사자 본인에게 담보제공명령이 나간 경우에도 제3자는 당사자를 대신하여 공탁할 수 있고, 이 경우 법원의 허가나 담보권리자의 동의는 필요 없으나, 제3자가 당사자를 대신하여 공탁함을 공탁서 비고란에 기재하여야 한다.

정답 24 ① 25 ④ 26 ②

집행공탁

제1절 채권압류를 원인으로 하는 공탁

01 제3채무자의 권리에 의한 집행공탁(민사집행법 제248조 제1항)에 관한 다음 설명 중 가장 옳지 않은 것은? ▸2018 법원사무관

① 금전채권의 일부만이 압류되었음에도 압류에 관련된 금전채권의 전액을 공탁할 경우 압류된 금액이 아닌 부분에 대하여 별도의 변제제공이나 수령거부 등의 변제공탁사유가 있어야 하는 것은 아니다.

② 甲의 乙에 대한 1,000만원의 임차보증금채권에 대하여 丙이 700만원만 특정하여 압류하였다 하더라도 제3채무자인 乙은 압류에 관련된 채권 전액(1,000만원)을 공탁할 수 있다.

③ 금전채권의 전부에 대하여 압류가 있거나 압류의 경합이 있어 공탁하는 경우에는 피공탁자란은 기재하지 않는다.

④ 민사집행법 제248조 제1항에 의하여 금전채권의 일부에 대한 압류를 원인으로 제3채무자가 압류된 채권액만을 공탁하는 경우에는 피공탁자란에 압류채무자를 기재하고 공탁통지서도 발송하여야 한다.

> **해설** ④ 제3채무자가 압류된 금액만을 집행공탁하는 경우 공탁한 때에 공탁금 전액에 대하여 배당절차가 개시되고, 사유신고로 배당요구의 종기가 되어 다른 채권자는 더 이상 배당요구를 할 수 없게 된다. 따라서 이 경우 피공탁자는 배당절차에서 배당을 받을 수 있는 단계에서나 확정되고 공탁신청 당시에는 피공탁자가 있을 수 없어 피공탁자를 기재하지 않으므로 공탁통지서도 첨부할 필요가 없고, 다만 실무상 압류결정문 사본을 첨부하고 있다.

02 민사집행법 제248조 제1항은 '제3채무자는 압류에 관련된 금전채권의 전액을 공탁할 수 있다'라고 규정하고 있다. 옳지 않은 것을 모두 고른 것은? (다툼이 있는 경우 판례·예규 및 선례에 의함)
▶ 2017 법무사

> ㄱ. 채권에 대하여 처분금지가처분이 집행된 경우 제3채무자가 민사집행법 제248조 제1항에 의한 집행공탁을 할 수는 없다.
> ㄴ. 전부명령이 확정된 때에는 민사집행법 제248조 제1항에 의한 집행공탁은 인정되지 않는다.
> ㄷ. 甲의 乙에 대한 1,000만원의 임차보증금채권에 대하여 丙이 甲에 대한 700만원의 대여금채권을 가지고 압류의 범위를 제한하지 않은 채 전액을 압류한 경우는 乙은 1,000만원을 공탁해야 한다.
> ㄹ. 금전채권의 일부가 압류되어 압류와 관련된 금전채권의 전액을 공탁하는 경우 제3채무자는 압류의 효력이 미치지 않는 부분에 대한 별도의 변제공탁사유가 있어야만 1건으로 공탁할 수 있다.
> ㅁ. 甲의 乙에 대한 1,000만원의 임차보증금채권에 대하여 丙이 700만원만 특정하여 압류하였다면 제3채무자인 乙은 1,000만원을 공탁할 수는 없다.

① ㄱ, ㄴ
② ㄴ, ㄷ, ㄹ
③ ㄷ, ㅁ
④ ㄹ, ㅁ
⑤ ㄱ, ㄷ, ㅁ

해설 ㄹ. 금전채권의 일부만이 압류된 경우에 제3채무자는 집행공탁의 취지상 당연히 압류의 효력이 미치는 채권액만 공탁할 수 있고, 압류의 효력이 미치지 않는 나머지 채권액은 강제집행절차와 관련이 없으므로 함께 공탁할 수 없다고 보는 것이 논리적일 것이다. 그러나 이렇게 되면 제3채무자로서는 금전채무 중 일부가 압류된 경우에 그 부분은 집행공탁하면서도 나머지 부분은 따로 변제공탁의 요건이 갖추어지지 않는 한 함께 공탁할 수 없어 채무관계의 청산을 위하여는 나머지 부분에 대하여 변제 등 별도의 조치를 취하여야 하는 번거로움이 있으므로, 민사집행법은 금전채권의 일부만이 압류된 경우에 제3채무자의 선택에 따라 압류채권액 상당액 또는 금전채권의 전액을 공탁할 수 있도록 한 것이다. 변제공탁의 요건을 갖추지 않고 않아도 제3채무자가 금전채권액 전액에 대하여 1건의 공탁신청이 가능하다. 즉, 압류에 관련된 금전채권의 전액을 공탁할 경우 압류된 금액이 아닌 부분에 대하여 별도의 변제제공이나 수령거부 등의 변제공탁사유가 있어야 하는 것은 아니다.

ㅁ. 민사집행법 제248조 제1항은 금전채권의 일부만이 압류된 경우에도 금전채권의 전액을 공탁할 수 있도록 하고 있다.

정답 **01** ④ **02** ④

03 甲의 乙에 대한 대여금채권(1억원)에 대하여 甲의 채권자 丙이 대전지방법원에 채권압류 및 추심명령을 신청하여 채권압류 및 추심명령(3천만원)이 2010.5.1. 乙에게 송달되었고, 그 후 甲의 다른 채권자 丁이 수원지방법원에 또 다른 압류 및 추심명령을 신청하여 압류 및 추심명령(5천만원)이 2010.5.7. 乙에게 송달되었다. 다음 설명 중 가장 틀린 것은? ▸ 2010 법무사

① 乙은 8천만원 또는 1억원을 공탁할 수 있다.
② 乙이 8천만원을 공탁하는 경우 피공탁자란은 기재하지 않는다.
③ 乙은 공탁한 후 수원지방법원에 사유신고하여야 한다.
④ 乙이 1억원을 공탁한 후 2천만원에 대하여는 乙이 변제공탁의 예에 따라 회수청구할 수 있다.
⑤ 乙이 8천만원 또는 1억원을 공탁한 이후에, 丁은 집행법원의 지급위탁에 의하여 공탁금 출급청구를 할 수 있다.

> **해설** ③ 집행공탁은 원칙적으로 어느 공탁소에 하여도 무방하다. 그러나 사유신고는 먼저 송달된 압류명령을 발령한 법원에 사유신고를 하여야 하므로 대전지방법원에 사유신고하여야 한다.

04 집행공탁에 관한 다음 설명 중 가장 옳지 않은 것은? ▸ 2023 법무사

① 제3채무자가 민사집행법 제248조 제1항에 따라 금전채권의 일부가 압류되어 압류와 관련된 금전채권의 전액을 공탁하는 경우, 공탁금 중에서 압류의 효력이 미치지 않는 부분에 대하여는 변제공탁의 예에 따라 피공탁자(압류채무자)가 출급을 청구할 수 있으며, 공탁자도 민법 제489조 제1항에 의하여 회수청구할 수 있다.
② 제3채무자가 민사집행법 제248조 제1항에 따라 압류가 경합되어 있음을 이유로 한 집행공탁이 유효하려면 피압류채무에 해당하는 채무 전액을 공탁하여야 하므로, 제3채무자가 채무 전액을 공탁하지 않아 집행공탁의 효력이 인정되지 않는 경우에는 그 공탁이 수리된 후 공탁된 금원에 대한 배당절차가 종결되었더라도 그 공탁되어 배당된 금원에 대하여는 변제의 효력이 생기지 않는다.
③ 대여금 채권(100만원)에 대하여 甲의 가압류결정(100만원)이 제3채무자에게 송달된 후 甲이 가압류신청 취하서를 가압류발령 법원에 제출했지만 법원사무관등의 취하통지서가 제3채무자에게 도달하기 전에 동일한 권리에 대하여 압류 및 전부명령(100만원)이 제3채무자에게 도달한 경우 제3채무자는 민사집행법 제248조 제1항에 따라 압류경합을 이유로 집행공탁을 할 수 있다.

④ 금전채권에 대하여 민사집행법에 따른 압류와 체납처분에 의한 압류가 있고(선후 불문) 그 압류금액의 총액이 피압류채권액을 초과하는 경우에, 민사집행절차에서 압류 및 추심명령을 받은 채권자가 제3채무자로부터 압류채권을 추심하면 민사집행법 제236조 제2항에 따라 추심한 금액을 바로 공탁하고 그 사유를 신고하여야 한다.

⑤ 민사집행법 제248조 제1항에 따른 제3채무자의 집행공탁 전에 동일한 피압류채권에 대하여 다른 채권자의 신청에 따라 압류·가압류명령이 발령되었더라도, 제3채무자의 집행공탁 후에야 그에게 송달된 경우 그 압류·가압류의 효력이 생기지 아니한다.

> **해설** ② 제3채무자가 민사집행법 제248조 제1항에 따라 압류가 경합되어 있음을 이유로 한 공탁이 유효하려면 피압류채무에 해당하는 채무 전액을 공탁하여야 하지만 압류 및 추심명령의 제3채무자가 채무 전액을 공탁하지 않아 집행공탁의 효력이 인정되지 않는다고 하여도 그 공탁이 수리된 후 공탁된 금원에 대하여 배당이 실시되어 배당절차가 종결되었다면 그 공탁되어 배당된 금원에 대하여는 변제의 효력이 있다고 할 것이다.

05 갑(甲)은 을(乙)에 대하여 7천만원의 임차보증금 반환채무를 이행하여야 하는데, 을(乙)의 채권자 병(丙)이 그중 5천만원에 대하여 압류 및 추심명령을 하였고, 갑(甲)은 채무 전액인 7천만원을 공탁하였다. 다음 설명 중 가장 옳은 것은? ▸ 2012 법원사무관

① 갑(甲)은 공탁서에 병(丙)을 피공탁자로 기재하고, 공탁통지서를 첨부해야 한다.

② 을(乙)의 채권자 정(丁)이 공탁금 중 2천만원의 출급청구권에 대해 압류 및 추심명령을 받은 경우 정(丁)은 2천만원에 대하여 압류 및 추심명령 정본 및 송달통지서를 첨부하여 출급청구할 수 있다.

③ 갑(甲)은 3천만원에 대하여 공탁서 대신 집행법원으로부터 공탁서를 보관하고 있다는 사실을 증명하는 서면을 교부받아 민법 제489조 제1항에 의해 회수청구할 수 있다.

④ 갑(甲)은 공탁 후 7천만원을 압류를 발령한 법원에 사유신고하여야 한다.

> **해설** ① 공탁서상의 피공탁자란에 압류채무자 을(乙)을 기재하고, 규칙 제23조에서 정한 공탁통지서 및 우편료를 납입하여야 하며, 공탁관은 피공탁자인 압류채무자 을(乙)에게 위 공탁통지서를 발송하여야 한다.
> ③ 공탁금 중에서 압류금액을 초과하는 금액 2,000만원에 대하여 변제공탁의 예에 따라 피공탁자는 공탁통지서를 첨부하여 출급청구를 할 수 있고, 공탁자는 공탁서 대신 집행법원으로부터 공탁서를 보관하고 있다는 사실을 증명하는 서면을 교부받아 민법 제489조 제1항에 의해 회수청구를 할 수 있다.
> ④ 공탁금 중에서 압류금액에 상당하는 금액에 대하여는 공탁 시부터 배당절차가 개시되므로, 공탁자는 공탁 후 그 압류금액만 집행법원에 사유신고를 하여야 한다. 공탁 후 그 압류금액 5,000만원만 집행법원에 사유신고를 하여야 한다.

> **정답** 03 ③ 04 ② 05 ②

06 甲은 乙에 대한 대여금채권(6천만원)에 기하여 2008.1.15. 乙의 丙에 대한 보증금반환채권
(1억원)을 가압류하였고, 그 후 丁은 乙에 대한 퇴직금채권(7천만원)에 기하여 2008.2.10.
乙의 丙에 대한 보증금반환채권(1억원)을 압류 및 추심명령을 하였다. 다음 설명 중 가장
옳은 것은?　　　　　　　　　　　　　　　　　　　　　　　　　　　　▶ 2009 법무사

① 丙은 집행공탁 대신 추심채권자 丁에게 7천만원을 변제할 수 있다.
② 丙이 민사집행법 제248조 제1항에 따라 집행공탁을 하는 경우 공탁통지서를 첨부하여야
한다.
③ 丙은 민사집행법 제248조 제1항에 의한 집행공탁을 한 후 가압류발령법원에 사유신고를
하여야 한다.
④ 丙은 민사집행법 제248조 제1항에 따라 7천만원 또는 1억원을 선택적으로 집행공탁할
수 있다.
⑤ 丙이 민사집행법 제248조 제1항에 따라 집행공탁을 한 경우 丁은 압류 및 추심명령과
그 송달증명서를 첨부하여 공탁물을 출급청구할 수 있다.

해설 ② 금전채권의 전부에 대하여 압류가 있거나 압류의 경합이 있는 경우 피공탁자를 기재하지 않으므
로 「공탁통지서」도 첨부할 필요가 없다.
③ 가압류명령과 압류명령이 경합하는 경우에는 제3채무자는 압류명령 발령법원에 사유신고를 하
여야 한다.
④ 압류채권액의 총액이 피압류채권액보다 많은 중복압류(압류와 가압류의 경합 포함)의 경우에 각
압류의 효력은 그 채권 전액에 확장되므로(민사집행법 제235조(압류의 경합)), 압류경합이 아닌
압류(단일압류)가 있는 경우처럼 금전채권 중 「일부」만 공탁할 수는 없다.
⑤ 집행법원의 지급위탁이 필요하고, 출급청구권 증명서면으로 집행법원으로부터 발급받은 「자격증
명서」를 첨부하여야 한다.

07 甲은 乙에 대하여 1억원의 대여금채무가 있는데, 乙의 채권자 丙이 그 1억원의 채무 중 7천
만원에 대하여 압류 및 추심명령을 하였고, 다시 乙의 채권자 丁이 그 1억원의 채무 중 6천
만원에 대하여 집행법원에 배당요구를 한 후 丁이 甲에 대하여 공탁청구를 하였다. 이 경우
다음 설명 중 가장 옳은 것은?　　　　　　　　　　　　　　　　　　▶ 2007 법무사

① 甲은 1억원에 대하여 공탁할 의무가 있다.
② 甲은 7천만원에 대하여 공탁할 의무가 있다.
③ 甲은 6천만원에 대하여 공탁할 의무가 있다.
④ 甲은 1억원이나 7천만원에 대하여 선택적으로 공탁할 의무가 있다.
⑤ 甲은 1억원 또는 7천만원에 대하여 공탁할 권리가 있다.

해설 ② 금전채권에 대하여 배당요구서를 송달받은 제3채무자는 배당에 참가한 채권자의 청구가 있으면
압류된 부분에 해당하는 금액을 공탁하여야 한다(민사집행법 제248조 제2항).

08 甲은 乙에 대하여 1억원의 물품대금채무를 부담하고 있는데, 물품대금에 대한 丙의 압류·추심명령(압류채권액 6천만원, 압류채무자 乙)을 송달받고, 채무 전액(1억원)을 공탁하려고 한다. 다음 중 가장 옳지 않은 것은? ▸ 2016 법원사무관

① 甲은 공탁서상의 피공탁자란에 압류채무자인 乙을 기재하고, 공탁통지서를 첨부하여야 한다.

② 甲은 공탁 후 압류금액에 상당하는 6천만원만 집행법원에 사유신고를 하여야 한다.

③ 甲은 압류금액을 초과하는 4천만원에 대하여는 민법 제489조 제1항에 의하여 회수청구를 할 수 있다.

④ 甲은 공탁 후 압류명령이 취소된 경우 원인소멸을 이유로 6천만원에 대하여 회수청구를 할 수 있다.

해설 ④ 제3채무자가 금전채권에 대한 압류를 이유로 민사집행법 제248조 제1항에 따라 공탁을 하게 되면 공탁원인이 된 압류명령은 공탁에 의한 목적달성으로 인하여 그 존재 의의를 잃고 장래에 향하여 소멸하게 된다. 따라서 위 공탁 이후에는 채권자는 위 압류명령을 취하할 수 없고, 설사 취하한다고 하더라도 이는 단지 그 후에 진행되는 배당 등 절차에서의 배당수령권을 포기하는 의사라고 해석될 뿐 위 압류명령 자체의 효력에 영향을 주지 않게 된다. 또한, 공탁 이후에는 위 압류채권자의 지위가 배당 등을 받을 채권자로 전환되므로, 위 압류명령이 취소되더라도 그것 때문에 이미 발생한 위 압류명령의 효력이나 또는 공탁으로 인해 생긴 배당가입차단효가 소급적으로 소멸되는 것이 아니며, 오히려 그 효과는 다른 채권자들과의 사이에서 엄연히 남아있게 된다고 보아야 한다. 따라서 민사집행법 제248조 제1항에 따라 채권압류를 원인으로 한 공탁이 성립되면 공탁이 무효인 경우가 아니라면 제3채무자는 바로 채무를 면하게 되고, 공탁금은 이후 배당재단에 포함되어 배당법원의 관리하에 놓이게 되므로, 비록 금전채권에 대한 압류를 원인으로 한 공탁이 성립된 후 그 공탁원인이 된 압류명령의 효력이 실효되었다고 하더라도 압류채무자는 집행법원의 지급위탁에 의하여 지급증명서를 첨부하여 피공탁자로서 공탁금을 출급해 갈 수 있으므로, 공탁원인소멸을 이유로 한 공탁자의 공탁금회수청구권은 인정될 수 없다.

09 甲은 乙에 대하여 임차보증금 2억원의 반환의무를 부담하고 있는데, 임차보증금 반환채무에 대한 丙의 압류·추심명령(압류채권액 1억원)을 송달받고, 甲은 압류된 금액(1억원)을 민사집행법 제248조 제1항에 따라 공탁하려고 한다. 다음 중 가장 옳지 않은 것은? ▸ 2013 법무사

① 甲이 1억원을 집행공탁한 때 공탁금 전액에 대하여 배당절차가 개시된다.

② 甲은 공탁신청 시 압류결정문 사본을 첨부하여야 한다.

③ 丙은 집행법원의 지급위탁에 의하여 공탁금의 출급을 청구할 수 있다.

④ 甲이 공탁한 후에 丙의 압류명령이 취소된 경우, 乙은 집행법원의 지급위탁에 의하여 공탁금의 출급을 청구할 수 있다.

⑤ 甲은 공탁서의 피공탁자란에 乙을 기재하여야 한다.

해설 ⑤ 압류된 금액만 집행공탁을 하므로 피공탁자를 기재하지 않는다.

정답 **06** ① **07** ② **08** ④ **09** ⑤

10 甲은 乙에 대한 대여금채무 2억원을 부담하고 있는데, 乙의 채권자 丙의 압류 및 추심명령 (압류청구금액 : 1억원)을 송달받고, 위 채권 전액을 민사집행법 제248조 제1항 공탁을 하려고 한다. 다음 설명 중 가장 잘못된 것은? ▸2012 법무사

① 甲은 乙을 피공탁자로 기재하고 공탁규칙 제23조 제1항에서 정한 공탁통지서를 첨부하며, 같은 조 제2항에 따라 우편료를 납입하여야 한다.

② 甲은 압류의 효력이 미치지 않는 부분에 대하여는 민법 제489조에 기하여 회수할 수 있다.

③ 甲이 착오로 2억원을 사유신고한 경우 공탁금 전액에 대하여 배당가입이 차단되므로 공탁 후 공탁금출급청구권에 대하여 압류한 채권자가 있더라도 배당에 참가할 수 없다.

④ 甲이 丙의 압류를 원인으로 하는 공탁을 한 후 상당한 기간 내에 집행법원에 사유신고를 하지 않으면 丙은 甲을 대신하여 집행법원에 사유신고를 할 수 있다.

⑤ 압류를 원인으로 하는 甲의 공탁이 성립된 후 丙의 압류가 실효되었다고 하더라도 甲은 공탁원인이 소멸되었음을 이유로 공탁금을 회수할 수는 없다.

> **해설** ③ 금전채권의 일부만이 압류되었음에도 제3채무자가 민사집행법 제248조 제1항에 의하여 그 채권 전액을 공탁하고 공탁사유신고를 한 경우에는 그 공탁금 중 압류의 효력이 미치는 금전채권액은 그 성질상 당연히 집행공탁으로 보아야 하나, 압류금액을 초과하는 부분은 압류의 효력이 미치지 않으므로 집행공탁이 아니라 변제공탁으로 보아야 하며, 그 부분에 대하여는 제3채무자의 공탁 사유신고에 의한 배당가입 차단효가 발생할 여지가 없다(대판 2008.5.15, 2006다74693).

11 甲의 乙에 대한 1억원의 물품대금채권에 대하여 甲의 채권자 丙이 7천만원의 임금채권으로 가압류하였고, 그 후 甲의 또 다른 채권자 丁이 5천만원의 대여금채권으로 압류 및 추심 명령을 하였다. 다음 설명 중 가장 옳은 것은? ▸2011 법무사

① 甲은 압류경합을 이유로 1억원 전액에 대하여 집행공탁을 할 수 있고, 丙이 공탁을 청구하는 경우 1억원 전액에 대하여 공탁을 해야 할 의무가 생긴다.

② 압류경합을 이유로 공탁하는 경우 공탁자는 압류결정문과 가압류결정문 정본을 첨부하여야 한다.

③ 압류경합을 이유로 공탁한 후 공탁사유인 가압류와 압류 및 추심명령의 효력이 실효된 경우 甲은 그 실효를 증명하는 서면을 첨부하여 공탁금을 지급청구할 수 있다.

④ 압류경합을 이유로 공탁한 후 공탁사유인 가압류의 효력이 실효된 경우 丁은 가압류의 효력이 실효되었다는 증명서면, 압류 및 추심명령 정본과 그 송달증명서 등을 첨부하여 5천만원에 대하여 공탁금출급청구를 할 수 있다.

⑤ 압류경합을 이유로 한 공탁 및 사유신고가 있은 후 甲의 채권자 戊가 6천만원의 임대료 채권으로 추가로 압류 및 추심명령을 받은 경우 戊는 집행법원의 배당절차에 참가하여 공탁금에 대한 출급청구를 할 수 없다.

해설 ① 甲이 아닌 乙이 압류경합을 이유로 1억원 전액에 대하여 집행공탁을 할 수 있고, 丙이 공탁을 청구하는 경우 1억원 전액에 대하여 공탁을 해야 할 의무가 생긴다.

② 사본을 첨부한다.

③ 금전채권에 대한 압류를 이유로 제3채무자가 민사집행법 제248조(제3채무자의 채무액의 공탁) 제1항에 의하여 공탁한 후에, 압류명령이 취소되거나 신청의 취하 등으로 인하여 압류가 실효된 경우, 채무자는 압류된 채권액에 대하여 집행법원의 지급위탁에 의하여 공탁금의 출급을 청구할 수 있다.

④ 집행법원의 지급위탁에 의하여 공탁금의 출급을 청구할 수 있다.

12 갑(甲)은 을(乙)에 대해 대여금 채무 1억원을 부담하고 있는데, 그중 7천만원에 대해 압류채권자 병(丙), 압류채무자 을(乙)로 하는 압류 및 추심명령을 송달받았다. 이에 갑(甲)은 민사집행법 제248조 제1항에 근거해 압류된 7천만원을 집행공탁하려고 한다. 다음 중 가장 잘못된 것은?
▶ 2011 법원사무관

① 갑(甲)은 공탁서의 피공탁자란을 기재할 수 없고, 공탁통지서도 첨부할 필요가 없다.

② 갑(甲)은 공탁 후 집행법원에 사유신고를 하여야 하고, 사유신고를 한 때가 배당요구의 종기가 된다.

③ 병(丙)은 집행법원의 배당절차를 거쳐서 배당채권자로 확정된 후 집행법원의 지급위탁에 의하여 출급청구할 수 있다.

④ 공탁이 성립된 후 집행법원의 배당절차가 진행 중이라도 공탁의 원인이 된 병(丙)의 압류명령이 실효된 경우 갑(甲)은 공탁원인 소멸(공탁법 제9조 제2항 제3호)을 이유로 공탁금을 회수할 수 있다.

해설 ④ 금전채권에 대한 압류를 원인으로 한 공탁이 성립된 후 그 공탁원인이 된 압류명령의 효력이 실효되었다고 하더라도 압류채무자는 집행법원의 지급위탁에 의하여 지급증명서를 첨부하여 피공탁자로서 공탁금을 출급해 갈 수 있으며, 공탁원인소멸을 이유로 한 공탁자의 공탁금회수청구권은 인정되지 않는다.

13 甲은 乙에 대하여 2억원의 물품대금채무를 이행하여야 하는데, 乙의 채권자 丙이 그 물품대금채권액 중 1억 5천만원에 대하여 압류 및 추심명령을 하여 甲이 2억원 전부를 민사집행법 제248조 제1항에 따라 공탁한 후 사유신고하였다. 다음 설명 중 가장 옳은 것은?
▶ 2006 법원사무관

① 甲은 丙을 피공탁자로 기재하고, 공탁관은 공탁이 성립되면 丙에게 공탁통지서를 발송한다.

② 甲은 집행법원으로부터 공탁서를 보관하고 있다는 사실을 증명하는 서면을 교부받아 이를 첨부하여 2억원에 대하여 민법 제489조에 따른 공탁금회수청구를 할 수 있다.

③ 丙이 압류 및 추심명령 정본 및 송달증명을 첨부하여 1억 5천만원에 대하여 공탁금을 출급청구한 경우 공탁관은 불수리하여야 한다.

④ 丙의 압류 및 추심명령이 공탁 후 취소된 경우 乙은 공탁금 2억원에 대하여 압류 및 추심명령의 효력이 실효되었음을 증명하는 서면 및 공탁통지서를 첨부하여 출급청구할 수 있다.

> **해설** ① 피공탁자란에 乙을 기재하고 乙에게 공탁통지서를 발송하여야 한다.
> ② 압류의 효력이 미치지 않는 5,000만원 부분에 대하여만 민법 제489조에 따른 공탁금회수청구를 할 수 있고, 압류의 효력이 미치는 집행공탁 1억 5천만원에 대하여는 민법 제489조에 따른 공탁금회수청구를 할 수 없다.
> ④ 집행법원의 지급위탁에 의하여 공탁금의 출급을 청구할 수 있다.

14 甲은 乙에 대하여 임차보증금채무 1억원을 부담하고 있는데, 乙의 채권자 丙의 압류 및 추심명령(압류청구금액 : 7,000만원)을 송달받자, 위 채권 전액을 민사집행법 제248조 제1항에 따라 공탁하려고 한다. 다음 설명 중 가장 옳지 않은 것은? (다툼이 있는 경우 판례·예규 및 선례에 의함) ▸ 2017 법무사

① 甲은 공탁신청 시 공탁서의 피공탁자란에 乙을 기재하고, 공탁규칙 제23조 제1항에서 정한 공탁통지서를 첨부하여야 한다.

② 乙은 공탁금 중에서 압류의 효력이 미치지 않은 부분에 대하여는 변제공탁의 예에 따라 공탁금의 출급을 청구할 수 있다.

③ 甲은 공탁금 중에서 압류의 효력이 미치지 않는 부분에 대하여는 민법 제489조 제1항에 의하여 공탁금의 회수를 청구할 수 있다.

④ 압류를 원인으로 한 甲의 공탁이 성립된 후에 丙의 압류가 실효되었다면, 甲은 공탁원인이 소멸되었음을 이유로 공탁금의 회수를 청구할 수 있다.

⑤ 甲이 채권 전액(1억원)에 대하여 사유신고를 한 경우라 하더라도, 압류의 효력이 미치지 않는 부분에 대하여는 배당가입 차단효가 발생하지 않는다.

> **해설** ④ 금전채권에 대한 압류를 이유로 제3채무자가 민사집행법 제248조(제3채무자의 채무액의 공탁) 제1항에 의하여 공탁한 후에, 압류명령이 취소되거나 신청의 취하 등으로 인하여 압류가 실효된 경우, 채무자는 압류된 채권액에 대하여 집행법원의 지급위탁에 의하여 공탁금의 출급을 청구할 수 있다.

15 갑(甲)은 을(乙)에 대하여 대여금 채무 1천만원을 부담하고 있는데, 을(乙)의 채권자 병(丙)의 압류·추심명령(압류법원 : 부산지방법원, 압류금액 : 2천만원)을 송달받고, 위 채무 전액을 집행공탁하였다. 다음 설명 중 가장 옳은 것은? ▸ 2014 법원사무관

① 수원에 거주하는 갑(甲)은 수원지방법원에 공탁 및 사유신고를 할 수 있다.

② 피공탁자는 을(乙)로 기재하고, 공탁통지서를 첨부하여야 한다.

③ 위 공탁이 성립한 이후, 병(丙)의 압류가 실효되면 을(乙)은 공탁통지서를 첨부하여 직접 공탁금을 출급할 수 있다.

④ 위 공탁이 성립한 이후, 갑(甲)은 민법 제489조를 근거로 하여 공탁금을 회수할 수는 없다.

해설 ① 제3채무자가 금전채권에 대한 압류를 이유로 공탁한 경우에는 그것이 권리공탁이든, 의무공탁이든 상관없이 모두 압류명령을 발령한 집행법원에 사유신고를 하여야 한다.

② 피공탁자를 기재하지 않으며, 공탁통지서도 첨부할 필요가 없다.

③ 압류채권자가 공탁금을 출급청구하기 위해서는 집행법원의 지급위탁이 필요하고, 출급청구권 증명서면으로 집행법원으로부터 발급받은 지급증명서를 첨부하여야 한다.

16 금전채권의 일부만이 압류되었음에도 제3채무자가 금전채권 전액을 집행공탁(민사집행법 제248조 제1항)한 경우에 관한 다음 설명 중 가장 옳지 않은 것은? ▸ 2023 법원사무관 승진

① 압류의 효력이 미치는 부분은 집행공탁으로서 제3채무자는 공탁 후 집행법원에 사유신고를 하여야 하며, 그 부분은 집행법원의 지급위탁에 의하여 공탁금의 출급을 청구할 수 있다.

② 압류의 효력이 미치지 않는 부분은 변제공탁에 해당하나, 별도의 변제공탁 사유가 없더라도 민사집행법 제248조 제1항에 의한 공탁을 할 수 있으며, 제3채무자는 공탁서상의 피공탁자란에 압류채무자를 기재한다.

③ 압류의 효력이 미치지 않는 부분에 대하여는 변제공탁의 예에 따라 피공탁자가 출급을 청구할 수 있고, 공탁자는 집행법원으로부터 공탁서를 보관하고 있다는 사실을 증명하는 서면을 교부받아 민법 제489조 제1항에 의해 회수청구할 수 있다.

④ 집행공탁 이후 압류명령이 취소되거나 신청의 취하 등으로 인하여 압류가 실효된 경우, 압류채무자는 압류된 채권액에 대하여 신청취하서 등 압류가 실효되었음을 증명하는 서면을 첨부하여 공탁관에게 공탁금의 출급을 청구할 수 있다.

정답 ▸ 14 ④ 15 ④ 16 ④

해설 ④ 채권자는 현금화절차가 끝나기 전까지 압류명령의 신청을 취하할 수 있는데 채권자가 채무자의 제3채무자에 대한 채권을 압류한 상태에서 제3채무자가 민사집행법 제248조에 따라 공탁을 하게 되면 압류명령은 공탁에 의한 목적달성으로 인하여 그 존재 의의를 잃고 장래에 향하여 소멸하게 된다. 즉, 제3채무자가 민사집행법 제248조에 따라 공탁을 하게 되면 압류된 채권이 현금화된 것으로 볼 수 있고, 압류명령으로 인한 집행이 종료된다. 따라서 위 공탁 이후에는 압류채권자의 지위가 배당받을 채권자의 지위로 전환되므로 사유신고 전이라 하더라도 압류채권자의 압류명령 신청의 취하가 허용되지 않는다. 압류채권자가 신청취하서를 제출하더라도 취하의 효력이 발생하지 않고, 압류채권자의 '배당금 교부청구권의 포기'일 뿐이라고 보아야 하며 집행법원에서는 그대로 배당재단을 유지하면서 배당절차를 진행하게 되는데, 위 신청취하서를 제출한 압류채권자는 배당에서 제외된다. 따라서 민사집행법 제248조에 의해 공탁된 후에 압류채권자가 압류명령을 취하하거나 또는 압류명령이 취소된다 해도 그것이 압류명령의 효력을 소급적으로 변화 또는 소멸시키는 것은 아니며, 이는 배당수령권 여하의 문제로만 남게 된다.

17 민사집행법 제248조 제1항의 권리공탁과 관련한 다음 설명 중 가장 옳지 않은 것은?

▶ 2014 법무사

① 금전채권의 일부에 대해 압류가 있어 제3채무자가 압류된 채권액만 공탁하는 경우 압류결정문 사본과 공탁통지서를 첨부하여야 한다.

② 금전채권의 일부만 압류되었음에도 제3채무자가 압류와 관련된 채권 전액을 공탁하고 공탁사유신고를 한 경우, 그 공탁 중 압류의 효력이 미치는 부분은 당연히 집행공탁으로 보아야 하나, 압류금액을 초과하는 부분은 변제공탁으로 그 부분에 대해서는 제3채무자의 공탁사유신고에 의한 배당가입 차단효가 발생할 여지가 없다.

③ 금전채권에 대하여 확정된 단일의 압류 및 전부명령이 있는 경우 제3채무자는 민사집행법 제248조 제1항에 의한 공탁을 할 수 없다.

④ 금전채권의 일부에 대하여 압류가 있는 경우, 제3채무자는 압류된 채권액 또는 압류와 관련된 금전채권액 전액을 공탁할 수 있고, 공탁한 후에는 즉시 공탁서를 첨부하여 집행법원에 사유신고를 하여야 한다.

⑤ 금전채권에 대한 압류를 원인으로 한 공탁이 민사집행법 제248조 제1항을 근거로 이루어진 후 그 공탁원인이 된 압류명령의 효력이 실효되었다고 하더라도, 압류채무자는 압류명령의 실효를 이유로 직접 공탁금을 출급할 수 없다.

해설 ① 피공탁자를 기재하지 않으므로 공탁통지서도 첨부할 필요가 없고, 다만 실무상 압류결정문 사본을 첨부하고 있다.

18 甲은 乙에 대하여 1억원의 물품대금채무를 부담하고 있는데, 물품대금채무에 대한 丙의 압류 · 추심명령(압류채권액 8천만원)을 송달받고, 채무 전액(1억원)을 공탁하려고 한다. 다음 설명 중 가장 옳지 않은 것은? (다툼이 있는 경우 판례에 의함)   ▶ 2016 법무사

① 甲은 공탁서상의 피공탁자란에 압류채무자인 乙을 기재하고, 공탁통지서를 첨부하여야 한다.

② 甲은 공탁 후 압류금액에 상당하는 8천만원만 집행법원에 사유신고를 하여야 한다.

③ 甲은 압류금액을 초과하는 2천만원에 대하여는 민법 제489조 제1항에 의하여 회수청구를 할 수 있다.

④ 甲은 공탁 후 압류명령이 취소된 경우 원인소멸을 이유로 8천만원에 대하여 회수청구를 할 수 있다.

⑤ 乙은 압류금액을 초과하는 2천만원 부분에 대하여는 공탁통지서를 첨부하여 출급청구를 할 수 있다.

해설 ④ 금전채권에 대한 압류를 원인으로 한 공탁이 성립된 후 그 공탁원인이 된 압류명령의 효력이 실효되었다고 하더라도 공탁원인소멸을 이유로 한 공탁자의 공탁금회수청구권은 인정될 수 없다.

19 권리공탁(민사집행법 제248조 제1항)에 관한 다음 설명 중 가장 옳지 않은 것은?
    ▶ 2025 법무사

① 금전채권의 일부에 대하여 압류가 있는 경우 제3채무자는 압류된 채권액 또는 압류와 관련된 금전채권액 전액을 공탁할 수 있다.

② 제3채무자에 대하여 대위채권자에게 직접 이행하도록 하는 채권자대위판결이 확정된 후 피대위권리를 피압류채권으로 하는 다수의 채권압류 및 추심명령이 제3채무자에게 순차적으로 송달된 경우, 제3채무자는 민사집행법 제248조 제1항에 따른 권리공탁을 할 수 있다.

③ 압류금지채권에 해당하는 부분에 대한 압류는 무효임에도 이를 간과한 채 공탁금 전액을 배당재단으로 하여 추심권자들에게 배당된 경우, 압류채무자는 배당표에서 배당을 받을 것으로 기재된 다른 채권자들을 상대로 배당이의의 소를 제기할 수 있다.

④ 제3채무자는 공탁신청 시 압류결정문 사본을 첨부하여야 한다.

⑤ 민사집행법 제248조 제1항에 의하여 공탁한 후에 압류명령이 취소되거나 신청의 취하 등으로 인하여 압류가 실효된 경우, 채무자는 압류된 채권액에 대하여 집행법원의 지급위탁에 의하지 아니한 채 직접 공탁금을 출급할 수 있다.

해설 ⑤ 민사집행법 제248조 제1항에 의하여 채권압류를 원인으로 한 공탁이 성립되면 공탁이 무효인 경우가 아닌 한 제3채무자는 바로 채무를 면하게 되고, 공탁금은 이후 배당재단에 포함되어 집행

정답 17 ① 18 ④ 19 ⑤

법원의 관리하에 놓이게 되므로 공탁이 성립된 후에 그 공탁원인이 된 압류명령의 효력이 실효되었다고 하더라도 압류채무자는 집행법원의 배당절차에 의한 지급위탁으로 증명서를 교부받아 공탁금을 출급해 갈 수 있을 뿐 집행법원의 지급위탁에 의하지 아니한 채 공탁자(제3채무자)가 공탁원인 소멸을 이유로 회수청구권을 행사하거나 압류채무자가 압류명령의 실효를 이유로 직접 공탁금을 출급할 수가 없다.

20 甲은 乙에 대하여 물품대금채무 2천만원을 부담하고 있는데, 丙의 채권압류 및 추심명령(집행채권액 1천만원) 및 丁의 채권압류 및 추심명령(집행채권액 500만원)을 순차적으로 각 송달받고, 물품대금채무 2천만원을 민사집행법 제248조 제1항 집행공탁을 하려고 한다. 다음 설명 중 옳은 것을 모두 고른 것은? (다툼이 있는 경우 판례 · 예규 및 선례에 따르고 전원합의체 판결의 경우 다수의견에 의함. 이하 같음) ▶ 2021 법무사

┌─ 보기 ├─
ㄱ. 공탁서의 피공탁자란에 피공탁자를 기재하지 않는다.
ㄴ. 공탁사유신고는 丙의 채권압류명령을 발령한 집행법원에 하여야 한다.
ㄷ. 甲은 위 공탁금 중 500만원 부분에 대하여 민법 제489조 제1항에 근거하여 공탁금 회수청구를 할 수 있다.
ㄹ. 위 공탁이 성립한 후 丙과 丁의 압류가 모두 실효된 경우 乙은 집행법원의 지급위탁절차에 의하지 아니하고 공탁금 전액(2천만원)에 대하여 출급청구할 수 있다.
ㅁ. 위 공탁이 성립한 후 공탁금출급청구권에 대하여 戊의 채권압류 및 추심명령(집행채권액 300만원)이 공탁소에 도달한 경우 공탁관은 지체 없이 집행법원에 사유신고를 하여야 한다.

① ㄱ, ㄴ, ㄷ ② ㄴ, ㄷ ③ ㄷ, ㄹ, ㅁ
④ ㄴ, ㄹ ⑤ ㄴ, ㅁ

 ㄱ. 압류채권액 합계(1,500만원)보다 피압류채권액 합계(2,000만원)가 크고 전액을 공탁하므로 압류되지 않은 부분에 관련된 피공탁자를 기재하여야 한다.
ㄴ. 먼저 송달된 압류법원인의 채권압류명령을 발령한 법원에 공탁사유를 신고한다.
ㄷ. 압류되지 않은 500만원 부분은 변제공탁 회수를 할 수 있다.
ㄹ. 집행법원의 지급위탁으로만 지급이 가능하다.
ㅁ. 아직 압류경합이 아니므로 사유신고를 하지 않는다. 즉, 사례의 경우 2,000만원 중 병의 압류추심과 정의 압류추심 500만원 합계 1,500만원은 집행공탁이고 따라서 집행공탁과 시유신고로 인해 배당가입이 차단된다. 그러나 2,000만원 중 나머지 500만원(압류되지 않는 부분)은 변제공탁이므로 을의 출급청구권만 있는데 여기에 무의 압류추심명령 1개만 존재하고 아직 다른 압류경합이 없으므로 바로 무에게 지급을 하면 되고 아직 사유신고를 하지 않는다. 설사 무의 압류 및 추심명령 금액이 500만원을 초과한 600만원이라 하여도 마찬가지이다. 그 후 또 다른 채권자 "기"의 압류 및 추심명령 등이 들어오고 기의 압류 및 추심명령 금액과 무의 압류금액 300만원과 합계가 500만원을 초과해야만 사유신고를 한다.

21 甲은 乙에게 대여금채무(100만원)를 부담하고 있는데, 丙의 채권압류 및 추심명령(집행채권액 30만원)과 丁의 채권압류 및 추심명령(집행채권액 30만원)을 각 송달받고, 위 채무 100만원 전액을 민사집행법 제248조 제1항 집행공탁 및 공탁사유신고를 하였다. 다음 보기 중 옳은 것을 모두 고른 것은?　　　　　　　　　　　　　　　　　　　　　　▶ 2022 법원사무관

> ┤ 보기 ├
>
> ㄱ. 乙은 공탁금 중 40만원 부분에 대하여 공탁관에게 출급청구할 수 있다.
> ㄴ. 甲은 공탁금 중 40만원 부분에 대한 공탁금을 민법 제498조 제1항에 의하여 회수청구할 수 있다.
> ㄷ. 위 공탁이 성립된 후 丙과 丁의 채권압류가 각 실효된 경우 乙은 각 압류가 실효되었음을 증명하는 서면을 첨부하여 공탁관에게 공탁금출급청구를 할 수 있다.
> ㄹ. 위 공탁이 성립된 후 공탁금출급청구권에 대한 戊의 채권압류·추심명령(집행채권액 : 50만원)이 공탁소에 송달된 경우 공탁관은 지체 없이 압류명령을 발령한 법원에 사유신고를 하여야 한다.

① ㄱ, ㄴ　　　　　　　② ㄷ, ㄹ　　　　　　　③ ㄴ, ㄷ
④ ㄱ, ㄹ　　　　　　　⑤ ㄱ, ㄷ

 해설 ㄷ. 비록 금전채권에 대한 압류를 원인으로 한 공탁이 성립된 후 그 공탁원인이 된 압류명령의 효력이 실효되었다고 하더라도 압류채무자는 집행법원의 지급위탁에 의하여 지급증명서를 첨부하여 피공탁자로서 공탁금을 출급해 갈 수 있으며, 공탁원인 소멸을 이유로 한 공탁자의 공탁금회수청구권은 인정될 수 없다.
　　　ㄹ. 집행채권의 총액이 피압류채권(공탁금지급청구권) 총액을 초과하여 재판상 배당을 필요로 하는 경우에 공탁관은 사유신고를 하여야 한다. 공탁금지급청구권에 대하여 복수의 압류명령 등이 있더라도 각 압류의 법률적 성질상 압류액의 총액이 피압류채권액을 초과하지 아니하여 압류의 경합이 없는 경우에는 원칙적으로 공탁 및 공탁사유신고를 하지 아니한다.

22 민사집행법 제248조가 정한 제3채무자의 채무액의 공탁에 관한 다음 설명 중 가장 옳은 것은?　　　　　　　　　　　　　　　　　　　　　　　　　　　　　　　　▶ 2019 법무사

① 금전채권의 일부만이 압류되었으나 제3채무자가 압류에 관련된 금전채권 전액을 공탁한 경우, 제3채무자는 압류의 효력이 미치지 않는 부분에 대하여 별도의 변제공탁사유가 없으면 압류와 관련된 금전채권 전액을 1건으로 공탁할 수는 없다.
② 금전채권의 일부만이 압류되었으나 제3채무자가 압류에 관련된 금전채권 전액을 공탁한 경우, 압류의 효력이 미치는 부분에 대하여는 공탁서상의 피공탁자란에 압류채무자를 기재한다.
③ 민사집행법 제248조 제1항에 의하여 채권압류를 원인으로 한 공탁이 성립된 후에 그 공탁원인이 된 압류명령의 효력이 실효된 경우에는 제3채무자는 공탁원인소멸을 이유로 회수청구권을 행사할 수 있다.

정답 20 ②　21 ①　22 ④

④ 민사집행법 제248조가 정하는 제3채무자의 공탁은 채무자의 제3채무자에 대한 금전채권의 전부 또는 일부가 압류된 경우에 허용되므로, 그러한 공탁에 따른 변제의 효과 역시 압류의 대상에 포함된 채권에 대해서만 발생한다.

⑤ 금전채권에 대하여 압류경합이 있는 경우 압류채권액의 총액이 피압류채권액보다 많은 경우에도 금전채권 중 일부만 공탁할 수 있다.

[해설] ① 변제공탁의 요건을 갖추지 않아도 제3채무자가 금전채권액 전액에 대하여 1건의 공탁신청이 가능하다. 즉, 압류에 관련된 금전채권의 전액을 공탁할 경우 압류된 금액이 아닌 부분에 대하여 별도의 변제제공이나 수령거부 등의 변제공탁사유가 있어야 하는 것은 아니다.

② 압류의 효력이 미치는 부분에 대하여는 피공탁자를 기재하지 않고 공탁통지서도 첨부할 필요가 없다.

③ 제3채무자가 민사집행법 제248조 공탁을 하게 되면 배당절차가 개시되어 공탁금은 배당재단에 편입되므로, 공탁이 유효하게 성립한 후 압류가 실효되더라도 집행법원의 배당절차에 의한 지급위탁의 방법으로만 지급이 가능하고, 공탁원인소멸을 이유로 한 갑의 공탁금회수청구는 인정되지 않는다.

⑤ 민사집행법 제248조 제3항에 따른 압류경합의 경우에는 각각 압류의 효력이 채권 전액으로 확장되므로, 그 채권 전액을 공탁하여야 한다.

23 甲이 乙에 대하여 1,000만원의 대여금채권을 가지고 있고, 甲의 채권자인 丙이 甲에 대한 600만원의 채권으로 위 대여금채권을 압류한 상황에서 다음 설명 중 옳은 것을 모두 고른 것은? (설명된 것 이외에 다른 사실관계는 아무 것도 없는 것으로 가정한다.)

> ㄱ. 乙은 甲의 다른 채권자인 丁이 甲에 대한 500만원 채권을 가지고 있음을 알게 된 경우, 대여금채권 전액인 1,000만원을 공탁하여야 한다.
>
> ㄴ. 丙의 압류가 그 범위를 600만원으로 제한하고 있는 경우, 甲의 다른 채권자인 丁이 甲에 대한 500만원의 채권을 가지고 배당요구를 하였다면, 제3채무자인 乙이 민사소송법 제248조 제2항에 따라 공탁하여야 하는 금액은 600만원이다.
>
> ㄷ. 丙의 압류가 그 범위를 제한하지 않은 것일 경우, 甲의 다른 채권자인 丁이 甲에 대한 500만원의 채권을 가지고 배당요구를 하였다면, 제3채무자인 乙이 민사소송법 제248조 제2항에 따라 공탁하여야 하는 금액은 600만원이다.
>
> ㄹ. 甲에 대하여 500만원의 채권을 가지고 있는 丁이 甲의 乙에 대한 대여금채권에 압류명령을 받은 후 공탁을 청구하였다면, 乙은 민사소송법 제248조 제3항에 따라 1,000만원을 공탁하여야 한다.

① ㄱ, ㄴ   ② ㄴ, ㄷ   ③ ㄴ, ㄹ

④ ㄷ, ㄹ   ⑤ ㄱ, ㄹ

해설 ㄱ. 채권자가 경합하는 경우에 제3채무자는 채권자가 경합하는 사정만으로는 공탁의무가 생기는 것이 아니고 공탁요청이 있는 때에만 공탁의무가 생긴다.

ㄷ. 丙의 압류가 그 범위를 제한하지 않은 것일 경우, 甲의 다른 채권자인 丁이 甲에 대한 500만원의 채권을 가지고 배당요구를 하였다면, 제3채무자인 乙이 민사소송법 제248조 제2항에 따라 공탁하여야 하는 금액은 1,000만원이다.

24 의무공탁(민사집행법 제248조 제2항, 제3항)에 관한 다음 설명 중 가장 옳지 않은 것은?

▸ 2025 법무사

① 금전채권에 관하여 배당요구서를 송달받은 제3채무자는 배당에 참가한 채권자의 청구가 있으면 압류된 부분에 해당하는 금액을 공탁하여야 한다.

② 금전채권 중 압류되지 아니한 부분을 초과하여 거듭 압류명령 또는 가압류명령이 내려진 경우에 그 명령을 송달받은 제3채무자는 압류 또는 가압류채권자의 청구가 있으면 그 채권의 전액에 해당하는 금액을 공탁하여야 한다.

③ 제3채무자가 채무액을 공탁한 때에는 그 사유를 법원에 신고하여야 한다.

④ 공탁의무가 발생한 경우라도 제3채무자는 집행공탁이 아닌 정당한 추심권자 1인에게 직접 변제하는 등의 방법으로도 공탁청구한 채권자에게 채무의 소멸을 주장할 수 있다.

⑤ 제3채무자가 배당요구채권자(추심권자)의 공탁청구에도 불구하고 공탁의무를 이행하지 않을 때에는 민사집행법 제249조 제1항에 따라 소로써 공탁을 명하는 추심소송을 제기할 수 있다.

해설 ④ 공탁의무가 발생하지 않은 경우에는 제3채무자가 집행공탁이 아닌 정당한 추심권자 1인에게 직접 변제하는 등의 방법으로도 그 채무의 소멸을 다른 채권자 및 채무자에게 주장할 수 있는 반면, 공탁의무가 발생한 경우에는 제3채무자가 공탁의 방법에 의하지 않고는 면책을 받을 수 없다. 따라서 공탁의무가 있는데도 불구하고 제3채무자가 추심채권자 중 한 사람에게 임의로 변제하거나 일부 채권자가 강제집행절차 등에 의하여 추심한 경우 제3채무자는 이로써 '공탁청구한 채권자'에 대한 관계에서 채무의 소멸을 주장할 수 없고 이중지급의 위험을 부담한다.
다만 그러한 경우에도 제3채무자는 '공탁청구한 채권자 외의 다른 채권자'에게는 여전히 채무의 소멸을 주장할 수 있다.

25 **공탁관 및 제3채무자의 사유신고에 관한 다음 설명 중 가장 옳지 않은 것은?** ▶ 2025 법무사

① 가압류명령과 압류명령이 경합하는 경우에는 공탁관은 압류명령을 발령한 법원에 사유신고를 하여야 한다.

② 공탁금지급청구권에 대하여 민사집행법에 따른 압류와 체납처분에 의한 압류가 있고(그 선후는 불문함) 그 압류금액의 총액이 피압류채권을 초과하는 경우에는 공탁관은 집행법원에 사유신고를 하여야 한다.

③ 금전공탁이 아닌 유가증권 또는 물품공탁의 지급청구권에 대하여 압류가 경합된 경우에는 사유신고의 대상이 아니다.

④ 집행채권에 대한 압류 등이 있은 후에 집행채권자가 채무자의 채권에 대하여 압류명령을 받음에 따라 채권압류명령의 제3채무자가 민사집행법에 따른 공탁을 한 후 집행법원에 사유신고를 하였다면 이는 적법한 사유신고이고, 이로 인하여 채권배당절차가 실시될 수 있다.

⑤ 공탁금지급청구권이 제3자에게 양도되어 대항요건을 갖춘 후에 압류·가압류 등이 경합한 경우에는 사유신고의 대상이 아니다.

해설 ④ 채권압류(압류채권자 甲)의 집행권원에 표시된 집행채권이 압류채권자 甲의 채권자 乙에 의해 이미 압류나 가압류, 처분금지가 처분된 때에는 위 甲의 채권압류명령의 효력은 보전적 처분으로써 유효한 것이고 현금화나 만족적 단계로 나아가는 데에는 집행장애사유가 존재하므로 이를 원인으로 한 공탁에는 가압류를 원인으로 하는 공탁과 마찬가지의 효력만이 인정된다고 보아야 하므로 위와 같은 공탁에 따른 사유신고는 부적법하고, 이로 인하여 채권 배당절차가 실시될 수 없으며, 만약 그 채권배당절차가 개시되었더라도 배당금이 지급되기 전이라면 집행법원은 공탁 사유신고를 불수리하는 결정을 하여야 한다.

제2절 채권가압류를 원인으로 하는 공탁

01 甲은 乙에 대하여 물품대금 채무 1백만원을 부담하고 있는데, 丙의 채권가압류결정(집행채권액 : 2백만원)을 송달받고, 위 채무 1백만원 전액을 민사집행법 제291조 및 제248조 제1항 가압류 집행공탁을 하였다. 다음 중 옳은 것을 모두 고른 것은? ▶ 2023 법무사

> ㄱ. 乙은 피공탁자로서 공탁금을 출급할 수 있다.
> ㄴ. 甲은 민법 제489조에 기하여 공탁금을 회수할 수 있다.
> ㄷ. 위 공탁이 성립한 후 丁의 채권압류 및 추심명령(집행채권액 : 2백만원)이 공탁소에 도달한 경우 공탁관은 집행법원에 사유신고를 하여야 한다.
> ㄹ. 위 공탁이 성립한 후 고양시의 체납처분에 의한 압류통지(집행채권액 : 2백만원)가 공탁소에 도달한 경우 고양시는 직접 공탁금을 출급할 수 있다.
> ㅁ. 위 공탁이 성립한 후 丙의 가압류로부터 본압류로 이전하는 채권압류 및 추심명령(집행채권액 : 1백만원)이 공탁소에 도달한 경우 丙은 공탁금을 직접 출급할 수 있다.

① ㄱ, ㄴ   ② ㄱ, ㄷ   ③ ㄱ, ㄹ
④ ㄷ, ㄹ   ⑤ ㄹ, ㅁ

해설 ㄱ. 피공탁자(가압류채무자)는 가압류가 실효되지 않는 한 공탁금의 출급을 청구할 수 없다.
ㄴ. 민법 제489조에 기하여 공탁금을 회수는 변제공탁에서만 가능하다.
ㅁ. 공탁관이 사유신고를 하여야 하고 그 후 집행법원의 배당절차에 따른 지급위탁에 위해 출급이 이루어진다.

02 갑(甲)은 을(乙)에 대하여 대여금채무 2천만원을 부담하고 있는데, 병(丙)의 가압류결정(가압류채권액 : 1천만원)을 송달받고, 위 채무 2천만원 전액을 가압류를 원인으로 하는 집행공탁을 하였다. 다음 중 가장 옳지 않은 것은? (다툼이 있는 경우 판례 및 예규, 선례에 의함) ▶ 2013 법원사무관

① 병(丙)은 가압류된 부분에 대하여 가압류로부터 본압류로 이전하는 압류·추심명령을 얻어 공탁금을 직접 출급청구할 수 있다.
② 을(乙)은 가압류 효력이 미치지 않는 부분에 대하여는 공탁통지서 등을 첨부하여 공탁금을 직접 출급청구할 수 있다.

③ 갑(甲)은 가압류 효력이 미치지 않는 부분에 대하여 민법 제489조에 근거하여 공탁금을 직접 회수청구할 수 있다.

④ 공탁관은 위 공탁이 성립한 후 공탁금출급청구권에 대한 정(丁)의 압류·추심명령(압류채권액 : 2천만원)이 송달된 경우 압류명령을 발령한 집행법원에 사유신고를 하여야 한다.

해설 ① 공탁금 중에서 가압류의 효력이 미치는 부분에 대하여는, 가압류채권자가 그 가압류를 본압류로 이전하는 압류명령이 송달되면 공탁관은 즉시 압류명령의 발령법원에 그 사유를 신고하여야 하고, 가압류채권자는 집행법원의 지급위탁에 의하여 집행법원으로부터 발급받은 지급증명서를 첨부하여 공탁금을 출급청구할 수 있다. 가압류의 효력이 미치지 않는 부분에 대하여는 가압류의 효력이 존속하지 않게 되므로(민사집행법 제297조), 피공탁자(가압류채무자)는 변제공탁의 예에 따라 공탁통지서를 첨부하여 그 부분에 해당하는 공탁금을 출급청구할 수 있으며, 공탁자는 가압류발령법원으로부터 공탁서를 보관하고 있다는 사실을 증명하는 서면을 교부받아 공탁금을 회수청구할 수 있다.

03 甲은 乙에 대하여 대여금채무 1억원을 부담하고 있는데, 대여금에 대한 丙의 가압류결정(가압류채권액 : 3천만원, 채무자 乙)을 송달받고, 甲은 채무 전액(1억원)을 공탁하려고 한다. 다음 중 가장 옳지 않은 것은? ▸ 2017 법원사무관

① 甲은 공탁서의 피공탁자란에 가압류채무자인 乙을 기재하고, 공탁근거의 법령조항은 「민사집행법」 제291조 및 제248조 제1항으로 한다.

② 乙은 7천만원에 대하여 직접 출급청구할 수 있고, 이후 가압류가 실효된 경우에는 3천만원을 직접 출급청구할 수 있다.

③ 甲은 7천만원에 대하여 「민법」 제489조에 기한 회수청구를 할 수 있다.

④ 丙이 가압류로부터 본압류로 이전하는 압류 및 추심명령을 한 경우 3천만원에 대하여 직접 출급청구할 수 있다.

해설 ④ 금전채권에 대한 가압류를 원인으로 제3채무자가 민사집행법 제291조, 제248조 제1항에 따라 공탁을 하면 공탁에 따른 채무변제효과로 당초의 피압류채권인 채무자의 제3채무자에 대한 금전채권은 소멸하고, 대신 채무자는 공탁금출급청구권을 취득하며, 가압류의 효력은 그 청구채권액에 해당하는 공탁금액에 대한 채무자의 공탁금출급청구권에 대하여 존속한다(민사집행법 제291조). 이후 공탁사유인 가압류를 본압류로 이전하는 압류명령이 국가(공탁관)에게 송달되면 민사집행법 제291조, 제248조 제1항에 따른 공탁은 민사집행법 제248조에 따른 집행공탁으로 바뀌어 공탁관은 즉시 압류명령의 발령법원에 그 사유를 신고하여야 하는데, 이로써 가압류의 효력이 미치는 부분에 대한 채무자의 공탁금출급청구권은 소멸하고, 그 부분 공탁금은 배당재단이 되어 집행법원의 배당절차에 따른 지급위탁에 의하여만 출급이 이루어질 수 있게 된다(대판 2014. 12.24. 2012다118785).

04 금전채권의 일부에 대하여 가압류가 있는 경우 제3채무자가 가압류와 관련된 금전채권액 전액을 집행공탁하는 경우에 관한 다음 설명 중 가장 옳지 않은 것은? ▶ 2024 법무사

① 공탁근거 법령조항은 민사집행법 제291조 및 제248조 제1항으로 하고, 피공탁자란에는 가압류채무자를 기재하고, 제3채무자는 공탁 후 즉시 공탁서를 첨부하여 그 내용을 서면으로 가압류발령법원에 신고하여야 한다.

② 제3채무자가 가압류 집행된 금전채권액을 공탁한 경우에는 그 가압류의 효력은 그 청구채권액에 해당하는 공탁금액에 대한 가압류채무자의 출급청구권에 대하여 존속한다.

③ 공탁금 중에서 가압류의 효력이 미치지 않는 부분에 대하여는, 변제공탁의 예에 따라 피공탁자는 출급청구를 할 수 있으나, 공탁자는 회수청구할 수 없다.

④ 공탁금 중에서 가압류의 효력이 미치는 부분에 대하여는, 가압류채권자가 가압류를 본압류로 이전하는 압류명령을 얻은 후 집행법원의 지급위탁에 의하여 공탁금의 출급을 청구할 수 있다.

⑤ 공탁금 중에서 가압류의 효력이 미치는 부분에 대하여는, 공탁한 후에 가압류명령이 취소되거나 신청의 취하 등으로 인하여 가압류가 실효된 경우, 피공탁자는 가압류가 실효되었음을 증명하는 서면 등을 첨부하여 공탁관에게 출급청구할 수 있다.

> **해설** ③ 가압류의 효력이 미치지 않는 부분에 대하여는, 변제공탁의 예에 따라 피공탁자는 출급청구를 할 수 있고, 공탁자는 회수청구할 수 있다.

05 다음 설명 중 가장 옳지 않은 것은? ▶ 2015 법무사

① 금전채권에 대한 가압류를 원인으로 제3채무자가 「민사집행법」 제291조 및 제248조 제1항에 의하여 공탁한 후에, 가압류채권자가 공탁사유인 가압류를 본압류로 이전하는 압류 및 추심명령을 얻어 공탁소에 출급청구를 한다면 공탁관은 사유신고할 필요 없이 그 출급청구를 인가할 수 있다.

② 금전채권 중 압류되지 아니한 부분을 초과하여 거듭 압류명령이 내려진 경우에 그 명령을 송달받은 제3채무자는 압류채권자의 청구가 있으면 그 채권의 전액에 해당하는 금액을 공탁하여야 한다.

③ 채권자가 채권을 추심하고 그 사유를 법원에 신고하기 전에 다른 압류·가압류 또는 배당요구가 있는 때에는 채권자는 추심한 금액을 지체 없이 공탁하고 그 사유를 신고하여야 한다.

④ 금전채권에 대한 압류를 이유로 제3채무자가 「민사집행법」 제248조 제1항에 의하여 공탁한 후에, 압류명령이 취소되거나 신청의 취하 등으로 인하여 압류가 실효된 경우, 채무자는 압류된 채권액에 대하여 집행법원의 지급위탁에 의하여 공탁금의 출급을 청구할 수 있다.

정답 ▷ 03 ④ 04 ③ 05 ①

⑤ 금전채권에 대한 가압류를 이유로 제3채무자가 「민사집행법」 제291조 및 제248조 제1항에 의하여 공탁한 후에, 가압류명령이 취소되거나 신청의 취하 등으로 인하여 가압류가 실효된 경우, 가압류채무자(피공탁자)는 공탁통지서와 가압류가 실효되었음을 증명하는 서면을 첨부하여 공탁관에게 공탁금의 출급을 청구할 수 있다.

> **해설** ① 가압류채권자가 가압류를 본압류로 이전하는 압류명령이 국가(공탁관)에 송달되면 공탁관은 즉시 압류명령의 발령법원에 그 사유를 신고하여야 하며, 가압류채권자는 집행법원의 지급위탁에 의하여 집행법원으로부터 발급받은 지급증명서를 첨부하여 공탁금을 출급청구할 수 있다.

06 甲은 乙에 대하여 대여금채무 1억원을 부담하고 있었는데, 대여금에 대한 丙의 가압류결정(가압류채권액 2천만원, 채무자 乙)을 송달받았다. 甲은 가압류된 채권액(2천만원)에 대하여만 공탁하려고 한다. 다음 설명 중 가장 옳지 않은 것은? ▸ 2019 법무사

① 제3채무자 甲이 공탁을 한 후에는 즉시 공탁서를 첨부하여 그 내용을 서면으로 가압류발령법원에 신고하여야 한다.

② 공탁서의 피공탁자란에는 가압류채무자인 乙을 기재하고, 공탁근거의 법령조항은 「민사집행법」 제291조 및 제248조 제1항으로 한다.

③ 공탁을 수리한 공탁관은 가압류채무자 乙에게 공탁통지서를 발송하고, 가압류채권자 丙에게는 공탁사실을 통지하여야 한다.

④ 가압류채무자 乙은 가압류가 실효되지 않는 한 공탁금의 출급을 청구할 수 없다.

⑤ 가압류채권자 丙은 가압류를 본압류로 이전하는 압류명령을 얻었다면 집행법원의 지급위탁이 없더라도 공탁금의 출급을 청구할 수 있다.

> **해설** ⑤ 가압류채권자가 가압류를 본압류로 이전하는 압류명령이 국가(공탁관)에 송달되면 공탁관은 즉시 압류명령의 발령법원에 그 사유를 신고하여야 하며, 가압류채권자는 집행법원의 지급위탁에 의하여 집행법원으로부터 발급받은 지급증명서를 첨부하여 공탁금을 출급청구할 수 있다.

07 甲은 乙에 대하여 1억원의 대여금채무를 부담하고 있는데, 乙의 채권자 丙의 가압류결정문(가압류채권액 7천만원)을 송달받고, 甲이 채무 전액을 민사집행법 제248조 제1항 및 제291조에 의하여 공탁하려고 한다. 다음 중 가장 틀린 것은? ▸ 2012 법무사

① 공탁서의 피공탁자란에 가압류채무자인 乙을 기재하고 공탁통지서를 발송하며, 가압류채권자 丙에게는 공탁사실통지서를 발송하여야 한다.

② 乙은 가압류를 초과하는 부분 3천만원은 변제공탁의 예에 따라 출급청구할 수 있다.

③ 乙은 공탁 후 가압류가 취소되면 가압류취소결정 정본과 송달증명을 첨부하여 공탁관에게 직접 7천만원을 출급청구할 수 있다.

④ 가압류권자 丙이 가압류로부터 본압류로 이전하는 압류 및 추심명령을 받은 경우는 압류의 경합이 없다면 공탁관은 사유신고를 하지 않고 丙은 공탁소에서 직접 출급청구할 수 있다.

⑤ 공탁 후 乙에 대한 체납처분에 의한 압류통지(채납액 3천만원)가 있는 경우 그 압류채권자가 추심청구를 하면 공탁관은 이를 거절할 수 없다.

해설 ④ 01~05번 해설 참조

08 갑(甲)은 을(乙)에 대하여 대여금채무 1억원을 부담하고 있는데, 을(乙)의 채권자 병(丙)의 가압류결정문(가압류채권액 7천만원)을 송달받고, 민사집행법 제248조 제1항 및 제291조에 의해 채무전액을 공탁하였다. 다음 설명 중 가장 옳지 않은 것은? ▸2014 법무사

① 공탁서의 피공탁자란에는 가압류채무자 을(乙)을 기재하고, 공탁 후 갑(甲)은 즉시 공탁서를 첨부하여 그 내용을 가압류발령법원에 신고를 하여야 한다.

② 공탁 후 가압류가 취소되면 을(乙)은 공탁통지서와 가압류가 실효되었음을 증명하는 서면을 첨부하여 1억원을 출급청구할 수 있다.

③ 공탁 후 가압류의 효력이 미치는 7천만원에 대하여 가압류를 본압류로 이전하는 병(丙)의 압류 및 전부명령이 송달되면 공탁관은 병(丙)에게 직접 지급하여야 한다.

④ 공탁 후 가압류 금액을 초과하는 3천만원에 대하여 갑(甲)은 가압류발령법원으로부터 공탁서 보관사실 증명서면을 교부받아 민법 제489조에 의하여 회수청구를 할 수 있다.

⑤ 공탁 후 을(乙)의 출급청구권에 대한 정(丁)의 압류 및 추심명령(압류채권액 1억원)이 송달되면 공탁관은 정(丁)의 압류법원에 사유신고를 하여야 한다.

해설 ③ 01~05번 해설 참조

09 제3채무자의 권리공탁에 관한 다음 설명 중 가장 옳지 않은 것은? ▸2007 법무사

① 금전채권의 일부 또는 전부에 대하여 가압류가 있는 경우, 제3채무자는 가압류된 채권액 또는 가압류와 관련된 금전채권액 전액을 공탁할 수 있고, 공탁을 한 후에는 즉시 공탁서를 첨부하여 그 내용을 서면으로 가압류발령법원에 신고하여야 한다.

② 금전채권의 일부에 대하여 가압류가 있는 경우, 제3채무자가 가압류된 채권액에 대하여만 공탁을 하고자 할 때에는 공탁서의 피공탁자란은 기재하지 아니한다.

정답 06 ⑤ 07 ④ 08 ③ 09 ②

③ 금전채권의 일부에 대하여 압류가 있는 경우, 제3채무자는 압류된 채권액 또는 압류와 관련된 금전채권액 전액을 공탁할 수 있고, 공탁을 한 후에는 즉시 공탁서를 첨부하여 집행법원에 사유신고를 하여야 한다.

④ 금전채권의 일부에 대하여 압류가 있는 경우, 제3채무자가 압류된 채권액에 대하여만 공탁을 하고자 할 때에는 공탁서의 피공탁자란은 기재하지 아니한다.

⑤ 금전채권의 일부에 대하여 압류가 있는 경우, 제3채무자가 압류와 관련된 금전채권액 전액을 공탁하고자 할 때에는 공탁서의 피공탁자란에 압류명령의 채무자를 기재하여야 한다.

해설 ② 공탁서의 피공탁자란에는 가압류채무자를 기재한다.

10 甲의 乙에 대한 물품대금채권(1억원)에 대하여 甲의 채권자 丙이 광주지방법원에 가압류신청을 하여 가압류명령(가압류청구금액 : 6천만원)이 2009.1.15. 乙에게 송달되었고, 그 후 甲의 다른 채권자 丁이 부산지방법원에 가압류신청을 하여 그 가압류명령(가압류청구금액 : 7천만원)이 2009.4.20. 乙에게 송달되었다. 다음 설명 중 가장 옳은 것은? ▸ 2009 법무사

① 乙은 민사집행법 제291조 및 제248조 제1항에 따라 1억원을 공탁할 수 있고, 이 경우 피공탁자는 丙, 丁을 기재한다.

② 乙이 민사집행법 제291조 및 제248조 제1항에 따라 1억원을 공탁하는 경우 공탁통지서는 첨부할 필요가 없다.

③ 乙이 민사집행법 제291조 및 제248조 제1항에 따라 부산지방법원 소속 공탁소에 공탁한 경우 그 사유는 광주지방법원에 신고하여야 한다.

④ 乙이 민사집행법 제291조 및 제248조 제1항에 따라 공탁한 후 공탁물출급청구권에 대하여 체납처분에 의한 압류통지가 이루어진 경우 공탁관은 집행법원에 사유신고를 하여야 한다.

⑤ 乙이 민사집행법 제291조 및 제248조 제1항에 따라 1억원을 공탁한 후 甲이 丙의 가압류에 대하여 해방공탁을 하여 가압류집행이 취소된 경우 甲은 4천만원에 대하여 공탁통지서, 가압류집행취소결정 정본 및 송달증명서를 첨부하여 출급청구할 수 있다.

해설 ① 피공탁자란에는 가압류채무자(甲)를 기재한다.
② 공탁통지서를 첨부하여야 한다.
④ 가압류와 체납처분에 의한 압류가 있는 경우(그 선후를 불문한다)는 비록 복수의 압류가 있고 집행채권의 총액이 피압류채권(공탁금지급청구권) 총액을 초과하더라도 사유신고의 대상이 아니다. 가압류채무자(피공탁자)의 공탁금출급청구권에 대한 체납처분에 의한 압류통지가 이루어져서 압류채권자가 추심청구를 하면 공탁관은 사유신고를 하지 않고 직접 압류채권자에게 지급한다.
⑤ 가압류채무자(피공탁자 甲)는 집행공탁금(1억원) 중 집행취소되지 않은 나머지 가압류사건(丁)의 가압류청구금액(7천만원)을 초과하는 공탁금(3천만원)에 대하여 공탁통지서, 가압류집행취소결정 정본, 송달증명서를 첨부하여 출급청구할 수 있다.

11 乙은 甲에 대하여 1억원의 대여금채권이 있는데, 乙의 채권자 丙이 그 1억원의 채권 중 8천만원에 대하여 가압류를 하자 甲이 민사집행법 제291조 및 제248조 제1항에 의하여 1억원을 공탁하였다. 다음 설명 중 가장 옳은 것은? ▶ 2007 법원사무관

① 공탁금 8천만원에 대하여 배당절차가 개시되고 배당요구의 종기가 된다.
② 공탁관은 공탁금이 납입된 후에 丙에게는 공탁통지서를, 乙에게는 공탁사실통지서를 각 발송하여야 한다.
③ 丙이 공탁원인인 가압류로부터 본압류로 이전하는 압류 및 추심명령을 받은 경우에는, 그 압류 및 추심명령정본과 송달증명서를 첨부하여 공탁금 8천만원을 출급청구할 수 있다.
④ 공탁원인인 가압류명령이 취소된 경우, 乙은 공탁통지서와 가압류가 취소되었음을 증명하는 서면을 첨부하여 공탁금 1억원을 출급청구할 수 있다.

> **해설** ① 금전채권에 대한 가압류를 원인으로 제3채무자가 공탁한 때에도 그 사유를 서면으로 법원에 신고하여야 하는데, 본압류를 위한 보전처분에 불과한 채권가압류를 원인으로 한 공탁 및 사유신고만으로는 그 공탁금으로부터 배당 등을 받을 수 있는 채권자의 범위를 확정하는 배당가입 차단효과도 없고, 배당절차를 개시하는 사유도 되지 아니하며, 단순히 가압류발령법원에 공탁사실을 알려 주는 의미밖에 없다.
> ② 공탁관은 공탁금이 납입된 후에 乙에게는 공탁통지서를, 丙에게는 공탁사실통지서를 각 발송하여야 한다.
> ③ 집행법원의 지급위탁에 의하여 공탁금의 출급을 청구할 수 있다.

12 甲은 乙에 대하여 대여금 채무 1천만원을 부담하고 있는데, 丙의 가압류결정(집행채권액 : 2천만원)을 송달받고, 위 채무 1천만원 전액을 민사집행법 제291조 및 제248조 제1항에 의하여 가압류 집행공탁을 하였다. 다음 설명 중 가장 옳은 것은? ▶ 2022 법무사

① 위 공탁이 성립한 후 甲은 민법 제489조에 근거하여 공탁금을 직접 회수할 수 있다.
② 위 공탁이 성립한 후 乙의 공탁금출급청구권에 대하여 용인시의 체납처분에 의한 압류(집행채권액 : 1천만원)통지가 공탁소에 송달되어 용인시가 추심청구를 하는 경우 공탁관은 이에 응해야 한다.
③ 위 공탁이 성립한 후 공탁금출급청구권에 대하여 丙의 가압류로부터 본압류로 이전하는 채권압류·추심명령(집행채권액 : 1천만원)이 송달되어 丙이 추심청구를 하는 경우 공탁관은 이에 응해야 한다.
④ 위 공탁이 성립한 후 공탁금출급청구권에 대하여 丁의 채권압류·추심명령(집행채권액 : 1천만원)이 송달되어 丁이 추심청구를 하는 경우 공탁관은 이에 응해야 한다.
⑤ 위 공탁이 성립한 후 乙은 공탁통지서를 첨부하여 공탁금 전액을 출급할 수 있다.

정답 | 10 ③ | 11 ④ | 12 ②

해설 ① 집행공탁이므로 민법 제489조에 근거한 공탁금 회수를 할 수 없다.

③ 위 공탁이 성립한 후 공탁금출급청구권에 대하여 丙의 가압류로부터 본압류로 이전하는 채권압류·추심명령(집행채권액 : 1천만원)이 송달되는 경우 공탁관은 사유신고를 하여야 하며, 丙이 추심청구에 공탁관은 응할 수 없다.

④ 위 공탁이 성립한 후 공탁금출급청구권에 대하여 丁의 채권압류·추심명령(집행채권액 : 1천만원)이 송달되는 경우 공탁관은 사유신고를 하여야 하며 丁의 추심청구에 응할 수 없다.

⑤ 위 공탁이 성립한 후 가압류가 실효되지 않는 한 乙은 공탁금을 출급할 수 없다.

13 금전채권에 대한 가압류를 이유로 제3채무자가 민사집행법 제291조 및 제248조 제1항에 의하여 공탁을 하는 경우에 관한 다음 설명 중 가장 옳은 것은? ▸ 2021 법무사

① 제3채무자가 가압류된 채권액에 대하여만 공탁하는 경우에도 공탁서의 피공탁자란에 가압류채무자를 기재한다.

② 둘 이상의 가압류가 있는 경우 제3채무자는 민사집행법 제291조 및 제248조 제1항 공탁을 한 후 즉시 공탁서를 첨부하여 먼저 송달된 가압류명령의 발령법원에 공탁사유신고를 하여야 하고 그로 인하여 배당절차가 개시되고 배당요구종기가 도래하게 된다.

③ 금전채권에 대한 가압류를 이유로 제3채무자가 민사집행법 제291조 및 제248조 제1항에 의하여 공탁한 후에, 가압류명령이 취소되거나 신청의 취하 등으로 인하여 가압류가 실효되더라도 가압류채무자는 가압류된 채권액에 대하여 집행법원의 지급위탁에 의하여 공탁금의 출급을 청구할 수 있다.

④ 가압류채권자가 가압류를 본압류로 이전하는 압류명령을 얻은 경우 집행법원의 지급위탁에 의하지 않고 공탁소로부터 직접 공탁금을 출급할 수 있다.

⑤ 제3채무자가 가압류와 관련된 금전채권 전액을 공탁을 한 경우 가압류의 효력이 미치지 않는 부분에 대하여도 변제공탁의 예에 따른 피공탁자(가압류채무자)의 공탁금 출급청구는 인정되지 않는다.

해설 ② 금전채권에 대한 가압류를 원인으로 제3채무자가 공탁한 때에도 그 사유를 서면으로 법원에 신고하여야 하는데, 본압류를 위한 보전처분에 불과한 채권가압류를 원인으로 한 공탁 및 사유신고만으로는 그 공탁금으로부터 배당 등을 받을 수 있는 채권자의 범위를 확정하는 배당가입 차단효과도 없고, 배당절차를 개시하는 사유도 되지 아니하며, 단순히 가압류 발령법원에 공탁사실을 알려 주는 의미밖에 없다 할 것이므로, 그 신고는 집행법원이 아닌 가압류발령법원에 하여야 하며, 복수의 가압류명령이 있는 경우에는 제3채무자에게 먼저 송달된 가압류명령을 발령한 법원에 신고를 하여야 한다.

③ 금전채권의 일부 또는 전부에 대하여 가압류가 있는 경우에 제3채무자는 가압류된 채권액 또는 가압류와 관련된 금전채권액 전액을 공탁할 수 있고, 공탁 이후 그 가압류의 효력은 그 청구채권액에 해당하는 공탁금액에 대한 가압류채무자의 출급청구권에 대하여 존속하게 된다. 금전채권에 대한 가압류를 이유로 제3채무자가 민사집행법 제291조 및 제248조 제1항에 따라 공탁한 후에 그 가압류명령이 취소되거나 신청 취하 등으로 가압류가 실효된 경우에는 가압류채무자(피공탁자)는 공탁통지서와 가압류가 실효되었음을 증명하는 서면을 첨부하여 공탁관에게 공탁금의 출급을 청구할 수 있다.

④ 피공탁자(가압류채무자)는 가압류가 실효되지 않는 한 공탁금의 출급을 청구할 수 없고, 가압류 채권자가 가압류를 본압류로 이전하는 압류명령이 국가(공탁관)에 송달되면 공탁관은 즉시 압류 명령의 발령법원에 그 사유를 신고하여야 하며, 가압류채권자는 집행법원의 지급위탁에 의하여 집행법원으로부터 발급받은 지급증명서를 첨부하여 공탁금을 출급청구할 수 있다.

⑤ 공탁금 중에서 가압류의 효력이 미치지 않는 부분에 대하여는 가압류의 효력이 존속하지 않게 되므로(민사집행법 제297조), 피공탁자(가압류채무자)는 변제공탁의 예에 따라 공탁통지서를 첨 부하여 그 부분에 해당하는 공탁금을 출급청구할 수 있으며, 공탁자는 가압류발령 법원으로부터 공탁서를 보관하고 있다는 사실을 증명하는 서면을 교부받아 공탁금을 회수청구할 수 있다.

14 공탁서의 피공탁자란 기재에 관한 다음 설명 중 가장 옳지 않은 것은? ▶ 2023 법무사

① 사해행위취소에 따른 원상회복청구권을 피보전권리로 한 채권처분금지가처분결정이 제 3채무자에게 송달된 경우, 제3채무자는 민법 제487조에 따라 수령불능을 공탁원인으로 하여 피공탁자를 가처분채무자로 하는 확지공탁을 한다.

② 질권의 목적물이 된 채권의 변제기가 질권자의 채권의 변제기보다 먼저 도래한 때에는 민법 제353조 제3항에 따라 질권자는 제3채무자에 대하여 그 변제금액의 공탁을 청구할 수 있는데, 이 경우 제3채무자는 질권설정자를 피공탁자로 기재하여 공탁한다.

③ 가압류채무자의 민사집행법 제282조에 의한 가압류해방공탁의 경우 공탁서에 피공탁자 를 기재하지 않는다.

④ 금전채권의 일부에 대하여 가압류가 있음을 원인으로 제3채무자가 민사집행법 제291 조 및 제248조 제1항에 따라 가압류된 금액만을 공탁하는 경우 피공탁자를 기재하지 않는다.

⑤ 금전채권에 대하여 민사집행법에 따른 압류와 체납처분에 의한 압류가 있고, 민사집행 법에 따른 압류와 체납처분에 의한 압류금액의 총액이 피압류채권액을 초과하지 않는 경우, 제3채무자는 민사집행법 제248조 제1항에 따라 압류와 관련된 금전채권액 전액을 공탁할 수 있는데, 이 경우 압류명령의 채무자를 피공탁자로 기재한다.

해설 ④ 공탁 이후에는 가압류의 효력이 그 청구채권액에 해당하는 공탁금액에 대한 가압류채무자의 출 급청구권에 미치므로 채권압류를 원인으로 하는 집행공탁과는 달리 가압류된 금액만을 공탁하거 나 가압류와 관련된 채권 전액을 공탁하는 경우에 가압류의 효력이 미치는 부분이나 미치지 않는 부분이나 모두 공탁신청 시에 피공탁자가 존재한다.

정답 13 ① 14 ④

15 공탁금 출급청구 시 첨부서면으로서 공탁통지서에 관한 다음 설명 중 가장 옳은 것은?

▶ 2024 법원사무관

① 공탁금 제5조의2 형사공탁지급절차에서 공탁금을 출급하려는 사람은 공탁통지서를 첨부하여야 한다.
② 출급청구하는 공탁금액이 1억원 이하인 경우에는 공탁통지서를 첨부하지 않아도 된다.
③ 금전채권에 대한 가압류를 이유로 제3채무자가 민사집행법 제291조 및 248조 제1항에 따라 공탁한 후 가압류가 실효된 경우, 가압류채무자(피공탁자)가 공탁금을 출급하는 경우 공탁통지서를 첨부하여야 한다.
④ 공탁금을 출급하려는 사람이 공탁서를 첨부하였다고 하더라도 공탁통지서 첨부가 면제되지 않는다.

해설 ① 형사공탁은 민법 제487조 변제공탁의 특칙으로서 피공탁자에게 공탁통지서를 발송하지 않고, 공고로 갈음하기 때문에 공탁통지서를 첨부할 필요가 없고, 그에 따른 우편료도 납입하지 않는다.
② 출급청구하는 공탁금액이 5천만원 이하인 경우에는 공탁통지서를 첨부하지 않아도 된다.
④ 공탁금을 출급하려는 사람이 공탁서를 첨부한 경우도 공탁통지서 첨부가 면제된다.

16 금전채권에 대한 가압류를 원인으로 하는 공탁(민사집행법 제248조 제1항, 제291조)에 관한 다음 설명 중 가장 옳지 않은 것은?

▶ 2025 법무사

① 공탁을 수리한 공탁관은 가압류채권자에게 공탁사실을 통지하여야 한다.
② 제3채무자가 공탁 후 그 내용을 서면으로 가압류발령법원에 신고하더라도 배당가입 차단효과는 없다.
③ 가압류채무자가 가압류이의를 신청하여 가압류를 취소하는 결정을 받았다면 가압류채무자는 공탁통지서와 가압류취소결정정본 및 그 송달증명뿐만 아니라 가압류취소결정의 확정증명도 별도로 첨부하여야 한다.
④ 공탁신청 시 공탁통지서를 첨부하여야 한다.
⑤ 2개 이상의 가압류가 경합되었음을 이유로 제3채무자가 공탁한 후 가압류채무자가 그중 1개의 가압류에 대하여 해방공탁을 하여 그 가압류집행이 취소되었다면 가압류채무자는 집행공탁금 중 집행취소되지 않은 나머지 가압류사건의 가압류청구금액을 초과하는 공탁금에 대하여 출급청구할 수 있다.

해설 ③ 금전채권에 대한 가압류를 이유로 제3채무자가 민사집행법 제291조 및 제248조 제1항에 따라 공탁한 후에 가압류명령이 취소되거나 신청의 취하 등으로 인하여 가압류가 실효된 경우 가압류채무자(피공탁자)는 공탁통지서와 가압류가 실효되었음을 증명하는 서면을 첨부하여 공탁관에게 출급청구할 수 있다. 보전처분의 이의신청에 대한 재판은 결정으로 하여야 하고, 위 결정은 상당한 방법으로 고지하면 그 효력이 발생하므로 가압류채무자가 가압류이의를 신청하여 가압류를 취소하는 결정을 받았다면 가압류채무자는 공탁통지서와 가압류취소결정정본 및 그 송달증명을 첨부하여 공탁금의 출급을 청구할 수 있을 것이고, 이때 가압류취소결정의 확정증명을 별도로 첨부할 필요는 없다

01 甲은 乙에 대한 연금보험료채권에 기하여, 2008.1.19. 乙의 丙에 대한 공사대금채권(1억원) 전부를 체납처분절차에 따라 압류하였고, 그 후 丁은 乙에 대한 임금채권에 기하여, 2008. 2.9. 乙의 丙에 대한 공사대금채권(1억원) 중 일부액(6천만원)을 가압류하였다. 다음 설명 중 가장 옳은 것은?

▶ 2009 법무사

① 丙은 민사집행법 제291조 및 제248조 제1항에 따라 1억원 전부를 집행공탁할 수 있다.
② 丙은 민사집행법 제291조 및 제248조 제1항에 따라 6천만원을 집행공탁할 수 있다.
③ 丙은 민사집행법 제248조 제1항에 따라 1억원 전부를 집행공탁할 수 있다.
④ 丙은 민법 제487조에 따라 1억원 전부를 변제공탁할 수 있다.
⑤ 丙은 甲의 추심권 행사에 응하여야 하므로, 변제공탁이나 집행공탁을 할 수 없다.

해설 ① 공탁선례 제202311호 : 금전채권에 대하여 민사집행법에 따른 가압류와 체납처분에 의한 압류가 경합하는 경우 제3채무자가 민사집행법 제291조, 제248조 제1항의 공탁을 할 수 있는지 여부 등

1. 가압류를 원인으로 한 민사집행법 제291조, 제248조 제1항에 따른 공탁은 (가)압류의 경합 없이 단일의 가압류로도 가능하므로 민사집행법에 따른 가압류(이하 "가압류"라 한다)와 체납처분에 의한 압류(이하 "체납처분압류"라 한다)가 경합하는 경우에 가압류의 존재만으로 공탁의 요건을 충족한다는 점, 민사집행법에 따른 압류(이하 "압류"라 한다)와 체납처분압류가 경합하는 경우와 마찬가지로 가압류와 체납처분압류가 경합하는 경우에 사인(私人)인 제3채무자는 위 각 (가)압류와 체납처분압류의 법률상 차이점, 우선순위 등을 잘 알지 못한다고 할 것이므로 공탁을 통하여 제3채무자를 면책시킬 필요성이 있다는 점, 이후의 배당절차에 체납처분권자가 참여하는 문제도 압류와 체납처분압류가 경합하는 경우와 동일하다는 점 등을 종합적으로 고려할 때, 금전채권에 대하여 압류와 체납처분압류가 경합하는 경우에 선후를 불문하고 민사집행법 제248조 제1항에 따른 집행공탁이 허용되는 이상 가압류와 체납처분압류가 경합하는 경우에도 그 선후를 불문하고 제3채무자는 민사집행법 제291조, 제248조 제1항의 공탁(이하 "가압류 집행공탁"이라 한다)을 함으로써 강제집행(징수)과 이중지급의 위험으로부터 벗어날 수 있다. 이는 가압류와 관련된 금전채권 전액을 공탁하는 경우에도 같다.

2. 제3채무자는 가압류와 체납처분압류를 원인으로 공탁을 신청할 때, 공탁서의 피공탁자란에 가압류채무자를 기재하고, 공탁원인사실란에는 가압류 및 체납처분압류 사실을 모두 기재하여야 하며, 공탁규칙 제23조 제1항에서 정한 공탁통지서를 첨부하여야 하고, 위 공탁통지서의 발송과 가압류채권자 및 체납처분권자에 대한 공탁사실 통지를 위하여 같은 조 제2항에 따른 우편료를 납입하여야 한다.

3. 공탁신청을 수리한 공탁관은 피공탁자(가압류채무자)에게 공탁통지서를 발송하고, 가압류채권자 및 체납처분권자에게는 공탁사실을 통지하여야 한다. 또한 공탁금출급청구권에 대한 압류가 이루어져 (가)압류금액 및 체납처분압류금액의 총액이 공탁금을 초과하거나 가압류를 본압류로 이전하는 압류명령이 국가(공탁관)에 송달된 경우 공탁관은 집행법원에 사유신고를 하여야 한다.

4. 한편, 변제공탁에서 피공탁자의 공탁금출급청구권은 본래의 채권을 갈음하는 권리로서 그 권리의 성질과 범위는 본래의 채권과 동일하다는 점, 가압류 집행공탁은 가압류채무자를 피공탁자로 기재하고 제3채무자가 공탁관으로 바뀌게 되는 변제공탁의 실질을 가지고 있으므로 종전의 제3채무자에 대한 채권상 부담은 새로운 제3채무자(공탁관)에 대한 채권(공탁금출급청구권)에 그대로 유지된다는 점, 제3채무자가 가압류 집행공탁을 하게 되면 민사집행법 제297조에 따라 그 가압류의 효력이 피공탁자의 공탁금출급청구권에 대하여 존속한다는 점 등에 비추어 볼 때, 제3채무자가 가압류와 체납처분압류의 경합을 원인으로 공탁하는 경우 제3채무자는 가압류채권자뿐만 아니라 체납처분권자에 대하여도 면책되고 가압류의 효력이 공탁금출급청구권에 존속하는 것과 마찬가지로 체납처분압류의 효력도 공탁금출급청구권에 대하여 존속한다고 보아야 한다. 따라서 체납처분권자는 배당절차가 개시[공탁금출급청구권에 대한 압류가 이루어져 (가)압류금액 및 체납처분압류금액의 총액이 공탁금을 초과하거나 가압류를 본압류로 이전하는 압류명령이 국가(공탁관)에 송달된 경우]되기 전에는 공탁관에게 체납처분압류의 효력이 미치는 부분에 대한 공탁금의 출급을 청구할 수 있다

⑤ 변제공탁은 할 수 없으나 위 ①의 경우처럼 선례변경으로 집행공탁은 할 수 있다.
그리고 채권가압류와 채납압류만 경합하고, 아직 민사 본 압류가 없으므로 ③처럼 민사집행법 제248조 공탁은 할 수 없고, 압류가 경합이므로 ②처럼 일부공탁만 할 수 없다.

02 금전채권에 대하여 민사집행법에 따른 압류와 체납처분에 의한 압류가 있는 경우의 공탁절차 및 공탁금지급절차에 관한 다음 설명 중 가장 옳은 것은? ▶ 2018 법무사

① 민사집행법에 따른 압류와 체납처분에 의한 압류금액의 총액이 피압류채권액을 초과하지 않는 경우, 공탁금 중에서 민사집행법에 따른 압류의 효력은 미치지 않지만 체납처분에 의한 압류의 효력이 미치는 부분은 체납처분에 의한 압류채권자가 공탁관에게 공탁금의 출급을 청구할 수 있다.

② 민사집행법에 따른 압류와 체납처분에 의한 압류금액의 총액이 피압류채권액을 초과한 경우, 민사집행법에 따른 압류채권자는 직접 공탁관에게 공탁금의 출급을 청구할 수 있다.

③ 금전채권에 대하여 민사집행법에 따른 압류와 체납처분에 의한 압류가 있는 경우(선후 불문) 제3채무자는 금전채권에 대하여 민사집행법에 따른 압류와 체납처분에 의한 압류가 있다는 사유만으로는 체납자(압류채무자)를 피공탁자로 하여 민법 제487조에 의한 변제공탁이나 민사집행법 제248조 제1항에 의한 집행공탁을 할 수 없다.

④ 민사집행법에 따른 압류와 체납처분에 의한 압류금액의 총액이 피압류채권액을 초과하지 않는다면, 어느 경우이든 공탁서의 피공탁자란은 기재하지 아니한다.

⑤ 금전채권에 대하여 「민사집행법」에 따른 압류와 체납처분에 의한 압류가 있고(선후 불문) 그 압류금액의 총액이 피압류채권액을 초과하는 경우에 민사집행절차에서 압류 및 추심명령을 받은 채권자는 제3채무자로부터 압류채권을 추심하여 별도의 절차 없이 채권의 만족을 얻을 수 있다.

해설 ② 민사집행법에 따른 압류와 체납처분에 의한 압류금액의 총액이 피압류채권액을 초과하는 경우 민사집행법에 따른 압류채권자 및 체납처분에 의한 압류채권자는 집행법원의 지급위탁에 의하여 공탁금의 출급을 청구할 수 있다.

③ 제3채무자는 하나 또는 여럿의 체납처분에 의한 채권압류가 있다는 사유만으로는 체납자를 피공탁자로 한 변제공탁이나 민사집행법 제248조 제1항에 의한 집행공탁을 할 수 없다. 그러나 금전채권에 대하여 민사집행법에 따른 압류와 체납처분에 의한 압류가 있는 경우(선후 불문) 제3채무자는 금전채권에 대하여 민사집행법에 따른 압류와 체납처분에 의한 압류가 있다는 사유만으로는 체납자(압류채무자)를 피공탁자로 하여 민법 제487조에 의한 변제공탁을 할 수 없으나, 제3채무자는 민사집행법 제248조 제1항에 근거하여 압류와 관련된 금전채권액 전액을 집행공탁을 할 수 있고, 공탁을 한 후 즉시 공탁서를 첨부하여 그 내용을 서면으로 압류명령을 발령한 집행법원에 사유신고하여야 한다. 이 경우 민사집행법에 따른 압류가 둘 이상 경합하는 경우의 사유신고는 먼저 송달된 압류명령의 발령법원에 하여야 한다.

④ 민사집행법에 따른 압류와 체납처분에 의한 압류금액의 총액이 피압류채권액을 초과하지 않는 경우 공탁서의 피공탁자란에는 압류명령의 채무자를 기재한다.

⑤ 체납처분에 의하여 압류된 채권에 대하여 민사집행절차에서 압류 및 추심명령을 받은 채권자가 제3채무자로부터 압류채권을 추심한 경우에는 민사집행법 제236조 제2항에 따라 공탁의무가 발생하게 되므로 추심한 금액을 바로 공탁하고 그 사유를 신고하여야 한다(대판 2015.7.9, 2013다60982, 행정예규 제1060호 참조).

03 다음은 금전채권에 대하여 민사집행법에 따른 압류와 체납처분에 의한 압류가 있는 경우에 관한 다음 설명 중 가장 옳지 않은 것은? ▸ 2018 법원사무관

① 제3채무자는 금전채권에 대하여 「민사집행법」에 따른 압류와 체납처분에 의한 압류가 있다는 사유만으로는 체납자(압류체무자)를 피공탁자로 하여 「민법」 제487조에 의한 변제공탁을 할 수 없다.

② 「민사집행법」에 따른 압류와 체납처분에 의한 압류금액의 총액이 피압류채권액을 초과하여 공탁을 한 경우 체납처분에 의한 압류채권자는 직접 공탁관에게 공탁금의 출급을 청구할 수 있다.

③ 금전채권에 대하여 「민사집행법」에 따른 압류와 체납처분에 의한 압류가 있는 경우(선후 불문) 제3채무자는 「민사집행법」 제248조 제1항에 따라 압류와 관련된 금전채권액 전액을 공탁할 수 있다.

④ 「민사집행법」에 따른 압류와 체납처분에 의한 압류금액의 총액이 피압류채권액을 초과하지 않는 경우 공탁서의 피공탁자란에는 압류명령의 채무자를 기재한다.

해설 ② 민사집행법에 따른 압류와 체납처분에 의한 압류금액의 총액이 피압류채권액을 초과하는 경우 민사집행법에 따른 압류채권자 및 체납처분에 의한 압류채권자는 집행법원의 지급위탁에 의하여 공탁금의 출급을 청구할 수 있다.

정답 **02** ① **03** ②

04 금전채권에 대하여 민사집행법에 따른 압류와 체납처분에 의한 압류가 있는 경우의 공탁절차 등에 관한 다음 설명 중 가장 옳지 않은 것은? ▶ 2016 법무사

① 제3채무자는 하나 또는 여럿의 체납처분에 의한 채권압류가 있다는 사유만으로는 체납자를 피공탁자로 한 변제공탁이나 「민사집행법」 제248조 제1항에 의한 집행공탁을 할 수 없다.

② 「민사집행법」에 따른 압류와 체납처분에 의한 압류금액의 총액이 피압류채권액을 초과하는 경우(선후 불문) 공탁서의 피공탁자란은 기재하지 아니한다.

③ 「민사집행법」에 따른 압류와 체납처분에 의한 압류금액의 총액이 피압류채권액을 초과하지 않는 경우(선후 불문) 공탁금 중에서 「민사집행법」에 따른 압류의 효력이 미치는 부분은 집행법원의 지급위탁에 의하여 공탁금의 출급을 청구할 수 있다.

④ 금전채권에 대하여 「민사집행법」에 따른 압류와 체납처분에 의한 압류가 있는 경우(선후 불문) 제3채무자는 「민사집행법」 제248조 제1항에 따른 압류와 관련된 금전채권액 전액을 공탁할 수는 없다.

⑤ 제3채무자는 금전채권에 대하여 「민사집행법」에 따른 압류와 체납처분에 의한 압류가 있다는 사유만으로는 체납자(압류채무자)를 피공탁자로 하여 「민법」 제487조에 의한 변제공탁을 할 수 없다.

> **해설** ④ 체납처분에 의한 채권압류가 있은 후 민사집행법상 채권압류가 있는 경우 종전에는 집행공탁을 할 수 없었다는 입장이었으나(대판 1999.5.14. 99다3686 참조), 이러한 경우에도 집행공탁을 할 수 있다는 대법원 판결(대판 2015.7.9. 2013다60982) 후 관련 행정예규[금전채권에 대하여 민사집행법에 따른 압류와 체납처분에 의한 압류가 있는 경우의 공탁절차 등에 관한 업무처리지침(행정예규 제1060호)]가 2015.12.9.에 제정되어 2016.1.1.부터 시행되고 있다. 따라서 현재는 체납처분에 의한 채권압류와 민사집행법상 채권압류의 집행 선후에 관계없이 집행공탁이 가능하다.

05 甲은 乙에 대하여 금전채권을 가지고 있는데, 고양시가 위 채권을 체납처분에 의한 압류를 하였다. 다음 설명 중 가장 옳은 것은? ▶ 2013 법무사

① 乙은 체납처분에 의한 압류가 있음을 이유로 「민사집행법」 제248조 제1항 집행공탁을 신청할 수 있다.

② 乙이 체납처분에 의한 압류가 있음을 이유로 「민사집행법」 제248조 제1항 집행공탁을 한 후 압류를 발령한 집행법원에 사유신고를 하게 되면 배당요구 종기가 도래하여 다른 채권자의 배당가입이 차단된다.

③ 체납처분에 의한 압류 이후 강제집행에 의한 채권압류가 있는 경우 乙은 고양시가 압류한 채권액의 지급을 청구하게 되면 이를 거절하고, 甲을 피공탁자로 하는 「민법」 제487조 변제공탁을 할 수 있다.

④ 체납처분에 의한 압류 이후 강제집행에 의한 채권압류가 있는 경우 乙은 「민사집행법」 제248조 제1항 집행공탁을 할 수 있다.

⑤ 체납처분에 의한 압류가 있기 이전에 강제집행에 의한 채권압류가 있는 경우 乙은 「민사집행법」 제248조 제1항 집행공탁을 할 수 있다.

해설 ① 乙은 체납처분에 의한 압류가 있음을 이유로 민사집행법 제248조 제1항 집행공탁을 신청할 수 없다.

② 민사집행법 제248조 제1항 소정의 공탁의 전제가 되는 「압류」에는 국세징수법에 의한 채권의 압류는 포함되지 않는다고 보아야 한다. 따라서 국세징수법상의 체납처분에 의한 압류만을 이유로 집행공탁이 이루어진 경우에는 사업시행자가 민사집행법 제248조 제4항에 따라 법원에 공탁사유를 신고하였다고 하더라도 민사집행법 제247조 제1항에 의한 배당요구 종기가 도래한다고 할 수는 없다.

③ 체납처분에 의한 압류 이후 강제집행에 의한 채권압류가 있는 경우 乙은 민사집행법 제248조 제1항 집행공탁을 할 수 있다.

06 금전채권에 대하여 민사집행법에 따른 압류와 체납처분에 의한 압류가 있는 경우(선후 불문)의 공탁절차 등에 관한 다음 설명 중 가장 옳지 않은 것은? ▶ 2022 법원사무관

① 제3채무자는 민사집행법 제248조 제1항에 근거하여 압류와 관련된 금전채권액 전액을 공탁할 수 있다.

② 민사집행법에 따른 압류와 체납처분에 의한 압류금액의 총액이 피압류채권액을 초과하지 않는 경우, 체납처분에 의한 압류권자는 공탁금 중에서 민사집행법에 따른 압류의 효력은 미치지 않지만 체납처분에 의한 압류의 효력이 미치는 부분에 대하여 집행법원의 지급위탁에 의하여 공탁금의 출급을 청구할 수 있다.

③ 민사집행법에 따른 압류와 체납처분에 의한 압류금액의 총액이 피압류채권액을 초과하는 경우, 압류채권자 및 체납처분에 의한 압류채권자는 집행법원의 지급위탁에 의하여 공탁금의 출급을 청구할 수 있다.

④ 민사집행법에 따른 압류와 체납처분에 의한 압류금액의 총액이 피압류채권액을 초과하지 않는 경우, 체납처분에 의한 압류채권자에게 공탁사실을 통지하여야 한다.

해설 ② 민사집행법에 따른 압류와 체납처분에 의한 압류금액의 총액이 피압류채권액을 초과하지 않는 경우, 체납처분에 의한 압류권자는 공탁금 중에서 민사집행법에 따른 압류의 효력은 미치지 않지만 체납처분에 의한 압류의 효력이 미치는 부분은 체납처분에 의한 압류채권자가 공탁관에게 공탁금의 출급을 청구할 수 있다.

정답 04 ④ 05 ④, ⑤ 06 ②

07 체납처분에 의한 압류가 있는 경우의 공탁에 관한 다음 설명 중 가장 옳지 않은 것은?

▸ 2025 법무사

① 체납처분에 따라 압류된 채권에 대하여도 민사집행법에 따라 압류 및 추심명령을 할 수 있고, 민사집행절차에서 압류 및 추심명령을 받은 채권자는 제3채무자를 상대로 추심의 소를 제기할 수 있다.

② 금전채권에 대한 체납처분에 의한 압류와 민사집행법에 의한 압류가 경합하는 경우 체납처분에 의한 압류와 민사집행법에 의한 압류의 선후를 불문하고 제3채무자는 민사집행법 제248조에 의한 집행공탁이 허용된다.

③ 체납처분에 의한 압류는 그 자체만을 이유로 집행공탁을 할 수 있는 민사집행법 제248조 제1항의 '압류'에는 포함되지 않는다.

④ 채권가압류를 원인으로 민사집행법 제291조 및 제248조 제1항에 따라 집행공탁한 후 피공탁자에 대한 체납처분에 의한 압류통지가 이루어진 경우, 체납처분에 의한 압류채권자는 위 채권가압류가 근로기준법에 의한 우선변제권을 가지는 임금 등의 채권에 기한 것이라면 공탁금을 추심할 수 없다.

⑤ 가압류와 체납처분압류가 경합하는 경우 그 선후를 불문하고 제3채무자는 민사집행법 제291조, 제248조 제1항의 공탁을 할 수 있다.

> **해설** ④ 체납처분권자는 배당절차가 개시[공탁금출급청구권에 대한 압류가 이루어져 (가)압류금액 및 체납처분압류금액의 총액이 공탁금을 초과하거나 가압류를 본압류로 이전하는 압류명령이 국가(공탁관)에 송달된 경우]되기 전에는 공탁관에게 체납처분압류의 효력이 미치는 부분에 대한 공탁금의 출급을 청구할 수 있다.

08 甲의 乙에 대한 물품대금채권(7천만원) 중 일부에 대하여 甲의 채권자 丙이 임금채권에 기해 가압류명령(가압류청구금액 : 5천만원)을 받았다. 다음 설명 중 가장 옳은 것은?

▸ 2011 법무사

① 가압류를 이유로 5천만원을 공탁한 후 공탁사유인 가압류가 실효된 경우 甲은 공탁통지서와 가압류가 실효되었음을 증명하는 서면을 첨부하여도 공탁금출급청구를 할 수 없다.

② 가압류를 이유로 5천만원을 공탁한 후 피공탁자의 공탁금출급청구권에 대하여 체납처분에 의한 압류가 이루어진 경우 공탁관은 체납처분에 의한 압류권자의 공탁금지급 청구를 거절할 수 없다.

③ 가압류를 이유로 7천만원을 공탁한 후 丙이 공탁사유인 가압류로부터 본압류로 이전하는 압류 및 추심명령을 받은 경우 丙은 압류 및 추심명령 정본 및 그 송달증명서를 첨부하여 공탁금 전부에 대한 지급을 청구할 수 있다.

④ 가압류를 이유로 7천만원을 공탁한 후 공탁자가 2천만원에 대하여 공탁금회수청구를 하는 경우 공탁소로부터 교부받은 공탁서를 첨부하여야 한다.

⑤ 가압류를 이유로 7천만원을 공탁한 후 丙은 공탁통지서를 첨부하면 2천만원에 대하여 공탁금출급청구를 할 수 있다.

해설 ① 가압류가 실효된 경우 甲은 공탁통지서와 가압류가 실효되었음을 증명하는 서면을 첨부하면 공탁금출급청구를 할 수 있다.

③ 집행법원의 지급위탁에 의하여 공탁금의 출급을 청구할 수 있다.

④ 제3채무자가 압류의 효력이 미치지 않는 부분에 대하여 회수청구를 할 경우에는, 집행법원으로부터 공탁서를 보관하고 있다는 사실을 증명하는 서면을 교부받아 이를 공탁금회수청구서에 첨부하여야 한다.

⑤ 丙이 아니라 甲이 공탁통지서를 첨부하면 2천만원에 대하여 공탁금출급청구를 할 수 있다.

09 甲은 乙에 대하여 대여금채무 2천만원을 부담하고 있는데, 丙의 가압류결정(집행채권액 : 1천만원)을 송달받고, 위 채무 2천만원 전액을 민사집행법 제291조 및 제248조 제1항 가압류집행공탁을 하였다. 다음 설명 중 가장 옳지 않은 것은? ▶ 2021 법원사무관

① 甲은 가압류 효력이 미치지 않는 1천만원 부분에 대하여 민법 제489조에 근거하여 공탁금을 회수청구할 수 있다.

② 공탁관은 위 공탁이 성립한 후 乙의 공탁금출급청구권에 대하여 고양시의 체납처분에 의한 압류(집행채권액 : 1천만원)통지가 공탁소에 도달하고, 고양시가 추심청구를 하더라도 공탁관은 이에 응할 수 없고, 민사집행법에 의한 채권압류가 도달할 때까지 기다렸다가 압류명령을 발령한 법원에 사유신고를 하여야 한다.

③ 위 공탁이 성립한 후 을이 가압류이의를 신청하여 가압류를 취소하는 결정을 받은 경우 공탁통지서와 가압류취소결정정본 및 그 송달증명 등을 첨부하여 공탁금의 출급을 청구할 수 있으며 이때 가압류취소결정의 확정증명은 별도로 첨부할 필요가 없다.

④ 위 공탁이 성립한 후 공탁금출급청구권에 대하여 丁의 압류 및 추심명령(집행채권액 : 1천만원)이 송달된 경우 공탁관은 공탁금 전액(2천만원)에 대하여 압류명령을 발령한 법원에 사유신고를 하여야 한다.

해설 ② 제3채무자가 가압류와 체납처분압류의 경합을 원인으로 공탁하는 경우 제3채무자는 가압류채권자뿐만 아니라 체납처분권자에 대하여도 면책되고 가압류의 효력이 공탁금출급청구권에 존속하는 것과 마찬가지로 체납처분압류의 효력도 공탁금출급청구권에 대하여 존속한다고 보아야 한다. 따라서 체납처분권자는 배당절차가 개시[공탁금출급청구권에 대한 압류가 이루어져 (가)압류금액 및 체납처분압류금액의 총액이 공탁금을 초과하거나 가압류를 본압류로 이전하는 압류명령이 국가(공탁관)에 송달된 경우]되기 전에는 공탁관에게 체납처분압류의 효력이 미치는 부분에 대한 공탁금의 출급을 청구할 수 있다(공탁선례 제202311호).

정답 07 ④ 08 ② 09 ②

10 다음은 공탁물지급청구권에 대하여 체납처분에 의한 압류와 타처분이 경합한 경우에 대한 설명이다. 가장 틀린 것은? ▸ 2010 법무사

① 공탁물지급청구권에 대한 선행가압류가 있고 이후 체납처분압류가 있는 경우 추심권을 갖는 체납처분권자의 지급청구가 있으면 공탁관은 공탁물을 지급할 수 있다.

② 체납처분권자는 배당절차가 개시[공탁금출급청구권에 대한 압류가 이루어져 (가)압류금액 및 체납처분압류금액의 총액이 공탁금을 초과하거나 가압류를 본압류로 이전하는 압류명령이 국가(공탁관)에 송달된 경우]되기 전에는 공탁관에게 체납처분압류의 효력이 미치는 부분에 대한 공탁금의 출급을 청구할 수 없다.

③ 공탁금지급청구권에 대하여 가압류와 체납처분에 의한 압류가 있는 경우(그 선후 불문) 공탁관은 사유신고를 하지 않는다.

④ 공탁물지급청구권에 대한 선행 가처분이 있고 이후 체납처분압류가 있는 경우 체납처분 압류에 의한 세무서장의 지급청구가 있는 경우 공탁관은 불수리하여야 한다.

⑤ 공탁물지급청구권에 대하여 강제집행에 의한 압류가 선행하고, 체납처분에 의한 압류나 참가압류 또는 교부청구가 후행한 경우 공탁관은 압류의 경합에 준하여 사유신고를 한다.

해설 ② 제3채무자가 가압류와 체납처분압류의 경합을 원인으로 공탁하는 경우 제3채무자는 가압류채권자뿐만 아니라 체납처분권자에 대하여도 면책되고 가압류의 효력이 공탁금출급청구권에 존속하는 것과 마찬가지로 체납처분압류의 효력도 공탁금출급청구권에 대하여 존속한다고 보아야 한다. 따라서 체납처분권자는 배당절차가 개시[공탁금출급청구권에 대한 압류가 이루어져 (가)압류금액 및 체납처분압류금액의 총액이 공탁금을 초과하거나 가압류를 본압류로 이전하는 압류명령이 국가(공탁관)에 송달된 경우]되기 전에는 공탁관에게 체납처분압류의 효력이 미치는 부분에 대한 공탁금의 출급을 청구할 수 있다(공탁선례 제202311호).

11 체납처분에 의한 압류가 있는 경우 공탁사무처리에 관한 다음 설명 중 옳은 것을 모두 고른 것은?

▶ 2019 법무사

> ㄱ. 체납처분에 의한 압류는 민사집행절차에서 압류명령을 받은 채권자의 전속적인 만족을 배제하고 배당절차를 거쳐야만 하게 하는 민사집행법 제229조 제5항의 '다른 채권자의 압류'나 민사집행법 제236조 제2항의 '다른 압류'에는 해당한다.
>
> ㄴ. 동일 채권에 대하여 체납처분에 의한 압류가 있고, 이후 가압류가 경합하는 경우 제3채무자는 이를 이유로 한 변제공탁이나 집행공탁은 할 수 없다.
>
> ㄷ. 채권가압류를 원인으로 민사집행법 제291조 및 제248조 제1항에 의하여 집행공탁한 후 체납처분에 의한 압류통지가 이루어진 경우 체납처분에 의한 압류채권자가 추심청구를 하면 공탁관은 이를 거절할 수 없다.
>
> ㄹ. 위 ㄷ의 경우 집행공탁의 원인이 된 채권가압류의 집행이 근로기준법상 우선변제권을 갖는 임금 등 채권에 의한 것이라면 체납처분에 의한 압류채권자가 추심청구를 하면 공탁관은 이를 거절할 수 있다.
>
> ㅁ. 공탁금회수청구권에 대하여 민사집행법에 의한 가압류와 체납처분에 의한 압류가 경합하였다는 이유로 공탁관이 공탁규칙 제58조 제1항에 따라 집행법원에 사유신고를 하면 이로써 배당요구의 종기가 도래하고 그 후의 배당요구를 차단하는 효력이 생긴다.

① ㄱ, ㄴ
② ㄱ, ㄷ
③ ㄱ, ㄴ, ㄹ
④ ㄱ, ㄴ, ㄷ, ㄹ
⑤ ㄱ, ㄴ, ㄷ, ㄹ, ㅁ

> 해설
> ㄴ. 공탁선례의 변경으로 금전채권에 대하여 민사집행법에 따른 가압류와 체납처분에 의한 압류가 경합하는 경우 제3채무자가 민사집행법 제291조, 제248조 제1항의 공탁을 할 수 있다.
>
> ㄹ. 채권가압류를 원인으로 한 민사집행법 제248조 제1항 단서 및 제291조에 의하여 집행공탁한 후 체납처분에 의한 압류통지가 이루어져서 체납처분에 의한 압류채권자가 추심청구를 하면 공탁관은 이를 거절할 수 없다. 체납처분에 의한 피압류채권에 대하여 근로기준법에 의한 우선변제권을 가지는 임금 등의 채권에 기한 가압류집행이 이루어진 경우라도 제3채무자는 그 가압류를 이유로 체납처분에 의한 압류채권자의 추심청구를 거절할 수는 없다(대판 1999.5.14, 99다3686 등 참조).
>
> ㅁ. 공탁금회수청구권에 대하여 민사집행법에 의한 가압류와 체납처분에 의한 압류가 경합하였다는 이유로 공탁관이 규칙 제58조 제1항에 따라 집행법원에 사유신고를 하였다고 하더라도, 이러한 사유신고는 요건을 갖추지 못한 것으로 이로써 배당요구의 종기가 도래하거나 그 후의 배당요구를 차단하는 효력이 발생한다고 할 수는 없다(대판 2007.4.12, 2004다20326; 대판 2012.5.24, 2009다88112 등).

12 금전채권에 대하여 민사집행법에 따른 가압류와 체납처분에 의한 압류가 경합하는 경우에 관한 다음 설명 중 가장 옳지 않은 것은? ▸ 2024 법원사무관

① 금전채권에 대하여 가압류와 체납처분압류가 경합하는 경우에 그 선후를 불문하고 제3채무자는 민사집행법 제291조, 제248조 제1항의 공탁(이하 '가압류 집행공탁'이라 한다)을 할 수 있다.

② 제3채무자는 위 가압류 집행공탁을 신청할 때, 공탁서의 피공탁자란에 가압류채무자를 기재하고, 공탁원인사실란에는 가압류 및 체납처분압류 사실을 모두 기재하여야 한다.

③ 위 가압류 집행공탁신청을 수리한 공탁관은 피공탁자(가압류채무자)에게 공탁통지서를 발송하고, 가압류채권자 및 체납처분권자에게는 공탁사실을 통지하여야 한다.

④ 위 가압류 집행공탁이 수리된 경우 가압류의 효력은 공탁금출급청구권에 존속하지만, 체납처분압류의 효력은 공탁금출급청구권에 존속하지 않으므로, 제3채무자는 체납처분압류의 효력이 미치는 부분에 대하여 사유신고를 하여야 한다.

(해설) ④ 공탁금출급청구권에 대한 압류가 이루어져 (가)압류금액 및 체납처분압류금액의 총액이 공탁금을 초과하거나 가압류를 본압류로 이전하는 압류명령이 국가(공탁관)에 송달된 경우 공탁관은 집행법원에 사유신고를 하여야 한다. 제3채무자가 가압류와 체납처분압류의 경합을 원인으로 공탁하는 경우 제3채무자는 가압류채권자뿐만 아니라 체납처분권자에 대하여도 면책되고 가압류의 효력이 공탁금출급청구권에 존속하는 것과 마찬가지로 체납처분압류의 효력도 공탁금출급청구권에 대하여 존속한다고 보아야 한다. 따라서 체납처분권자는 배당절차가 개시[공탁금출급청구권에 대한 압류가 이루어져 (가)압류금액 및 체납처분압류금액의 총액이 공탁금을 초과하거나 가압류를 본압류로 이전하는 압류명령이 국가(공탁관)에 송달된 경우]되기 전에는 공탁관에게 체납처분압류의 효력이 미치는 부분에 대한 공탁금의 출급을 청구할 수 있다(공탁선례 제202311호).

제4절 | 해방공탁

01 가압류해방공탁에 관한 다음 설명 중 가장 옳지 않은 것은? ▸ 2021 법원사무관

① 가압류명령에 해방공탁금의 기재는 의무이다.

② 가압류채권자가 본압류가 아닌 별도의 압류명령을 받은 경우에는 가압류의 피보전권리와 압류의 집행채권의 동일성을 소명하지 않는 한 공탁관은 지체 없이 집행법원에 사유신고를 하여야 한다.

③ 가압류결정에서 甲, 乙, 丙을 공동채무자로 하여 1억원을 공탁할 수 있도록 정한 경우 甲, 乙이 자신들의 상속채무액만큼만 공탁하여 자신들이 공유하는 부동산에 대한 가압류 집행취소를 구할 수 없다.

④ 가압류등기 후 제3자 앞으로 소유권이전등기가 마쳐진 부동산에 대하여 가압류채권자의 신청에 의한 강제경매절차가 진행 중 가압류해방금액 공탁으로 가압류집행이 취소되어 가압류등기가 말소된 경우, 이를 이유로 강제경매개시결정을 취소할 수 있다.

> **해설** ④ 가압류집행이 있은 후 가압류가 강제경매개시결정으로 인하여 본압류로 이행된 경우에 가압류집행이 본집행에 포섭됨으로써 당초부터 본집행이 있었던 것과 같은 효력이 있고, 본집행의 효력이 유효하게 존속하는 한 상대방은 가압류집행의 효력을 다툴 수는 없고 오로지 본집행의 효력에 대하여만 다투어야 하는 것이므로, 본집행이 취소, 실효되지 않는 한 가압류집행이 취소되었다고 하여도 이미 그 효력을 발생한 본집행에는 아무런 영향을 미치지 않는다. 따라서 가압류등기 후 제3자 앞으로 소유권이전등기가 마쳐진 부동산에 대하여 가압류채권자의 신청에 의한 강제경매 절차가 진행 중 가압류해방금액 공탁으로 가압류집행이 취소되어 가압류등기가 말소된 경우, 이를 이유로 강제경매개시결정을 취소할 수 없다(대결 2002.3.15, 2001마6620).

02 해방공탁에 관한 다음 설명 중 가장 옳은 것은? ▸ 2019 법무사

① 가압류해방금액이 공탁된 경우 그 가압류의 효력은 공탁금 자체에 미치므로, 가압류채권자는 본안승소 확정판결을 첨부하여 공탁관에게 해방공탁금의 출급을 청구할 수 있다.

② 가압류된 부동산의 소유권을 취득한 제3자는 가압류를 말소하기 위하여 해방공탁을 할 수 있다.

③ 가압류채무자가 가압류의 집행취소신청을 하기 위해서는 가압류명령에서 정한 금액 전부를 공탁하여야 하며, 가압류명령에서 정한 금액의 일부만을 공탁하고 가압류집행의 일부취소를 구하는 것은 허용되지 않는다.

④ 가압류등기 후 제3자 앞으로 소유권이전등기가 마쳐진 부동산에 대하여 가압류권자의 신청에 의한 강제경매절차가 진행 중 가압류해방금액 공탁으로 가압류집행이 취소되어 가압류등기가 말소되었다면 이를 이유로 강제경매개시결정을 취소하여야 한다.

⑤ 가압류해방공탁금의 회수청구권에 대하여 가압류로부터 본압류로 이전하는 압류 및 전부명령이 확정된 때에는 그 명령에 공탁금의 이자채권에 관한 언급이 없더라도 전부채권자에게 공탁금에 대한 모든 이자를 지급하여야 한다.

해설 ① 가압류채권자의 해방공탁금에 대한 권리실행방법에 대하여는 가압류채권자가 본안승소의 확정판결을 첨부하여 바로 출급청구할 수 있다는 출급청구권설도 있으나, 실무에서는 가압류의 효력은 공탁금 자체가 아니라 공탁자인 채무자의 공탁금회수청구권에 미치는 것이고 가압류채권자는 본안승소판결의 집행력 있는 집행권원에 기하여 가압류채무자가 가지는 해방공탁금회수청구권에 대하여 집행법원의 현금화명령(전부명령 또는 추심명령)을 받아서 공탁금을 회수할 수 있다는 현금화명령설을 따르고 있다.

② 가압류해방공탁을 할 수 있는 자는 가압류채무자이다. 실무상 가압류된 부동산의 소유권을 취득한 제3자가 가압류를 말소하기 위하여 해방공탁을 하려는 경우가 종종 있으나, 가압류채무자 이외의 제3자는 해방공탁을 할 수 없다. 왜냐하면 제3자의 해방공탁을 인정한다면 해방공탁금의 회수청구권은 공탁한 제3자가 갖게 되어 나중에 가압류채권자가 가압류채무자에 대하여 집행권원을 갖게 되어도 공탁자인 제3자의 공탁금회수청구권에 대하여 강제집행이 불가능하게 되고, 이는 해방공탁의 취지에 반하게 되기 때문이다.

④ 01번 해설 참조

⑤ 가압류로부터 본압류로 이전하는 압류 및 전부명령이 확정된 때에는 그 명령이 제3채무자인 국가에 송달된 때에 채무자의 공탁금회수청구권은 지급에 갈음하여 전부명령상 권면액의 범위 내에서 채권자에게 이전하는 것이므로, 공탁일로부터 위 전부명령이 제3채무자인 국가에 송달되기 전일까지의 공탁금에 대한 이자는 공탁자에게 지급되어야 하고 그 이후의 공탁금에 대한 이자는 전부채권자에게 지급되어야 한다. 가압류해방공탁금의 회수청구권에 대하여 가압류로부터 본압류로 이전하는 압류·전부명령과 함께 지연손해금채권으로 추가로 위 가압류해방공탁금의 회수청구권에 대하여 압류·전부명령을 한 경우라도, 그 명령에 공탁금의 이자채권에 대하여 언급이 없으면 공탁일로부터 압류·전부명령이 제3채무자인 국가에 송달되기 전일까지의 공탁금에 대한 이자를 전부채권자에게 지급할 수 없다.

03 가압류해방공탁에 관한 다음 설명 중 가장 옳지 않은 것은? ▶ 2015 법무사

① 해방공탁금은 가압류의 목적재산에 갈음하는 것이므로 채권자는 여기에 대하여 우선변제권이 없다.

② 가압류해방공탁의 목적은 피보전채권의 강제집행을 보전하는 데 있으므로 가압류해방공탁에 의하여 채무의 소멸을 주장할 수 없다.

③ 가압류채무자가 복수인 경우 가압류명령에서 정한 금액 중 자신들의 채무액만큼만 공탁하고 가압류집행의 일부취소를 구하는 것은 허용된다.

④ 해방공탁으로 인하여 가압류집행취소가 이루어져도 가압류명령 그 자체의 효력이 소멸되는 것이 아니라 공탁자인 가압류채무자의 회수청구권에 대하여 미치게 된다.

⑤ 가압류채권자는 공탁금회수청구권에 대하여 가압류로부터 본압류로 이전하는 압류 및 추심명령 등을 받아 공탁소에서 직접 공탁금을 회수청구할 수 있다.

> **해설** ③ 가압류채무자가 가압류의 집행취소신청을 하기 위해서는 가압류명령에서 정한 금액 전부를 공탁하여야 하며, 가압류명령에서 정한 금액의 일부만을 공탁하고 가압류집행의 일부취소를 구하는 것은 허용되지 않는다. 예컨대, 가압류결정에서 가압류채무자 '을'과 '병' 및 '정'을 공동채무자로 하여 청구금액 1억원을 공탁하고 가압류의 집행취소를 신청할 수 있도록 정한 경우에는 '병' 및 '정'이 자신들의 상속채무액만큼만 공탁하여 자신들이 공유하는 부동산에 대한 가압류집행취소를 구할 수 없다.

04 갑(甲)이 을(乙)에 대한 대여금 채권에 기하여 을(乙)의 소유인 부동산을 가압류(가압류 청구금액 3천만원)하자, 을(乙)이 그 부동산에 대한 가압류집행을 취소시키기 위하여 3천만원을 공탁하였다. 이 경우 다음 설명 중 가장 옳은 것은? (다툼이 있는 경우 판례에 의함)

▶ 2012 법원사무관

① 을(乙)은 1천만원을 공탁한 후 부동산의 3분의 1 지분만 가압류 집행을 취소시킬 수 있다.

② 을(乙)의 다른 채권자 병(丙)이 물품채권(2천만원)에 기하여 을(乙)이 갖는 공탁금회수청구권에 대한 압류 및 추심명령을 얻은 경우 병(丙)은 그 결정정본 및 송달증명서를 첨부하여 공탁금을 바로 지급청구할 수 있다.

③ 갑(甲)이 공탁사유인 대여금채권에 대하여 본안 승소의 확정판결을 첨부하면 공탁금을 바로 지급청구할 수 있다.

④ 을(乙)이 공탁사유인 가압류를 취소하는 결정을 얻은 경우 원칙적으로 그 결정정본 및 송달증명을 첨부하면 공탁금을 바로 지급청구할 수 있다.

> **해설** ① 03번 해설 참조
> ② 공탁자인 가압류채무자의 다른 채권자가 공탁금회수청구권에 대하여 압류명령을 받은 경우에는 가압류채권자의 가압류와 다른 채권자의 압류는 그 집행대상이 같아 서로 경합하게 되므로, 이 경우 공탁관은 지체 없이 집행법원에 그 사유를 신고하여야 하고, 압류 및 추심명령을 받은 채권자 등에게 공탁금을 지급하여서는 안 된다.
> ③ 02번 ① 해설 참조

05 가압류해방공탁에 관한 다음 설명 중 가장 옳지 않은 것은? ▶ 2017 법무사

① 가압류해방공탁의 목적은 피보전채권의 강제집행을 보전하는 데 있으므로, 가압류채무자는 가압류해방공탁에 의하여 채무의 소멸을 주장할 수 없다.

② 가압류해방공탁은 금전에 의한 공탁만이 허용되고, 유가증권에 의한 공탁은 그 유가증권의 실질적 통용가치가 있는 것이라고 하더라도 허용되지 않는다.

③ 가압류채무자가 복수인 경우 가압류명령에서 정한 금액 중 자신들의 채무액만큼만 공탁하고 가압류집행의 일부 취소를 구하는 것은 허용되지 않는다.

④ 가압류채무자가 가압류해방공탁을 하면, 가압류채권자가 본안승소의 확정판결을 첨부하여 그 공탁금에 관한 출급청구를 할 수 있다.

⑤ 가압류채권자의 채권자가 '가압류채권자의 가압류채무자에 대한 본안판결 확정 후 제3채무자인 국가에 대하여 회수청구할 공탁금채권'을 피압류채권으로 채권가압류를 받았다 하더라도, 공탁자인 가압류채무자가 일반적인 첨부서면 이외에 가압류해방공탁의 원인이 된 그 가압류의 효력이 소멸되었음을 증명하는 서면을 첨부하여 공탁금회수청구를 하는 경우, 공탁공무원은 그 회수청구를 인가하여야 한다.

> **해설** ④ 02번 ① 해설 참조

06 가압류해방공탁에 관한 다음 설명 중 가장 옳은 것은? (다툼이 있는 경우 판례·예규 및 선례에 의함) ▶ 2014 법무사

① 가압류채무자는 가압류해방공탁에 의하여 채무의 소멸을 주장할 수 없다.

② 해방공탁금은 가압류의 집행정지나 취소로 인한 채권자의 손해를 담보하는 것이다.

③ 가압류등기 후 제3자 앞으로 소유권이전등기가 마쳐진 부동산에 대하여 가압류채권자의 신청에 의한 강제경매절차가 진행 중 가압류해방금액 공탁으로 가압류집행이 취소되어 가압류등기가 말소되었다면, 이를 이유로 강제경매개시결정을 취소할 수 있다.

④ 가압류된 부동산의 소유권을 취득한 제3자는 가압류를 말소하기 위해 해방공탁을 할 수 있다.

⑤ 가압류채무자가 가압류해방공탁을 하면 가압류채권자에게 그 공탁금에 관한 출급청구권이 발생한다.

> **해설** ② 해방공탁금은 가압류의 집행정지나 취소로 인한 채권자의 손해를 담보하는 것이 아니고 가압류의 목적재산에 갈음하는 것이므로 소송비용의 담보에 관한 규정이 준용되지 않고, 채권자는 여기에 대하여 우선변제권이 없다.
> ③ 01번 해설 참조
> ④ 02번 ① 해설 참조
> ⑤ 해방공탁의 경우 피공탁자는 원시적으로 있을 수 없으며 공탁서에 피공탁자를 기재할 수는 없다. 따라서 가압류채권자에게 그 공탁금에 관한 출급청구권이 발생하지 않는다.

07 甲은 乙에 대한 물품대금채권 2천만원에 기하여 乙 소유의 부동산에 가압류를 집행하였고, 乙은 丙으로부터 2천만원을 빌려 해방공탁금 2천만원을 공탁하였다. 다음 중 가장 옳은 것은?

▶ 2013 법무사

① 甲은 본안승소의 확정판결을 받은 경우에 한하여 공탁금회수청구권에 대하여 가압류로부터 본압류로 이전하는 압류 및 추심명령을 얻어 직접 공탁금회수청구를 할 수 있다.

② 甲이 가압류에서 본압류로 이전하는 압류가 아닌 별도의 압류명령을 받은 경우에는 그 가압류의 피보전권리와 압류의 집행채권 사이에 동일성이 인정되더라도 공탁관은 집행법원에 사유신고를 하여야 한다.

③ 丙이 위 대여금채권에 기하여 위 해방공탁금회수청구권에 대한 채권압류 및 전부명령을 받은 경우, 위 해방공탁금회수청구권에 대한 배당절차에서 甲에게 그 효력을 주장하여 배당받을 수는 없다.

④ 甲이 본안소송에서 패소한 경우 乙은 가압류취소결정 및 담보취소결정을 받아 공탁금회수청구를 하여야 한다.

⑤ 甲의 채권자가 「甲의 乙에 대한 본안판결 확정 후 제3채무자인 국가에 대하여 회수청구할 공탁금채권」을 피압류채권으로 채권가압류를 받은 경우, 乙은 해방공탁의 원인이 된 가압류의 효력이 소멸되었음을 증명하는 서면을 제출하더라도 공탁금을 회수할 수 없다.

해설 ③ 가압류채무자에게 해방공탁금의 용도로 대여하여 가압류집행을 취소할 수 있도록 한 자는 특별한 사정이 없는 한 가압류채권자에 대한 관계에서 가압류해방공탁금 회수청구권에 대하여 위 대여금 채권에 의한 압류 또는 가압류의 효력을 주장할 수 없다(대판 1998.6.26, 97다30820).

① 가압류채권자가 해방공탁금을 지급받기 위해서는 본안승소확정판결을 집행권원으로 하여 공탁금회수청구권에 대하여 가압류로부터 본압류로 전이하는 압류 및 전부명령을 받아 공탁소에 대하여 회수청구를 할 수 있는바, 위와 같은 집행권원으로는 위 확정판결뿐만 아니라 가집행선고부 종국판결도 포함된다.

② 甲이 가압류에서 본압류로 이전하는 압류가 아닌 별도의 압류명령을 받은 경우에는 가압류의 피보전권리와 압류의 집행채권의 동일성을 소명하지 않는 한 공탁관은 지체 없이 집행법원에 사유신고를 하여야 하므로, 가압류채권자는 이 경우 가압류신청서와 소장, 본안판결문 등을 그 동일성을 소명하는 자료로 제출하여야 공탁금의 회수청구를 할 수 있을 것이다.

④ 담보취소결정은 필요 없다.

⑤ 가압류채권자(甲)의 채권자(丙)가 「가압류채권자(甲)의 가압류채무자(乙)에 대한 본안판결 확정 후 제3채무자인 국가에 대하여 회수청구할 공탁금채권」을 피압류채권으로 채권가압류를 받았다 하더라도, 가압류의 효력이 소멸되었을 경우에 공탁자가 가지는 공탁금회수청구권 행사에 아무 영향도 줄 수 없으므로, 공탁자인 가압류채무자(乙)가 일반적인 첨부서면 이외에 가압류해방공탁의 원인이 된 그 가압류의 효력이 소멸되었음을 증명하는 서면을 첨부하여 공탁금회수청구를 하는 경우 공탁관은 그 회수청구를 인가하여야 할 것이다.

08 가압류해방공탁에 관한 다음 설명 중 가장 옳지 않은 것은? ▶ 2016 법원사무관

① 가압류채무자가 가압류의 집행취소신청을 하기 위해서는 가압류명령에서 정한 금액 전부를 공탁하여야 하며, 가압류명령에서 정한 금액의 일부만을 공탁하고 가압류집행의 일부취소를 구하는 것은 허용되지 않는다.

② 가압류채무자가 아닌 가압류된 부동산의 소유권을 취득한 제3자에 의한 가압류해방공탁은 허용되지 않는다.

③ 공탁자인 가압류채무자의 해방공탁금회수청구권은 공탁원인의 소멸을 정지조건으로 하는 청구권이므로 그와 같은 조건이 성취되면 공탁자는 그것을 입증하고 해방공탁금을 회수할 수 있다.

④ 가압류해방공탁금의 회수청구권에 대하여 가압류로부터 본압류로 이전하는 압류 및 전부명령이 확정된 때에는 공탁일부터 위 명령이 제3채무자인 국가에 송달되기 전일까지의 공탁금에 대한 이자는 원칙적으로 전부채권자에게 지급되어야 한다.

(해설) ④ 공탁금지급청구권에 대하여 당사자의 교체(전부명령·양도 등)가 있는 경우에는 교체일을 기준으로 그 전일까지의 이자는 구당사자(공탁자 또는 피공탁자)에게, 그 이후부터는 신당사자(전부채권자, 양수인 등)에게 귀속되는 것이 원칙이다. 따라서 가압류로부터 본압류로 이전하는 압류 및 전부명령이 확정된 때에는 그 명령이 제3채무자인 국가에 송달된 때에 채무자의 공탁금회수청구권은 지급에 갈음하여 전부명령상 권면액의 범위 내에서 채권자에게 이전하는 것이므로, 공탁일로부터 위 전부명령이 제3채무자인 국가에 송달되기 전일까지의 공탁금에 대한 이자는 공탁자에게 지급되어야 하고 그 이후의 공탁금에 대한 이자는 전부채권자에게 지급되어야 한다.

09 甲은 대여금채권 2,000만원에 기하여 乙 소유 부동산에 대하여 가압류를 집행하였고, 이에 乙은 해방금 2,000만원을 공탁(민사집행법 제282조)하였다. 다음 설명 중 가장 옳은 것은? ▶ 2015 법원사무관

① 해방금액을 공탁한 乙이 공탁서를 첨부하여 가압류집행취소를 신청하면 가압류명령 그 자체의 효력이 소멸한다.

② 가압류채권자 甲은 본안승소의 확정판결을 받은 경우 이를 첨부하여 바로 해방공탁금을 지급받을 수 있다.

③ 가압류채권자 甲은 공탁금회수청구권에 대하여 우선변제권이 없으므로, 가압류에서 본압류로 이전하는 압류 및 추심명령을 받은 경우 공탁관은 사유신고를 하여야 한다.

④ 가압류채권자 甲이 가압류로부터 본압류로 이전하는 압류·전부명령을 한 경우, 그 명령에 공탁금의 이자채권에 대하여 언급이 없으면 공탁소에 송달되기 전일까지의 공탁금에 대한 이자는 지급받을 수 없다.

해설 ① 가압류해방공탁금은 가압류목적물에 갈음하는 것으로서, 가압류해방공탁이 된 경우에 가압류명령 그 자체의 효력은 소멸되는 것이 아니다.

②, ③ 가압류채권자는 본안승소판결 등을 집행권원으로 하여 가압류채무자가 가지는 공탁금회수청구권에 대하여 가압류로부터 본압류로 이전하는 압류 및 추심명령이나 전부명령을 받아 공탁소에 대하여 회수청구를 할 수 있다(전부명령은 확정증명, 추심명령은 송달증명 각 첨부). 가압류채권자가 가압류에서 본압류로 이전하는 압류가 아닌 별도의 압류명령을 받은 경우에는 가압류의 피보전권리와 압류의 집행채권의 동일성을 소명하지 않는 한 공탁관은 지체 없이 집행법원에 사유신고를 하여야 하므로, 가압류채권자는 이 경우 가압류신청서와 소장, 본안판결문 등을 그 동일성을 소명하는 자료로 제출하여야 공탁금의 회수청구를 할 수 있을 것이다.

10 채무자 甲은 자신의 부동산에 대한 채권자 乙의 가압류집행을 취소하기 위하여 2천만원을 수원지방법원 공탁소에 민사집행법 제282조 가압류해방공탁을 하였는데, 다음 설명 중 가장 옳지 않은 것은?   ▸ 2015 법무사

① 공탁금회수청구권에 대한 乙의 가압류로부터 본압류로 이전하는 압류·추심명령이 제3채무자에게 송달된 경우 공탁관이 사유신고할 것은 아니다.

② 공탁금회수청구권에 대하여 甲의 채권자 丙을 압류채권자로 하는 압류명령이 송달된 때에는 공탁관은 집행법원에 그 사유를 신고하여야 한다.

③ 乙의 채권자 丁이 '乙의 甲에 대한 본안판결 확정 후 제3채무자인 국가에 대하여 회수청구할 공탁금채권'을 피압류채권으로 하여 채권가압류를 받았더라도, 甲은 乙의 가압류가 실효되면 공탁금을 회수할 수 있다.

④ 乙의 가압류가 실효된 경우 甲은 관할공탁소 이외 공탁소에서의 업무처리지침에 따라 부산지방법원 공탁소에 공탁금 2천만원의 회수청구서를 접수하여 공탁금을 회수할 수 있다.

⑤ 甲의 채권자 戊가 공탁금회수청구권을 압류하기 위하여 위 공탁사건기록을 열람할 수는 없다.

해설 ④ 전자에 의한 공탁신청의 경우는 금전변제공탁을 하는 경우에 한하여 적용하고, 공탁금지급청구의 경우에는 공탁의 종류를 불문하고 모든 금전공탁(유가증권·물품 제외)에 적용하되 규칙 제37조 제3항 각 호(인감증명서의 제출의 예외) 및 법인의 위임을 받은 대리인이 1,000만원 이하의 공탁금지급청구를 하는 경우에 한하여 적용한다. 그리고 본인이나 법정대리인, 지배인, 그 밖의 등기된 대리인, 법인·법인 아닌 사단이나 재단의 대표자 또는 관리인이 공탁금을 직접 출급·회수청구하는 경우로서, 그 금액이 1,000만원 이하(유가증권의 총 액면금액이 1,000만원 이하인 경우를 포함한다)인 경우 인감제출이 면제된다. 사례는 2,000만원 회수 청구의 경우이므로 전자신청으로 회수할 수 없다.

정답   08 ④   09 ④   10 ④

11 甲은 乙에 대한 물품대금채권(1억원)에 기하여 乙의 소유인 부동산을 가압류하였다(가압류 청구금액 : 1억원). 다음 설명 중 가장 옳은 것은? ▸ 2009 법무사

① 乙이 1억원을 해방공탁하는 경우 피공탁자는 甲을 기재한다.

② 乙로부터 가압류된 부동산을 매수한 丙은 가압류를 말소하기 위하여 1억원을 해방공탁할 수 있다.

③ 乙은 7천만원을 해방공탁한 후 7천만원에 대하여 가압류집행을 취소시킬 수 없다.

④ 乙이 1억원을 해방공탁한 이후 甲은 乙을 상대로 한 본안승소의 확정판결을 첨부하여 공탁물을 출급청구할 수 있다.

⑤ 乙이 1억원을 해방공탁한 이후 甲이 공탁물회수청구권에 대하여 가압류로부터 본압류로 이전하는 압류 및 추심명령을 받은 경우 甲은 집행법원으로부터 받은 지급증명서를 첨부하여야 공탁물을 출급청구할 수 있다.

해설 ① 해방공탁의 경우 피공탁자는 원시적으로 있을 수 없으므로 공탁서에 피공탁자를 기재할 수는 없다.

② 채무자 아닌 제3자가 해방공탁금을 공탁할 수 있느냐에 관하여는 나중에 채권자가 채무자에 대한 집행권원(판결 등)을 받아도 그 해방금액에 대한 집행을 할 근거가 없게 되므로 부정하여야 할 것이다.

④ 가압류채권자의 해방공탁금에 대한 권리실행방법에 대하여는 가압류채권자가 본안승소의 확정판결을 첨부하여 바로 출급청구할 수 있다는 「출급청구권설」도 있으나, 실무에서는 가압류의 효력은 공탁금 자체가 아니라 공탁자인 채무자의 「공탁금회수청구권」에 미치는 것이고 가압류채권자는 본안승소판결의 집행력 있는 집행권원에 기하여 가압류채무자가 가지는 해방공탁금회수청구권에 대하여 집행법원의 현금화명령(추심명령 또는 전부명령)을 받아서 공탁금을 회수할 수 있다는 「현금화명령설」을 따르고 있다(대결 1996.11.11, 95마252).

⑤ 압류경합 등이 없는 한 배당절차를 거치지 않고(집행법원으로부터 받은 지급증명서를 첨부하지 않고) 공탁소에 대하여 직접 회수청구를 할 수 있다.

12 다음 중 가장 틀린 것은? ▸ 2011 법무사

① 가압류해방공탁금을 채무자인 공탁자가 회수하기 위하여는, 채무자가 해방공탁금 위에 미치고 있는 가압류의 효력을 이의신청 또는 사정변경에 의한 가압류결정취소신청 등으로 깨뜨리거나 가압류채권자와 합의를 보아 해방공탁금에 대한 가압류를 풀어야 하며, 회수청구를 하는 경우의 첨부서면은 일반적인 첨부서면 이외에 공탁원인 소멸을 증명하는 서면으로써 가압류결정취소결정 정본 및 동 송달증명서나 가압류신청 취하 또는 해제증명서 등을 첨부하여야 한다.

② 가압류채권자가 법원이 정한 제소기간 내에 제소증명서 등을 제출하지 않아, 가압류채무자가 제소기간도과에 의한 가압류결정취소결정을 받은 경우(민사집행법 제287조 제3항), 가압류채무자는 일반적인 첨부서면 이외에 공탁원인의 소멸을 증명하는 서면으로 가압류결정취소결정 정본 및 송달증명을 첨부하여 가압류해방공탁금을 회수할 수 있다.

③ 가압류채권자(甲)의 채권자(丙)가 「가압류채권자(甲)의 가압류채무자(乙)에 대한 본안판결 확정 후 제3채무자인 국가에 대하여 회수청구할 공탁금채권」을 피압류채권으로 채권가압류를 받았다 하더라도 가압류의 효력이 소멸되었을 경우에 공탁자가 가지는 공탁금회수청구권 행사에 아무 영향도 줄 수 없으므로, 공탁자인 가압류채무자(乙)가 일반적인 첨부서면 이외에 가압류해방공탁의 원인이 된 그 가압류의 효력이 소멸되었음을 증명하는 서면을 첨부하여 공탁금회수청구를 하는 경우 공탁관은 그 회수청구를 인가하여야 할 것이다.

④ 가압류등기 후 제3자 앞으로 소유권이전등기가 마쳐진 부동산에 대하여 가압류권자의 신청에 의한 강제경매절차가 진행되자, 가압류채무자(부동산의 전소유자)의 해방공탁 및 가압류집행취소로 위 부동산에 대한 가압류 등기를 말소한 후, 가압류채무자가 가압류 등기말소를 이유로 강제경매개시결정의 취소신청을 하였으나 위 신청이 기각된 경우, 가압류채무자는 말소된 가압류등기의 회복 없이 착오에 의한 공탁을 이유로 해방공탁금을 회수할 수 있다.

⑤ 가압류채권자가 해방공탁금을 지급받기 위해서는 본안승소확정판결을 집행권원으로 하여 공탁금회수청구권에 대하여 가압류로부터 본압류로 전이하는 압류 및 전부명령을 받아 공탁소에 대하여 회수청구를 할 수 있는바, 위와 같은 집행권원로는 위 확정판결뿐만 아니라 가집행선고부 종국판결도 포함된다.

> **해설** ④ 가압류등기 후 제3자 앞으로 소유권이전등기가 마쳐진 부동산에 대하여 가압류권자의 신청에 의한 강제경매절차가 진행되자, 가압류채무자(부동산의 전소유자)의 해방공탁 및 가압류집행취소로 위 부동산에 대한 가압류등기를 말소한 후, 가압류채무자가 가압류등기말소를 이유로 강제경매개시결정의 취소신청을 하였으나 위 신청이 기각된 경우, 가압류채무자는 말소된 가압류등기의 회복없이 착오에 의한 공탁을 이유로 해방공탁금을 회수할 수는 없다(공탁선례 제2-302호, 제200405-2호).

13 2008.12.1. 甲의 부동산에 대하여 乙이 10억원의 채권에 기하여 가압류를 하자, 甲은 2009.1.10. 금 10억원을 해방공탁하였다(당일 납입함). 乙은 2009.4.1. 공탁금회수청구권에 대하여 채권가압류로부터 본압류로 이전하는 채권압류 및 전부명령을 하였고, 이 결정문이 2009.4.10. 공탁소에 송달되었다. 다음 중 가장 옳은 것은? ▶ 2009 법원사무관

① 공탁관은 다른 (가)압류의 경합이 없어도 집행법원에 즉시 사유신고를 하여야 한다.

② 乙은 압류명령서에 별다른 언급이 없으면 2009.4.1.부터 지급청구 시까지의 이자를 지급받는다.

③ 공탁관은 乙의 공탁금지급청구시 소속과장의 사전결재를 받아야 한다.

④ 乙은 공탁금지급청구 시 공탁서를 첨부하여야 한다.

정답 ❯ **11** ③ **12** ④ **13** ③

해설 ③ 공탁관은 "장기미제 공탁사건 중 공탁 당시 공탁금이 1천만원 이상인 공탁사건(공탁규칙 제43조에 따라 배당 등으로 지급하는 경우는 제외한다)" 또는 "고액공탁사건(지급청구금액이 10억원 이상인 경우에 한한다)"에 대하여 출급·회수청구서를 접수한 경우 이를 인가하기 전에 별지 1 양식에 따라 전자결재의 방식에 의하여 소속과장(시·군법원의 경우 시·군법원 판사)의 결재를 받아야 한다. 소속과장의 부재 시에는 사무국장의 결재를, 소속과장과 사무국장의 부재 시에는 법원장 또는 지원장의 결재를 받아야 한다. 다만, 법원서기관이 공탁관 또는 대리공탁관으로 공탁사무를 처리하는 경우와 「공탁법」 제14조 제1항에 따라 지급하는 경우는 제외한다. 이 규정은 토지수용보상금을 「공익사업을 위한 토지 등의 취득 및 보상에 관한 법률」 제40조 제2항 제1호(보상금을 받을 자가 그 수령을 거부하거나 보상금을 수령할 수 없을 때) 및 제2호(사업시행자의 과실 없이 보상금을 받을 자를 알 수 없을 때)와 이를 준용하는 규정에 따라 공탁한 경우에(※ 참고로, 종전에는 토지수용보상금을 절대적 불확지공탁한 경우에서 그 적용범위를 확대하였음), 그 공탁의 공탁 당시 공탁금이 1천만원 이상이고 공탁일로부터 만 3년이 경과한 공탁사건에 대하여도 적용한다.

① 압류경합 등이 없는 한 사유신고를 하지 않는다. 배당절차를 거치지 않고(집행법원으로부터 받은 지급증명서를 첨부하지 않고) 공탁소에 대하여 직접 회수청구를 할 수 있다.

② 명령에 공탁금의 이자채권에 대하여 언급이 없으면 공탁일부터 압류·전부명령이 제3채무자인 국가에 송달되기 전일까지의 공탁금에 대한 이자를 전부채권자에게 지급할 수 없다.

④ 공탁물회수청구권에 대하여 압류 및 추심명령 또는 전부명령을 얻은 추심채권자 또는 전부채권자가 회수청구하는 경우에는 공탁서를 첨부하지 않아도 된다. 집행채무자인 공탁자로부터 공탁서를 교부받는 것을 기대하기 어렵기 때문이다.

14 채무자의 가압류해방공탁에 관한 다음 설명 중 가장 옳지 않은 것은? ▶ 2021 법무사

① 가압류해방금액은 금전에 의한 공탁만 허용되고 유가증권에 의한 공탁은 허용되지 않는다.

② 가압류해방금이 공탁된 경우 가압류의 효력은 공탁금 자체가 아니라 공탁자인 채무자의 공탁금회수청구권에 대하여 미친다.

③ 가압류해방금이 공탁된 경우 채무자(공탁자)의 다른 채권자가 공탁금회수청구권에 대하여 압류명령을 받은 경우 가압류채권자의 가압류와 다른 채권자의 압류는 그 집행대상이 같아 서로 경합하게 된다.

④ 가압류채권자가 본안 승소확정판결을 집행권원으로 하여 해방공탁금 회수청구권에 대하여 가압류로부터 본압류로 이전하는 압류 및 전부명령을 받아 해방공탁금에 관하여 회수청구를 할 수 있다.

⑤ 가압류채권자는 가압류해방공탁금에 관하여 우선변제권을 행사할 수 있다.

해설 ⑤ 해방공탁금은 가압류의 집행정지나 취소로 인한 채권자의 손해를 담보하는 것이 아니고 가압류의 목적재산에 갈음하는 것이므로 소송비용의 담보에 관한 규정이 준용되지 않고, 채권자는 여기에 대하여 우선변제권이 없다. 즉 가압류해방금이 공탁된 경우에 그 가압류의 효력은 공탁금 자체가 아니라 공탁자인 가압류채무자의 공탁금회수청구권에 대하여 미치는 것이므로, 채무자의 다른 채권자가 해방공탁금 회수청구권에 대하여 압류명령을 받은 경우에는 가압류채권자의 가압류와 다른 채권자의 압류는 그 집행대상이 같아 서로 경합하게 된다.

15 가압류해방공탁에 관한 다음 설명 중 가장 옳지 않은 것은? ▸ 2022 법무사

① 해방공탁으로 인한 가압류집행취소가 이루어져도 가압류명령 그 자체의 효력은 소멸되지 않고 공탁자인 가압류채무자의 공탁금회수청구권에 대하여 미치게 된다.

② 가압류채권자의 채권자가 '가압류채권자의 가압류채무자에 대한 본안판결 확정 후 제3채무자인 국가에 대하여 회수청구할 공탁금채권'을 피압류채권으로 채권가압류를 받았다 하더라도, 공탁자(가압류채무자)가 해방공탁의 원인이 된 그 가압류의 효력이 소멸되었음을 증명하는 서면을 첨부하여 공탁금 회수청구를 하는 경우 공탁관은 그 회수청구를 인가하여야 한다.

③ 공탁자인 가압류채무자의 다른 채권자가 해방공탁금 회수청구권에 대하여 압류 및 추심명령을 받은 경우에는 가압류채권자의 가압류와 위 다른 채권자의 압류가 경합하게 되므로, 공탁관은 지체 없이 집행법원에 그 사유를 신고하여야 한다.

④ 가압류채권자(甲)가 가집행선고부 판결을 받아 해방공탁금의 회수청구권을 압류 및 전부받은 경우에도, 전부채권자(甲)가 해방공탁금을 회수하기 전에 가압류채무자(乙)가 항소심에서 전부 승소판결을 받아 사정변경에 의한 가압류결정취소결정을 받았다면 '乙'은 전부된 회수청구권을 다시 양도(부당이득의 원상회복)받을 필요 없이 곧바로 해방공탁금을 회수할 수 있다.

⑤ 해방공탁금에 대하여 가압류채권자의 채권자들이 '가압류채권자의 채무자에 대한 본안재판 판결확정 후 제3채무자인 국가에 대하여 출급청구할 공탁금채권'에 대하여 압류 및 전부명령을 순차적으로 받은 경우, 각 압류 및 전부명령은 그 대상채권이 존재하지 않아 무효이므로, 공탁관은 압류경합을 이유로 사유신고하거나 형식상 전부명령이 확정된 채권자에게 공탁금을 지급할 수는 없다.

해설 ④ 가집행선고부 판결에 의하여 집행이 완결된 사건에 있어서는 그 본안판결이 항소심에서 취소 또는 변경되더라도 이를 이유로 이미 완결된 강제집행을 취소할 수는 없으므로, 가압류채권자인 '갑'이 가집행선고부 판결을 받아 해방공탁금의 회수청구권을 압류 및 전부받은 후라면 비록 전부채권자인 '갑'이 해방공탁금을 회수하기 전에 가압류채무자인 '을'이 항소심에서 전부 승소판결(갑의 청구기각판결)을 받아 사정변경에 의한 가압류결정취소판결을 받았다 하더라도 '을'은 이미 집행완료된 해방공탁금을 곧바로 회수할 수는 없으며, '을'은 '갑'으로부터 이미 전부된 회수청구권을 다시 양도(부당이득의 원상회복)받거나 '갑'을 상대로 손해배상 또는 부당이득금반환청구를 하여 별도의 집행권원을 얻어 집행하여야 한다(공탁선례 제2-300호).

정답 14 ⑤ 15 ④

16 가압류해방공탁에 관한 다음 설명 중 가장 옳지 않은 것은? ▸ 2023 법원사무관 승진

① 해방공탁으로 인한 가압류집행취소가 이루어져도 가압류명령 그 자체의 효력은 소멸되는 것이 아니라 공탁자인 가압류채무자의 공탁금회수청구권에 대하여 미치게 된다.

② 가압류채권자는 본안승소판결 등을 집행권원으로 하여 가압류채무자가 가지는 공탁금회수청구권에 대하여 가압류로부터 본압류로 이전하는 압류 및 추심명령이나 확정된 전부명령을 받아 공탁소에 대하여 회수청구를 할 수 있고, 그 경우의 집행권원으로는 확정판결은 포함되나, 가집행선고부 종국판결은 포함되지 않는다.

③ 공탁자의 다른 채권자가 공탁금회수청구권에 대하여 압류 및 전부명령을 받은 경우에는 가압류채권자의 가압류와 압류가 경합하게 되므로 공탁관의 사유신고로 개시되는 집행법원의 배당실시절차에서 배당금수령채권자로서 그 지급받을 자격을 증명하는 증명서를 교부받아야만 공탁금 회수청구를 할 수 있다.

④ 가압류해방금액은 가압류의 목적물에 갈음하는 것으로서 금전에 의한 공탁만이 허용되고, 유가증권에 의한 공탁은 그 유가증권이 실질적 통용가치가 있는 것이라고 하더라도 허용되지 않는다.

> **해설** ② 가압류채권자는 본안승소확정판결 등을 집행권원으로 하여 공탁금회수청구권에 대하여 가압류로부터 본압류로 이전하는 채권압류 및 추심명령이나 전부명령을 받아 공탁소에 대하여 회수청구를 할 수 있으며(전부명령은 확정증명, 추심명령은 송달증명 각 첨부), 그 경우의 집행권원으로는 확정판결뿐만 아니라 가집행선고부 종국판결도 포함된다.

17 채무자 甲은 채권자 乙의 채권가압류결정(해방금액 1천만원)을 송달받고, 민사집행법 제282조 가압류해방공탁을 하려고 한다. 다음 설명 중 옳은 것을 모두 고른 것은?
▸ 2023 법무사

> ㄱ. 실질적 통용가치가 있는 유가증권은 가압류해방공탁의 공탁물이 될 수 있다.
> ㄴ. 甲의 친구 丙이 甲을 대신하여 가압류해방공탁을 할 수는 없다.
> ㄷ. 위 공탁이 성립한 후 고양시의 체납처분에 의한 압류통지(집행채권액 1천만원)이 공탁소에 도달하면 공탁관은 지체 없이 가압류 발령 법원에 사유신고를 하여야 한다.
> ㄹ. 위 공탁이 성립한 후 丙의 채권압류 및 추심명령(집행채권액 1천만원)이 공탁소에 도달한 경우 공탁관은 지체 없이 압류를 발령한 집행법원에 사유신고를 하여야 한다.

① ㄱ, ㄴ   ② ㄴ, ㄹ   ③ ㄱ, ㄷ
④ ㄱ, ㄹ   ⑤ ㄴ, ㄷ

> **해설** ㄱ. 가압류해방금액은 채무자가 입을 수 있는 손해를 담보하는 취지의 이른바 소송상의 담보와는 달리 가압류의 목적물에 갈음하는 것으로써 금전에 의한 공탁만이 허용되고, 유가증권에 의한 공탁은 그 유가증권이 실질적 통용가치가 있는 것이라고 하더라도 허용되지 않는다.

ㄷ. 동일한 채권에 대하여 체납처분에 의한 압류와 가압류가 경합하는 경우 제3채무자는 체납처분에 의한 압류권자의 추심권 행사에 응하여야 하고 이를 이유로 한 변제공탁은 허용되지 않는다. 또한 채권가압류를 원인으로 한 민사집행법 제248조 제1항 단서 및 제291조에 의하여 집행공탁한 후 체납처분에 의한 압류통지가 이루어져서 체납처분에 의한 압류채권자가 추심청구를 하면 공탁관은 이를 거절할 수 없다. 체납처분에 의한 피압류채권에 대하여 근로기준법에 의한 우선변제권을 가지는 임금 등의 채권에 기한 가압류집행이 이루어진 경우라도 제3채무자는 그 가압류를 이유로 체납처분에 의한 압류채권자의 추심청구를 거절할 수는 없다.

18 해방공탁금의 지급에 관한 다음 설명 중 가장 옳지 않은 것은? ▶ 2024 법무사

① 가압류집행의 목적물에 갈음하여 가압류해방금이 공탁된 경우에 그 가압류의 효력은 공탁금 자체가 아니라 공탁자인 채무자의 공탁금 회수청구권에 대하여 미치는 것이다.

② 채무자의 다른 채권자가 가압류해방공탁금 회수청구권에 대하여 압류명령을 받은 경우라도, 가압류채권자의 가압류는 해당 해방공탁의 원인이 된 것이므로, 해당 해방공탁금에 대하여 우선변제권을 갖는다.

③ 가압류채권자가 해방공탁금을 지급받기 위하여는 본안승소확정판결 등을 집행권원으로 하여 공탁금 회수청구권에 대한 별도의 현금화명령을 받아야 한다.

④ 본안소송에서 승소확정판결을 받은 가압류채권자가 채무자의 해방공탁금 회수청구권에 대한 채권압류 및 전부명령을 받아 지급청구권을 행사하는 경우에 그 채권압류가 가압류를 본압류로 전이하는 채권압류가 아닌 한 가압류의 피보전권리와 압류의 집행채권의 동일성을 소명해야 한다.

⑤ 가압류해방공탁금을 채무자인 공탁자가 회수하고자 할 경우의 첨부서면은 일반적인 첨부서면 이외에 공탁원인의 소멸을 증명하는 서면으로써 가압류결정취소판결정본 및 그 확정증명서나 가압류신청취하 또는 해제증명서 등을 첨부하여야 한다.

> **해설** ② 가압류채권자가 가압류목적물에 대하여 우선변제를 받을 권리가 없는 것과 마찬가지로 가압류해방공탁금에 대하여 가압류채권자는 우선변제권이 없다. 따라서 가압류해방공탁금 회수청구권에는 우선권 없는 보통의 가압류만이 된 상태이므로 가압류채무자에 대하여 채권을 가진 다른 채권자는 가압류해방공탁금에 대하여 가압류나 압류를 할 수도 있다. 이와 같이 공탁자인 가압류채무자의 다른 채권자가 가압류해방공탁금 회수청구권에 대하여 압류명령을 받은 경우에는 가압류채권자의 가압류와 다른 채권자의 압류는 그 집행대상이 같아 서로 경합하게 된다.

19 공탁자에 관한 다음 설명 중 가장 옳지 않은 것은? ▶ 2023 법원사무관 승진

① 물상보증인, 연대채무자, 보증인 등은 채무자의 의사에 반하여서도 변제공탁을 할 수 있다.

② 국세나 지방세의 징수유예, 연부연납의 허가를 구하려는 납세의무자 또는 납세의무자를 위하여 담보를 제공하는 제3자는 납세담보공탁을 할 수 있다.

> **정답** ▶ 16 ② 17 ② 18 ② 19 ③

③ 채권자 甲이 채무자 乙 소유의 부동산을 가압류한 후에 제3자인 丙이 가압류된 그 재산을 취득한 경우에 있어서 제3취득자인 丙은 가압류집행취소를 위한 해방공탁을 할 수 있다.

④ 주택임대차보호법상 대항력을 갖춘 임차인의 임대차보증금반환채권이 가압류된 상태에서 임대주택이 양도되면 양수인은 민사집행법 제291조, 제248조 제1항에 따라 임차보증금반환채권에 대한 가압류를 원인으로 하는 집행공탁을 할 수 있다.

해설 ③ 가압류해방공탁을 할 수 있는 자는 가압류채무자이다. 만일 제3자의 해방공탁을 인정한다면 해방공탁금의 회수청구권은 공탁한 제3자가 가지므로 나중에 가압류채권자가 가압류채무자에 대한 집행권원을 가지고도 제3자의 공탁금회수청구권에 대하여 강제집행이 불가능하게 되고, 결국 가압류채권자의 가압류집행은 아무런 실효를 거둘 수 없게 되기 때문에 제3자에 의한 가압류해방공탁은 허용되지 않는다. 실무상 가압류된 부동산의 소유권을 취득한 제3자가 가압류를 말소하기 위하여 해방공탁을 하려는 경우가 종종 있으나 제3취득자는 해방공탁을 할 수는 없다.

20 가압류해방공탁에 관한 다음 설명 중 가장 옳지 않은 것은? ▶ 2025 법무사

① 가압류결정에서 가압류채무자 甲, 乙 및 丙을 공동채무자로 하여 청구금액 1억원을 공탁하고 가압류의 집행취소를 신청할 수 있도록 정하여졌다면 乙 및 丙은 자신들의 채무액만큼 공탁하여 자신들이 공유하는 부동산에 대한 가압류의 집행취소를 구할 수는 없다.

② 가압류해방공탁금에 대하여는 가압류채권자의 공탁금 출급청구권은 없고 가압류채무자의 공탁금 회수청구권만 있다.

③ 가압류채무자는 가압류채권자나 가압류채무자의 보통재판적 소재지의 지방법원 또는 집행법원(가압류발령법원)에 공탁할 수 있다.

④ 가압류해방공탁금의 회수청구권에 대하여 가압류로부터 본압류로 이전하는 압류 및 전부명령과 함께 지연손해금채권으로 추가로 위 가압류해방공탁금의 회수청구권에 대하여 압류 및 전부명령을 한 경우라도, 그 명령에 공탁금의 이자채권에 대하여 언급이 없으면 공탁일부터 압류 및 전부명령이 제3채무자인 국가에 송달되기 전일까지의 공탁금에 대한 이자를 전부채권자에게 지급할 수 없다.

⑤ 집행한 가압류를 취소시키기 위해 해방공탁을 하였으나 공탁금액이 가압류명령에 정한 해방금액 전부가 아니라 그 일부에 불과하더라도 그 공탁은 '착오로 공탁을 한 경우'에 해당하지 않는다.

해설 ⑤ 집행한 가압류를 취소시키기 위한 해방공탁을 하였으나 공탁금액이 가압류명령에 정한 해방금액 전부가 아니라 그 일부에 불과하였다면 그 공탁은 가압류의 집행을 취소시킬 수 있는 해방공탁으로써의 효력이 없어 '착오로 공탁을 한 경우'에 해당하므로, 채무자는 착오공탁임을 증명하는 서면을 첨부하여 공탁금을 회수할 수 있다.

제5절 **그밖의 집행공탁**

01 다음 설명 중 가장 옳지 않은 것은?

▶ 2009 법무사

① 유체동산 집행절차에서 매각대금으로 배당에 참여한 모든 채권자를 만족하게 할 수 없고 매각허가된 날부터 2주 이내에 채권자 사이에 배당협의가 성립되지 아니한 때에는 집행관은 매각대금을 공탁하여야 한다.

② 추심명령을 얻은 추심채권자가 추심을 마친 후 공탁 및 사유신고를 하지 않은 경우에는 제3채무자로부터 추심금을 지급받은 날부터 실제 추심금을 공탁할 때까지의 기간 동안 법정 지연손해금 상당의 금원도 공탁할 의무가 있다.

③ 매각허가결정에 대하여 즉시항고를 제기하는 항고인이 2인 이상인 경우에는 공유관계 등 특별한 사정이 없는 한 항고인별로 각각 매각대금의 10분의 1에 해당하는 금전 또는 유가증권을 공탁하여야 한다.

④ 채무자 및 소유자가 매각허가결정에 대한 항고를 하면서 500만원을 공탁한 후에 그 항고를 취하한 경우에는 항고인은 공탁금에 대한 회수청구를 하지 못한다.

⑤ 부동산에 대한 강제집행에 있어서 가압류채권자의 채권에 대한 배당액은 공탁하여야 한다.

> **해설** ② 만일 추심채권자가 추심을 마쳤음에도 지체 없이 공탁 및 사유신고를 하지 아니한 경우에는 그로 인한 손해배상으로서, 제3채무자로부터 추심금을 지급받은 후 공탁 및 사유신고에 필요한 「상당한 기간을 경과한 때부터」 실제 추심금을 공탁할 때까지의 기간 동안 금전채무의 이행을 지체한 경우에 관한 법정 지연손해금 상당의 금원도 공탁하여야 할 의무가 있다(대판 2005.7.28, 2004다8753).

02 회생위원의 공탁(채무자 회생 및 파산에 관한 법률 제617조의2, 채무자 회생 및 파산에 관한 규칙 제84조 제2항)에 관한 다음 설명 중 가장 옳지 않은 것은? ▸ 2021 법무사

① 금융기관 계좌번호를 회생위원에게 일정 기간 내에 신고하지 아니한 개인회생채권자(미신고 채권자)에 대하여 지급할 변제액은 변제계획에서 정하는 바에 따라 공탁할 수 있다.

② 회생위원이 임치된 금원을 채무자를 위하여 공탁할 수 있는 경우가 있다.

③ 회생위원은 공탁을 하는 경우 계좌입금에 의한 공탁금 납입을 신청하여야 한다.

④ 회생위원이 미신고 채권자에게 공탁하는 경우에는 공탁예정통지서를 발송하지 않아도 된다.

⑤ 공탁금을 출급받으려는 채권자 또는 채무자가 있을 경우 회생위원은 그 자에게 자격에 관한 증명서를 주어야 한다.

> **해설** ④ 개인회생채권자는 개인회생채권자집회의 기일 종료 시까지 변제계획에 따른 변제액을 송급받기 위한 금융기관 계좌번호를 회생위원에게 신고하여야 한다. 회생위원은 위 신고를 하지 아니한 개인회생채권자에 대하여 공탁하기 전에 공탁예정통지서를 발송하여 통지서를 송달받은 날부터 1주일 안에 계좌번호를 신고하지 아니하면 변제액을 공탁한다는 점을 알려주는 등의 절차를 거쳐 연 1회 변제액을 공탁한다. 공탁금을 출급받으려는 채권자의 청구가 있는 경우 규칙 제43조에 따라 회생위원은 지급위탁서를 공탁관에게 송부하고 지급받을 자에게는 그 자격에 관한 증명서를 교부하여 공탁금이 회생채권자에게 지급되게 될 것이다.

정답 02 ④

혼합공탁

01 혼합공탁에 관한 다음 설명 중 가장 옳은 것은?

▸ 2015 법무사

① 채권양도와 가압류나 압류가 경합하면 채권양도의 효력 자체에 다툼이 없어도 혼합공탁을 할 수 있는 것이 원칙이다.

② 혼합공탁을 하기 위해서는 압류의 경합이 필요하다.

③ 혼합공탁은 변제공탁이 관련된 채권자들에 대하여는 변제공탁으로서의 효력이 있고, 집행공탁에 관련된 집행채권자들에 대하여는 집행공탁으로서의 효력이 있다.

④ 제3채무자가 채권압류 및 전부명령을 송달받은 이후에 동일채권에 대하여 채권양도통지서를 받은 경우, 제3채무자는 혼합공탁을 할 수 있음이 원칙이다.

⑤ 제3채무자에게 채권가압류결정이 송달된 이후 채권양도통지가 있었는데 제3채무자가 채권양도 사실을 간과한 채 채권가압류를 이유로 집행공탁을 한 경우에는 제3채무자는 착오를 증명하는 서면을 첨부하여도 공탁금회수청구를 할 수 없는 것이 원칙이다.

> **해설** ① 혼합공탁은 채권양도의 효력 자체에 대하여 다툼이 있는 등 채권자 불확지 변제공탁을 할만한 사정이 있어야 하므로, 단순히 채권양도와 가압류 또는 압류가 경합한다는 사정만으로는 혼합공탁을 할 수 없다.
>
> ② 혼합공탁을 하기 위한 요건으로 집행공탁사유가 존재하여야 한다. 민사집행법 시행으로 인하여 단일의 압류, 압류경합이 없는 복수의 압류, 단일 또는 복수의 가압류일 경우에도 집행공탁을 인정하고 있으므로(민사집행법 제248조, 제291조 참조), 현행 민사집행법에서는 혼합공탁을 하기 위한 요건으로 집행공탁사유는 반드시 압류경합이 있어야 하는 것은 아니다.
>
> ④ 채권압류명령이 먼저 이루어진 이후에 채권양도가 이루어진 경우에는 원칙적으로 채권압류명령이 우선하게 되므로 채권양도는 효력을 발생할 수 없고, 따라서 채무자(제3채무자)는 추심명령 또는 전부명령을 얻은 압류채권자에게 채무를 이행하면 되고 혼합공탁을 할 수는 없다.
>
> ⑤ 이 경우 제3채무자는 착오를 증명하는 서면을 첨부하여 공탁금회수청구를 할 수 있다.

02 다음은 혼합공탁에 관한 내용이다. 각 괄호 안에 들어갈 용어를 올바르게 나열한 것은?

▸ 2019 법원사무관

> ㄱ. 확정일자 있는 채권양도의 통지가 먼저 있고 양도인을 압류채무자로 하는 채권압류명령의 송달이 이루어진 경우 채권양도의 효력에 대하여 다툼이 없다면 제3채무자는 혼합공탁을 할 수 (A).
>
> ㄴ. 확정일자 있는 채권양도의 통지가 먼저 있고 양도인을 압류채무자로 하는 채권압류명령의 송달이 이루어졌으나, 양도된 채권에 대하여 양도금지특약이 있거나 양도인으로부터 양도철회 등 채권양도의 효력에 대하여 다툼이 있는 경우에는 제3채무자는 혼합공탁을 할 수 (B).
>
> ㄷ. 확정일자 있는 채권양도의 통지와 양도인을 압류채무자로 하는 채권압류명령의 송달이 동시에 도달된 경우 제3채무자는 이중지급의 위험을 벗어나기 위해 혼합공탁을 할 수 (C).
>
> ㄹ. 양도인을 압류채무자로 하는 채권압류명령의 송달이 먼저 있고, 채권양도의 통지가 이루어진 경우 제3채무자는 혼합공탁을 할 수 (D).

	A	B	C	D
①	없다	있다	있다	있다
②	있다	없다	없다	있다
③	없다	있다	있다	없다
④	있다	없다	없다	없다

해설 ③ ㄱ. 확정일자 있는 채권양도의 통지가 먼저 있고 양도인을 압류채무자로 하는 채권압류명령의 송달이 이루어진 경우 채권양도의 효력에 대하여 다툼이 없다면 제3채무자는 혼합공탁을 할 수 없다.

　　ㄴ. 확정일자 있는 채권양도의 통지가 먼저 있고 양도인을 압류채무자로 하는 채권압류명령의 송달이 이루어졌으나, 양도된 채권에 대하여 양도금지특약이 있거나 양도인으로부터 양도철회 등 채권양도의 효력에 대하여 다툼이 있는 경우에는 제3채무자는 혼합공탁을 할 수 있다.

　　ㄷ. 확정일자 있는 채권양도의 통지와 양도인을 압류채무자로 하는 채권압류명령의 송달이 동시에 도달된 경우 제3채무자는 이중지급의 위험을 벗어나기 위해 혼합공탁을 할 수 있다.

　　ㄹ. 양도인을 압류채무자로 하는 채권압류명령의 송달이 먼저 있고, 채권양도 통지가 이루어진 경우 제3채무자는 혼합공탁을 할 수 없다.

03 혼합공탁에 관한 설명 중 가장 옳지 않은 것은? ▸ 2013 법무사

① 채권가압류 이후에 채권양도가 있어 제3채무자가 혼합공탁을 하는 경우, 위 채무가 지참 채무라면 피공탁자들 중 1인의 주소지 공탁소가 관할공탁소가 된다.

② 혼합공탁신청서의 피공탁자란에는 집행채권자(가압류나 압류채권자)를 기재하여야 하고, 양도인(집행채무자) 또는 양수인을 기재할 것은 아니다.

③ 채권양도의 통지가 이루어진 이후에 양도인을 압류채무자로 하는 압류명령의 송달이 이루어졌으나 그 채권양도의 효력에 대하여 다툼이 있는 경우 혼합공탁을 할 수 있다.

④ 금전채권 전액에 대하여 압류명령의 송달을 받은 후 금전채권 전액에 대하여 확정일자 있는 채권양도의 통지를 받은 경우는 혼합공탁사유가 아니다.

⑤ 채권양도와 압류를 원인으로 하는 혼합공탁의 경우 공탁자는 공탁 후 집행법원에 사유신고를 하여야 하나, 이를 접수한 집행법원은 채권양도 등의 유·무효가 확정되지 않는 이상 그 후의 절차를 진행할 수 없다.

> **해설** ② 공탁서상의 피공탁자란에는 양도인(집행채무자) 또는 양수인을 피공탁자로 기재하고, 집행채권자 (가압류나 압류채권자)들은 공탁서에 피공탁자로 기재하지 않지만, 공탁서상의 공탁원인사실란에는 가압류나, 압류, 압류경합 등의 사실을 구체적으로 기재하여야 한다.

04 혼합공탁에 관한 다음 설명 중 가장 옳지 않은 것은? ▸ 2022 법무사

① 채권자 불확지 변제공탁 사유와 집행공탁 사유가 함께 발생한 경우, 이른바 혼합공탁을 할 수 있고, 이러한 공탁은 변제공탁에 관련된 채권양수인에 대하여는 변제공탁으로서의 효력이 있고, 집행공탁에 관련된 압류채권자 등에 대하여는 집행공탁으로서의 효력이 있다.

② 채권가압류 이후 채권양도가 있어 제3채무자가 양도인 또는 양수인을 피공탁자로 하는 채권자 불확지 변제공탁과 채권가압류가 있음을 이유로 한 집행공탁을 합한 혼합공탁을 하는 경우 위 채무가 지참채무라면 피공탁자들 중 1인의 주소지 공탁소가 관할공탁소가 된다.

③ 혼합공탁에 있어서 피공탁자는 공탁물의 출급을 청구함에 있어서 다른 피공탁자에 대한 관계에서만 공탁물출급청구권이 있음을 증명하는 서면을 갖추는 것으로는 부족하고, 집행채권자에 대한 관계에서도 공탁물출급청구권이 있음을 증명하는 서면을 구비·제출하여야 한다.

④ 혼합공탁의 요건을 갖추지 못하여 유효한 공탁으로 볼 수 없는 경우에는 공탁자는 착오로 인한 공탁금회수 청구를 할 수 있다.

⑤ 채무자가 채권양도 및 압류경합을 공탁사유로 공탁을 하면서 피공탁자 내지 채권자 불확지의 취지를 기재하지 않고 공탁근거조문으로 집행공탁에 관한 근거조항만 기재한 경우, 위 공탁은 새로운 채권자에 대한 변제공탁으로서의 효력이 없다고 볼 수 없다.

정답 02 ③ 03 ② 04 ⑤

해설 ⑤ 채권양도 등과 압류경합 등을 이유로 공탁할 경우에 제3채무자가 변제공탁을 한 것인지, 집행공탁을 한 것인지, 아니면 혼합공탁을 한 것인지는 피공탁자의 지정 여부, 공탁의 근거조문, 공탁사유, 공탁사유신고 등을 종합적·합리적으로 고려하여 판단하는 수밖에 없다. 제3채무자가 채권양도 및 압류경합을 공탁사유로 공탁을 하면서 피공탁자 내지 채권자불확지의 취지를 기재하지 않고 공탁근거조문으로 민사집행법 제248조 제1항만을 기재한 경우 그 공탁은 변제공탁으로서의 효과가 없다.

05 혼합공탁에 관한 다음 설명 중 가장 옳지 않은 것은? ▸2025 법무사

① 확정일자 있는 증서에 의한 채권양도가 이루어진 후 양도된 채권에 대하여 사해행위취소에 따른 원상회복청구권을 피보전권리로 하는 채권처분금지가처분결정이 제3채무자에게 송달된 다음 양도인을 채무자로 하는 채권압류 및 추심명령이 제3채무자에게 송달된 경우, 채권압류 및 추심명령 당시 피압류채권이 이미 대항요건을 갖추어 양도되어 위 채권압류 및 추심명령이 효력이 없는 것으로 되었다 하더라도 제3채무자는 혼합공탁을 할 수 있다.

② 채권자 불확지 등 변제공탁사유와 압류명령이 있음을 이유로 혼합공탁을 한 경우 제3채무자는 지체 없이 압류명령을 발령한 법원에 사유신고를 하여야 한다.

③ 집행채권자는 집행법원의 지급위탁절차에 의하여 공탁금의 출급을 청구할 수 있다.

④ 장래 발생할 채권까지 포함된 물품대금채권에 대하여 양도 및 확정일자부 통지가 이루어진 이후 다시 물품대금채권에 대하여 양도인을 채무자로 하는 4건의 가압류가 이루어져 채권양도의 효력 및 채권양도와 가압류 간의 우열에 대해 의문이 있을 수 있는 경우, 채무자는 민법 제487조, 민사집행법 제291조 및 제248조 제1항을 근거로 양도인 또는 양수인을 피공탁자로 하는 혼합공탁을 할 수 있다.

⑤ 공탁자는 공탁금 중 압류나 가압류의 효력이 미치지 않는 부분에 대하여는 민법 제489조 제1항에 따라 회수할 수 있다.

해설 ① 양도된 채권에 대하여 양도금지특약이 있는 등 채권양도의 효력에 대하여 다툼이 있어서 그 채권양도의 효력 유무에 따라 변제공탁(채권양도가 유효한 경우) 또는 집행공탁(채권양도가 무효인 경우)이 될 수 있는 경우에만 채무자(제3채무자)는 변제공탁과 집행공탁을 합한 혼합공탁을 할 수 있는 것이며, 확정일자 있는 채권양도의 통지가 이루어진 이후에 양도인을 (가)압류채무자로 하는 채권 (가)압류명령의 송달이 이루어진 경우에는 원칙적으로 채권양도가 우선하게 되므로 그 채권 (가)압류는 효력을 발생할 수 없고, 따라서 채무자(제3채무자)는 양수인에게 채무를 이행하면 되고 혼합공탁을 할 수는 없다. 그리고 '사해행위취소에 따른 원상회복청구권을 피보전권리로 하는 가처분'이 있다는 이유만으로는 피공탁자를 가처분권자 또는 수익자로 한 상대적 불확지 공탁을 할 수는 없으므로, 피공탁자를 가처분권자 또는 수익자로 하는 혼합공탁 역시 불가능하다. 채권양도의 효력에 다툼이 있지만 그 원인이 '채권자취소에 따른 원상회복청구권을 피보전권리로 하는'이거나 '채권자취소소송이 제기 중'이라는 이유로 채권자불확지 변제공탁과 집행공탁을 결합한 혼합공탁을 할 수 없다.

06 甲은 乙에 대하여 임차보증금반환채무(양도금지특약 있음) 3천만원을 부담하고 있는데, 위 채무 전액에 대하여 확정일자 있는 채권양도통지서(양수인 丙)와 丁의 압류 및 추심명령(집행채권액 : 3천만원)을 각 송달받고 민법 제487조 후단 채권자 불확지 변제공탁과 민사집행법 제248조 제1항 집행공탁을 결합한 혼합공탁을 하려고 한다. 다음 설명 중 가장 옳지 않은 것은? ▸ 2021 법원사무관

① 甲은 乙과 丙 중 1인의 주소지 소재 공탁소에 공탁신청을 하여야 함이 원칙이다.
② 丁의 압류 및 추심명령이 甲에게 먼저 송달된 사실이 공탁원인사실란 기재에 의하여 명백한 경우 공탁관은 甲의 혼합공탁신청을 수리할 수 없다.
③ 갑은 위 혼합공탁을 한 후 압류명령을 발령한 법원에 즉시 사유신고를 하여야 하고 집행법원도 그에 따라 배당절차를 즉시 진행하여야 한다.
④ 丙은 乙을 피고로 하는 공탁금출급청구권확인의 승소확정판결 및 그 판결의 확정증명서만을 첨부하여 공탁금을 출급할 수 없다.

> **해설** ③ 혼합공탁은 집행공탁의 성질도 가지므로 채권양도와 압류를 원인으로 하는 혼합공탁의 경우 공탁자는 공탁 후 즉시 공탁서를 첨부하여 집행법원에 사유신고를 하여야 한다. 사유신고를 접수한 집행법원은 채권 등 집행사건의 배당절차사건으로 수리하게 되지만, 공탁원인사실인 채권양도 등의 유·무효가 확정되지 않는 이상 그 후의 절차를 진행할 수 없으므로, 채권양도 등의 유·무효가 확정될 때까지는 사실상 배당절차를 정지하여야 한다.

07 혼합공탁에 관한 다음 설명 중 가장 옳지 않은 것은? (다툼이 있는 경우 판례·예규 및 선례에 의함) ▸ 2016 법무사

① 혼합공탁은 변제공탁에 관련된 채권자들에 대하여는 변제공탁으로서의 효력이 있고, 집행공탁에 관련된 채권자들에 대하여는 집행공탁으로서의 효력이 있다.
② 혼합공탁을 하기 위한 요건으로 집행공탁사유는 반드시 압류의 경합이 있어야 하는 것은 아니다.
③ 집행채권자는 압류 및 전부명령에 기한 전부금채권을 가지고 있다는 것을 증명하는 확인판결을 받아 이를 집행법원에 제출함으로써 혼합공탁된 공탁금으로부터 전부금채권 상당액을 배당받을 수 있다.
④ 혼합공탁에 있어서 피공탁자가 공탁물의 출급을 청구하는 경우, 다른 피공탁자에 대한 관계에서만 공탁물출급청구권이 있음을 증명하는 서면을 제출하는 것으로는 부족하고, 집행채권자에 대한 관계에서도 공탁물출급청구권이 있음을 증명하는 서면을 제출하여야 한다.
⑤ 금전채권 전액에 대하여 압류명령을 송달받은 이후 금전채권 전액에 대하여 확정일자 있는 채권양도의 통지를 받은 경우에는 혼합공탁을 할 수 없다.

> **정답** ▸ 05 ① 06 ③ 07 ③

해설 ③ 집행채권자가 혼합공탁된 공탁금으로부터 전부금채권 상당액을 배당받기 위하여는 공탁금이 채무자에게 귀속하는 것을 증명하는 문서를 집행법원에 제출하여야 하는데, 집행채권자가 압류전부명령에 기한 전부금채권을 가지고 있다는 것의 확인을 구하는 것은 그 확인판결의 제출로 집행법원이 공탁금의 배당절차를 개시할 수 없으므로 분쟁을 근본적으로 해결하는 가장 유효, 적절한 수단이라고 볼 수 없어 확인의 이익이 없다(대판 2008.1.17, 2006다56015).

08 혼합공탁에 관한 설명 중 가장 옳지 않은 것은? (다툼이 있는 경우 판례, 선례에 의함)

▶ 2011 법원사무관

① 동일채권에 대하여 가압류집행을 한 자와 채권양수인 사이의 우열은 확정일자 있는 채권양도 통지와 가압류결정 정본의 제3채무자(채권양도의 경우에는 채무자)에 대한 도달의 선후에 의하여 그 우열을 결정하여야 한다.

② 채권양도 후에 압류가 있는 경우, 채권양수인이 공탁금을 출급받기 위해서는 양도인의 승낙서 등 이외에 압류채권자들의 승낙서나 그들을 상대로 한 공탁금출급청구권 확인 승소확정판결을 첨부하여야 한다.

③ 채권가압류 이후 채권양도가 있는 경우 제3채무자가 혼합공탁을 할 수 있기 위해서는 채권양도의 효력 유무에 대하여 다툼이 있어야 한다.

④ 혼합공탁신청서의 피공탁자란에는 양도인이나 양수인을 기재하여야 하고 압류채권자나 가압류채권자를 기재하여서는 안 된다.

해설 ③ 채권가압류명령이 먼저 이루어진 이후에 채권양도가 이루어진 경우에는 가압류가 이후에 취소 등의 사유로 그 효력을 상실할 수도 있으므로, 가압류 중인 상태에서 제3채무자로서는 채권자가 양도인이 될지 양수인이 될지 알 수 없다. 따라서 제3채무자는 양도인 또는 양수인을 피공탁자로 한 채권자 상대적 불확지 변제공탁과 채권가압류가 있음을 이유로 한 집행공탁을 합한 혼합공탁을 할 수 있다. 이와 같은 혼합공탁에 있어서는 가압류의 효력 여하에 따라 채권양도의 효력 유무가 결정되므로 채권양도 그 자체의 효력 유무는 혼합공탁의 요건이 아니다.

09 혼합공탁에 관한 다음 설명 중 가장 옳지 않은 것은?

▶ 2021 법무사

① 혼합공탁은 변제공탁에 관련된 새로운 채권자에 대해서는 변제공탁으로서 효력이 있고 집행공탁에 관련된 압류채권자 등에 대해서는 집행공탁으로서 효력이 있으며, 이 경우에도 적법한 공탁으로 채무자의 채무는 소멸한다.

② 제3채무자가 변제공탁을 한 것인지, 집행공탁을 한 것인지 아니면 혼합공탁을 한 것인지는 피공탁자의 지정 여부, 공탁의 근거조문, 공탁사유, 공탁사유신고 등을 종합적·합리적으로 고려하여 판단하는 수밖에 없다.

③ 혼합공탁의 경우에 어떠한 사유로 배당이 실시되었고 배당표상의 지급 또는 변제받을 채권자와 금액에 관하여 다툼이 있는 경우, 공탁금에서 지급 또는 변제받을 권리가 있음에도 불구하고 지급 또는 변제받지 못하였음을 주장하는 자는 배당표에 배당받는 것으로 기재된 다른 채권자들을 상대로 배당이의의 소를 제기할 수 있다.

④ 혼합공탁에서 피공탁자가 공탁물의 출급을 청구하려면 다른 피공탁자에 대한 관계에서 공탁물출급청구권이 있음을 증명하는 서면을 갖추는 것으로 충분하다.

⑤ 혼합공탁에서 변제공탁에 해당하는 부분에 대하여는 제3채무자의 공탁사유신고에 의한 배당가입 차단효가 발생할 여지가 없다.

해설 ④ 혼합공탁에 있어서 그 집행공탁의 측면에서 보면 공탁자는 피공탁자들에 대하여는 물론이고 가압류채권자를 포함하여 그 집행채권자에 대하여서도 채무로부터의 해방을 인정받고자 공탁하는 것이다. 이러한 취지에 비추어, 피공탁자가 공탁물의 출급을 청구함에 있어서 다른 피공탁자에 대한 관계에서만 공탁물출급청구권이 있음을 증명하는 서면을 갖추는 것으로는 부족하고, 위와 같은 집행채권자에 대한 관계에서도 공탁물출급청구권이 있음을 증명하는 서면을 구비·제출하여야 할 것이다.

10 甲은 乙에 대하여 물품대금채무 1억원이 있는데, 乙이 위 채권을 丙에게 전부 양도한다는 확정일자 있는 통지서, 乙의 채권자 丁의 압류명령(청구금액 1억원)이 순차적으로 甲에게 송달되었다. 다음 설명 중 가장 옳지 않은 것은? (다툼이 있는 경우 판례 또는 공탁선례에 의함) ▶ 2015 법무사

① 甲은 채권양도의 효력 유무에 대하여 의문이 없는 경우 丙에게 채무를 이행하면 되고 혼합공탁을 할 수 없다.

② 甲은 채권양도의 효력 유무에 대하여 의문이 있는 경우 乙 또는 丙을 피공탁자로 기재하고, 공탁원인사실란에는 압류의 사실을 구체적으로 기재하여 혼합공탁을 할 수 있다.

③ 甲이 혼합공탁을 하는 경우 乙 또는 丙 중 1인의 주소지 관할공탁소에 공탁하면 된다.

④ 甲이 혼합공탁을 한 경우 양수인 丙이 공탁금을 출급받기 위해서는 양도인 乙과의 관계에서만 채권양도가 유효이므로 공탁금출급청구권이 귀속한다는 것만 증명하면 된다.

⑤ 甲이 혼합공탁을 한 경우 압류권자 丁이 공탁금을 출급청구하려면 채권양도가 무효이므로 양도인 乙에게 공탁금출급청구권이 있다는 취지의 혼합해소문서를 집행법원에 제출하여야 한다.

해설 ④ 08번 해설 참조

11 甲의 乙에 대한 대여금채권이 丙에게 양도되었으나, 채권양도의 효력에 대하여 의문이 있고, 채권양도 이후에 甲의 채권자인 丁이 위 대여금채권에 관하여 가압류를 하였다. 다음 설명 중 가장 옳지 않은 것은?
▸2017 법무사

① 乙은 甲 또는 丙을 피공탁자로 기재하여 혼합공탁을 할 수 있다.

② 乙이 공탁을 하는 경우 공탁근거법령조항은 민법 제487조 후단, 민사집행법 제291조, 제248조 제1항으로 기재한다.

③ 甲과 丙에게는 공탁통지서를 발송하고, 丁에게는 공탁사실통지서를 발송한다.

④ 채권양도가 유효한 경우에 丙은 甲의 승낙서 또는 甲에 대한 공탁금출급청구권 확인승소 확정판결을 제출하여 공탁금의 출급을 청구할 수 있다.

⑤ 채권양도가 무효인 경우에 丁은 집행법원의 지급위탁절차에 의하여 공탁금의 출급을 청구할 수 있다.

해설 ④ 08번 해설 참조

12 甲은 乙에게 대여금채무(1천만원, 양도금지특약 있음)를 부담하고 있는데 위 채무금 전액에 대하여 확정일자 있는 채권양도통지서(양수인 丙)와 丁의 채권압류 및 추심명령을 순차적으로 송달받고 혼합공탁을 하려고 한다. 다음 설명 중 옳은 것을 모두 고른 것은?
▸2023 법무사

ㄱ. 甲은 민법 제487조 후단 및 민사집행법 제248조 제1항을 공탁근거법령으로 피공탁자를 '乙 또는 丙'으로 기재하여야 한다.

ㄴ. 甲이 혼합공탁을 한 후 乙에게 공탁금출급청구권이 귀속하는 것을 증명하는 문서가 공탁소에 제출된 때에 공탁관이 집행법원에 사유신고를 하여야 한다.

ㄷ. 丁은 乙과 丙을 피고로 하여 공탁금출급청구권이 자신에게 있다는 것을 확인하는 공탁금출급청구권확인의 확정판결을 첨부하여 직접 공탁금을 출급할 수 있다.

ㄹ. 丙은 乙과 丁을 피고로 하여 공탁금출급청구권이 자신에게 있다는 것을 확인하는 공탁금출급청구권확인의 확정판결을 첨부하여 직접 공탁금을 출급할 수 있다.

① ㄱ, ㄴ   ② ㄱ, ㄷ   ③ ㄱ, ㄹ

④ ㄴ, ㄹ   ⑤ ㄴ, ㄷ

해설 ㄴ. 甲이 혼합공탁을 한 후 乙에게 공탁금출급청구권이 귀속하는 것을 증명하는 문서가 공탁소에 제출된 때에 배당절차가 진행된다.

ㄷ. 丙은 乙과 丁을 피고로 하여 공탁금출급청구권이 자신에게 있다는 것을 확인하는 공탁금출급청구권확인의 확정판결을 첨부하여 직접 공탁금을 출급할 수 있다.

13 갑(甲)의 을(乙)에 대한 물품대금채권에 대하여 갑(甲)의 채권자 병(丙)이 가압류를 하고, 그 이후 정(丁)이 갑(甲)으로부터 을(乙)에 대한 물품대금채권을 양수받은 경우 다음 설명 중 가장 옳은 것은? (다툼이 있는 경우 선례에 의함) ▸ 2013 법원사무관

① 채권양도의 효력에 대하여 다툼이 없는 경우 혼합공탁은 할 수 없다.

② 혼합공탁을 하는 경우 갑(甲)이나 정(丁)의 주소지 공탁소 또는 가압류발령법원 소재지 공탁소가 관할공탁소가 된다.

③ 혼합공탁을 한 경우 정(丁)은 갑(甲)의 승낙서(인감증명서 첨부) 및 병(丙)의 승낙서(인감증명서 첨부)를 첨부하여 공탁금출급청구를 할 수 있다.

④ 혼합공탁을 한 이후에 병(丙)이 공탁사유인 가압류를 본압류로 이전하는 압류 및 추심명령을 받은 경우 병(丙)은 압류 및 추심명령 정본과 그 송달증명서를 첨부하여 공탁금출급청구를 할 수 있다.

해설 ① 채권가압류명령이 먼저 이루어진 이후에 채권양도가 이루어진 경우에는 가압류가 이후에 취소 등의 사유로 그 효력을 상실할 수도 있으므로, 가압류 중인 상태에서 제3채무자로서는 채권자가 양도인이 될지 양수인이 될지 알 수 없다. 따라서 제3채무자는 양도인 또는 양수인을 피공탁자로 한 채권자 상대적 불확지 변제공탁과 채권가압류가 있음을 이유로 한 집행공탁을 합한 혼합공탁을 할 수 있다.
② 혼합공탁은 원칙적으로 피공탁자들 중 1인의 주소지 소재 공탁소 중 한 곳이 관할공탁소가 된다.
④ 채권가압류명령이 선행하고 채권양도가 후행하여 혼합공탁을 한 경우에 가압류명령이 본압류로 이행되면 중간의 채권양도는 유효해도 가압류채권자에게는 대항할 수 없으므로, 공탁 이후에 가압류가 본압류로 이전하는 압류 및 추심명령이나 전부명령이 송달되면 공탁관은 집행법원에 사유신고하여야 하고, 압류채권자는 집행법원의 지급위탁 및 지급증명서를 첨부하여 공탁금을 출급청구할 수 있게 된다.

14 혼합공탁에 관한 다음 설명 중 가장 옳은 것은? ▸ 2020 법원사무관 승진

① 가압류명령과 채권양도 통지가 동시에 송달된 경우에는 혼합공탁을 할 수도 있고, 양수인에게 전액을 변제할 수도 있다.

② 채권에 관해 가압류 후에 양도가 있어서 혼합공탁한 경우 가압류가 본압류로 이전되고, 추심명령까지 얻으면 추심채권자는 공탁소에서 출급할 수 있다.

③ 혼합공탁을 신청하는 경우 양수인에게만 공탁통지를 하면 된다.

④ 제3채무자가 채권양도 및 압류경합을 공탁사유로 공탁을 하면서 피공탁자 내지 채권자 불확지의 취지를 기재하지 않고 공탁근거조문으로 민사집행법 제248조 제1항만을 기재한 경우 그 공탁은 변제공탁으로서의 효과가 있다.

정답 ▸ 11 ④ 12 ③ 13 ③ 14 ①

해설 ② 채권 가압류명령이 선행하고 채권양도가 후행하여 혼합공탁을 한 경우에 가압류명령이 본압류로 이행되면 중간의 채권양도는 유효해도 가압류채권자에게는 대항할 수 없으므로, 공탁 이후에 가압류가 본압류로 이전하는 압류 및 추심명령이나 전부명령이 송달되면 공탁관은 집행법원에 사유신고하여야 하고, 압류채권자는 집행법원의 지급위탁 및 지급증명서를 첨부하여 공탁금을 출급청구할 수 있게 된다.

③ 혼합공탁은 변제공탁의 성질을 가지므로 피공탁자들(양도인과 양수인)에게 공탁통지를 하여야 한다.

④ 공탁은 공탁자가 자기의 책임과 판단하에 하는 것으로서 공탁자는 나름대로 누구에게 변제하여야 할 것인지를 판단하여 그에 따라 변제공탁이나 집행공탁 또는 혼합공탁을 선택하여 할 수 있고, 제3채무자가 변제공탁을 한 것인지, 집행공탁을 한 것인지 아니면 혼합공탁을 한 것인지는 피공탁자의 지정 여부, 공탁의 근거조문, 공탁사유, 공탁사유신고 등을 종합적·합리적으로 고려하여 판단하는 수밖에 없다. 따라서 예를 들어, 제3채무자가 채권양도 및 압류 경합을 공탁사유로 공탁을 하면서 피공탁자 내지 채권자 불확지의 취지를 기재하지 않고 공탁근거조문으로 민사집행법 제248조 제1항만을 기재한 경우 그 공탁은 변제공탁으로서의 효과가 없다.

15 甲은 乙에 대하여 대여금 채무(1천만원)를 부담하고 있는데, 위 채무부에 대하여 丙의 채권가압류(청구금액 1천만원)와 확정일자 있는 채권양도통지서(양수인 丁)를 순차적으로 각 송달받고, 민법 제487조 후단 채권자 불확지 공탁과 민사집행법 제291조 및 제248조 제1항 공탁을 결합한 혼합공탁(1천만원)을 하려고 한다. 다음 설명 중 가장 옳은 것은?

▶ 2022 법원사무관

① 甲은 피공탁자를 乙 또는 丙으로 기재해야 하고, 공탁관은 乙과 丙에게 각 공탁통지를 하여야 한다.

② 甲이 혼합공탁을 할 당시 채권양도(양수인 丁)의 효력에 다툼이 있다는 사실이 공탁서와 그 첨부서면에 의하여 인정되지 않는다면 공탁관은 공탁신청을 불수리해야 한다.

③ 丙의 가압류가 본압류로 이전하는 채권압류 및 추심명령이 공탁소에 송달된 경우 공탁관은 집행법원에 사유신고를 하여야 한다.

④ 양수인 丁은 乙을 상대로 공탁금출급청구권 확인의 확정판결을 받은 경우 그 판결문을 첨부하여 공탁관에게 공탁금출급청구를 할 수 있다.

해설 ① 甲은 피공탁자를 乙 또는 丁으로 기재해야 하고, 공탁관은 乙과 丁에게 각 공탁통지를 하여야 한다.

② 채권가압류명령이 먼저 이루어진 이후에 채권양도가 이루어진 경우에는 가압류가 이후에 취소 등의 사유로 그 효력을 상실할 수도 있으므로, 가압류 중인 상태에서 제3채무자로서는 채권자가 양도인이 될지 양수인이 될지 알 수 없다. 따라서 제3채무자는 양도인 또는 양수인을 피공탁자로 한 채권자 상대적 불확지 변제공탁과 채권가압류가 있음을 이유로 한 집행공탁을 합한 혼합공탁을 할 수 있다. 이와 같은 혼합공탁에 있어서는 가압류의 효력 여하에 따라 채권양도의 효력 유무가 결정되므로 채권양도 그 자체의 효력 유무는 혼합공탁의 요건이 아니다.

④ 양수인 丁은 피공탁자 乙뿐만 아니라 가압류권자 丙을 피고로 한 공탁금출급청구권 확인판결이나 乙 및 丙의 승낙서(인감증명 첨부)를 제출하여야 한다. 사안에서 丁의 출급청구는 인가할 수 없다.

16 甲은 乙에 대하여 대여금채무 1,000만원이 있는데, 乙의 채권 전부에 대하여 丙의 채권가압류결정, 丁에게 위 채권 전부를 양도한다는 통지서가 순차적으로 도달하자, 민법 제487조와 민사집행법 제291조 및 제248조 제1항의 혼합공탁을 하려고 한다. 다음 설명 중 가장 옳지 않은 것은?
▶ 2015 법원사무관

① 甲은 양도인 乙 또는 양수인 丁을 피공탁자로 기재하고, 가압류발령법원에 공탁된 사실을 통지하는 의미의 사유신고를 하여야 한다.

② 관할법원은 乙 또는 丁의 주소지 소재 법원 공탁소 중 한 곳에 하면 된다.

③ 양수인 丁은 피공탁자 乙 및 가압류권자 丙을 피고로 한 공탁금출급청구권 확인판결이나 승낙서(인감증명 첨부)를 제출하여 공탁소에서 공탁금을 직접 출급청구할 수 있다.

④ 가압류권자 丙이 집행권원을 취득하여 본압류로 이전하게 되면, 공탁소에서 공탁금을 직접 출급청구할 수 있다.

해설 ④ 채권가압류명령이 선행하고 채권양도가 후행하여 혼합공탁을 한 경우에 가압류명령이 본압류로 이행되면 중간의 채권양도는 유효해도 가압류채권자에게는 대항할 수 없으므로, 공탁 이후에 가압류가 본압류로 이전하는 압류 및 추심명령이나 전부명령이 송달되면 공탁관은 집행법원에 사유신고하여야 하고, 압류채권자는 집행법원의 지급위탁 및 지급증명서를 첨부하여 공탁금을 출급청구할 수 있게 된다.

17 甲은 乙에 대하여 물품대금채무 3천만원이 있는데, 乙의 채권 전부에 대하여 丙의 채권가압류결정, 丁에게 위 채권 전부를 양도한다는 통지서가 순차적으로 도달하자, 공탁을 하고자 한다. 다음 〈보기〉의 설명 중 옳은 내용만을 고른 것은?
▶ 2018 법원사무관

┌─── 보기 ├───
ㄱ. 甲은 이중지급위험에서 벗어나기 위하여 민법 제487조, 민사집행법 제291조, 제248조 제1항의 혼합공탁을 할 수 있다.

ㄴ. 丙이 집행권원을 취득하여 본압류로 이전한 경우 丙은 공탁소에서 공탁금을 직접 출급할 수 없다.

ㄷ. 양수인 丁은 다른 피공탁자인 乙의 승낙서(인감증명 첨부)를 첨부하여 공탁소에 공탁금을 직접 출급청구할 수 있다.

ㄹ. 만약, 甲이 채권양도 사실을 간과하고 채권가압류만을 이유로 乙을 피공탁자로 하여 집행공탁(민사집행법 제291조, 제248조 제1항)을 한 경우 추후 甲은 혼합공탁으로 공탁서 정정이 가능하다.

① ㄱ, ㄴ
② ㄴ, ㄷ
③ ㄷ, ㄹ
④ ㄱ, ㄹ

> (해설) ㄷ. 양수인 丁은 선행하는 丙의 채권가압류가 그 효력을 상실하지 않는 한 피공탁자인 乙의 승낙서 (인감증명 첨부)를 첨부하여 공탁소에 공탁금을 직접 출급청구할 수 없다.
> ㄹ. 채권가압류를 이유로 乙을 피공탁자로 하여 집행공탁을 한 후, 피공탁자를 '乙 또는 丁'으로 하고, 공탁원인사실에 채권양도로 인한 변제공탁사유를 추가하여 혼합공탁으로 하는 공탁서 정정은 공탁의 동일성을 해하므로 허용될 수 없다(공탁선례 제2-309호).

18 다음은 혼합공탁에 관한 설명이다. 가장 옳지 않은 것은? ▸2014 법무사

① 특정 채권에 대하여 채권양도의 통지가 있었으나 그 후 통지가 철회되는 등으로 채권이 적법하게 양도되었는지 여부에 관하여 의문이 있고, 그 채권양도통지 후에 그 채권에 대하여 채권압류결정이 내려진 경우에는 채무자는 민법 제487조 후단 및 민사집행법 제248조 제1항을 근거로 하여 채권자 불확지를 원인으로 하는 변제공탁과 압류 등을 이유로 하는 집행공탁을 할 수 있다.

② ①항과 같은 공탁은 변제공탁에 관련된 채권양수인에 대하여는 변제공탁으로서의 효력이 있고, 집행공탁에 관련된 압류채권자 등에 대하여는 집행공탁으로서의 효력이 있다.

③ 제3채무자가 채권양도 등과 압류경합 등을 이유로 공탁한 경우에 제3채무자가 변제공탁을 한 것인지, 집행공탁을 한 것인지, 아니면 혼합공탁을 한 것인지는 피공탁자의 지정 여부, 공탁의 근거조문, 공탁사유, 공탁사유신고 등을 종합적·합리적으로 고려하여 판단하는 수밖에 없다.

④ 집행채권자가 혼합공탁된 공탁금으로부터 전부금채권 상당액을 배당받기 위하여는, 집행채권자가 압류전부명령에 기한 전부금채권을 가지고 있다는 것의 확인을 구하는 것은 분쟁을 근본적으로 해결하는 가장 유효, 적절한 수단이라고 볼 수 있으므로 확인의 이익이 있다.

⑤ 근저당권부 채권에 대하여 압류 등이 경합된 부동산의 제3취득자는 근저당권을 소멸시키기 위하여 변제공탁과 집행공탁이 결합된 혼합공탁을 하여야 하고, 공탁서에 피공탁자를 채무자(근저당권자)로 기재하여야 한다.

> (해설) ④ 집행채권자가 혼합공탁된 공탁금으로부터 전부금채권 상당액을 배당받기 위하여는 공탁금이 채무자에게 귀속하는 것을 증명하는 문서를 집행법원에 제출하여야 하는데, 집행채권자가 압류전부명령에 기한 전부금채권을 가지고 있다는 것의 확인을 구하는 것은 그 확인판결의 제출로 집행법원이 공탁금의 배당절차를 개시할 수 없으므로 분쟁을 근본적으로 해결하는 가장 유효, 적절한 수단이라고 볼 수 없어 확인의 이익이 없다(대판 2008.1.17, 2006다56015).

19 甲은 乙에 대하여 대여금 및 물품대금 채무(1천만원, 양도금지특약 있음)를 부담하고 있는데, 채권 전액에 대한 확정일자 있는 채권양도통지(양수인 丙)와 丁의 채권압류 및 추심명령(집행채권액 1천만원)을 순차적으로 송달받고 민법 제487조 후단 채권자 불확지공탁과 민사집행법 제248조 제1항 집행공탁을 결합한 혼합공탁을 하려고 한다. 다음 설명 중 옳은 것을 모두 고른 것은?

▸ 2024 법원사무관

ㄱ. 甲은 '乙 또는 丙'을 피공탁자로 기재하여야 한다.
ㄴ. 배당절차가 종결되기 전이라면 甲은 민법 제489조 제1항에 의하여 공탁금을 회수할 수 있다.
ㄷ. 위 공탁을 수리한 공탁관은 채권양도의 유·무효가 확정된 후 압류명령을 발령한 법원에 사유신고를 하여야 한다.
ㄹ. 丙은 乙과 丁을 상대로 한 공탁금 출급청구권확인의 확정판결을 받아 공탁소에 직접 공탁금을 출급할 수 있다.

① ㄱ, ㄹ   ② ㄴ, ㄹ
③ ㄷ, ㄹ   ④ ㄱ, ㄴ

해설 ㄴ. 변제공탁에 의한 민법 제489조 제1항에 의하여 공탁금을 회수할 수 있다.
ㄷ. 금전공탁의 혼합공탁에 관한 처리지침

제7조(집행법원에 대한 사유신고)
① 채권자 불확지등 변제공탁사유와 압류명령이 있음을 이유로 혼합공탁을 한 경우 제3채무자는 지체 없이 압류명령을 발령한 법원에 사유신고를 하여야 한다. 이 경우 다수의 압류명령이 있는 경우 먼저 송달된 압류명령을 발령한 법원에 사유신고를 하여야 한다.
② 제3채무자가 채권자 불확지변제공탁사유와 가압류명령이 있음을 이유로 혼합공탁을 한 경우 피공탁자(가압류채무자)의 공탁금 출급청구권에 대하여 다른 압류가 이루어져 압류의 경합이 생기거나 가압류를 본압류로 이전하는 압류명령이 있더라도 공탁관은 제8조에 따른 혼합해소문서가 제출된 후 압류명령을 발령한 법원에 사유신고(혼합해소문서 사본 첨부)를 하여야 한다. 다만, 가압류 이후에 채권양도가 있음을 이유로 제4조 제1항 제3호에 따른 혼합공탁이 된 후 피공탁자(가압류채무자)의 공탁금 출급청구권에 대하여 가압류를 본압류로 이전하는 압류명령이 있는 경우 공탁관은 지체 없이 압류명령을 발령한 법원에 사유신고를 하여야 한다.

제10조(공탁금의 회수)
① 공탁자는 공탁금 중 (가)압류의 효력이 미치지 않는 부분에 대하여는 「민법」 제489조 제1항에 따라 회수할 수 있다. 이 경우 공탁자는 집행법원으로부터 공탁서를 보관하고 있다는 사실을 증명하는 서면을 교부받아 이를 공탁금 회수청구서에 첨부하여야 한다.
② 공탁자는 혼합공탁의 사유가 없음에도 착오로 공탁하거나 공탁의 원인이 소멸한 경우에는 각 소명 자료를 첨부하여 공탁금을 회수할 수 있다.

20 甲은 乙에 대하여 물품대금채무(양도금지특약 있음)를 부담하고 있는데, 乙의 채권 전부에 대하여 확정일자 있는 채권양도통지서(양수인 丙)와 乙의 채권 전부에 대하여 丁의 채권가압류결정이 순차적으로 도달하자 민법 제487조 후단과 민사집행법 제291조 및 제248조 제1항을 결합한 혼합공탁(전액)을 하려고 한다. 다음 설명 중 가장 옳지 않은 것은?

▶ 2024 법무사

① 공탁서의 피공탁자란에는 '양도인(乙) 또는 양수인(丙)'을 기재하고, 가압류채권자(丁)는 피공탁자로 기재하지는 않지만, 공탁원인사실란에는 가압류 등의 사실을 구체적으로 기재하여야 한다.

② 제3채무자(甲)는 공탁신청시 가압류결정문 사본과 공탁통지서를 첨부하여야 하며, 공탁통지서 및 공탁사실통지서 발송에 필요한 우편료도 함께 납부하여야 한다.

③ 양수인(丙)은 양도인(乙)의 승낙서나 그에 대한 공탁금 출급청구권 승소확정판결 이외에 가압류채권자(丁)의 승낙서 또는 그에 대한 공탁금 출급청구권확인 승소확정판결을 첨부하여 공탁금 출급청구를 할 수 있다.

④ 양수인(丙)이 제3채무자(甲)를 상대로 양수금청구소송에서 얻은 집행권원으로 제3채무자(甲)의 다른 책임재산에 대한 강제집행에 의하여 채권만족을 얻은 경우라고 하더라도, 제3채무자(甲)는 공탁원인 소멸을 이유로 하는 공탁금 회수청구를 할 수는 없다.

⑤ 제3채무자(甲)의 혼합공탁 이후 가압류채무자(乙)의 공탁금 출급청구권에 대하여 다른 압류가 이루어져 압류의 경합이 생기거나 가압류를 본압류로 이전하는 압류명령이 있더라도, 공탁관은 혼합해소문서가 제출된 후 압류명령을 발령한 법원에 사유신고(혼합해소문서 사본 첨부)를 하여야 한다.

해설 ④ 제3채무자가 채권양도통지를 받은 후 채권가압류결정 정본을 송달받았고, 그 후 채권양도의 효력에 다툼이 있어 제3채무자는 민법 제487조 후단 및 민사집행법 제291조·제248조 제1항에 의하여 혼합공탁을 하였는데, 그 후 양수인이 제3채무자를 상대로 양수금청구소송에서 얻은 집행권원으로 제3채무자의 다른 책임재산에 대한 강제집행에 의하여 채권만족을 얻은 경우 제3채무자는 공탁원인소멸을 원인으로 하는 공탁금 회수청구를 하면 된다. 이러한 경우 공탁원인소멸을 증명하는 서면으로는 양도인의 채권포기서 내지 제3채무자의 채무가 부존재한다는 확인서(인감증명서 또는 본인서명사실확인서나 전자본인서명확인서 첨부)와 가압류채권자의 승낙서(인감증명서 또는 본인서명사실확인서나 전자본인서명확인서 첨부) 및 제3채무자가 양수인에게 양수금 전액을 지급하였음을 증명하는 서면을 첨부하면 된다. 또한 양도인의 확인서 또는 가압류채권자의 승낙서를 갈음하여 양도인을 상대로 양도인의 제3채무자에 대한 채권은 채권양도로 양수인에게 귀속되어 부존재한다는 판결을 얻고, 가압류채권자를 상대로 가압류 대상채권인 양도인의 제3채무자에 대한 채권이 가압류결정정본 송달 당시에 이미 양수인에게 이전 귀속되어 부존재한다는 확인판결을 받아 그 판결서정본을 첨부할 수도 있다.

21 다음 설명 중 가장 옳지 않은 것은?

▶ 2024 법무사

① 공탁은 공탁자가 자기의 책임과 판단하에 하는 것으로서 공탁자는 나름대로 누구에게 변제하여야 할 것인지를 판단하여 그에 따라 변제공탁이나 집행공탁 또는 혼합공탁을 선택하여 할 수 있다.

② 제3채무자가 변제공탁을 한 것인지, 집행공탁을 한 것인지 아니면 혼합공탁을 한 것인지는 피공탁자의 지정 여부, 공탁의 근거조문, 공탁사유, 공탁사유신고 등을 종합적·합리적으로 고려하여 판단하는 수밖에 없다.

③ 민사집행법 제248조 제1항은 "제3채무자는 압류에 관련된 금전채권의 전액을 공탁할 수 있다"고 규정하여 채권자의 공탁청구, 추심청구, 경합 여부 등을 따질 필요 없이 당해 압류에 관련된 채권 전액을 공탁할 수 있도록 규정하고 있는바, 이에 따라 금전채권의 일부만이 압류되었음에도 그 채권 전액을 공탁한 경우에는 그 공탁금 중 압류의 효력이 미치는 금전채권액은 그 성질상 당연히 집행공탁으로 보아야 하나, 압류금액을 초과하는 부분은 압류의 효력이 미치지 않으므로 집행공탁이 아니라 변제공탁으로 보아야 한다.

④ 처분금지가처분이 금전채권을 목적으로 하는 경우, 제3채무자로서는 채권자불확지에 의한 변제공탁뿐만 아니라 처분금지가처분을 이유로 한 집행공탁도 할 수 있다.

⑤ 민사집행법 제247조 제1항에 의한 배당가입차단효는 배당을 전제로 한 집행공탁에 대하여만 발생하므로, 집행공탁과 변제공탁이 혼합된 소위 혼합공탁의 경우 변제공탁에 해당하는 부분에 대하여는 제3채무자의 공탁사유신고에 의한 배당가입차단효가 발생할 여지가 없다.

> **해설** ④ 처분금지가처분이 금전채권을 목적으로 하는 경우, 제3채무자로서는 채권자불확지에 의한 변제공탁만 가능하고 처분금지가처분을 이유로 한 집행공탁은 할 수 없다. 채권가압류의 경우에는 집행공탁이 가능하다.

22 혼합공탁의 신청 또는 출급절차 등에 관한 다음 설명 중 가장 옳지 않은 것은?

▶ 2024 법무사

① 채권양도 통지와 채권가압류 결정정본이 동시에 송달된 경우에 제3채무자는 공탁서의 피공탁자란에 '양도인 또는 양수인'을 기재하고, 공탁근거 법령조항란에는 '민법 제487조 후단 및 민사집행법 제291조, 제248조 제1항'을 기재하여 혼합공탁을 할 수 있다.

② 근저당권부 채권에 대하여 압류 등이 경합된 부동산의 제3취득자는 근저당권을 소멸시키기 위하여 변제공탁과 집행공탁이 결합된 혼합공탁을 하여야 하고, 공탁서에 피공탁자를 채무자(근저당권자)로 기재하여야 한다.

③ 수용대상토지에 처분금지가처분등기가 되어 있어 피공탁자를 '가처분권자 또는 토지소유자'로 한 상대적 불확지 변제공탁과 채권가압류로 인한 집행공탁을 합한 혼합공탁을 한 경우, 가처분권자가 토지소유자를 상대로 제기한 본안소송에서 패소판결을 받아 확정된 때에는 토지소유자는 그 확정판결과 채권가압류가 실효되었음을 증명하는 서면을 첨부하여 공탁금 출급청구를 할 수 있다.

④ 동일채권에 대하여 가압류명령이 송달된 이후 채권양도의 통지가 도달되어 제3채무자가 혼합공탁을 한 경우, 가압류채권자는 가압류에서 본압류로 이전하는 채권압류 및 추심명령을 받아 집행법원의 지급위탁절차를 거치지 않고 공탁소에 출급청구할 수 있다.

⑤ 수급사업자의 발주자에 대한 하도급대금 직접청구권과 원사업자의 채권자가 원사업자의 공사대금채권에 대하여 한 압류나 가압류가 경합하는 경우, 제3채무자인 발주자는 수급사업자의 직접청구권 발생여부나 수급사업자의 직접청구권과 압류나 가압류 사이에 그 우열을 알 수 없는 경우 채권자 불확지 변제공탁과 집행공탁을 결합한 혼합공탁을 할 수 있다.

> **해설** ④ 동일채권에 대하여 가압류명령이 송달된 이후 채권양도의 통지가 도달되어 제3채무자가 혼합공탁을 한 경우, 혼합공탁 이후에 가압류가 본압류로 이전되면 중간의 채권양도 자체는 유효하더라도 가압류채권자와의 관계에서는 대항할 수 없으므로 공탁 이후에 가압류채권자의 가압류에서 본압류로 이전하는 채권압류 및 추심명령이나 전부명령이 송달되면 공탁관이 집행법원에 사유신고 후 집행법원의 지급위탁절차에 의하여 공탁금이 지급될 것이다.

01 다음 중 공탁금지급청구권(피압류채권)에 대하여 복수의 압류가 있고 집행채권의 총액이 피압류채권 총액을 초과하더라도 공탁관이 사유신고를 하지 않는 경우를 모두 고른 것은?

▸ 2019 법무사

ㄱ. 복수의 가압류만 있는 경우
ㄴ. 가압류와 체납처분에 의한 압류가 있는 경우(그 선후는 불문)
ㄷ. 공탁금지급청구권이 제3자에게 양도되어 대항요건을 갖춘 후에 압류, 가압류 등이 경합한 경우
ㄹ. 선행의 압류(또는 가압류) 후에 목적채권인 공탁금지급청구권이 제3자에게 양도되어 대항요건을 갖춘 후 압류, 가압류 등이 경합한 경우
ㅁ. 체납처분에 의한 압류가 선행하고, 강제집행에 의한 압류가 후행한 경우

① ㄱ, ㄴ
② ㄱ, ㄴ, ㄷ
③ ㄱ, ㄴ, ㄹ
④ ㄱ, ㄴ, ㄷ, ㄹ
⑤ ㄱ, ㄴ, ㄷ, ㄹ, ㅁ

해설 ㄱ, ㄴ, ㄷ, ㄹ. 다음과 같은 경우는 비록 복수의 압류가 있고 집행채권의 총액이 피압류채권(공탁금지급청구권) 총액을 초과하더라도 사유신고의 대상이 아니다. 복수의 가압류만 있는 경우, 가압류와 체납처분에 의한 압류가 있는 경우(그 선후를 불문한다), 공탁금지급청구권이 제3자에게 양도되어 대항요건을 갖춘 후에 압류, 가압류 등이 경합한 경우, 선행의 압류(또는 가압류) 후에 목적채권인 공탁금지급청구권이 제3자에게 양도되어 대항요건을 갖춘 후 압류, 가압류 등이 경합한 경우, 금전이 아닌 유가증권 또는 물품공탁의 지급청구권에 대하여 압류가 경합된 경우 등이다.

ㅁ. 그러나 공탁금지급청구권에 대하여 민사집행법에 따른 압류와 체납처분에 의한 압류가 있고(선후 불문) 그 압류금액의 총액이 피압류채권액을 초과하는 경우에는 공탁관은 집행법원에 사유신고를 하여야 한다.

02 다음 중 공탁금지급청구권(피압류채권)에 대하여 복수의 압류(가압류)가 있고 집행채권의 총액이 피압류 채권 총액을 초과하더라도 사유신고의 대상이 아닌 경우를 모두 고른 것은?

▸ 2023 법무사

> ㄱ. 복수의 가압류만 있는 경우
> ㄴ. 가압류와 체납처분에 의한 압류가 있는 경우
> ㄷ. 체납처분에 의한 압류가 선행하고, 강제집행에 의한 압류가 후행한 경우
> ㄹ. 공탁금지급청구권이 제3자에게 양도되어 대항요건을 갖춘 후에 압류, 가압류 등이 경합된 경우
> ㅁ. 선행의 압류(또는 가압류) 후에 목적채권인 공탁금지급청구권이 제3자에게 양도되어 대항요건을 갖춘 후 압류, 가압류 등이 경합한 경우
> ㅂ. 금전공탁이 아닌 유가증권 또는 물품공탁의 지급청구권에 대하여 압류가 경합된 경우

① ㄱ, ㄴ, ㄹ, ㅁ, ㅂ   ② ㄱ, ㄴ, ㅁ, ㅂ   ③ ㄱ, ㄴ, ㄹ, ㅁ
④ ㄴ, ㄷ, ㄹ, ㅁ, ㅂ   ⑤ ㄴ, ㄷ, ㅁ, ㅂ

해설 ㄷ. 다음과 같은 경우는 비록 복수의 압류가 있고 집행채권의 총액이 피압류채권(공탁금지급청구권) 총액을 초과하더라도 사유신고의 대상이 아니다. ① 복수의 가압류만 있는 경우, ② 가압류와 체납처분에 의한 압류가 있는 경우(그 선후를 불문한다), ③ 공탁금지급청구권이 제3자에게 양도되어 대항요건을 갖춘 후에 압류·가압류 등이 경합한 경우, ④ 선행의 압류(또는 가압류) 후에 목적채권인 공탁금지급청구권이 제3자에게 양도되어 대항요건을 갖춘 후 압류·가압류 등이 경합한 경우, ⑤ 금전공탁이 아닌 유가증권 또는 물품공탁의 지급청구권에 대하여 압류가 경합된 경우

03 공탁관의 사유신고에 관한 다음 설명 중 가장 옳지 않은 것은? ▸ 2021 법무사

① 공탁금의 지급청구권에 대한 압류 경합이 있는 경우 공탁관은 집행법원에 그 사유를 신고하여야 할 직무상 의무가 있다.
② 공탁금지급청구권에 대하여 민사집행법에 따른 압류와 체납처분에 의한 압류가 있고(선후 불문) 그 압류금액의 총액이 피압류채권(공탁금지급청구권) 총액을 초과하는 경우에는 공탁관은 집행법원에 사유신고를 하여야 한다.
③ 공탁금지급청구권에 관하여 사유신고를 할 사정이 발생한 때에는 공탁관은 그 익일부터 3일 이내에 집행법원에 사유신고를 하여야 한다.
④ 가압류명령과 압류명령이 경합하는 경우에는 공탁관은 압류명령을 발령한 법원에 사유신고를 하여야 한다.
⑤ 금전공탁이 아닌 유가증권 또는 물품공탁의 지급청구권에 대하여 압류가 경합된 경우에도 공탁관은 집행법원에 사유신고를 하여야 한다.

해설 ⑤ 금전이 아닌 유가증권 또는 물품공탁의 지급청구권에 대하여 압류가 경합된 경우에는 비록 복수의 압류가 있고 집행채권의 총액이 피압류채권(공탁금지급청구권) 총액을 초과하더라도 사유신고의 대상이 아니다.

04 다음 〈보기〉 중 공탁관이 사유신고를 하여야 하는 경우를 모두 고른 것은?

▶ 2021 법원사무관

┤ 보기 ├

ㄱ. 甲의 가압류결정(채무자 乙)을 송달받은 乙이 가압류해방공탁(민사집행법 제282조)을 하였고 이후 공탁금회수청구권에 대한 丙의 압류 및 추심명령이 공탁소에 도달한 경우

ㄴ. 수령불능을 이유로 민법 제487조 변제공탁(공탁금 100만원)이 된 후 공탁금출급청구권에 대하여 甲의 압류 및 추심명령(집행채권액 : 30만원), 乙의 압류 및 추심명령(집행채권액 : 30만원)이 공탁소에 각 도달한 경우

ㄷ. 수령불능을 이유로 민법 제487조 변제공탁(공탁금 100만원)이 된 후 공탁금출급청구권에 대하여 甲의 압류 및 추심명령(집행채권액 : 100만원), 공탁금회수청구권에 대하여 乙의 압류 및 추심명령(집행채권액 : 100만원)이 공탁소에 각 도달한 경우

ㄹ. 수령불능을 이유로 민법 제487조 변제공탁(공탁금 100만원)이 된 후 공탁금출급청구권에 대하여 체납처분에 의한 압류(집행채권액 : 50만원), 압류 및 추심명령(집행채권액 : 100만원)이 순차적으로 공탁소에 도달한 경우

① ㄱ, ㄴ   ② ㄱ, ㄹ
③ ㄷ, ㄹ   ④ ㄴ, ㄷ

해설 ㄴ. 공탁금지급청구권에 대하여 채권자 경합이 생기고, 집행채권의 총액이 피압류채권(공탁금지급청구권) 총액을 초과하여 재판상 배당을 필요로 하는 경우에 공탁관은 사유신고를 하여야 한다. 수령불능을 이유로 민법 제487조 변제공탁(공탁금 100만원)이 된 후 공탁금출급청구권에 대하여 甲의 압류 및 추심명령(집행채권액 : 30만원), 乙의 압류 및 추심명령(집행채권액 : 30만원)이 공탁소에 각 도달한 경우 비록 공탁금지급청구권에 대하여 복수의 압류명령 등이 있지만 각 압류의 법률적 성질상 압류액의 총액이 피압류채권액을 초과하지 아니하여 압류의 경합으로 볼 수 없다.

ㄷ. 甲의 압류 및 추심명령(집행채권액 : 100만원)은 '피공탁자'의 공탁금출급청구권에 대한 것이고, 乙의 압류 및 추심명령(집행채권액 : 100만원)은 '공탁자'의 공탁금회수청구권에 대한 것이라서 상호 경합이 발생하지 않는다.

05 사유신고에 관한 다음 설명 중 가장 옳지 않은 것은? ▸ 2015 법무사

① 공탁금지급청구권에 대하여 복수의 압류명령 등이 있더라도 각 압류의 법률적 성질상 압류액의 총액이 피압류채권액을 초과하지 아니하여 본래의 의미에서의 압류의 경합으로 볼 수 없는 경우에도, 공탁관의 입장에서 보아 그 우선순위에 대하여 문제가 있는 등 압류의 경합이 있는지 여부에 대한 판단이 곤란하다고 보이는 객관적 사정이 있는 경우에는 공탁관은 사유신고를 할 수 있다.

② 가압류해방금이 공탁금회수청구에 관하여 압류명령이 송달된 때에는 공탁관은 지체 없이 집행법원에 그 사유를 신고하여야 한다. 다만, 그 압류가 해방금의 공탁으로 집행정지 또는 집행취소된 가압류로부터 전이된 본압류임이 명백하고 다른 가압류의 경합이 없는 경우에는 그러하지 아니하다.

③ 금전채권의 일부만이 압류되었음에도 제3채무자가 민사집행법 제248조 제1항에 의하여 그 채권 전액을 공탁하고 공탁사유신고를 한 경우에는 그 전액에 대하여 배당가입 차단효가 발생한다.

④ 상대적 불확지공탁에 있어서 피공탁자 중 일방의 공탁금출급청구권에 대하여 압류의 경합이 있는 경우에는 해당 피공탁자에게 공탁금출급청구권이 있음을 증명하는 서면이 제출된 때 공탁관은 사유신고를 하여야 한다.

⑤ 채권가압류를 원인으로 민사집행법 제248조 제1항 및 제291조에 따라 집행공탁을 한 후 피공탁자(가압류채무자)에 대한 체납처분에 의한 압류통지가 이루어져 체납처분에 의한 압류채권자가 추심청구를 하면 공탁관은 이를 거절할 수 없다.

> 해설 ③ 압류금액에 상당하는 금액에 한해서만 집행법원의 배당절차가 개시되고, 그 금액에 한해서만 배당요구의 종기가 된다.

06 공탁관이 집행법원에 사유신고를 하는 경우에 관한 다음 설명 중 가장 옳지 않은 것은? (다툼이 있는 경우 예규에 의함) ▸ 2016 법무사

① 금전채권에 대한 가압류를 원인으로 제3채무자가 민사집행법 제248조 제1항 및 제291조에 의하여 공탁한 후 대한민국을 제3채무자로 하여 가압류를 본압류로 이전하는 압류명령이 있는 경우 사유신고를 하여야 한다.

② 공탁금지급청구권에 대하여 민사집행법에 따른 압류와 체납처분에 의한 압류가 있고(선후 불문) 그 압류금액의 총액이 피압류채권액을 초과하는 경우에는 공탁관은 사유신고를 하여야 한다.

③ 가압류해방공탁금의 회수청구권에 대하여 압류명령이 송달되었으나, 가압류로부터 본압류로 이전된 것이 명백하고 다른 (가)압류의 경합이 없는 경우에도 사유신고를 하여야 한다.

④ 재판상 담보공탁금의 회수청구권에 압류의 경합이 있는 경우 공탁원인의 소멸을 증명하는 서면(담보취소결정 정본 및 확정증명서)이 제출된 때에 사유신고를 하여야 한다.

⑤ 공탁금지급청구권이 제3자에게 양도되어 대항요건을 갖춘 후 압류, 가압류 등이 경합한 경우 비록 집행채권의 총액이 피압류채권 총액을 초과하더라도 사유신고의 대상이 아니다.

> **해설** ③ 가압류채권자는 본안승소판결 등을 집행권원으로 하여 가압류채무자가 가지는 공탁금회수청구권에 대하여 가압류로부터 본압류로 이전하는 압류 및 추심명령이나 전부명령을 받아 공탁소에 대하여 회수청구를 할 수 있다(전부명령은 확정증명, 추심명령은 송달증명 각 첨부). 그러나 가압류채권자가 가압류에서 본압류로 이전하는 압류가 아닌 별도의 압류명령을 받은 경우에는 가압류의 피보전권리와 압류의 집행채권의 동일성을 소명하지 않는 한 공탁관은 지체 없이 집행법원에 사유신고를 하여야 하므로, 가압류채권자는 이 경우 가압류신청서와 소장, 본안판결문 등을 그 동일성을 소명하는 자료로 제출해야 공탁금의 회수청구를 할 수 있다.

07 공탁관이 집행법원에 사유신고를 하는 경우에 관한 다음 설명 중 가장 옳지 않은 것은?

▶ 2016 법원사무관

① 금전채권에 대한 가압류를 원인으로 제3채무자가 민사집행법 제248조 제1항 및 제291조에 의하여 공탁한 후, 가압류를 본압류로 이전하는 압류명령이 송달된 경우 다른 (가)압류와 경합이 없어도 그 익일부터 3일 이내에 사유신고를 하여야 한다.

② 공탁금지급청구권에 대하여 민사집행법에 따른 압류와 체납처분에 의한 압류가 송달된 경우(선후 불문) 그 압류금액의 총액이 피압류채권액을 초과하는 경우에는 그 익일부터 3일 이내에 사유신고를 하여야 한다.

③ 가압류해방공탁금의 회수청구권에 대하여 가압류로부터 본압류로 이전된 압류명령이 송달된 경우 다른 (가)압류와 경합이 없어도 지체 없이 사유신고를 하여야 한다.

④ 재판상 담보공탁금의 회수청구권에 압류의 경합이 있는 경우 공탁원인의 소멸을 증명하는 서면(담보취소결정 정본 및 확정증명서)이 제출된 때에 사유신고를 하여야 한다.

> **해설** ③ 06번 해설 참조

08 공탁관의 사유신고에 관한 다음 설명 중 가장 옳지 않은 것은? ▸ 2018 법원사무관

① 금전채권에 대한 가압류의 경합을 원인으로 민사집행법 제291조 및 제248조 제1항을 근거법령으로 공탁한 이후에 공탁자를 제3채무자로 하는 압류 및 전부명령이 있더라도 공탁관의 사유신고 대상이 될 수 없다.

② 공탁된 토지수용보상금에 대해 물상대위에 의한 수 개의 채권압류 및 추심명령이 공탁관에게 송달된 경우 공탁관은 그 압류 및 추심채권자들 사이의 우열에 대한 판단이 곤란하다고 보아 사유신고를 할 수 있다.

③ 가압류해방공탁금의 회수청구권에 대하여 압류명령이 송달된 때에는 공탁관은 그 압류가 가압류로부터 본압류로 이전된 것임이 명백하고 다른 (가)압류의 경합이 없는 때에는 사유신고할 필요가 없다.

④ 제3채무자가 가압류를 원인으로 민사집행법 제291조 및 제248조 제1항에 의하여 공탁한 후 그 가압류에서 본압류로 이전하는 압류명령이 송달된 경우 압류의 경합이 없는 한 공탁관은 사유신고를 하지 아니한다.

> **해설** ④ 금전채권에 대한 가압류를 원인으로 제3채무자가 민사집행법 제291조, 제248조 제1항에 따라 공탁을 하면 공탁에 따른 채무변제효과로 당초의 피압류채권인 채무자의 제3채무자에 대한 금전채권은 소멸하고, 대신 채무자는 공탁금출급청구권을 취득하며, 가압류의 효력은 그 청구채권액에 해당하는 공탁금액에 대한 채무자의 공탁금출급청구권에 대하여 존속한다(민사집행법 제291조). 이후 공탁사유인 가압류를 본압류로 이전하는 압류명령이 국가(공탁관)에게 송달되면 민사집행법 제291조, 제248조 제1항에 따른 공탁은 민사집행법 제248조에 따른 집행공탁으로 바뀌어 공탁관은 즉시 압류명령의 발령법원에 그 사유를 신고하여야 하는데, 이로써 가압류의 효력이 미치는 부분에 대한 채무자의 공탁금출급청구권은 소멸하고, 그 부분 공탁금은 배당재단이 되어 집행법원의 배당절차에 따른 지급위탁에 의하여만 출급이 이루어질 수 있게 된다(대판 2014.2.24, 2012다118785).

09 공탁물지급청구권에 대한 압류의 경합으로 공탁관이 사유신고를 하는 경우에 관한 다음 설명 중 가장 옳은 것은? ▸ 2015 법원사무관

① 체납처분에 의한 압류가 선행하고, 강제집행에 의한 압류가 후행한 경우에는 그 압류금액의 총액이 피압류채권액을 초과하는 경우에도 사유신고를 하지 아니한다.

② 금전채권에 대한 가압류를 원인으로 「민사집행법」 제291조 및 제248조 제1항에 의하여 공탁한 후에, 공탁사유인 가압류를 본압류로 이전하는 압류명령이 있는 경우는 사유신고를 할 필요가 없다.

③ 경합된 압류명령이 서로 다른 법원에 의하여 발하여진 경우에는 공탁법원에 사유신고를 하여야 한다.

④ 공탁관이 공탁사유신고를 한 후에 공탁금출급·회수청구권에 대한 압류명령서 등을 접수한 때에도 압류명령서 등의 사본을 집행법원에 송부하여야 한다.

해설 ① 공탁금 지급청구권에 대하여 민사집행법에 따른 압류와 체납처분에 의한 압류가 있고(선후불문) 그 압류금액의 총액이 피압류채권액을 초과하는 경우에는 공탁관은 집행법원에 사유신고를 하여야 한다. 여기의 "체납처분에 의한 압류"에는 "체납처분에 의한 압류가 있는 경우에 준하는 경우"가 포함된다.
② 08번 해설 참조
③ 경합된 압류명령이 서로 다른 법원에 의하여 발하여진 경우에는 공탁관은 공탁법원이 아니라 먼저 송달된 압류명령을 발령한 법원에 사유신고를 하여야 한다.

10 다음 중 공탁관이 집행법원에 사유신고를 해야 하는 사안이 아닌 것은? (집행채권의 총액이 공탁금지급청구권 총액을 초과함을 전제로 함)
▶ 2011 법원사무관

① 공탁금지급청구권에 대하여 압류명령을 송달받은 후 다른 채권자의 배당요구통지를 받은 경우
② 공탁금지급청구권에 대하여 체납처분에 의한 압류가 선행하고, 강제집행에 의한 압류가 후행하는 경우
③ 공탁금지급청구권에 대하여 강제집행에 의한 압류가 선행하고, 체납처분에 의한 압류가 후행하는 경우
④ 금전채권에 대한 가압류를 원인으로 제3채무자가 민사집행법 제291조 및 제248조 제1항에 의하여 공탁한 후에, 공탁원인이 되었던 가압류를 본압류로 이전하는 압류명령이 송달된 경우

해설 체납처분에 의한 채권압류가 있은 후 민사집행법상 채권압류가 있는 경우 종전에는 집행공탁을 할 수 없었다는 입장이었으나(대판 1999.5.14, 99다3686 참조), 이러한 경우에도 집행공탁을 할 수 있다는 대법원 판결(대판 2015.7.9, 2013다60982) 후 관련 행정예규[금전채권에 대하여 민사집행법에 따른 압류와 체납처분에 의한 압류가 있는 경우의 공탁절차 등에 관한 업무처리지침(행정예규 제1060호)]가 2015.12.9.에 제정되어 2016.1.1.부터 시행되고 있다. 따라서 현재는 체납처분에 의한 채권압류와 민사집행법상 채권압류의 집행 선후에 관계없이 집행공탁이 가능하다. 따라서 종전에는 ②가 사유신고할 수 없는 경우로 정답이었으나 이제는 ②의 경우도 사유신고를 하여야 하므로 정답이 없게 되었다.

11 공탁관의 사유신고에 관한 다음 설명 중 가장 옳지 않은 것은? (다툼이 있는 경우 판례·예규 및 선례에 의함) ▸2017 법무사

① 공탁금지급청구권에 대하여 채권자 경합이 생기고, 집행채권의 총액이 피압류채권(공탁금지급청구권) 총액을 초과하여 재판상 배당을 필요로 하는 경우에 공탁관은 사유신고를 하여야 한다.

② 공탁금지급청구권에 대하여 복수의 압류명령 등이 있으나, 각 압류의 법률적 성질상 압류액의 총액이 피압류채권액을 초과하지 아니하여 본래적 의미에서의 압류의 경합으로 볼 수 없는 경우에도, 공탁관의 입장에서 보아 그 우선순위에 대하여 문제가 있는 등 압류의 경합이 있는지 여부에 대한 판단이 곤란하다고 보이는 객관적 사정이 있는 경우에는, 공탁관은 사유신고를 할 수 있다.

③ 유가증권공탁의 지급청구권에 대하여 압류가 경합된 경우에 공탁관은 사유신고를 하지 않는다.

④ 상대적 불확지공탁에 있어서 피공탁자 중 일방의 공탁금출급청구권에 대하여 압류의 경합이 발생한 경우에는, 공탁관은 해당 피공탁자에게 공탁금출급청구권이 있음을 증명하는 서면이 제출된 때에 사유신고를 하여야 한다.

⑤ 경합된 압류명령이 서로 다른 법원에 의하여 발하여진 경우에는, 공탁관은 나중에 송달된 압류명령을 발령한 법원에 사유신고를 하여야 한다.

> **해설** ⑤ 압류명령을 송달받은 제3채무자는 채권자가 경합되지 않는 경우라면 해당 압류명령을 발령한 법원에 사유신고를 하여야 하고, 채권자가 경합된 경우라면 먼저 송달된 압류명령을 발령한 법원에 사유신고를 하여야 하나(민사집행규칙 제172조 제3항), 가압류와 본압류가 경합된 경우에는 본압류를 발령한 법원에 사유신고를 하여야 한다.

12 다음은 공탁관사유신고절차에 관한 설명이다. 가장 잘못된 것은? ▸2012 법무사

① 가압류명령과 압류명령이 서로 다른 법원에 의하여 발하여진 경우 공탁관은 송달의 선후와는 무관하게 압류명령을 발령한 법원에 사유신고를 하여야 한다.

② 가압류를 위한 재판상 담보공탁(민사집행법 제280조 제2항)의 공탁금출급청구권에 압류의 경합이 있는 경우 공탁관은 담보권 실행요건을 갖춘 때 사유신고를 하여야 한다.

③ 민법 제487조 변제공탁의 공탁금출급청구권에 대하여 하나의 압류만 있는 경우 공탁관은 사유신고를 하지 아니한다.

④ 공탁된 토지수용보상금에 대하여 물상대위에 의한 수 개의 채권압류·추심명령이 순차적으로 송달된 경우 공탁관은 사유신고를 할 수 있다.

⑤ 공탁금회수청구권의 전액에 대하여 甲의 가압류가 있은 후 乙의 압류·전부명령이 발령되어 압류경합이 발생하였는데, 선행하는 甲의 가압류가 해제되어 乙이 직접 회수청구를 하는 경우 공탁관은 이를 인가할 수 있다.

> **해설** ⑤ 제1채권자가 공탁금회수청구권의 일부에 대하여 가압류를 한 후 제2, 제3채권자가 동일한 공탁금회수청구권의 전부에 대하여 각 압류 및 전부를 하였을 때에는 청구채권액이 피압류채권 총액을 초과하여 민사집행법 제235조(압류의 경합)에 의하여 채권이 경합된 상태이므로, 제2, 제3채권자가 받은 전부명령은 무효이며 후일 선행가압류가 해제되더라도 전부명령은 부활하지 않으므로(대판 1965.5.18, 65다336), 제3채무자인 공탁관으로서는 민사집행법 제248조 각 항 및 공탁규칙 제58조(사유신고)의 규정에 의하여 법원에 사유신고를 한 다음 집행법원의 배당절차에 따라 위 공탁금을 각 채권자에게 지급하여야 한다.

13 공탁관의 사유신고에 관한 다음 설명 중 가장 옳지 않은 것은? ▶ 2018 법무사

① 경합된 압류명령이 서로 다른 법원에 의하여 발하여진 경우에는 공탁관은 먼저 송달된 압류명령을 발령한 법원에 사유신고를 하여야 한다.

② 가압류와 체납처분에 의한 압류가 있는 경우(그 선후는 불문)에는 집행채권의 총액이 피압류채권(공탁금지급청구권) 총액을 초과하더라도 사유신고의 대상이 되지 않는다.

③ 재판상 보증공탁금의 출급청구권에 압류의 경합이 있는 경우에는 담보권 실행요건을 갖춘 때(출급청구권 입증서면이 제출되거나 질권실행을 위한 압류 및 현금화명령이 효력을 발생한 때)에 공탁관은 사유신고를 하여야 한다.

④ 공탁금지급청구권에 대한 압류의 경합으로 공탁관이 집행법원에 사유신고를 한 이후에 다른 채권자로부터 압류나 가압류 등이 있는 경우 공탁관은 집행법원에 사유신고를 하여야 한다.

⑤ 공탁금지급청구권에 대하여 민사집행법에 따른 압류와 체납처분에 의한 압류가 있고(선후 불문) 그 압류금액의 총액이 피압류채권액을 초과하는 경우에는 공탁관은 집행법원에 사유신고를 하여야 한다.

> **해설** ④ 공탁금지급청구권에 대한 압류의 경합으로 공탁관이 집행법원에 사유신고를 한 이후에 다른 채권자로부터 압류나 가압류 등이 있더라도 추가로 사유신고를 할 필요는 없다.

14 공탁관의 사유신고에 관한 다음 설명 중 가장 옳은 것은? ▶ 2014 법원사무관

① 재판상 담보공탁금의 회수청구권에 압류의 경합이 있는 경우 공탁관은 지체 없이 사유신고를 하여야 한다.

② 공탁금출급청구권이 제3자에게 양도되어 대항요건을 갖춘 후에 압류경합이 발생할 경우 공탁관이 사유신고를 할 것은 아니다.

③ 가압류명령과 압류명령이 경합하는 경우에는 공탁관은 먼저 송달된 가압류명령을 발령한 법원에 사유신고를 하여야 한다.

④ 공탁금출급청구권에 대한 압류의 경합으로 공탁관이 집행법원에 사유신고를 한 이후에 다른 채권자로부터 압류가 있는 경우 공탁관은 추가로 사유신고를 하여야 한다.

> **해설** ① 재판상 담보공탁금의 회수청구권에 압류의 경합이 있는 경우에는 공탁원인의 소멸을 증명하는 서면(법원의 담보취소결정 정본 및 확정증명서)이 제출된 때에 사유신고를 하여야 한다.
> ③ 가압류명령과 압류명령이 경합하는 경우에는 공탁관은 압류명령을 발령한 법원에 사유신고를 하여야 한다.
> ④ 공탁금지급청구권에 대한 압류의 경합으로 공탁관이 집행법원에 사유신고를 한 이후에 다른 채권자로부터 압류나 가압류 등이 있더라도 추가로 사유신고를 할 필요는 없다.

15 공탁관의 사유신고에 관한 다음 설명 중 가장 옳지 않은 것은? ▶ 2020 법원사무관 승진

① 재판상 담보공탁금의 출급청구권에 압류의 경합이 있는 경우에는 공탁원인소멸 증명서면이 제출된 때 사유신고를 한다.

② 부동산강제경매 배당절차에서 민사집행법 제160조 제1항 각 호의 사유가 있는 공탁금출급청구권에 대하여 압류가 경합하여 배당액의 지급위탁절차를 취할 수 없는 경우, 집행법원으로부터 배당액에 대한 지급제한사유가 소멸되었다는 사실을 통지받은 때 공탁관이 사유신고를 해야 한다.

③ 공탁금지급청구권에 대하여 가압류 후에 체납처분에 의한 압류가 있는 경우 사유신고의 대상이 되지 않는다.

④ 가압류해방공탁금의 회수청구권에 대하여 가압류채권자가 아닌 다른 채권자의 압류명령이 송달된 때에는 공탁관은 사유신고를 해야 한다.

> **해설** ① 재판상 담보공탁금의 출급청구권에 압류의 경합이 있는 경우에는 다음과 같은 경우 공탁관은 지체 없이 사유신고를 하는 것이 아니라 그 지급요건이 충족된 때에 사유신고를 하여야 한다. 그러므로 담보권실행요건을 갖춘 때(출급청구권 입증서면이 제출되거나 질권실행을 위한 압류 및 현금화명령이 효력을 발생한 때)에 사유신고를 한다.

16 다음은 공탁관의 사유신고와 관련된 설명이다. 가장 옳지 않은 것은? ▶ 2011 법무사

① 금전채권에 대한 가압류를 원인으로 제3채무자가 민사집행법 제291조 및 제248조 제1항에 의하여 공탁한 후, 공탁사유인 가압류를 본압류로 이전하는 압류명령이 있는 경우 공탁관은 사유신고를 해야 한다.

② 금전공탁이 아닌 유가증권공탁의 지급청구권에 대하여 압류가 경합된 경우 공탁관은 사유신고를 하지 않는다.

③ 상대적 불확지공탁에 있어서 피공탁자 중 일방의 공탁금출급청구권에 대하여 압류의 경합이 있는 경우 공탁관은 지체 없이 사유신고를 해야 한다.

④ 경합된 압류명령이 서로 다른 법원에 의하여 발하여진 경우 공탁관은 먼저 송달된 압류명령을 발령한 법원에 사유신고를 해야 한다.

⑤ 공탁금지급청구권에 대한 압류의 경합으로 공탁관이 사유신고를 한 이후 다른 채권자로부터 압류가 있더라도 추가로 사유신고를 할 필요는 없다.

> **해설** ③ 상대적 불확지공탁에 있어서 피공탁자 중 일방의 공탁금출급청구권에 대하여 압류의 경합이 있는 경우에는 해당 피공탁자에게 공탁금출급청구권이 있음을 증명하는 서면이 제출된 때에 공탁관은 사유신고를 해야 한다.

17 공탁관의 사유신고에 관한 다음 설명 중 가장 옳지 않은 것은? ▶ 2022 법무사

① 상대적 불확지 변제공탁에 있어서 피공탁자 중 일방의 공탁금출급청구권에 대하여 압류의 경합이 있는 경우에는 해당 피공탁자에게 공탁금출급청구권이 있음을 증명하는 서면이 제출되기 전이라도 공탁관은 먼저 송달된 압류명령을 발령한 법원에 사유신고를 하여야 하고, 사유신고를 받은 집행법원은 공탁금출급청구권의 귀속에 관한 증명서면이 제출될 때까지 배당절차를 정지한다.

② 공탁된 토지수용보상금의 출급청구권에 대하여 물상대위에 의한 수 개의 채권압류·추심명령이 공탁관에게 송달된 경우, 공탁관은 그 추심채권자들 사이의 우열에 대한 판단이 곤란하다고 보아 사유신고를 할 수 있다.

③ 금전채권에 대한 가압류를 원인으로 제3채무자가 민사집행법 제291조 및 제248조 제1항에 의하여 공탁한 후에, 피공탁자(가압류채무자)의 공탁금출급청구권에 대한 압류가 이루어져 압류의 경합이 성립하거나, 공탁사유인 가압류를 본압류로 이전하는 압류명령이 국가(공탁관)에게 송달되면 공탁관은 사유신고를 하여야 한다.

④ 공탁금출급청구권에 대하여 압류 또는 가압류가 되었으나 압류의 경합이 성립하지 않는 경우, 공탁관은 민사집행법 제248조 제1항에 의한 공탁 및 공탁사유신고를 하지 않는다.

⑤ 제1채권자의 공탁금회수청구권의 일부에 대한 선행 가압류가 있고, 제2, 제3채권자의 동일한 공탁금회수청구권의 전부에 대한 후행 각 압류 및 전부명령이 있을 경우, 집행채권 총액이 피압류채권 총액을 초과하여 압류가 경합된 상태이므로 공탁관은 집행법원에 사유신고하여 집행법원의 배당절차에 의하여 공탁금을 지급하여야 한다.

해설 ① 상대적 불확지공탁에 있어서 피공탁자 중 일방의 공탁금출급청구권에 대하여 압류의 경합이 있는 경우에는 해당 피공탁자에게 공탁금출급청구권이 있음을 증명하는 서면이 제출된 때에 사유신고를 하여야 한다. 그리고 혼합공탁이 아니라 상대적 불확지공탁 후 압류가 경합하는 경우이므로, 해당 피공탁자에게 공탁금출급청구권이 있음을 증명하는 서면이 제출되어 사유신고를 하는 이상 사유신고를 받은 집행법원이 공탁금출급청구권의 귀속에 관한 증명서면이 제출될 때까지 배당절차를 정지하는 것은 아니다.

18 공탁관의 사유신고에 관한 다음 설명 중 가장 옳지 않은 것은? ▶ 2023 법원사무관 승진

① 공탁된 토지수용보상금에 대하여 물상대위에 의한 수 개의 채권압류 및 추심명령이 공탁관에게 송달된 경우, 공탁관은 그 압류 및 추심채권자들 사이의 우열에 대한 판단이 곤란하다고 보아 사유신고를 할 수 있다.

② 금전채권에 대한 가압류를 원인으로 제3채무자가 민사집행법 제291조 및 제248조 제1항에 의하여 공탁한 후에, 피공탁자(가압류채무자)의 공탁금출급청구권에 대한 압류가 이루어져 압류의 경합이 성립하거나, 공탁사유인 가압류를 본압류로 이전하는 압류명령이 있는 경우에는 공탁관은 사유신고를 하여야 한다.

③ 상대적 불확지 변제공탁에 있어서 피공탁자 중 일방의 공탁금출급청구권에 대하여 압류의 경합이 있는 경우에는 해당 피공탁자(압류채무자)에게 공탁금출급청구권이 있음을 증명하는 서면이 제출되기 전이라도 공탁관은 즉시 사유신고를 하여야 한다.

④ 공탁금지급청구권에 대하여 압류 또는 가압류가 되었으나 압류의 경합이 성립하지 않는 경우, 공탁관은 민사집행법 제248조 제1항에 의한 공탁 및 공탁사유신고를 하지 아니한다.

해설 ③ 상대적 불확지공탁에 있어서 피공탁자 중 일방의 공탁금출급청구권에 대하여 압류의 경합이 있는 경우에는 해당 피공탁자에게 공탁금출급청구권이 있음을 증명하는 서면이 제출된 때에 사유신고를 하여야 한다. 그리고 혼합공탁이 아니라 상대적 불확지공탁 후 압류가 경합하는 경우이므로, 해당 피공탁자에게 공탁금출급청구권이 있음을 증명하는 서면이 제출되어 사유신고를 하는 이상 사유신고를 받은 집행법원이 공탁금출급청구권의 귀속에 관한 증명서면이 제출될 때까지 배당절차를 정지하는 것은 아니다.

19 공탁관의 업무처리절차에 관한 다음 설명 중 가장 옳지 않은 것은? ▸ 2021 법원사무관

① 공탁관이 민사집행법 제248조에 의한 제3채무자의 집행공탁에 따라 개시된 집행법원의 배당절차에서 발생하는 배당금수령채권에 대한 압류명령서를 접수한 경우 접수연월일 등을 기재하여 기명날인하고, 전산시스템에 압류명령서 등의 접수연월일, 배당금수령채권이 압류된 사실 등을 입력한 후 압류명령서 사본을 집행법원에 송부하여야 하는데, 공탁사유신고에 따른 배당요구종기가 도래된 이후에 접수된 압류명령서는 제외한다.

② 공탁관의 처분 중 이의신청의 대상이 되는 것은 공탁신청이나 공탁물 지급청구에 대한 공탁관의 불수리처분이고, 공탁관의 수리, 인가처분은 원칙적으로 이의신청의 대상에 포함되지 않는다.

③ 공탁관은 토지수용보상금을 절대적 불확지공탁한 사건 중 그 공탁의 공탁 당시 공탁금이 1천만원 이상이고 공탁일로부터 만 3년이 경과한 사건에 대하여 출급청구서를 접수한 경우 이를 인가하기 전에 소속과장의 결재를 얻어야 한다.

④ 소멸시효가 완성된 공탁금에 대하여 출급청구가 있는 경우에 공탁관은 국고수입 납부 전이라도 출급청구를 인가해서는 안 된다.

> **해설** ① 집행법원의 사유신고에 관한 업무처리지침(재민 2020-1)
> 배당금지급청구권 등에 대하여 압류의 경합 등이 발생하였거나, 압류의 경합이 있는지 여부에 대한 판단이 곤란하다고 보이는 객관적 사정이 있는 경우(제2조, 제3조)에, 배당기일을 진행하는 집행사건의 담임 법원서기관, 법원사무관, 법원주사 또는 법원주사보('담임 법원사무관 등') 또는 「집행사건에 있어서 배당액 등의 공탁 및 공탁배당액 등의 관리절차에 관한 예규(재민 92-2)」 제4조 제1항의 주무과장이 지정하는 보관책임자('공탁서 등 보관책임자')는 제248조 제4항 본문에 따라 사유신고를 하여야 한다(제4조 제1항 본문). 다만, 배당금지급청구권 등에 대하여 제160조 제1항 각 호 등의 사유가 있는 경우에는 그 사유가 해소되어 배당금 지급요건이 충족된 후에 하여야 한다(동항 단서). 특별한 사유가 없는 한 집행법원이 최후의 압류명령서 등의 사본을 송부받은 다음 날(제160조 제1항 각 호 등의 사유가 있는 경우에는 그 사유가 해소된 다음 날)부터 5일 이내에 하여야 한다(제4조 제2항). 담임 법원사무관 등 또는 공탁서 등 보관책임자는 사유신고서에 공탁서, 배당표, 배당기일조서의 사본과 압류명령서, 가압류명령서 또는 배당요구통지서 등의 사본을 첨부하여야 한다(제6조). 위 사유신고 이후에 배당금지급청구권 등에 대하여 다른 채권자로부터 압류나 가압류 등이 있는 경우에는 담임 법원사무관 등 또는 공탁서 등 보관책임자는 이를 사본하여 사유신고를 한 법원에 즉시 송부하여야 한다(제7조 제1항).

20 공탁관의 사유신고에 관한 다음 설명 중 가장 옳은 것은? ▸ 2018 법무사

① 甲은 대여금채권 2천만원에 기하여 乙소유 부동산에 대하여 가압류를 집행하였고, 이에 乙은 해방공탁금 2천만원을 공탁(민사집행법 제282조)한 경우, 甲은 가압류로부터 본압류로 이전하는 압류 및 추심명령을 받아 공탁금회수청구를 하더라도 가압류해방공탁금에 대하여 우선변제권이 없으므로 압류의 경합 여부를 불문하고 즉시 사유신고하여야 한다.

② 제3채무자가 가압류를 원인으로 민사집행법 제291조 및 제248조 제1항에 의하여 공탁한 후 그 가압류에서 본압류로 이전하는 압류명령이 송달된 경우, 압류의 경합이 없는 때에는 공탁관은 사유신고할 필요가 없다.

③ 공탁관이 민사집행법 제248조에 의한 제3채무자의 집행공탁 및 공탁사유신고에 따라 개시된 집행법원의 배당절차에서 발생하는 배당금수령채권에 대한 압류명령서 등을 접수한 때에는 전산시스템에 입력한 후 압류명령서 등의 사본을 첨부하여 추가로 사유신고를 하여야 한다.

④ 금전채권에 대한 가압류의 경합을 원인으로 민사집행법 제291조 및 제248조 제1항을 근거법령으로 공탁한 이후에 공탁자가 아닌 대한민국을 제3채무자로 하는 압류 및 전부명령은 공탁관의 사유신고 대상이 될 수 없다.

⑤ 재판상 담보공탁의 경우 공탁자의 채권자 등이 공탁자의 공탁금회수청구권에 대하여 일반강제집행절차에 따라 한 압류가 경합된 경우, 공탁원인의 소멸을 증명하는 서면(담보취소결정 정본 및 확정증명)이 제출되면 먼저 송달된 압류명령의 집행법원에 사유신고를 하여야 한다.

해설 ① 가압류해방공탁금의 회수청구권에 대하여 압류명령이 송달된 때에는 공탁관은 지체 없이 집행법원에 그 사유를 신고하여야 한다. 다만, 그 압류가 가압류로부터 본압류로 이전된 것임이 명백하고 다른 (가)압류의 경합이 없는 때에는 사유신고할 필요가 없다.

② 금전채권에 대한 가압류를 원인으로 제3채무자가 민사집행법 제291조 및 제248조 제1항에 의하여 공탁한 후에, 피공탁자(가압류채무자)의 공탁금출급청구권에 대한 압류가 이루어져 압류의 경합이 성립하거나, 공탁사유인 가압류를 본압류로 이전하는 압류명령이 있는 경우에는 공탁관은 사유신고를 하여야 한다.

③ 공탁관이 민사집행법 제160조에 의하여 공탁한 배당금수령채권에 대하여 압류명령서 등을 접수한 경우나 규칙 제58조에 의한 공탁관의 공탁사유신고 또는 민사집행법 제248조에 의한 제3채무자의 집행공탁 및 공탁사유신고에 따라 개시된 집행법원의 배당절차에서 발생하는 배당금수령채권에 대한 압류명령서 등을 접수한 때에는 접수연월일, 시, 분을 기재하여 기명날인하고, 전산시스템에 압류명령서 등의 접수 연월일, 배당금수령채권이 압류된 사실 등을 입력한 후 압류명령서 등의 사본을 집행법원에 송부하여야 한다.

④ 금전채권에 대한 가압류의 경합을 원인으로 민사집행법 제291조 및 제248조 제1항을 근거법령으로 공탁한 경우에 대한민국(소관 : ○○법원 공탁관)이 아닌 공탁자를 제3채무자로 하는 압류 및 전부명령은 제3채무자의 상이 및 선행하는 가압류로 인하여 무효이므로 공탁관의 사유신고의 대상이 될 수 없다.

21 사유신고에 관한 다음 설명 중 가장 옳지 않은 것은? ▶ 2024 법무사

① 재판상 담보공탁의 경우 공탁자의 채권자 등이 공탁자의 공탁금 회수청구권에 대하여 일반 강제집행절차에 따라 한 압류가 경합된 경우 공탁원인의 소멸을 증명하는 서면이 제출되면 먼저 송달된 압류명령의 집행법원에 사유신고를 하여야 한다.

② 공탁된 토지수용보상금에 대해 물상대위에 의한 여러 개의 채권압류 및 추심명령이 공탁관에게 송달된 경우, 공탁관은 그 압류 및 추심채권자들 사이의 우열에 대한 판단이 곤란하므로 사유신고할 수 있다.

③ 복수의 가압류가 있고 집행채권의 총액이 피압류채권(공탁금 지급청구권) 총액을 초과하더라도 사유신고의 대상이 아니다.

④ 공탁금 지급청구권에 대한 압류의 경합으로 공탁관이 집행법원에 사유신고를 한 이후에 다른 채권자로부터 압류나 가압류 등이 있는 경우 추가로 사유신고를 하여야 한다.

⑤ 공탁금 지급청구권에 대한 압류경합 등으로 사유신고 할 사정이 발생한 경우에는 공탁관은 집행법원에 반드시 사유신고를 하여야 하고, 추심채권자 등의 공탁금 지급청구를 수리하여서는 안 된다.

해설 ④ 공탁금 지급청구권에 대한 압류의 경합으로 공탁관이 집행법원에 사유신고를 한 이후에 다른 채권자로부터 압류나 가압류 등이 있더라도 추가로 사유신고를 할 필요는 없다.

22 공탁관의 사유신고에 관한 다음 설명 중 가장 옳지 않은 것은? ▶ 2024 법원사무관

① 민법 제487조 변제공탁금출급청구권에 대하여 채권가압류와 체납처분에 의한 압류가 경합하는 경우 그 선후를 불문하고 사유신고의 대상이 아니다.

② 재판상 보증공탁금의회수청구권에 대하여 압류의 경합이 있는 경우 담보취소결정정본 및 확정증명서가 제출된 때 사유신고를 하여야 한다.

③ 가압류해방공탁이 된 후 공탁의 원인이 된 가압류에서 본압류로 이전하는 채권압류 및 추심명령이 공탁소에 도달한 경우 사유신고를 하여야 한다.

④ 가압류를 원인으로 하는 민사집행법 제291조, 제248조 제1항 집행공탁이 된 후 공탁의 원인이 된 가압류에서 본압류로 이전하는 채권압류 및 추심명령이 공탁소에 도달한 경우 사유신고를 하여야 한다.

해설 ③ 가압류해방공탁금의 회수청구권에 대하여 압류명령이 송달된 때에는 공탁관은 지체 없이 집행법원에 그 사유를 신고하여야 한다. 다만 그 압류가 가압류로부터 본압류로 이전된 것임이 명백하고 다른 (가)압류의 경합이 없는 때에는 사유신고할 필요가 없다.

소멸시효

01 공탁금지급청구권의 소멸시효와 국고귀속에 관한 다음 설명 중 가장 옳지 않은 것은?

▶ 2022 법무사

① 상대적 불확지 변제공탁의 공탁금출급청구권의 소멸시효는 '공탁금출급청구권을 가진 자가 확정된 때'로부터 기산한다.

② 경매절차에서 배당받을 채권자의 불출석으로 인하여 민사집행법 제160조 제2항에 따라 공탁한 경우 '공탁일'로부터 소멸시효를 기산한다.

③ 공탁원인이 소멸된 경우 공탁금회수청구권의 소멸시효는 '공탁원인이 소멸한 때'로부터 기산한다.

④ 착오공탁의 경우 공탁금회수청구권의 소멸시효는 '공탁일'로부터 기산한다.

⑤ 공탁금출급청구권에 대한 소멸시효가 완성된 경우라도 공탁관은 국고수입 납부 전이라면 공탁금 출급청구가 있는 경우 이를 인가하여야 한다.

> **해설** ⑤ 소멸시효가 완성된 공탁금에 대하여 출급청구가 있는 경우에 공탁관은 국고수입 납부 전이라도 출급청구를 인가해서는 안 된다.

02 다음은 공탁금출급 · 회수청구권의 소멸시효에 대한 설명이다. 가장 틀린 것은?

▶ 2010 법무사

① 일반적으로 공탁금의 출급 및 회수청구권은 공탁당사자가 그 권리를 행사할 수 있는 때로부터 10년간 행사하지 않으면 소멸시효가 완성된다.

② 상대적 불확지공탁의 경우 공탁금출급청구권의 소멸시효는 공탁금의 출급청구권을 가진 자가 확정된 때로부터 기산한다.

③ 일괄공탁한 공탁금의 일부에 대해 출급 또는 회수청구를 인가한 경우 나머지 잔액에 대하여 시효가 중단된다.

④ 공탁금출급청구권에 대하여 압류, 가압류가 있더라도 공탁금출급청구권의 시효는 중단되지 않는다.

⑤ 공탁금의 출급청구에 대해 첨부서면의 불비를 이유로 불수리결정을 한 경우 소멸시효는 중단되지 않는다.

> **해설** ⑤ 공탁금의 지급청구에 대해 첨부서면의 불비를 이유로 불수리한 경우는 소멸시효진행의 중단 사유로 볼 수 있는 사유이다.

03 **공탁금지급청구권의 소멸시효에 관한 다음 설명 중 가장 틀린 것은?** ▸ 2009 법무사

① 공탁금지급청구권은 공탁당사자가 그 권리를 행사할 수 있는 때로부터 10년간 행사하지 아니하면 시효에 의하여 소멸되나, 공탁유가증권 및 공탁물품에 대하여는 소유권에 기한 청구가 가능하므로 소멸시효가 완성되지 않는다.

② 채권자의 수령불능을 원인으로 한 공탁과 절대적 불확지공탁의 경우 공탁금출급청구권은 공탁서 정정 등을 통한 공탁통지서의 수령 등에 의하여 피공탁자가 공탁사실을 안 날(공탁통지서 수령일)로부터 기산하므로, 피공탁자의 불확지로 공탁통지를 하지 못한 상태에서는 소멸시효기간도 진행되지 않는다.

③ 공탁금과 이자의 수령권자가 다른 경우에는 공탁금 이자의 지급청구권의 소멸시효는 공탁금 원금지급일로부터 기산한다.

④ 공탁관이 공탁자 또는 피공탁자 등 정당한 권리자에 대하여 공탁사건의 완결 여부의 문의서를 발송한 경우에는 시효가 중단된다.

⑤ 공탁금지급청구권에 대한 압류, 가압류, 가처분은 공탁금지급청구권의 시효중단사유이다.

> **해설** ⑤ 공탁금지급청구권에 대한 압류, 가압류, 가처분은 피압류채권, 즉 공탁금지급청구권의 시효중단 사유가 되지 않는다.

04 **공탁금지급청구권의 소멸시효에 관한 다음 설명 중 가장 옳지 않은 것은?**

▸ 2023 법원사무관 승진

① 부동산 경매절차에서 배당받을 채권자의 불출석으로 인하여 민사집행법 제160조 제2항에 따라 공탁한 경우에는 '공탁일'로부터 소멸시효를 기산한다.

② 변제공탁의 공탁금출급청구권에 대하여 채권압류 및 추심명령이 공탁소에 도달하더라도 공탁금출급청구권에 대한 소멸시효는 중단되지 않는다.

③ 소멸시효가 완성된 변제공탁금을 국고수입 납부하기 전에 피공탁자가 출급청구를 할 경우 공탁관은 이를 인가하여야 한다.

④ 변제공탁의 공탁금출급청구권에 대한 소멸시효가 완성된 후 공탁사실 증명서를 교부한 경우에는 시효이익 포기로 간주된다.

> **해설** ③ 소멸시효가 완성된 공탁금은 국고수입 납부 전이라도 출급·회수청구를 인가할 수 없음에 주의하여야 한다.

05 공탁금지급청구권의 소멸시효에 관한 다음 설명 중 가장 옳은 것은? (다툼이 있는 경우 판례·예규 및 선례에 의함) ▶ 2017 법무사

① 재판상 담보공탁의 소멸시효는 재판(결정)이 있은 후 그 재판(결정)을 집행하지 않았거나 집행불능인 경우에는 담보취소결정 확정일부터, 재판(결정) 전에 그 신청이 취하된 경우에는 취하일부터 각 기산한다.

② 채권자의 수령불능을 원인으로 한 변제공탁 및 절대적 불확지 변제공탁의 경우에는 공탁금출급청구권의 소멸시효는 공탁일부터 기산한다.

③ 공탁관이 공탁자 또는 피공탁자에 대하여 해당 사건의 공탁금을 지급할 수 있다는 취지를 구두로 답한 경우에는 소멸시효 진행이 중단되지 않는다.

④ 일괄공탁한 공탁금의 일부에 대해 출급 또는 회수청구를 공탁관이 인가한 경우 나머지 잔액에 대해서는 소멸시효 진행이 중단되지 않는다.

⑤ 공탁금회수청구권에 대한 시효중단은 출급청구권의 시효진행에 영향을 미치며, 그 반대의 경우도 동일하다.

해설 ② 채권자의 수령불능을 원인으로 한 공탁과 절대적 불확지공탁의 경우, 공탁금출급청구권은 공탁서 정정 등을 통한 공탁통지서의 수령 등에 의하여 '피공탁자가 공탁사실을 안 날(공탁통지서 수령일)'부터 기산한다.

③ 공탁관이 공탁자 또는 피공탁자에 대하여 해당 사건의 공탁금을 지급할 수 있다는 취지를 구두로 답한 경우 소멸시효 중단사유이다.

④ 일괄공탁한 공탁금의 일부에 대해 출급 또는 회수청구를 인가하였다면 나머지 잔액에 대하여도 시효가 중단된다.

⑤ 공탁금회수청구권에 대한 시효중단은 출급청구권의 시효진행에 영향을 미치지 않는다. 그 반대의 경우도 동일하다.

06 공탁금지급청구권의 소멸시효의 중단사유에 관한 다음 설명 중 가장 옳지 않은 것은? ▶ 2019 법원사무관

① 변제공탁에 대해 피공탁자로부터 제출된 공탁수락서를 공탁관이 받았다고 하더라도 그것만으로 공탁금출급청구권의 소멸시효가 중단되지 않는다.

② 공탁금지급청구권에 대한 압류, 가압류, 가처분으로 인하여 그 피압류채권인 공탁금지급청구권의 소멸시효는 중단된다.

③ 공탁금회수청구권에 대한 소멸시효 중단은 공탁금출급청구권의 소멸시효 진행에 영향을 미치지 않으며, 그 반대의 경우도 동일하다.

④ 공탁관이 피공탁자의 요구에 따라 지급절차 등에 대해 일반적인 설명을 한 것만으로는 소멸시효의 중단사유로 되지 않는다.

해설 ② 공탁금지급청구권에 대한 압류, 가압류, 가처분은 피압류채권, 즉 공탁금지급청구권의 시효중단 사유가 되지 않는다.

07 공탁금지급청구권의 소멸시효와 관련된 다음 설명 중 가장 옳지 않은 것은?

▸ 2018 법원사무관

① 상대적 불확지 변제공탁의 경우 공탁금출급청구권의 소멸시효는 공탁금의 출급청구권을 가진 자가 확정된 때로부터 기산한다.
② 재판상 담보공탁의 경우 담보권리자(피공탁자)의 공탁금출급청구권의 소멸시효는 담보권을 행사할 수 있는 사유가 발생한 때로부터 기산한다.
③ 착오공탁의 경우 공탁금회수청구권의 소멸시효는 착오가 있음을 안 날부터 기산한다.
④ 공탁금지급청구권에 대한 소멸시효가 완성된 후 공탁사실증명서의 교부청구가 있어 착오로 이를 교부한 경우에는 시효이익을 포기한 것으로 처리한다.

해설 ③ 착오공탁의 경우 공탁금회수청구권의 소멸시효는 '공탁일'부터 기산한다.

08 공탁금지급청구권에 대한 소멸시효에 관한 다음 설명 중 가장 옳지 않은 것은?

▸ 2015 법무사

① 반대급부의 조건이 있는 변제공탁의 경우 피공탁자가 공탁통지서를 송달받았다고 하더라도 반대급부가 이행되지 않고 있는 한 공탁금출급청구권에 대한 소멸시효는 진행되지 않는다.
② 재판상 담보공탁에 있어 담보제공자(공탁자)의 공탁금회수청구권은 담보제공자 본안에서 승소한 경우 담보취소결정 확정일부터 소멸시효가 진행된다.
③ 착오공탁의 경우 공탁금회수청구권의 소멸시효는 '공탁일'부터 기산한다.
④ 甲이 피공탁자를 乙로 하여 변제공탁을 한 후 乙의 채권자 丙이 공탁금출급청구권에 대하여 압류를 하더라도 乙의 출급청구권의 소멸시효 진행에는 영향을 미치지 않는다.
⑤ 공탁금출급청구권에 대한 소멸시효가 완성된 후 공탁관이 착오로 피공탁자에게 공탁사실증명서를 교부한 경우에는 시효이익을 포기한 것으로 본다.

해설 ② 담보제공자(공탁자)의 공탁금회수청구권의 기산일은 담보제공자가 본안소송(화해, 인낙, 포기 포함)에서 승소한 때에는 '재판확정일 또는 종국일'부터, 패소한 때에는 '담보취소결정 확정일'부터 각 기산한다.

정답 05 ① 06 ② 07 ③ 08 ②

09 공탁금지급청구권의 소멸시효에 관한 다음 설명 중 가장 옳지 않은 것은? ▶ 2020 법무사

① 변제공탁에서 피공탁자의 불확지로 공탁통지를 하지 못한 상태에서는 공탁금지급청구권의 소멸시효기간도 진행되지 않는다.

② 적법하지 아니한 절차에 의하여 착오로 잘못 변제공탁이 된 경우라 하더라도 공탁일로부터 10년이 경과하였다면, 공탁자의 공탁금회수청구권은 시효로 소멸되어 그 회수청구를 할 수 없다.

③ 변제공탁에서 공탁금지급청구권의 소멸시효 기산일은, 공탁에 반대급부의 조건이 있는 경우에는 반대급부가 이행된 때로부터, 공탁이 정지조건 또는 시기부 공탁인 경우에는 조건이 성취된 때 또는 기한이 도래된 때로부터 기산한다.

④ 공탁금의 지급청구에 대해 첨부서면의 불비를 이유로 불수리결정을 한 것은 소멸시효 진행의 중단사유로 볼 수 없다.

⑤ 공탁관이 피공탁자의 요구에 대해 지급절차 등에 대해 일반적인 설명을 한 것만으로는 시효의 중단사유로 되지 않는다.

> **해설** ④ 공탁금의 지급청구에 대해 첨부서면의 불비를 이유로 불수리결정을 한 경우 소멸시효의 중단사유로 볼 수 있다.

10 공탁금 지급청구권의 소멸시효 등에 관한 다음 설명 중 가장 옳지 않은 것은?

▶ 2025 법무사

① 공탁에 반대급부의 조건이 있는 경우에는 반대급부가 이행된 때로부터, 공탁이 정지조건 또는 시기부 공탁인 경우에는 조건이 성취된 때 또는 기한이 도래된 때로부터 소멸시효를 기산한다.

② 담보제공자(공탁자)의 공탁금 회수청구권의 소멸시효 기산일은 담보제공자가 본안소송(화해, 인낙, 포기 등 판결에 준하는 경우를 포함)에서 승소한 때에는 재판확정일 또는 종국일로부터, 패소한 때에는 담보취소결정 확정일로부터 각 기산한다.

③ 배당 기타 관공서의 결정에 의하여 공탁물의 지급을 하는 경우에는 증명서 교부일로부터 소멸시효를 기산한다.

④ 시효기간 중에 공탁사실증명서를 교부한 경우 공탁당사자 등 지급청구권자에게 교부한 것에 한하여 채무의 승인으로써 그 때 소멸시효는 중단된다.

⑤ 일괄 공탁한 공탁금의 일부에 대해 출급 또는 회수청구를 인가한 경우 나머지 잔액에 대하여는 소멸시효가 중단되지 않는다.

> **해설** ⑤ 일괄 공탁한 공탁금의 일부에 대해 출급 또는 회수청구를 인가하였다면 나머지 잔액에 대하여도 시효가 중단된다.

11 반대급부를 조건으로 하는 공탁절차에 관한 다음 설명 중 가장 옳지 않은 것은? (별도 특약은 없음, 다툼이 있는 경우 판례 및 예규, 선례에 의함) ▸ 2013 법원사무관

① 사업시행자가 수용재결서에 정한 보상금을 공탁하면서 소유권이전에 필요한 일체의 서류 교부를 반대급부로 할 수는 없다.

② 반대급부이행의 상대방은 채무자인 공탁자이므로 반대급부의 목적물을 직접 공탁관에게 이행할 수는 없다.

③ 판결의 주문에 반대급부의 이행사실이 명백히 기재되어 있다면 판결의 확정 여부는 불문하므로 미확정의 가집행선고부 판결도 반대급부이행 증명서면이 될 수 있다.

④ 반대급부를 조건으로 변제공탁이 된 경우 피공탁자에게 공탁통지서가 송달되었더라도 반대급부가 이행되지 않았다면 공탁금출급청구권에 대한 소멸시효는 진행되지 않는다.

해설 ③ 확인판결, 이행판결, 형성판결을 불문하나 확정되었음을 요하므로 미확정의 가집행선고부 판결은 해당되지 않는다.

12 공탁금지급청구권의 소멸시효에 관한 다음 설명 중 가장 옳지 않은 것은? (다툼이 있는 경우 판례 · 예규 및 선례에 의함) ▸ 2016 법무사 수정

① 배당 기타 관공서의 결정에 의하여 공탁물의 지급을 하는 경우에는 증명서 교부일부터 기산한다.

② 적법하지 아니한 절차에 의하여 착오로 잘못 변제공탁이 된 경우라 하더라도 공탁일로부터 10년이 경과하였다면, 공탁자의 공탁금회수청구권은 시효로 소멸되어 그 회수청구를 할 수 없다.

③ 공탁으로 인하여 소멸한 채권의 소멸시효는 공탁금지급청구권의 소멸시효와 관련이 없다.

④ 공탁금지급청구에 대해 첨부서면의 불비를 이유로 불수리결정을 한 경우 공탁금지급청구권의 시효가 중단된다.

⑤ 공탁금지급청구권에 대해 압류, 가압류, 가처분이 있는 경우 공탁금지급청구권의 시효가 중단된다.

해설 ⑤ 공탁금지급청구권에 대한 압류, 가압류, 가처분은 피압류채권, 즉 공탁금지급청구권의 시효중단 사유가 되지 않는다.

13 공탁금지급청구권의 소멸시효와 국고귀속절차에 관한 다음 설명 중 가장 옳지 않은 것은?

▶ 2019 법무사

① 공탁금지급청구권에 대한 소멸시효가 완성된 후 공탁관이 공탁사실증명서의 교부청구를 받고 착오로 이를 교부한 경우에는 시효이익을 포기한 것으로 처리한다.

② 공탁관이 피공탁자의 요구에 대해 지급절차 등에 대해 일반적인 설명을 한 것만으로는 소멸시효의 중단사유가 되지 않는다.

③ 이미 소멸시효가 완성된 공탁사건이라도 국고귀속 전이라면, 공탁관은 공탁금의 지급청구가 있는 경우 이를 인가하여야 한다.

④ 대법원 홈페이지에 게재하고 있는 '국고귀속예정 공탁사건'은 소멸시효 완성 예정인 공탁사건뿐만 아니라 공탁금지급청구권의 소멸시효와 국고귀속절차(행정예규 제948호)에 따라 공탁일로부터 15년이 경과하여 편의적으로 소멸시효가 완성된 것으로 보아 국고귀속조치를 취할 예정인 공탁사건도 포함되어 있다.

⑤ 법원행정처장은 공탁금의 수령·회수에 대한 권리의 소멸시효가 완성되기 전에 대법원규칙으로 정하는 바에 따라 공탁금수령·회수권자에게 공탁금을 수령하거나 회수할 수 있는 권리가 있음을 알릴 수 있다.

> **해설** ③ 공탁금지급청구권은 공탁당사자가 그 권리를 행사할 수 있는 때로부터 10년간 행사하지 아니하면 시효에 의하여 소멸된다. 따라서 소멸시효가 완성된 공탁금은 국고수입 납부 전이라도 출급·회수청구를 인가할 수 없음에 주의하여야 한다.

14 다음은 공탁금지급청구권의 소멸시효와 국고귀속 등에 관한 설명이다. 가장 옳지 않은 것은?

▶ 2014 법무사 수정

① 피공탁자가 수인인 경우 그 1인에 대한 소멸시효의 중단사유는 다른 출급청구권자의 소멸시효 진행에 영향을 미치지 않는다.

② 반대급부의 조건이 있는 변제공탁의 경우에는 반대급부가 이행된 때로부터 소멸시효가 진행되므로 반대급부가 이행되지 않고 있는 한 소멸시효는 진행되지 아니한다.

③ 담보제공자(공탁자)의 공탁금회수청구권의 기산일은 담보세공사가 본안소송에서 승소한 때에는 '재판확정일 또는 종국일', 패소한 경우는 '담보취소결정 확정일'부터 각 기산한다.

④ 경매절차에서 채무자에게 교부할 잉여금을 공탁한 경우 또는 배당받은 채권자의 불출석으로 인하여 민사집행법 제160조 제2항에 따라 공탁한 경우 '공탁일'부터 기산한다.

⑤ 공탁일부터 15년이 경과된 미제 공탁사건의 공탁금은 편의적으로 소멸시효가 완성된 것으로 보아 국고귀속조치를 취하므로, 그 후에는 소멸시효가 완성되지 아니한 사실을 증명하여 지급청구를 할 수 없다.

해설 ⑤ 공탁일부터 15년이 경과된 미제 공탁사건의 공탁금은 편의적으로 소멸시효가 완성된 것으로 보아 규칙 제62조의 규정에 따라 국고귀속조치를 취하되, 그 후 소멸시효가 완성되지 아니한 사실을 증명하여 공탁금지급청구를 한 경우에는 착오 국고귀속 공탁금의 반환절차에 따라 처리한다.

15 소멸시효 완성 전 공탁금 출급 및 회수청구 안내에 관한 업무처리지침(행정예규 제1203호)에 관한 설명 중 가장 옳지 않은 것은?

▶ 2020 법무사

① 안내에 관한 업무는 법원행정처 사법등기국에서 처리하며 사법등기심의관이 담당한다.

② 안내는 공탁금 출급·회수청구에 관한 안내문을 발송하는 방법으로 하며, 안내문은 우편으로 발송하되, 필요한 경우 전자적인 방법 등을 이용하여 알릴 수 있다.

③ 직전 연도 말 기준 만 2년, 4년, 6년 및 8년 전인 해에 수리된 공탁사건 중 잔액이 10만 원 이상인 변제·집행공탁사건의 피공탁자, 재판상 보증공탁사건의 공탁자를 안내 대상으로 한다.

④ 공탁금 출급·회수청구권에 관한 지급제한사유가 있는지 여부와 관계없이 안내문을 발송할 수 있다.

⑤ 안내문은 공탁서 또는 공탁통지서를 대신하여 공탁금 출급·회수청구 시의 첨부서류가 될 수 있다.

해설 ⑤ 안내문은 공탁서 또는 공탁통지서를 대신하여 공탁금 출급·회수청구 시의 첨부서류가 될 수 없다.

16 공탁금지급청구권의 소멸시효 중단에 관한 다음 설명 중 가장 옳지 않은 것은?

▶ 2023 법무사

① 공탁관이 공탁자 또는 피공탁자 등 정당한 권리자에 대하여 공탁사건의 완결 여부의 문의서를 발송한 경우에는 시효가 중단된다.

② 공탁관이 공탁자 또는 피공탁자에 대하여 해당 사건의 공탁금을 지급할 수 있다는 취지를 구두로 답한 경우에는 시효가 중단된다.

③ 변제공탁에 대해 피공탁자로부터 제출된 수락서를 공탁관이 받은 경우에는 그것만으로 출급청구권의 시효가 중단된다.

④ 공탁금지급청구권에 대한 압류, 가압류, 가처분은 피압류채권, 즉 공탁금지급청구권의 시효중단사유가 되지 않는다.

⑤ 공탁금회수청구권에 대한 시효중단은 출급청구권의 시효진행에 영향을 미치지 않고, 그 반대의 경우도 동일하다.

해설 ③ 변제공탁에 대해 피공탁자로부터 제출된 수락서를 공탁관이 받았다 해도 그것만으로 출급청구권의 시효가 중단되지 않는다.

정답 13 ③ 14 ⑤ 15 ⑤ 16 ③

공탁금지급청구권의 변동

01 다음은 공탁물출급청구권과 공탁물회수청구권의 상호관계에 대한 설명이다. 가장 틀린 것은?

▶ 2010 법무사

① 공탁물출급청구권과 공탁물회수청구권은 원칙적으로 일방에 대한 양도·압류 등의 처분 후에도 타방에 대한 양도·압류 등의 처분이 가능하다.

② 재판상 담보공탁의 공탁물회수청구권에 대한 양도·전부 등이 있더라도 담보취소결정정본 및 확정증명이 제출되지 않았다면 피공탁자는 여전히 담보권이 발생하였음을 증명하여 출급청구권을 행사할 수 있다.

③ 재판상 담보공탁의 담보권리자가 공탁자의 공탁금회수청구권을 압류하고 추심명령을 받은 후 담보취소결정을 받아 공탁금회수청구를 하는 경우, 담보공탁금의 피담보채권을 집행채권으로 하는 이상 질권자와 동일한 권리가 있다.

④ 매각허가결정에 대한 항고보증으로 현금을 공탁한 후 그 항고가 기각되어 배당재단에 포함된 경우, 공탁관은 항고가 기각되기 전에 항고인의 공탁금회수청구권에 대하여 압류 및 전부명령이 있었다는 이유로 배당채권자의 공탁금의 출급청구를 거부할 수 없다.

⑤ 공탁물출급청구권과 공탁물회수청구권행사의 선후관계를 결정함에 있어서는 지급요건의 충족 여부는 불문하고 지급청구서가 접수된 때를 기준으로 선후관계를 결정하여야 한다.

> **해설** ⑤ 공탁물출급청구권과 공탁물회수청구권행사의 선후관계를 결정함에 있어서도 공탁관의 지급인가의 전후에 의하는 것이 아니라, 지급요건이 충족된 지급청구서가 접수된 때를 기준으로 선후관계를 결정하여야 함이 타당하다.

02 공탁물지급절차에 관한 다음 설명 중 가장 옳지 않은 것은?　　　　▶ 2016 법원사무관

① 공탁신청 당시 제출한 위임장에 '회수청구 및 그 수령의 권한'이 명기되어 있어도 종전의 대리인이 공탁물회수청구를 할 때에는 별도의 위임장을 제출하거나 종전에 위임한 대리권이 소멸되지 않았음을 증명하는 공탁자 본인 작성의 서면(인감증명 첨부 또는 공증)을 제출하여야만 한다.

② 공탁자가 공탁통지서나 이해관계인인 피공탁자의 승낙서를 첨부한 경우 공탁서를 첨부하지 않아도 된다.

③ 상속인 중 1인이 다른 상속인들 중 일부로부터 출급청구권을 양도받아 공탁금출급청구권자가 된 경우에는 공탁금출급청구권을 양도받은 사실을 이유로 국가를 상대로 공탁금수령권한이 있다는 확인판결을 받은 것만으로는 양도를 증명하는 서면은 갖추었으나 양도인의 적법한 통지가 있다고 볼 수 없으므로 공탁금을 출급할 수 없다.

④ 공탁관은 계좌입금신청인이 출급지시 전에 계좌입금신청을 철회하거나 포괄계좌입금 신청을 해지하지 아니하는 한 계좌입금방식으로 공탁금을 지급하여야 하고, 신청인이나 그 대리인에게 직접 지급하여서는 아니 된다.

> **해설** ② 피공탁자가 공탁서를 첨부한 경우에는 공탁통지서를 첨부하지 않아도 되나(공탁규칙 제33조 제1호 나목), 반대로 공탁자가 공탁통지서를 첨부한 경우는 공탁서를 첨부하지 않아도 되는 경우에 해당하지 않는다(공탁규칙 제34조 제1호 나목).

03 甲은 피공탁자를 乙로 하여 반대급부를 조건으로 500만원을 민법 제487조 변제공탁을 하였는데, 이후 乙이 丙에게 공탁금출급청구권을 양도한다는 양도통지서가 공탁소에 도달하였다. 다음 중 가장 옳지 않은 것은? ▸ 2014 법원사무관

① 丙이 출급청구하기 전이라면 甲은 일반적으로 민법 제489조 제1항에 기하여 공탁금을 회수할 수 있다.
② 양도통지서에 乙의 인감증명서가 첨부되어 있지 않더라도 乙은 출급청구를 할 수 없다.
③ 丙이 직접 출급청구하는 경우 丙의 인감증명서 제출은 면제된다.
④ 丙이 출급청구하기 위해서는 반대급부이행 증명서면을 첨부하여야 한다.

> **해설** ① 공탁물출급청구권의 양도는 피공탁자의 자유의사에 의한 것이므로 특별한 사정이 없는 한 양도행위 자체에 공탁수락의 의사표시가 포함되어 있다고 해석할 수 있다. 따라서 공탁관에게 도달된 공탁물출급청구권의 양도통지서에 공탁수락의 의사표시가 명시적으로 기재되어 있지 않더라도 적극적인 불수락의 의사표시가 기재되어 있지 않는 한 그 양도통지서의 도달과 동시에 공탁수락의 의사표시가 있는 것으로 보아 공탁자의 민법 제489조 제1항에 의한 회수청구권은 소멸된다.

04 공탁금 지급청구권의 양도에 관한 다음 설명 중 가장 옳지 않은 것은? ▸ 2024 법무사

① 양수인이 공탁금의 지급을 청구할 때에는 지급청구권의 요건사실 및 양수사실을 증명하는 서면을 첨부하여야 한다.
② 양도통지가 검찰청을 통하여 이루어지지 않고 직접 공탁관에게 도달된 경우라도 유효하다.
③ 양도증서를 공증받아 제출하는 경우라도 양도인의 인감증명서 제출 없이는 양수인은 공탁금 지급청구를 할 수 없다.
④ 공탁금 지급청구권의 양도통지서에 날인된 양도인의 인영에 대하여 인감증명서가 첨부되지 아니한 경우라 하더라도 양도인은 공탁금의 지급청구를 할 수 없다.
⑤ 변제공탁의 경우 공탁관에게 도달된 공탁금 출급청구권의 양도통지서에 공탁수락의 의사표시가 명시적으로 기재되어 있지 않더라도 적극적인 불수락의 의사표시가 기재되어 있지 않는 한 그 양도통지서의 도달과 동시에 공탁수락의 의사표시가 있는 것으로 보아 공탁자의 민법 제489조 제1항에 의한 회수청구권은 소멸된다.

정답 ▸ **01** ⑤ **02** ② **03** ① **04** ③

> **해설** ③ 양도증서를 공증받아 제출하는 경우 양도인의 인감증명서 제출 없이도 양수인은 공탁금 지급청구를 할 수 있다.

05 다음은 공탁물지급청구권의 양도에 대한 설명이다. 가장 틀린 것은? ▸ 2012 법무사

① 공탁물지급청구권의 양도통지는 양도인이 채무자인 국가(소관 : ○○법원 공탁관)에 하여야 하며, 양수인 자신이 통지하거나 양도인을 대위하여 통지할 수는 없다.

② 공탁금지급청구권 양도의 의사표시 및 그 통지를 명하는 판결이 확정되었다면 양도의 의사표시가 있는 것으로 의제되고, 양수인이 위 판결과 그 확정증명을 대한민국(소관 : ○○법원 공탁관)에 송부하거나 제시하여 공탁금을 지급받을 수 있다.

③ 양수인이 공탁금의 지급을 청구할 때에는 지급청구권의 요건사실 및 양수사실을 증명하는 서면을 첨부하여야 한다.

④ 양도인의 인감증명서 첨부없이 공탁금회수청구권의 양도통지가 있는 경우 적법한 양도통지가 있은 것으로 볼 수 없으므로 양도인의 공탁금회수청구에 응할 수 있다.

⑤ 변제공탁의 경우 적극적인 불수락의 의사표시가 기재되어 있지 않는 한 출급청구권에 대한 양도통지서의 도달과 동시에 민법 제489조 제1항에 의한 회수청구권은 소멸된다.

> **해설** ④ 양도인의 공탁금지급청구 : 공탁금지급청구권의 양도통지서에 날인된 양도인의 인영에 대하여 인감증명서가 첨부되지 아니한 경우라 하더라도 양도인은 공탁금의 지급청구를 할 수 없다.

06 다음은 변제공탁물의 회수에 관한 설명이다. 가장 옳은 것은? ▸ 2013 법무사

① 공탁물출급청구권의 양도가 있는 경우 공탁수락의 의사표시가 명시적으로 기재되어야만 그 양도통지서의 도달과 동시에 공탁자의 민법 제489조 제1항에 의한 회수청구권은 소멸한다.

② 공탁금회수청구권의 양도통지서에 날인된 양도인의 인영에 대하여 인감증명서가 첨부되지 아니한 경우 양도인은 공탁금의 회수청구를 할 수 있다.

③ 저당채무의 공탁 후에 저당권설정등기가 말소되지 아니한 경우에는 민법 제489조에 의한 회수청구를 할 수 있다.

④ 공탁자가 착오로 공탁한 후 공탁물을 회수하기 전에 공탁물출급청구권에 대한 전부명령을 받아 공탁물을 수령한 자는 공탁자에 대하여 부당이득반환의무를 부담한다.

⑤ 가집행선고부 판결에 기한 변제공탁 후 피공탁자의 공탁수락서가 제출된 경우, 가집행선고부 제1심 판결의 채무액이 항소심 판결에서 일부 취소되었더라도 공탁원인소멸을 이유로 그 차액에 해당하는 공탁금을 회수할 수 없다.

해설 ① 공탁물출급청구권의 양도는 피공탁자의 자유의사에 의한 것이므로 특별한 사정이 없는 한 양도행위 자체에 공탁수락의 의사표시가 포함되어 있다고 해석할 수 있다. 따라서 공탁관에게 도달된 공탁물출급청구권의 양도통지서에 공탁수락의 의사표시가 명시적으로 기재되어 있지 않더라도 적극적인 불수락의 의사표시가 기재되어 있지 않는 한 그 양도통지서의 도달과 동시에 공탁수락의 의사표시가 있는 것으로 보아 공탁자의 민법 제489조 제1항에 의한 회수청구권은 소멸된다.

② 공탁금지급청구권의 양도통지서에 날인된 양도인의 인영에 대하여 인감증명서가 첨부되지 아니한 경우 양도인은 공탁금의 지급청구를 할 수 없다.

③ 질권과 저당권은 변제공탁의 성립으로 당연히 소멸되므로, 공탁 후에 질물이 반환되었는지 또는 저당권 설정등기가 말소되었는지 여부는 전혀 고려할 필요 없이 변제공탁의 성립과 동시에 민법 제489조에 의한 공탁물회수청구권은 확정적으로 소멸된다.

⑤ 가집행선고부 판결에 기한 공탁은 채무를 확정적으로 소멸시키는 원래의 변제공탁이 아니고, 상소심에서 그 가집행의 선고 또는 본안판결이 취소되는 것을 해제조건으로 하는 것이므로, 가집행선고부 제1심 판결의 채무액이 항소심 판결에서 일부 취소되었다면 그 차액에 대해서는 공탁원인이 소멸되었다고 할 수 있다. 가집행선고 있는 판결에 기한 변제는 확정적 변제행위로서의 성격을 갖는 것이 아니라, 제1심 판결이 인용한 지연손해금의 확대를 방지하고 그 판결에 붙은 가집행선고에 기한 강제집행을 면하기 위하여 그 금원을 지급한 것으로 봄이 상당하다(대판 1995. 6.30, 95다15827).

07 「공탁수락의 의사표시(민법 제489조 제1항)」에 관한 다음 설명 중 가장 틀린 것은?

▸ 2012 법무사

① 공탁물출급청구권의 양수인, 압류·가압류채권자, 추심채권자, 전부채권자, 채권자대위권을 행사하는 일반채권자는 모두 공탁수락의 의사표시를 할 수 있는 자들이다.

② 공탁수락의 의사표시는 공탁자 또는 공탁소에 할 수 있고, 그 방법에는 제한이 없으므로 구두나 서면으로 할 수 있으나, 공탁소에 대한 공탁수락의 의사표시는 공탁을 수락한다는 뜻을 적은 서면을 공탁관에게 제출하는 방법으로 하여야 한다.

③ 공탁수락의 의사표시는 원칙적으로 철회가 인정되지 않으나, 착오 또는 사기·강박에 의한 취소는 허용된다.

④ 변제공탁의 피공탁자가 공탁된 금원 중 일부금을 이의를 유보하고 출급한 경우, 미출급된 공탁금에 대하여 공탁자의 공탁금회수청구권은 소멸하지 않는다.

⑤ 공탁자가 공탁원인으로 들고 있는 사유가 법률상 효력이 없는 것이어서 공탁이 부적법하다고 하더라도 피공탁자가 그 공탁물을 수령하면서 아무런 이의도 유보하지 아니하였다면, 특별한 사정이 없는 한 공탁자가 주장한 공탁원인을 수락하는 것으로 보아 공탁자가 공탁원인으로 주장한 대로 법률효과가 발생한다.

정답 05 ④ 06 ④ 07 ①

해설 ① 공탁수락의 의사표시를 할 수 있는 자는 원칙적으로 피공탁자이나, 공탁물출급청구권은 민법상 지명채권과 같이 채권양도나 채권자대위 또는 압류·가압류의 대상이 될 수 있으므로, 공탁물 출급청구권의 양수인, 전부채권자, 추심채권자 및 채권자대위권을 행사하는 일반채권자도 공탁수락의 의사표시를 할 수 있다. 그러나 압류·가압류채권자는 전부명령 또는 추심명령을 받지 않는 한 해당 청구권의 처분권한을 가지지 아니하므로 채권자대위에 의한 경우가 아니면 공탁수락의 의사표시를 할 수 없다.

08 채권양도(양도의 효력에 다툼이 있음) 후에 양도인에 대한 채권가압류가 있어 혼합공탁하는 경우에 관한 다음 설명 중 가장 옳지 않은 것은? ▶ 2020 법무사

① 민법 제487조 후단, 민사집행법 제291조, 제248조 제1항의 혼합공탁을 할 수 있다.
② 혼합공탁 후 채권양도가 무효로 판명되지 않더라도 가압류를 본압류로 이전하는 압류명령이 송달되면 공탁관은 바로 사유신고를 해야 한다.
③ 혼합공탁을 하더라도 그로써 배당가입차단효가 발생하지는 아니한다.
④ 채권양도가 유효로 판명되면 양수인이 진정한 채권자가 된다.
⑤ 양수인은 양도인의 승낙서(인감증명 첨부) 이외에 가압류채권자의 승낙서(인감증명 첨부)를 첨부해서 공탁금을 출급할 수 있다.

해설 ② 채권양도의 통지 이후에 양도인을 압류채무자로 하는 압류명령의 송달이 있고 그 채권양도의 효력 유무에 대하여 다툼이 있어 혼합공탁을 한 경우에 압류채권자가 공탁금을 출급청구하기 위해 서는, 채권양도가 무효이므로 양도인(집행채무자)에게 공탁금출급청구권이 있다는 취지의 혼합해 소문서를 집행법원에 제출하여 집행법원의 배당절차를 거친 후 집행법원의 지급위탁 및 지급증명서를 첨부하여야 할 것이다.

09 공탁물지급청구권의 처분에 관한 다음 설명 중 가장 옳지 않은 것은? ▶ 2020 법무사

① 상속인 중의 1인이 다른 상속인들 중 일부로부터 출급청구권을 양도받아 공탁금출급청구권자가 된 경우에는 공탁금출급청구권을 양도받은 사실을 이유로 국가를 상대로 공탁금수령권한이 있다는 확인판결을 받으면 별도로 국가에 그 양도사실을 통지할 필요 없이 공탁금을 출급청구할 수 있다.
② 공탁금지급청구권의 양도통지가 검찰청을 통하여 이루어지지 않고 공탁공무원에게 직접 도달된 경우에도 유효하다.
③ 양도인이 공탁관에 대하여 공탁물지급청구권의 양도통지를 한 후 양도인이 다시 일방적으로 양도계약을 해제한 뜻의 통지를 하여도 양수인이 양도인의 위 채권양도 통지철회에 동의하였다고 볼 증거가 없으면 그 효력이 생기지 아니한다.

④ 공탁금지급청구권의 양도통지서에 날인된 양도인의 인영에 대하여 인감증명서가 첨부되지 아니한 경우, 양수인이 공탁금을 지급청구할 때에는 양도인의 인감증명서를 첨부하여야 한다. 그러나 양도증서를 공증받아 제출하는 경우에는 양도인의 인감증명서 제출 없이도 양수인은 공탁금 지급청구를 할 수 있다.

⑤ 변제공탁의 경우 공탁관에게 도달된 공탁금출급청구권의 양도통지서에 공탁수락의 의사표시가 명시적으로 기재되어 있지 않더라도 적극적인 불수락의 의사표시가 기재되어 있지 않는 한 공탁자의 민법 제489조 제1항에 의한 회수청구권은 소멸된다.

해설 ① 피공탁자의 상속인 중 1인이 다른 상속인들 중 일부로부터 출급청구권을 양도받아 공탁금출급청구권자가 된 경우에는 그 양도를 증명하는 서면을 첨부하여야 하는 외에 양도인이 제3채무자인 국가에게 그 사실을 통지하는 것이 필요하므로, 공탁금출급청구권을 양도받은 사실을 이유로 국가를 상대로 공탁금수령권한이 있다는 확인판결을 받은 것만으로는 양도를 증명하는 서면은 갖추었으나 양도인의 적법한 통지가 있다고 볼 수 없으므로 공탁금을 출급할 수 없다.

10 甲의 乙에 대한 대여금채권이 丙에게 양도되었으나, 채권양도의 효력에 대하여 의문이 있고, 채권양도 이후에 甲의 채권자인 丁이 위 대여금채권에 관하여 가압류를 하였다. 다음 설명 중 가장 옳지 않은 것은? (다툼이 있는 경우 판례·예규 및 선례에 의함) ▸ 2017 법무사

① 乙은 甲 또는 丙을 피공탁자로 기재하여 혼합공탁을 할 수 있다.

② 乙이 공탁을 하는 경우 공탁근거법령조항은 민법 제487조 후단, 민사집행법 제291조, 제248조 제1항으로 기재한다.

③ 甲과 丙에게는 공탁통지서를 발송하고, 丁에게는 공탁사실통지서를 발송한다.

④ 채권양도가 유효한 경우에 丙은 甲의 승낙서 또는 甲에 대한 공탁금출급청구권 확인 승소확정판결을 제출하여 공탁금의 출급을 청구할 수 있다.

⑤ 채권양도가 무효인 경우에 丁은 집행법원의 지급위탁절차에 의하여 공탁금의 출급을 청구할 수 있다.

해설 ④ 혼합공탁이 이루어진 경우 피공탁자인 양수인은 다른 피공탁자인 양도인의 승낙서(인감증명서 첨부)나 양도인에 대한 공탁금출급청구권 승소확정판결 이외에 가압류채권자의 승낙서(인감증명서 첨부) 또는 그를 상대로 한 공탁금출급청구권 승소확정판결을 출급청구권을 갖는 것을 증명하는 서면으로 첨부하여야만 공탁금을 출급할 수 있다(공탁선례 제201103-3호).

11 공탁물지급청구권에 관한 다음 설명 중 가장 옳은 것은? (다툼이 있는 경우 판례·예규 및 선례에 의함)
▶ 2016 법무사

① 상속인 중 1인이 다른 상속인들 중 일부로부터 출급청구권을 양도받아 공탁금출급청구권자가 된 경우, 공탁금출급청구권을 양도받은 사실을 이유로 국가를 상대로 공탁금수령권한이 있다는 확인판결을 받았다면, 양도인이 국가에게 양도사실을 별도로 통지하지 않았더라도, 공탁금을 출급할 수 있다.

② 공탁금회수청구권의 양도통지가 검찰청을 거치지 않고 공탁관에게 직접 도달된 경우, 그 통지는 효력이 없다.

③ 공탁금출급청구권의 양도통지는 양도인이 하여야 하나, 양수인이 양도인으로부터 양도통지 권한을 위임받아 대리인의 자격에서 양도통지를 할 수 있다.

④ 변제공탁의 경우 공탁관에게 도달된 공탁금출급청구권의 양도통지서에 공탁수락의 의사표시가 명시적으로 기재되어 있지 않다면, 그 양도통지서가 도달하더라도 그에 의하여 공탁자의 민법 제489조 제1항에 의한 회수청구권이 소멸된다고 볼 수 없다.

⑤ 공탁물출급청구권의 양도통지를 한 후 그 양도계약이 해제된 경우, 그 해제를 이유로 채무자 기타 제3자에게 대항할 수 있기 위해서는 양도인이 채무자에게 해제사실을 통지하여야 한다.

해설 ① 피공탁자의 상속인 중 1인이 다른 상속인들 중 일부로부터 출급청구권을 양도받아 공탁금출급청구권자가 된 경우에는 그 양도를 증명하는 서면을 첨부하여야 하는 외에 양도인이 제3채무자인 국가에게 그 사실을 통지하는 것이 필요하므로, 공탁금출급청구권을 양도받은 사실을 이유로 국가를 상대로 공탁금수령권한이 있다는 확인판결을 받은 것만으로는 양도를 증명하는 서면은 갖추었으나 양도인의 적법한 통지가 있다고 볼 수 없으므로 공탁금을 출급할 수 없다(공탁선례 제2-338호).

② 공탁금지급청구권의 양도통지가 공탁관에게 직접 도달된 경우에도 유효하다(공탁선례 제2-329호).

④ 양도통지서의 도달과 동시에 공탁수락의 의사표시가 있는 것으로 보아 공탁자의 민법 제489조 제1항에 의한 회수청구권은 소멸된다.

⑤ 지명채권의 양도통지를 한 후 그 양도계약이 해제된 경우에, 양도인이 그 해제를 이유로 다시 원래의 채무자에 대하여 양도채권으로 대항하려면 양수인이 채무자에게 위와 같은 해제사실을 통지하여야 한다(대판 1993.8.27, 93다17379). 양도인이 공탁관에 대하여 공탁물지급청구권의 양도통지를 한 후 양도인이 다시 일방적으로 양도계약을 해제한 뜻의 통지를 하여도 양수인이 양도인의 위 채권양도 통지철회에 동의하였다고 볼 증거가 없다면 위 채권양도통지 철회는 효력이 없다(대판 1993.7.13, 92다4178).

12 공탁물지급청구권의 처분에 관한 다음 설명 중 가장 옳지 않은 것은? (다툼이 있는 경우 판례·예규 및 선례에 의함) ▸ 2017 법무사

① 공탁물지급청구권의 양도통지는 양도인이 직접 하지 아니하고 사자(使者) 또는 대리인을 통하여 할 수 있으므로, 양수인도 양도인으로부터 양도통지 권한을 위임받아 대리인으로서 그 통지를 할 수 있다.

② 제3채무자가 공탁관(국가)인 경우의 공탁금회수청구권 또는 출급청구권 압류의 통지는 공탁관 소속법원에 대응하는 검찰청의 장에게 송달함이 타당하므로 공탁금지급청구권의 양도통지가 공탁관에게 직접 송달된 경우에는 그 효력이 없다.

③ 변제공탁의 경우 공탁관에게 도달된 공탁금출급청구권의 양도통지서에 공탁수락의 의사표시가 명시적으로 기재되어 있지 않더라도 적극적인 불수락의 의사표시가 기재되어 있지 않는 한 공탁자의 민법 제489조 제1항에 의한 회수청구권은 소멸된다.

④ 공탁금지급청구권의 양도통지서에 날인된 양도인의 인영에 대하여 인감증명서가 첨부되지 아니한 경우라 하더라도 공탁관은 적법한 양도통지가 있는 것으로 취급하여 양도인의 공탁금회수청구에 응할 수 없으며, 양수인이 공탁금회수청구를 할 때에는 양도인의 인감증명서를 첨부하여야 한다.

⑤ 공탁금출급청구권 양도의 의사표시 및 그 통지를 명하는 판결이 확정되었다면 양도의 의사표시가 있는 것으로 의제되고 양수인은 위 판결과 그 확정증명 등을 채무자인 대한민국(소관 : ○○법원 공탁관)에 송부하거나 제시하고 공탁금을 출급받을 수 있다.

해설 ② 공탁금지급청구권의 양도통지가 공탁관에게 직접 도달된 경우에도 유효하다(공탁선례 제2-329호).

13 甲이 乙에 대한 대여금채무 6천만원을 수령불능을 이유로 민법 제487조 변제공탁을 하였고, 이후 공탁금출급청구권 전액에 대한 확정일자 있는 채권양도통지서(양수인 丙)가 공탁소에 송달되었다. 다음 설명 중 가장 옳은 것은? ▸ 2021 법원사무관

① 만약 양도통지서에 양도인 乙의 인감증명서가 첨부되지 않았다면 乙은 공탁금 출급을 청구할 수 있다.

② 丙이 전자공탁시스템을 이용하여 위 공탁금 전액을 출급청구할 경우 인감증명서 제출이 면제된다.

③ '乙이 공탁금출급청구권을 丙에게 양도한다'는 취지의 확정일자 있는 양도통지서가 공탁관에게 도달되었다면 丙이 출급청구하기 전이라도 甲은 민법 제489조에 기하여 공탁금을 회수할 수 없는 것이 원칙이다.

④ 공탁금출급청구권이 유효하게 丙에게 양도된 후라도 丙이 출급청구를 하기 전에 乙의 채권자들에 의한 다수의 압류명령이 공탁소에 송달되어 집행채권액의 합계가 공탁금을 초과하는 경우에 공탁관은 먼저 송달된 압류명령을 발령한 법원에 사유신고를 하여야 한다.

정답 11 ③ 12 ② 13 ③

해설 ① 양도인의 인감증명서 첨부 없이 양도통지가 있어도 공탁관은 일단 적법한 양도통지가 있는 것으로 취급하여야 하므로, 공탁금회수청구권의 양도통지서에 찍힌 양도인(공탁자)의 인영에 대하여 양도인의 인감증명서가 첨부되지 아니한 경우라도 양도인의 공탁금회수청구에는 응할 수 없으나, 나중에 양수인이 공탁금회수청구를 할 경우에는 양도인의 인감증명서를 제출하여야 한다.

② 전자로 공탁을 신청하는 것은 액수에 제한이 없지만, 지급(출급·회수)청구는 5천만원 이하인 경우에만 가능하다.

④ 공탁금지급청구권이 제3자에게 양도되어 대항요건을 갖춘 후에 압류, 가압류 등이 경합한 경우는 비록 복수의 압류가 있고 집행채권의 총액이 피압류채권(공탁금지급청구권) 총액을 초과하더라도 사유신고의 대상이 아니다.

14 공탁금지급청구권에 대한 강제집행에 관한 다음 설명 중 가장 옳지 않은 것은? (다툼이 있는 경우 판례에 의함)
▶ 2015 법무사

① 공탁금지급청구권에 대하여 압류명령을 신청할 경우에는 집행의 대상이 공탁금출급청구권인지 공탁금회수청구권인지를 특정하여야 하고, 나아가 공탁번호, 공탁자, 피공탁자, 공탁연월일, 공탁금액 등으로 특정하여야 한다.

② 제3채무자인 국가(소관 공탁관)에 대한 압류명령의 송달은 국가를 당사자로 하는 소송에 관한 법률 제9조를 준용하여 압류결정법원에 대응하는 검찰청(지원의 경우에는 지방검찰청)의 장에게 송달하나, 압류결정법원이 고등검찰청 소재지의 지방법원 산하(지방법원 지원 포함)인 경우에는 그 소재지 고등검찰청의 장에게 한다.

③ 변제공탁의 경우 민법 제489조의 회수청구권 소멸사유가 없는 한 공탁자가 언제든지 회수할 수 있으므로 회수청구권은 전부명령의 피전부적격이 있다.

④ 가압류해방공탁의 경우 회수청구권에 대하여 가압류채권자의 가압류가 있는 것으로 보게 되므로 그 회수청구권에 대하여 다른 채권자의 압류 및 전부명령이 송달된 경우에는 전부명령의 효력은 없고 압류의 효력만 있다.

⑤ 공탁금지급청구권에 대한 압류 및 추심명령은 압류채권자에게 채무자의 제3채무자에 대한 추심권능을 부여하는 것으로, 추심권능은 그 자체로서 독립적으로 환가할 수 있는 것이어서 그 추심권능에 대한 가압류결정도 유효하다.

해설 ⑤ 압류 및 추심명령은 압류채권자에게 채무자의 제3채무자에 대한 추심권능만을 부여하는 것으로서, 추심권능은 그 자체로서 독립적으로 처분하여 환가할 수 있는 것이 아니어서 추심권능에 대한 가압류결정은 무효이고, 추심권능을 소송상 행사하여 승소확정판결을 받았다 하더라도 그 판결에 기하여 금원을 지급받는 것 역시 추심권능에 속하는 것이므로 이러한 판결에 기하여 지급받을 채권에 대한 가압류결정도 무효이다.

15 공탁금출급청구권에 대한 강제집행과 관련된 다음 〈보기〉의 설명 중 옳은 내용만을 모두 고른 것은?

▶ 2020 법무사

┤ 보기 ├

ㄱ. 장래의 토지수용보상금채권(債權)에 대한 전부명령이 확정된 후에 사업시행자가 금전이 아닌 자신이 발행한 채권(債券)으로 공탁한 경우 전부채권자는 공탁된 채권(債券)을 직접 출급청구할 수 없다.

ㄴ. 공탁금출급청구권에 대한 압류 및 추심명령이 있은 후 추심채권자가 집행채권을 제3자에게 양도한 경우 집행채권의 양수인은 다시 국가(공탁관)를 제3채무자로 하여 압류 및 추심명령을 받아야 하며, 승계집행문을 부여받아 공탁금을 출급청구할 수 있다.

ㄷ. 변제공탁된 공탁금에 대한 채권압류 및 전부명령이 제3채무자인 국가(공탁관)에 송달된 후 그 전부명령이 확정되기 전에 다른 압류명령 등이 국가에 송달되면 압류의 경합이 생기게 되므로 공탁관은 전부명령이 추후 확정되더라도 전부채권자의 공탁금 출급청구를 허용할 수 없다.

ㄹ. 민사집행법 제246조 제1항의 압류금지채권인 근로자의 퇴직금 2분의 1 상당액을 민법 제487조에 따라 근로자의 수령거절을 원인으로 변제공탁한 후 이를 집행대상으로 한 압류 및 전부명령이 있는 경우 전부채권자는 공탁금을 출급청구할 수 있다.

① ㄱ   ② ㄱ, ㄴ   ③ ㄱ, ㄴ, ㄷ
④ ㄱ, ㄴ, ㄹ   ⑤ ㄱ, ㄴ, ㄷ, ㄹ

해설 ㄴ. 추심채권자가 집행채권을 제3자에게 양도한 경우 당해 추심권자로서의 지위도 집행채권의 양도에 수반하여 양수인에게 이전된다고 할 것이므로 집행채권의 양수인은 다시 국가를 제3채무자로 하여 압류 및 추심명령을 받을 필요는 없다.

ㄷ. 공탁금지급청구권에 대하여 압류 및 전부명령을 송달받은 공탁관은 그 전부명령이 확정되기 전에 다른 압류 및 전부명령을 송달받은 경우 선행의 전부명령이 실효되지 않는 한 압류의 경합은 생기지 아니하므로, 차후에 선행의 전부명령이 확정되면 전부채권자는 특정승계인으로서 공탁금을 지급청구할 수 있을 것이다.

ㄹ. 사용자인 법인이 압류금지채권인 근로자의 퇴직급 2분의 1 상당액을 민법 제487조의 규정에 의하여 근로자의 수령거절을 원인으로 변제공탁한 경우, 그 공탁금은 임금채권의 성질을 유지한다고 보아야 하므로 이를 집행대상으로 한 압류 및 전부명령은 비록 그 방식이 적법하더라도 그 내용은 무효라 할 것이나 형식적 심사권 밖에 없는 공탁관으로서는 그 압류 및 전부명령의 유·무효를 심사할 수 없는 것이므로 피공탁자 또는 전부채권자가 공탁금의 출급을 청구하는 어느 경우라도 그 출급을 인가할 수 없을 것이다.

16 공탁금의 출급·회수청구권에 대한 전부명령의 효력에 관한 설명이다. 가장 옳지 않은 것은?

▸ 2014 법무사

① 갑이 을에게 지급할 급여정산금 중 이미 압류된 2분의 1 해당금액을 집행공탁한 후 나머지 금원을 을이 수령하지 아니하므로 갑이 을을 피공탁자로 하여 변제공탁을 한 후에 을의 채권자 병이 공탁금출급청구권에 대하여 채권압류 및 전부명령을 받아 공탁금 출급청구를 하였을 때 제3채무자는 압류채권자의 전부금지급청구에 대하여 실체법상의 무효를 이유로 그 지급을 거절할 수 있을 것이다.

② 체납처분압류에 있어서 피압류채권의 일부를 특정하여 압류한 경우 그 체납처분에 의한 압류 후에 전부명령이 발령된 경우에는 체납처분에 의한 압류가 미치는 범위를 제외한 나머지 부분에 대하여는 전부명령의 효력이 있다.

③ 제1채권자가 공탁금회수청구권의 일부에 대하여 가압류를 한 후 제2, 제3채권자가 동일한 공탁금회수청구권의 전부에 대하여 각 압류 및 전부를 하였을 때에는 청구채권 총액이 피압류채권 총액을 초과하여 채권이 경합된 상태이므로, 제2, 제3채권자가 받은 전부명령은 무효이며 후일 선행 가압류가 해제되더라도 전부명령은 부활되지 않는다.

④ 토지수용보상금에 관하여 사업시행자가 현금 또는 채권(債券) 중 어느 것으로 지급할 것인지 여부를 선택하지 아니한 상태에서, 손실보상금채권(債權)에 대한 압류 및 전부명령이 확정된 후에 사업시행자가 금전이 아닌 도시개발채권(債券)으로 공탁하였을 경우에도 위 전부명령의 실체적 효력은 유지된다.

⑤ 가압류채권자인 '갑'이 가집행선고부판결을 받아 해방공탁금의 회수청구권을 압류 및 전부받은 후라면 비록 전부채권자인 '갑'이 해방공탁금을 회수하기 전에 가압류채무자인 '을'이 항소심에서 전부 승소판결(갑의 청구기각판결)을 받아 사정변경에 의한 가압류결정취소결정을 받았다 하더라도 '을'은 이미 집행완료된 해방공탁금을 곧바로 회수할 수는 없다.

> **해설** ④ 전부명령은 압류된 채권을 지급에 갈음하여 압류채권자에게 이전시키고 그것으로 채무자가 채무를 변제한 것으로 간주하는 것이어서 전부명령의 대상인 채권은 금전채권으로 한정된다. 따라서 장래의 조건부채권에 대한 전부명령이 확정된 후에 사업시행자가 금전이 아닌 도시개발채권으로 공탁하였을 경우 민사집행법 제231조 단서에 의하여 그 부분에 대한 전부명령의 실체적 효력은 소급하여 실효된다.

정답 ▸ 16 ④

보관·몰취공탁 등

01 다음은 상업등기법 제41조에 따른 상호가등기를 신청할 때에 하는 공탁에 관한 설명이다. 가장 틀린 것은?

① 공탁신청인은 상호가등기를 신청할 자이다.
② 피공탁자란은 기재하지 않는다.
③ 공탁목적물은 금전이다.
④ 관할은 따로 정해지지 않았다.
⑤ 공탁자가 예정기간 내에 본등기를 한 때에는 등기관으로부터 교부받은 공탁원인소멸증명서를 첨부하여 회수청구할 수 있다.

> **해설** ② 몰취공탁의 피공탁자는 국가이므로 공탁서상 피공탁자란에는 '대한민국' 또는 '국'이라고 기재한다.

02 몰수보전, 추징보전 관련 공탁에 관한 다음 설명 중 가장 옳지 않은 것은? ▶ 2018 법무사

① 금전지급을 목적으로 하는 채권의 채무자는 해당 채권이 몰수보전된 후에 그 몰수보전의 대상이 된 채권에 대하여 강제집행에 의한 압류명령을 송달받은 때에는 그 채권의 전액을 채무 이행지의 관할 지방법원 또는 지원의 공탁소에 공탁함으로써 면책받을 수 있다.
② 채권이 몰수보전된 후 그 몰수보전의 대상이 된 채권에 대하여 강제집행에 의한 압류명령을 송달받아 제3채무자가 공탁한 경우 집행법원은 공탁된 금원 중에서 몰수보전된 금전채권의 금액에 상당하는 부분에 관하여는 공탁된 때에 배당절차를 시작하거나 변제금의 지급을 실시한다.
③ 추징보전명령에는 추징보전명령의 집행정지나 집행처분의 취소를 위하여 피고인이 공탁하여야 할 금액(추징보전해방금)을 정하여야 한다.
④ 추징선고된 경우에 공탁된 추징보전해방금이 추징금액을 초과할 때에는 그 초과액은 피고인에게 돌려주어야 한다.
⑤ 추징보전명령에 기하여 추징보전집행된 금전채권의 채무자(제3채무자)는 그 채권액에 상당한 금원을 공탁할 수 있다. 이 경우 채권자(피고인)의 공탁금출급청구권에 대하여 추징보전집행이 된 것으로 본다.

> **해설** ② 몰수보전된 금전채권액에 해당하는 부분에 관하여는 그 선후를 불문하고 형사판결 확정 시까지 강제집행절차가 중지되고, 몰수보전이 실효된 후 속행할 수 있다. 집행법원은 공탁된 금원 중에서 몰수보전된 금전채권의 금액에 상당하는 부분에 관하여는 몰수보전이 실효된 때, 그 나머지 부분에 관하여는 공탁된 때 배당절차를 개시하거나 변제금의 지급을 실시한다.

정답 01 ② 02 ②

03 몰수보전, 추징보전 관련 공탁에 관한 다음 설명 중 가장 옳지 않은 것은? (다툼이 있는 경우 판례·예규 및 선례에 따르고 전원합의체 판결의 경우 다수의견에 의함. 이하 같음)

▸ 2022 법무사

① 금전채권의 제3채무자는 해당 채권이 몰수보전이 된 후 그 몰수보전의 대상이 된 채권에 대하여 강제집행에 의한 (가)압류명령을 송달받은 경우 또는 강제집행에 의하여 (가)압류된 금전채권에 대하여 몰수보전이 있는 경우에는 몰수보전명령에 관련된 금전채권의 전액을 채무이행지의 지방법원 또는 지원의 공탁소에 공탁함으로써 면책받을 수 있다.

② 위 ①의 제3채무자가 공탁을 한 때에는 그 사유를 몰수보전명령을 발한 법원 및 (가)압류명령을 발한 법원에 신고하여야 하는데, 이때 공탁사유신고서에 첨부되는 공탁서는 몰수보전이 된 후 (가)압류명령을 송달받은 사유로 공탁한 경우와 (가)압류된 금전채권에 대하여 몰수보전이 있는 사유로 공탁한 경우 모두 몰수보전명령을 발한 법원에 제출하여야 한다.

③ 추징보전명령에 따라 추징보전이 집행된 금전채권의 채무자(제3채무자)가 그 채권액에 상당한 금액을 공탁한 경우 채권자(피고인)의 공탁금출급청구권에 대하여 추징보전이 집행된 것으로 본다.

④ 피고인이 추징보전명령의 집행정지를 위하여 추징보전해방금을 공탁한 후에 추징재판이 확정된 때에는 공탁된 금액의 범위 안에서 추징재판의 집행이 있은 것으로 보므로, 국가는 형사사건 판결정본과 확정증명서 등 추징재판이 확정되었음을 증명하는 서면을 첨부하여 지급청구할 수 있다.

⑤ 추징보전해방금이 공탁된 후 추징을 포함한 형사사건의 재판이 확정된 때에는, 피고인은 공탁금 중 추징금액을 넘는 초과액에 대하여 별도의 추징보전명령의 취소를 받지 않더라도 일반적인 첨부서면 외에 공탁원인소멸 증명서면으로서 그 형사사건의 판결정본과 확정증명서를 첨부하여 직접 회수할 수 있다.

> **해설** ② 공탁서는, 몰수보전이 된 후 (가)압류명령을 송달받은 경우에는 몰수보전명령을 발한 법원에, (가)압류된 금전채권에 대하여 몰수보전이 있는 경우에는 (가)압류명령을 발한 법원에 제출하여야 한다.

정답 **03** ②

혼합지문

01 공탁소(공탁기관)에 관한 다음 설명 중 가장 옳지 않은 것은?

▶ 2022 법무사

① 지방법원장이나 지원장이 지정한 대리공탁관은 원공탁관의 대리인이 아니라 대직기간 동안 자기 명의로 공탁사무를 처리하는 독립한 공탁관이며, 그가 처리한 공탁사무에 대하여 원공탁관이 책임을 지는 것이 아니라 스스로 책임을 진다.

② 공탁관의 심사권과 관련하여, 심사의 방법은 법정서면인 공탁서 또는 지급청구서 등과 그 첨부서면만에 의한 형식적인 방법으로 제한하되, 심사의 범위에 대해서는 절차법적 요건은 물론 실체법적 요건도 함께 신청서 및 첨부서면의 범위 내에서 심사하여야 한다.

③ 공탁물 보관자는 오랫동안 보관된 공탁물품이 그 본래의 기능을 다하지 못하게 되는 등의 특별한 사정이 있으면 공탁물(금전, 유가증권 제외)을 수령할 자에게 30일 이상의 기간을 정하여 수령을 최고한 후 이에 응하지 아니하는 경우 법원의 허가를 얻어 공탁물품을 유치권 등에 의한 경매절차에 따라 매각할 수 있고, 그 매각대금 전액을 물품공탁 법원에 공탁하여야 하며, 매각허가 신청비용, 매각비용 및 공탁물 보관비용에 대해서는 공탁 이후 별도로 출급청구하여야 한다.

④ 무기명식 사채권 소지인이 사채권자집회에서 의결권을 행사하기 위하여 그 채권(債券)을 공탁하는 경우에는, 시·군법원 공탁소를 제외한 모든 공탁소에서 공탁이 가능하며, 공탁관에게 공탁을 하지 아니하는 경우에는 대법원장에게 공탁기관의 지정을 구하여 그 지정된 은행 또는 신탁회사에 공탁할 수도 있다.

⑤ 변제공탁은 채무의 내용에 따른 것이어야 하므로 토지관할 없는 공탁소에 한 변제공탁은 설사 수리되었더라도 원칙적으로 무효이고 공탁자는 착오에 의한 공탁으로 회수할 수 있지만, 피공탁자가 공탁을 수락하거나 공탁물의 출급을 받은 때에는 그 흠결이 치유되어 그 공탁은 처음부터 유효한 공탁이 된다.

해설 ③ 공탁물보관자는 공탁물품의 매각대금 중에서 매각허가 신청비용, 매각비용 및 공탁물 보관비용을 공제한 잔액을 물품공탁 법원에 공탁하여야 한다.

정답 ▶ 01 ③

02 변제공탁의 요건 및 효과에 관한 설명으로 가장 틀린 것은?   ▶ 2010 법무사

① 특정채권에 대하여 채권양도의 통지가 있었으나 그 후 통지가 철회되는 등으로 채권이 적법하게 양도되었는지 여부에 관하여 의문이 있어 채권자 불확지를 원인으로 하는 변제 공탁사유가 생기고, 그 채권양도통지 후에 그 채권에 관하여 다수의 채권가압류결정이 내려짐으로써 그 채권양도의 효력이 발생하지 아니한다면, 압류경합으로 인하여「민사 집행법」제248조 제1항 소정의 집행공탁의 사유가 생긴 경우에, 채무자는「민법」 제487조 후단 및「민사집행법」제248조 제1항을 근거로 하여 채권자 불확지를 원인으 로 하는 변제공탁과 압류경합 등을 이유로 하는 집행공탁을 아울러 할 수 있다.

② 채무자가 변제공탁에 의하여 그 채무를 면하려면 채무액 전부를 공탁하여야 하고 일부의 공탁은 특별한 사정이 있는 경우를 제외하고는 채권자가 이를 수락하지 아니하는 한 그 에 상응하는 효력을 발생할 수 없다.

③ 공탁물이 금전 기타 소비물인 경우에는 피공탁자가 공탁소로부터 공탁물과 동종, 동질, 동량의 물건을 수령한 때에 비로소 공탁물의 소유권을 취득한 것으로 볼 수 있다.

④ 사업시행자가 중앙토지수용위원회에서 결정된 재결금을 공탁함에 있어서는 관련 비용을 공제하고 공탁할 수 있으므로, 피수용토지에 대한 상속등기를 대위신청할 때 소요될 등 록세액 기타 비용을 공제한 나머지 금액만을 공탁해도 유효한 공탁이다.

⑤ 적법한 변제공탁으로써 공탁원인사실에 특정되어 있는 채권이 소멸되는 효과가 발생되 는 것이기는 하나, 공탁자가 공탁물회수권의 행사에 의하여 공탁물을 회수한 경우에는 공탁하지 아니한 것으로 보아 채권소멸의 효력은 소급하여 없어진다.

> **해설** ④ 수용의 효과를 발생시키는 보상금의 공탁은 재결에서 정해진 보상금 전액의 공탁을 의미하므로, 수용대상토지에 대한 상속등기를 대위신청할 때 소요된 등록세액 기타 비용을 공제한 나머지 금 액만을 공탁한다면 이는 유효한 공탁이 될 수 없고, 이 경우 사업시행자가 대신 지출한 상속등기 비용은 별도로 수용보상금 채권자들에게 구상하여야 한다.

03 민법 제487조의 변제공탁에 관한 다음 설명 중 가장 옳지 않은 것은?   ▶ 2015 법무사

① 매도인이 매매계약을 해제하면서 그가 받은 중도금을 변제공탁하였고 매수인이 이를 아 무 이의 없이 수령하였다면 이는 공탁의 취지에 따라 수령한 것이 되어 공탁사유에 따른 법률효과가 발생한다.

② 공탁유효판결이 확정되더라도 공탁자의 민법 제489조에 기한 회수청구를 제한하기 위 해서는 피공탁자는 그 판결등본을 공탁관에게 제출하여야 한다.

③ 공탁자인 부동산 매수인이 매매대금을 변제공탁한 후 피공탁자의 공탁금출급청구권에 대하여 가압류를 하였다면 공탁자의 공탁으로 인한 변제의 효과는 소급하여 없어진다.

④ 보상금을 받을 자가 주소불명으로 인하여 그 보상금을 수령할 수 없는 때에 해당함을 이유로 하여 공익사업을 위한 토지 등의 취득 및 보상에 관한 법률 제40조 제2항 제1호의 규정에 따라 사업시행자가 보상금을 공탁한 경우, 정당한 공탁금수령권자이면서도 공탁관으로부터 공탁금의 출급을 거부당한 자가 공탁자인 사업시행자를 상대방으로 하여 그 공탁금출급권의 확인을 구하는 소송을 제기할 이익이 있다.

⑤ 채무자가 가집행선고부 제1심 판결에서 선고된 금원을 변제공탁하고 이에 대해 피공탁자가 공탁수락의 의사표시를 공탁소에 한 후에 항소심 판결에서 제1심 판결의 채무액이 일부 취소되었다면 그 차액에 대하여 공탁자는 공탁원인소멸을 이유로 회수할 수 있다.

(해설) ③ 변제공탁이 적법한 경우에는 채권자가 출급청구를 하였는지 여부와는 관계없이 그 공탁을 한 때에 변제의 효력이 발생한다고 할 것이고, 그 후 채권자인 공탁자가 공탁물출급청구권에 대하여 가압류 집행을 하였더라도 그 변제의 효력에 영향을 미치지 아니한다.

04 다음은 공탁금의 출급청구권을 증명하는 서면에 대한 설명이다. 가장 틀린 것은?

▶ 2009 법무사

① 상대적 불확지 변제공탁의 경우 피공탁자 전원이 공동으로 출급청구하는 경우에는 출급청구서 기재에 의하여 상호승낙이 있는 것으로 볼 수 있으므로, 별도로 출급청구권증명서면을 첨부하지 않아도 된다.

② 절대적 불확지 변제공탁의 경우 정당한 권리자가 국가를 상대로 하여 공탁물출급청구권이 자신에게 있다는 확인판결(화해조서, 조정조서)을 받은 경우 그 판결정본 및 확정증명서가 출급청구권 증명서면이 된다.

③ 재판상 담보공탁의 경우에는 공탁원인사실에 기재된 피담보채권이 발생하였음을 증명하는 서면이 출급청구권 증명서면이 된다.

④ 납세담보공탁의 경우에는 공탁물로 세금에 충당한다는 취지의 세무서장의 서면이 출급청구권 증명서면이 된다.

⑤ 상업등기법 제41조에 따라 상호가등기를 위한 몰취공탁을 한 경우에는 등기관이 작성한 공탁금국고귀속통지서가 출급청구권 증명서면이 된다.

(해설) ② 사업시행자가 토지수용에 따른 보상금을 수령할 자가 누구인지 전혀 알 수 없어 절대적 불확지공탁을 한 경우에는 공탁자가 후에 피공탁자를 알게 되었을 때에 그를 피공탁자로 공탁서 정정을 한 후 그로 하여금 공탁금을 출급청구하게 할 수 있지만, 공탁자가 이에 응하지 않을 경우 「공탁자(국가가 아님)」를 상대로 하여 공탁금출급청구권의 확인판결(화해, 조정조서 포함)을 받아 그 판결정본 및 확정증명서를 출급청구권을 증명하는 서면으로 하여 공탁금을 직접 청구할 수 있다.

정답 ▶ 02 ④ 03 ③ 04 ②

05 다음 설명 중 가장 옳은 것은?

▸ 2021 법원사무관

① 담보공탁의 경우 피공탁자가 존재하므로 공탁통지서를 송부하여야 한다. 그러나 가압류
해방공탁은 그러하지 아니하다.

② 피공탁자가 출급청구 시 공탁서를 첨부하면 공탁통지서를 첨부하지 않아도 된다.

③ 가압류해방공탁 이후 회수청구 시 가압류결정취소결정정본 및 송달증명서는 착오공탁
증명서면에 해당한다.

④ 금전채권의 일부에 대해 압류가 있어 제3채무자가 전액을 공탁한 경우 압류의 효력이
미치지 않는 부분에 대해 공탁자는 공탁서를 첨부해서 회수청구하여야 한다.

> **해설** ② 피공탁자가 공탁서를 첨부한 경우에는 공탁통지서를 첨부하지 않아도 되나(공탁규칙 제33조
> 제1호 나목), 반대로 공탁자가 공탁통지서를 첨부한 경우는 공탁서를 첨부하지 않아도 되는 경우
> 에 해당하지 않는다(공탁규칙 제34조 제1호 나목).
> ① 변제공탁의 경우에만 공탁통지서를 송부하며 담보공탁의 경우에는 공탁통지서를 송부하지
> 않는다.
> ③ 가압류해방공탁 이후 회수청구 시 가압류결정취소결정정본 및 송달증명서는 공탁원인 소멸의 증
> 명서면에 해당한다.
> ④ 공탁자는 가압류발령 법원으로부터 공탁서를 보관하고 있다는 사실을 증명하는 서면을 교부받아
> 공탁금을 회수청구할 수 있다.

06 공탁물 회수에 관한 다음 설명 중 가장 옳지 않은 것은? (다툼이 있는 경우 판례·예규 및 선례에 의함)

▸ 2017 법무사

① 2인이 공동명의로 강제집행정지신청을 하고 담보제공명령을 받아 담보공탁을 하면서 각
자의 공탁금액을 나누어 기재하지 않고 공동으로 하나의 공탁금액을 기재한 경우, 공탁
자들은 균등한 비율로 공탁한 것으로 보아야 하므로, 담보취소결정 등으로 공탁원인이
소멸한 경우 공탁자 중 1인은 공탁금 중 1/2의 회수를 청구할 수 있다.

② 토지수용보상금의 피공탁자가 공탁자에게 공탁금을 수령하지 아니한다는 의사를 표시하
면, 공탁자는 민법 제489조에 따라 공탁금을 회수할 수 있다.

③ 차용금 변제를 위한 변제공탁을 하였으나 애초부터 차용금 채무가 없었다면, 그 공탁은
차용금 변제로서의 효력이 생기지 아니하여 '착오로 공탁한 때'에 해당하므로, 공탁자는
공탁물 회수를 할 수 있다.

④ 수용보상금 공탁이 부적법하여 토지수용재결의 효력이 상실되었다는 판결이 확정된 경
우, 공탁자는 위 확정판결을 첨부하여 공탁금 회수청구를 할 수 있고, 이때 사업시행자
명의의 소유권이전등기가 말소된 등기사항증명서를 첨부할 필요는 없다.

⑤ 같은 사람이 동시에 같은 공탁법원에 여러 건의 공탁물회수청구를 하는 경우에 첨부서면
이 내용이 같을 때에는 1건의 청구서에 1통만을 첨부하면 된다. 이 경우에 다른 청구서
에는 그 뜻을 적어야 한다.

해설 ② 수용보상금의 공탁은 토지보상법 제42조에 의하여 간접적으로 강제되는 것으로서 자발적으로 이루어지는 것이 아니므로, 민법 제489조의 규정은 배제되어 어느 경우이든 사업시행자인 공탁자의 민법 제489조에 의한 공탁금회수청구는 인정되지 않는다.

07 **공탁물의 수령·회수에 관한 다음 설명 중 가장 옳지 않은 것은?** ▸ 2019 법무사

① 공탁관의 처분에 대하여 불복이 있는 때에는 공탁법이 정한 바에 따라 이의신청과 항고를 할 수 있고, 공탁관에 대하여 공탁법이 정한 절차에 의하여 공탁금지급청구를 하지 아니하고 직접 민사소송으로써 국가를 상대로 공탁금지급청구를 할 수는 없다.

② 혼합공탁에서 피공탁자가 공탁물의 출급을 청구하는 경우, 다른 피공탁자에 대한 관계에서만 공탁물출급청구권이 있음을 증명하는 서면을 갖추는 것으로 충분하고, 집행채권자에 대한 관계에서도 공탁물출급청구권이 있음을 증명하는 서면을 구비·제출하여야 할 필요는 없다.

③ 공탁자가 착오로 공탁한 때 또는 공탁의 원인이 소멸한 때에, 공탁자가 공탁물을 회수하기 전에 피공탁자의 공탁물출급청구권에 대한 전부명령을 받아 공탁물을 수령한 자는 법률상 원인 없이 공탁물을 수령한 것이 되어 공탁자에 대하여 부당이득반환의무를 부담한다.

④ 변제공탁의 피공탁자 아닌 제3자가 피공탁자를 상대로 하여 공탁물출급청구권 확인판결을 받았더라도 그 확인판결을 받은 제3자가 직접 공탁물출급청구를 할 수는 없다.

⑤ 채무자가 확정판결에 따라 甲과 乙을 피공탁자(지분 각 1/2)로 하여 판결에서 지급을 명한 금액을 변제공탁한 경우, 甲과 乙의 내부의 실질적인 지분비율이 1/2이 아니라고 하더라도 甲과 乙은 각자 위 공탁금의 1/2 지분에 해당하는 공탁금을 출급청구할 수 있을 뿐이다.

해설 ② 혼합공탁에 있어서 그 집행공탁의 측면에서 보면 공탁자는 피공탁자들에 대하여는 물론이고 가압류채권자를 포함하여 그 집행채권자에 대하여서도 채무로부터의 해방을 인정받고자 공탁하는 것이다. 이러한 취지에 비추어, 피공탁자가 공탁물의 출급을 청구함에 있어서 다른 피공탁자에 대한 관계에서만 공탁물출급청구권이 있음을 증명하는 서면을 갖추는 것으로는 부족하고, 위와 같은 집행채권자에 대한 관계에서도 공탁물출급청구권이 있음을 증명하는 서면을 구비·제출하여야 할 것이다(대판 2012.1.12, 2011다84076).

08 공탁물회수청구와 관련된 다음 설명 중 가장 틀린 것은? ▸ 2008 법무사

① 토지수용보상금의 피공탁자가 공탁자에게 공탁금을 수령하지 아니한다는 의사를 표시하면 사업시행자는 민법 제489조에 따라 공탁금을 회수할 수 있다.

② 집행법원이 집행공탁금의 배당을 실시하기 전에 공탁자가 집행공탁의 원인이 없음에도 착오로 집행공탁을 한 것임을 이유로 공탁사유신고를 철회하고 집행법원이 공탁사유신고 불수리결정을 하였다면, 공탁자는 공탁사유신고 불수리결정을 첨부하여 공탁금회수청구를 할 수 있다.

③ 변제공탁의 조건으로 한 반대급부는 피공탁자의 공탁물출급청구권 행사에 제한사유가 될 뿐 공탁자가 공탁금을 회수하는 경우에는 공탁관의 지급제한사유가 될 수 없다.

④ 공탁물출급·회수청구서에 공탁규칙 제33조 제1호의 공탁통지서나 제34조 제1호의 공탁서를 첨부할 수 없는 때에는, 공탁관이 인정하는 2명 이상이 연대하여 그 사건에 관하여 손해가 생기는 때에는 이를 배상한다는 자필서명한 보증서와 그 재산증명서(등기사항증명서 등) 및 신분증 사본을 제출하여야 한다.

⑤ 공탁법 제9조 제2항 제2호의 「착오로 공탁을 한 때」라 함은 공탁으로서 필요한 유효요건을 갖추고 있지 아니한 경우를 말하고, 그 유효요건을 갖추고 있는지의 여부는 공탁서에 기재된 공탁원인사실을 기준으로 하여 객관적으로 판단하여야 한다.

> **해설** ① 사업시행자의 공익사업을 위한 토지 등의 취득 및 보상에 관한 법률 제40조(보상금의 지급 또는 공탁) 제2항에 의한 손실보상금의 공탁은 같은 법 제42조(재결의 실효)에 의하여 간접적으로 강제되는 것인바 이와 같이 그 공탁이 자발적이 아닌 경우에는 민법 제489조의 적용은 배제되어 피공탁자가 공탁자에게 공탁금을 수령하지 아니한다는 의사를 표시하였다 할지라도 사업시행자는 그 공탁금을 회수할 수 없다(공탁관은 사업시행자 자신의 공탁금회수청구 및 위 공탁금회수청구채권에 대하여 전부명령을 받은 자의 공탁금회수청구에 대하여도 그 공탁금을 출급할 수는 없다).

09 공탁금 회수절차에 관한 다음 설명 중 가장 옳지 않은 것은? ▸ 2022 법원사무관

① 가집행선고부 제1심 판결에 기하여 판결금을 변제공탁한 후 위 판결의 채무액이 항소심 판결에서 일부 취소되었다면 공탁자는 그 차액에 대하여 공탁원인 소멸을 원인으로 공탁금 회수청구를 할 수 있다.

② 사업시행자가 수용재결에 따른 토지수용보상금을 수령불능을 이유로 공탁한 경우에는 민법 제489조 제1항에 기한 공탁금 회수는 인정되지 않는다.

③ 공탁자가 형사사건 피해자를 위하여 변제공탁을 한 경우에는 민법 제489조에 의한 회수 및 공탁원인소멸에 따른 회수를 하지 못한다.

④ 민사집행법 제282조 가압류해방공탁(가압류권자 甲)이 성립한 후 乙이 가압류채무자의 공탁금회수청구권에 대하여 채권압류 및 전부명령을 받은 후 乙은 전부채권자로서 공탁관에게 공탁금회수청구를 할 수 있다.

해설 ④ 가압류집행의 목적물에 갈음하여 가압류해방금이 공탁된 경우에는 그 가압류의 효력은 공탁금 자체가 아니라 공탁자인 채무자의 공탁금회수청구권에 대하여 미치는 것이므로 채무자의 다른 채권자가 가압류해방공탁금회수청구권에 대하여 압류 및 전부명령을 받은 경우에는 전부명령은 효력이 없고, 가압류채권자의 가압류와 압류가 경합하게 되므로 공탁관의 사유신고로 개시되는 집행법원의 배당실시절차에서 배당금수령채권자로서 그 지급받을 자격을 증명하는 증명서를 교부받아야만 공탁금회수청구를 할 수 있다(공탁선례 제2-344호).

10 공탁물회수에 관한 다음 설명 중 가장 옳지 않은 것은?   ▶ 2018 법무사

① 변제공탁의 경우 공탁관에게 도달된 공탁금출급청구권의 양도통지서에 공탁수락의 의사 표시가 명시적으로 기재되어 있지 않더라도 적극적인 불수락의 의사표시가 기재되어 있지 않는 한 그 양도통지서의 도달과 동시에 공탁수락의 의사표시가 있는 것으로 보아 공탁자는 민법 제489조에 따른 공탁금회수청구를 할 수 없다.

② 토지수용보상금의 공탁은 공익사업을 위한 토지 등의 취득 및 보상에 관한 법률에 따라 간접적으로 강제되는 것으로서 자발적으로 이루어지는 것이 아니므로 공탁자는 민법 제 489조에 따른 공탁금회수청구를 할 수 없다.

③ 공탁법 제9조의2(공탁물 회수의 제한) 규정이 신설되어 공탁자가 형사사건 피해자를 위하여 변제공탁을 한 경우 착오공탁의 경우에도 공탁자의 회수가 불가능하다.

④ 가집행선고부판결에 기한 공탁은 채무를 확정적으로 소멸시키는 원래의 변제공탁이 아 니고, 상소심에서 그 가집행의 선고 또는 본안판결이 취소되는 것을 해제조건으로 하는 것이므로, 가집행선고부 제1심 판결의 채무액이 항소심 판결에서 일부 취소되었다면 그 차액에 대해서는 공탁원인이 소멸하였다 할 것이므로 공탁자는 공탁법 제9조 제2항 제3 호에 따른 공탁금회수청구를 할 수 있다.

⑤ 다수의 압류가 경합된 상황에서 그 중 선행하는 채권압류 및 전부명령이 유효한지 여부를 알지 못함을 이유로 제3채무자가 민사집행법 제248조 제1항에 따른 공탁을 한 후, 집행 법원이 선행하는 채권압류 및 전부명령이 이미 확정되어 있음을 이유로 공탁사유신고를 불수리하였다면, 이는 착오로 공탁을 한 경우에 해당하므로 공탁자는 공탁법 제9조 제2항 제2호에 따라 공탁사유신고 불수리결정을 첨부하여 공탁금회수청구를 할 수 있다.

해설 **공탁법 제9조의2(공탁물 회수의 제한) 규정 신설**
공탁법 제9조의2에서는 공탁자가 형사사건 피해자를 위하여 변제공탁을 한 경우에는 민법 제489조 에 의한 회수 및 공탁원인소멸에 따른 회수를 하지 못하고, 다만 ① 공탁물의 수령인으로 지정된 자가 공탁물의 회수에 동의하거나 공탁물의 수령을 거절하는 의사를 공탁소에 통고한 경우, ② 공탁 의 원인이 된 해당 형사사건에서 무죄판결이 확정되거나 불기소 결정(기소유예는 제외한다)이 있는

정답 08 ①   09 ④   10 ③

경우에는 그 사실을 증명하여 공탁물을 회수할 수 있다고 규정하고 있다. 이때 공탁물 회수동의 또는 수령거절의사 통고는 해당 공탁소에 서면으로 하여야 한다). 공탁법 제9조의2에서는 회수를 하지 못하는 경우로 "착오로 공탁한 경우"를 제외하고 있어 착오공탁의 경우에는 공탁자의 회수가 가능하다. 위 규정의 신설로 이제 형사변제공탁 및 형사특례공탁에서 회수제한신고서를 제출할 필요가 없게 되었고, 이에 따라 해당 공탁서 양식에서도 회수제한신고 내용이 삭제되는 대신 하단에 회수제한에 대한 안내문구가 추가되었다.

11 공탁물회수절차에 관한 다음 설명 중 가장 옳지 않은 것은? ▶ 2015 법무사

① 공탁자가 착오로 공탁한 경우 또는 공탁의 원인이 소멸한 경우에 공탁자가 공탁물을 회수하기 전에 공탁물출급청구권에 대한 전부명령을 받아 공탁물을 수령한 자는 법률상 원인 없이 공탁물을 수령한 것이 되어 공탁자에 대하여 부당이득반환의무를 부담한다.

② 대공탁은 기본공탁과 동일성을 유지하면서 단지 공탁유가증권을 공탁금으로 변환하는 절차이므로, 대공탁에 있어서는 당사자가 공탁물을 출급 또는 회수하는 절차와는 달리 공탁서 원본은 첨부할 필요가 없다.

③ 부속공탁은 공탁유가증권의 이자 또는 배당금을 기본된 공탁에 부속시켜 공탁하는 절차이므로, 부속공탁에 있어서도 당사자가 공탁물을 출급 또는 회수하는 절차와는 달리 공탁서 원본은 첨부할 필요가 없다.

④ 회생계획불인가결정에 대하여 항고인이 항고보증금으로 공탁한 공탁금을 항고인(공탁자)이 회수하기 위하여는 공탁서와 개인회생사건 담당 재판부의 법원사무관 등이 발급한 증명서를 첨부하여 공탁금회수청구를 할 수 있다.

⑤ 공탁금회수청구권의 양도통지서에 찍힌 양도인(공탁자)의 도장이 공탁서에 찍힌 공탁자의 도장과 다르고 양도통지인의 인감증명서도 첨부되지 아니한 경우라면 공탁자의 회수청구권에 대한 양도의 효력이 발생하지 아니하였으므로 공탁자인 양도인은 공탁금의 회수청구를 할 수 있다.

해설 ⑤ 공탁금회수청구권의 양도통지서에 찍힌 양도인(공탁자)의 도장이 공탁서에 찍힌 공탁자의 도장과 다르고 양도통지인의 인감증명서도 첨부되지 아니한 경우라 하더라도, 양도인은 공탁금의 회수청구를 할 수 없으며 양수인은 회수청구권의 요건사실 및 양수사실을 증명하는 서면을 첨부하여 회수청구할 수 있다.

정답 11 ⑤

박문각 법무사

이천교 공탁법
1차 | 문제집

제6판 인쇄 2026. 3. 25. | **제6판 발행** 2026. 3. 30. | **편저자** 이천교
발행인 박 용 | **발행처** (주)박문각출판 | **등록** 2015년 4월 29일 제2019-0000137호
주소 06654 서울시 서초구 효령로 283 서경 B/D 4층 | **팩스** (02)584-2927
전화 교재 문의 (02)6466-7202

정가 25,000원
ISBN 979-11-7519-727-5

MEMO